구속사의 관점에서 본

역대상 파노라마

유 도 순 목사 지음

도서출판 머릿돌

‖ 머리말 ‖

정체성(Identity)!

역대상은 방대한 족보로 시작하고 있다.
　왜냐하면 포로에서 70년 만에 귀환하는 자들의 뿌리를 찾아주기 위해서다.

　모세는 창세기(創世記)를 기록했다.
　왜냐하면 430년 동안 노예로 있다가 출애굽한 자들의
　정체성(正體性)을 찾아주기 위해서였다.

　다윗은 여호와 앞에 들어가 앉아서
　나는 누구오며 내 집은 무엇이 관대
　나로 이에 이르게 하셨나이까(17:16) 하고 감격해하고 있다.
　목동을 택하셔서 왕이 되게 하셨기 때문이다.

　그러나 다윗의 감격은 자신에 국한된 것이 아니었다.
　왜냐하면 "먼 장래에 되어질, 큰일까지" 말씀하셨기 때문이다.

언약하신 대로 아브라함과 다윗의 자손 예수 그리스도가 오신 것이다.

그분을 만나기 이전의 나와

이후의 나의 신분(身分), 지위(地位), 사명(使命)이 어떻게 달라졌는지

"나는 누구오며" 하는 정체성(正體性)에 확고한가?

바울은 "너희가 알지 못하느냐" 하고 묻고 있다.

너희가 하나님의 성전인 것을!

성도가 세상을 판단할 것을!

우리가 천사를 판단할 것을!

너희 몸이 성령의 전인 것을!

교계가 어찌하여 혼란한가?

성도들이 어찌하여 무기력한가?

정체성을 망각했기 때문이다.

본서를 통해서 정체성을 회복하게 되기를 기대한다.

우리교회

원로목사 유 도 순

Contents

Contents

역대상 파노라마

주제 : 여호와가 너를 위하여 집을 세워주리라

역대기의 내용을 보면 "역대상"은 사무엘하의 내용, 즉 사울 왕이 죽은 후에 다윗이 왕위에 올라 예루살렘을 정복하여 수도로 삼고, 언약궤를 운반하여 안치하고 나라를 견고하게 하는 다윗의 일대기를 담고 있고, "역대하"는 열왕기상하의 내용, 즉 솔로몬 왕으로 시작하여, 아들 대에서 분열왕국이 되고, 종내는 예루살렘이 바벨론에 의하여 멸망을 당했다가 바사 왕 고레스에 의하여 귀환하는 데까지의 내용을 담고 있습니다. 그렇다고 역대기가 단순한 중복이냐 하면 그런 것은 아니고, 관점(觀點)이 다릅니다.

열왕기는 이스라엘의 역사를 선지자(先知者)적인 관점에서 기록하고 있는 반면에, 역대기는 제사장(祭司長)적인 관점에서 기록하고 있습니다. 그리하여 열왕기에는 인간의 배은망덕한 죄악상을 그대로 고발하고 있는 반면, 역대기는 이를 덮은 체 인간이 패역하였음에도 불구하고 하나님께서 구속사역을 중단함이 없이 어떻게 이루어 오셨는가 하는 하나님의 주권을 드러내고 있는 것입니다. 한마디로 역대기는 역사를 "구속사"(救贖史)의 관점으로 보고 있는 것입니다. 그러면 이런 역대기의 1

차 독자는 누구들이었으며 기록목적은 무엇인가?

역대상은 족보(族譜)로 시작이 됩니다. 족보의 분량이 전체 분량의 $\frac{1}{3}$에 해당이 되는 아홉 장이나 됩니다. 그리고 족보의 범위를 보면 인류의 시조 "아담"으로부터 시작하여, 바벨론으로부터 "남은 자"들이 돌아오는 데까지 펼쳐집니다. 이는 역대기가 포로에서 귀환한 이후에 기록되었음을 말해주고 있습니다. 그리하여 전통적인 입장은 역대기의 저자를 "에스라"로 보고 있습니다. 역대기는, "바사 왕 고레스 원년에 여호와께서 예레미야의 입으로 하신 말씀을 응하게 하시려고 바사 왕 고레스의 마음을 감동시키시매"(대하 36:22), 올라가서 전을 건축하라는 영을 내리는 것으로 마치고 있는데, 에스라서는 동일한 말씀으로 시작(스 1:1)을 하고 있습니다. 이는 같은 저자에 의해서 기록이 되었다는 증거가 됩니다.

에스라서에 의하면 에스라는 "대제사장 아론의 16대 손인" 제사장 신분으로, "에스라가 여호와의 율법을 연구하여 준행하며 율례와 규례를 이스라엘에게 가르치기로 결심하고"(스 7:5, 10) 예루살렘으로 올라왔다고 말씀합니다. 그렇다면 여호와의 율례와 규례를 "가르치기" 위해서 역대기를 기록한 것이 됩니다. 여기에 역대기의 기록목적과 특징이 나타납니다. 바벨론으로부터 70년 만에 귀환한 자들은 대부분이 2세들이었고, 예루살렘의 상황은 꿈에 그리던 모습이 아니라 황폐한 폐허였습니다. 설상가상으로 성전을 재건하려하자 완강한 반대세력에 부딪치게 되었던 것입니다. 그리하여 실의와 낙망에 빠져있는 백성들을 위로하고 격려하기 위해서 기록이 된 것입니다.

이런 맥락에서 역대기는 마치 애굽에서 430년 동안 노예생활을 하다가 출애굽한 자들을 위해서 모세가 창세기(創世記)를 기록해준 것과 맥을 같이 합니다. 출애굽의 감격은 잠시뿐 앞에는 홍해가 가로막고 뒤에서는 바로의 군사가 추격해오는 등, 약속의 땅 가나안까지 이르는 데는 인간의 힘으로는 불가능한 난관이 중첩되어 있었던 것입니다. 모세는 그들에게 자신들을 애굽에서 인도하여 내신 분은 천지만물을 창조하시고 주관하시는 "창조주 하나님"이시라는 것과, 아브라함과 이삭과 야곱에게 거듭 거듭 언약을 세워주신 "언약의 하나님"이라는 것을 일깨워줌으로 용기와 소망을 주었던 것입니다. 모세는 백성들에게 하나님께서 아브라함에게, "너는 정녕히 알라 네 자손이 이방에서 객이 되어 그들을 섬기겠고 그들은 4백 년 동안 네 자손을 괴롭게 하리니 그 섬기는 나라를 내가 징치할지며 그 후에 네 자손이 큰 재물을 이끌고 나오리라, 그 날에 여호와께서 아브람으로 더불어 언약을 세워 가라사대 내가 이 땅을 애굽에서부터 그 큰 강 유브라데까지 네 자손에게 주노니"(창 15:13-14, 18) 하신 언약과 예언을 말해주었던 것입니다.

그러면 역대기 저자는 무엇을 들어서 용기와 소망을 주고 있는가? 역대상의 내용은 크게 네 가지 주제(主題)로 되어 있는데, "족보(1-9장)와, 다윗의 왕위(10-16장)와, 다윗에게 세워주신 언약(17장)과, 성전건축 준비"(18-19장)로 분류할 수가 있습니다.

① 첫째는, 족보를 통해서 자신이 누군가 하는 정체성(正體性)을 확고하게 세워주는 일입니다. 이것이 역대기가 족보(族譜)로 시작하여 1-9장까지 장장 아홉 장이나 할애하고 있는 이유입니다. 포로에서 귀환한 자들에게 족보를 찾아줌으로 자신들이 하나님의 선민(選民)이라는 정체성을 일깨워주고 있는 것입니다. 포로에서 귀환한 자들에게 자신의 뿌리를 찾아주는 족보는 중요한 의미가 있었던 것입니다. 에스라서에 보면, "이 사람들이 보계 중에서 자기 이름을 찾아도 얻지 못한 고로 저희

를 부정하게 여겨 제사장의 직분을 행치 못하게"(스 2:26) 하였다는 기
록이 있습니다.

② 둘째는 구속사를 깨닫게 함으로 자신이 언약백성임을 확신시켜주
는 일입니다. 기록하고 있는 족보내용을 보면, ㉮ 인류의 시조 "아담"으
로부터 시작하여 아브라함과 이삭과 야곱까지를 진술한 후에, ㉯ 야곱
의 12지파 중 유다 지파에 초점을 맞추어 다윗을 부각시키고 있는 것을
보게 됩니다. 이를 통해서 의도하는 바는, "아담 → 셋 → 노아 → 셈 →
아브라함 → 이삭 → 야곱 → 유다 → 다윗"으로 이어지는 구속사(救贖史)
를 깨닫게 함으로 자신들이 아브라함과 다윗에게 세워주신 언약백성(言
約百姓)임을 확고하게 세워주고 있는 것입니다.

③ 셋째는 다윗의 "왕위"(王位)가 강조되어 있는데 이는 하나님께서
다윗에게, "여호와가 너를 위하여 집을 세울지라, 내가 영영히 그를 내
집과 내 나라에 세우리니 그 위(位)가 영원히 견고(堅固)하리라"(17:10,
14) 하신 언약에 근거하여 이제도 다윗에게 세워주신 언약과 왕위는 폐
하여짐이 없이 영원히 견고하다는 점을 들어서 용기와 소망을 주고 있
는 것입니다.

④ 넷째는 "성전"(聖殿) 건축을 위한 준비가 강조되어 있는데, 하나님
이 정해주신, "오르난의 타작마당"을 금 600세겔을 주고 사서 성전 터
를 마련한 후에 다윗이 솔선하여 드린 후에, "오늘날 누가 즐거이 손에
채워 여호와께 드리겠느냐"(29:5) 합니다. 이 말씀은 포로에서 귀환하여
제2의 성전을 건축해야 할 남은 자들에게 큰 격려와 소망을 주었을 것
입니다. 이처럼 역대기의 기록목적이 하나님께서 이루시려는 구속사역
을 증거 하려는데 주안점이 있기 때문에 곁가지와 같은 "사울 왕"의 행
적이나, 다윗 언약에서 떨어져 나간 북 이스라엘의 역사 등은 과감하게
생략하고 있는 것입니다.

이상에서 역대기를 기록한 1차 목적을 말씀드렸습니다만 성령께서 역대기를 기록케 하신 궁극적인 목적(目的)은 무엇인가 하는 점입니다. 그것은 "이 성경이 곧 내게 대하여 증거하는 것이로다"(요 5:39) 하신, 그리스도를 증거하기 위해서입니다.

① 첫째로 "족보"를 통해서 메시아가 탄생하실 족보를 제시해주고 있습니다. 역대기의 족보는, 아담으로부터 → 아브라함까지, 아브라함으로부터 → 다윗까지, 다윗으로부터 → 포로귀환까지를 기록하고 있는데 마태복음에서는, "아브라함부터 다윗까지가 14대요, 다윗부터 바벨론으로 이거할 때까지 14대요" 한 후에 이어지기를, "바벨론으로 이거한 후부터 그리스도까지 14대라"(마 1:17) 하고 "그리스도"로 귀결(歸結)이 되고, 누가복음의 족보는 "사람들의 아는 대로는 요셉의 아들이니"(눅 3:23) 하고 "예수"로부터 시작하여 "아담"까지 소급해 보여주고 있는 것입니다. 왜냐하면 족보를 통해서 증거 하고자 하는 궁극적인 목적이 "예수가 그리스도"이심을 입증하기 위한 것이기 때문입니다.

② 둘째로 다윗의 왕위가, "하나님께서 그 조상 다윗의 위를 저에게 주시리니 영원히 야곱의 집에 왕 노릇하실 것이며 그 나라가 무궁하리라"(눅 1:32-33) 하고 그리스도에서 성취가 되고,

③ 셋째로 "언약"인데 하나님께서 아브라함과 다윗에게 세워주신 언약은 구속사를 지탱해주고 있는 척추와 같은 역할을 하고 있는 것입니다. 그 중요성을 신약성경이, "아브라함과 다윗의 자손 예수 그리스도의 세계라"(마 1:1) 하고, 시작하는 것만 보아도 짐작할 수가 있는 것입니다. 만일 이 언약이 없다면 믿음도 구원도 하나님과의 관계도 성립이 되지 않는 것입니다.

④ 넷째로 "성전"이라는 주제인데, 구약의 성막과 성전은, "말씀이 육신이 되어 우리 가운데 거하시매 우리가 그 영광을 보니 아버지의 독생자의 영광이요 은혜와 진리가 충만하더라"(요 1:14)에 대한 모형이었던

것입니다. 그러므로 주님께서도 "이 성전을 헐라 내가 사흘 동안에 일으키리라"(요 2:19) 하신 것입니다.

이런 맥락에서 성전건축과 결부하여 "터와, 식양"이 중요하게 강조되어 있음을 유념해야만 합니다. 성전은 아무데나 지어도 되는 것이 아니라 여호와의 사자가 정(定)해준 오르난의 타작마당 "거기"(21:18, 26)에 세워야만 했고, 그 터는 하나님께서 일찍이 아브라함에게 "내가 네게 지시하는 한 산 거기서 그를 번제로 드리라"(창 22:2) 하고 명하신 바로 모리아 산이니(대하 3:1), 이는 우리의 구원의 근거가 오직 그리스도의 구속에만 있음을 드러내고 있는 것입니다.

또한 성전은 인간이 좋을 대로 지으면 되는 것이 아닙니다. "이 위의 모든 것의 식양을 여호와의 손이 내게 임하여 나로 알게 하신, 곧 성신이 가르치신 모든 식양"(28:12, 19) 대로 지어야만 했던 것입니다. 왜냐하면 "번제단, 물두멍, 속죄소" 등 모든 식양은 그리스도께서 단번에 이루실 구속사역의 일면을 계시하는 모형들이기 때문입니다. 그러므로 이를 변개(變改)한다는 것은 복음을 변개하는 "다른 복음"이 되기 때문입니다.

그러므로 역대기에는 열왕기에는 없는 해설적인 말씀들이 있는데 몇 가지 예를 들면,

㉠ 사울 왕이 블레셋과의 싸움에서 전사한 이유를, "사울이 죽은 것은 여호와께 범죄하였음이라 저가 여호와의 말씀을 지키지 아니하고 또 신접한 자에게 가르치기를 청하고 여호와께 묻지 아니하였으므로 여호와께서 저를 죽이시고 그 나라를 이새의 아들 다윗에게 돌리셨더라"(10:13-14) 하고 해설해주고 있습니다. 구속사의 맥락에서 보면 사울은 왕이 되지 말았어야할 인물입니다. 왜냐하면 그리스도에게로 이어질 왕위

는 유다 지파를 통해서 계승될 것이 이미 창세기에서 예언이 되어 있는데(창 49:10), 사울은 베냐민 족속이었기 때문입니다.

ⓛ 법궤 운반을 실패하게 된 원인도, "전에는 너희가 메지 아니하였으므로 우리 하나님 여호와께서 우리를 충돌하셨나니 이는 우리가 규례대로 저에게 구하지 아니 하였음이니라"(15:13) 하고 설명을 합니다. 그리스도는 소들을 위해서 죽으신 것이 아닙니다. 하나님은 구속함을 얻은 자녀들에 의하여 섬김을 받으시기를 원하신다는 말씀입니다.

ⓒ 성전건축도 어찌하여 다윗이 세울 수 없는지 사무엘하에는 설명이 없습니다. 그러나 역대상에서는, "너는 피를 심히 많이 흘렸은즉 내 이름을 위하여 전을 건축하지 못하리라"(22:8) 하고 그 이유를 말씀합니다. 그러면 누가 성전을 건축한다 하시는가? "한 아들이 네게서 나리니, 저가 내 이름을 위하여 전을 건축하리라"(22:9, 10) 하십니다. 이 "한 아들"이 1차적으로는 솔로몬을 가리키는 것이지만 궁극적으로는, 그리스도가 다윗의 자손으로 나시어서, "내가 이 반석 위에 내 교회를 세우리니"(마 16:18) 하고 성취될 것에 대한 예표였던 것입니다.

끝으로 구속사(救贖史)는 포로귀환이 끝이 아닙니다. 그렇다고 그리스도의 초림도 끝이 아닙니다. 성경 마지막 책, 마지막 부분에서, "보라 하나님의 장막이 사람들과 함께 있으매 하나님이 저희와 함께 거하시리니 저희는 하나님의 백성이 되고 하나님은 친히 저희와 함께 계셔서"(계 21:3) 하고 말씀합니다. 이 한 절 안에는 "함께"라는 말이 세 번이나 강조되어 있습니다. 한마디로 하나님이 백성들과 "함께 사신다"는 말씀입니다. 이것이 완성될 하나님의 성전이요, 하나님의 나라건설인 것입니다. 그 때까지 교회는, "너희도 성령 안에서 하나님의 거하실 처소가 되기 위하여 예수 안에서 함께 지어져 가느니라"(엡 2:22) 하고, 확장되어 나가는 것입니다.

　이런 맥락에서, "족보"는, "예수 그리스도의 세계라" 한 것이 끝이 아니라, "누구든지 생명책에 기록되지 못한 자는 불못에 던지우더라, 오직 어린양의 생명책에 기록된 자들뿐이라"(계 20:15, 21:27)에서 끝이 난다는 점입니다. 즉 형제의 이름도 그리스도의 족보에 올라있다는 말씀입니다.

　또한 성전도 교회 구성원인, "너희 몸은 너희가 하나님께로부터 받은 바 너희 거운데 계신 성령의 전인 줄을 알지 못하느냐"(고전 3:16, 6:19) 하신, 형제의 몸이 "성전"이라는 각성이 있어야 한다는 점입니다. 그러므로 역대기는 신약 성도들의 정체성을 일깨워주고 믿음을 견고히 세워주는데도 적실성이 있는 것입니다.

역대상 1장 개관도표
주제 : 아담으로부터 야곱까지의 구속사 맥락

	1-27

1 아담, 셋, 에노스,

2 ① 게난, 마할랄렐, 야렛, 3, 에녹, 므두셀라, 4 라멕, (노아) 셈, 함과 야벳,

아담
↓
아브라함

5 ② 야벳의 아들은 고멜과 마곡과 마대와 야완과 두발과 메섹과 디라스요
6 고멜의 아들은 아스그나스와 디밧과 도갈마요 7, 야완의 아들은 엘리사와 다시스와 깃딤과 도다님이더라

8 ③ 함의 아들은 구스와 미스라임과 붓과 가나안이요
9 구스의 아들은 스바와 하윌라와 삽다와 라아마와 삽드가요 라아마의 아들은 스바와 드단이요
10 구스가 또 니므롯을 낳았으니 세상에 처음 영걸한 자며 11, 미스라임은 루딤과 아나밈과 르하빔과 납두힘과
12 바드루심과 가슬루힘과 갑도림을 낳았으니 블레셋 족속은 가슬루힘에게서 나왔으며
13 가나안은 맏아들 시돈과 헷을 낳고 14, 또 여부스 족속과 아모리 족속과 기르가스 족속과
15 히위 족속과 알가 족속과 신 족속과 16, 아르왓 족속과 스말 족속과 하맛 족속을 낳았더라

17 ④ 셈의 아들은 엘람과 앗수르와 아르박삿과 룻과 아람과 우스와 훌과 게델과 메섹이라
18 아르박삿은 셀라를 낳고 셀라는 에벨을 낳고 19, 에벨은 두 아들을 낳아 하나의 이름을 벨렉이라 하였으니
    이는 그 때에 땅이 나뉘었음이요 그 아우의 이름은 욕단이며
20 욕단이 알모닷과 셀렙과 하살마웻과 예라와 21, 하도람과 우살과 디글라와 22, 에발과 아비마엘과 스바와
23 오빌과 하윌라와 요밥을 낳았으니 욕단의 아들들은 이러하니라
24 셈, 아르박삿, 셀라, 25, 에벨, 벨렉, 르우, 26, 스룩, 나홀, 데라, 27 **아브람 곧 아브라함**

아브라함
↓
야곱

	28-34

28 ⑤ 아브라함의 아들 이삭과 이스마엘이라
29 이스마엘의 세계는 이러하니 그 맏아들은 느바욧이요 다음은 게달과 앗브엘과 밉삼과
30 미스마와 두마와 맛사와 하닷과 데마와 31, 여둘과 나비스와 게드마라 이스마엘의 아들들은 이러하니라
32 아브라함의 첩 그두라의 낳은 아들은 시므란과 욕산과 므단과 미디안과 이스박과 수아요
    욕산의 아들은 스바와 드단이요
33 미디안의 아들은 에바와 에벨과 하녹과 아비다와 엘다아니 그두라의 아들들은 이러하니라
34 ⑥ 아브라함이 이삭을 낳았으니 이삭의 아들은 에서와 이스라엘이더라

에서의
후예와
에돔의
왕들

	35-54

35 ⑦ 에서의 아들은 엘리바스와 르우엘과 여우스와 얄람과 고라요 36, 엘리바스의 아들은 데만과 오말과 스비와
    가담과 그나스와 딤나와 아말렉이요 37 르우엘의 아들은 나핫과 세라와 삼마와 밋사요 38, 세일의
    아들은 로단과 소발과 시브온과 아나와 디손과 에셀과 디산이요 39, 로단의 아들은 호리와 호맘이요
    로단의 누이는 딤나요 40, 소발의 아들은 알랸과 마나핫과 에발과 스비와 오남이요 시브온의
    아들은 아야와 아나요 41, 아나의 아들은 디손이요 디손의 아들은 하므란과 에스반과 이드란과 그란이요
42 에셀의 아들은 빌한과 사아완과 야아간이요 디산의 아들은 우스와 아란이더라
43 ⑧ 이스라엘 자손을 치리하는 왕이 있기 전에 에돔 땅을 다스린 왕이 이러하니라 브올의 아들 벨라니
    그 도성 이름은 딘하바며 44, 벨라가 죽으매 보스라 세라의 아들 요밥이 대신하여 왕이 되었고
45 요밥이 죽으매 데만 족속의 땅 사람 후삼이 대신하여 왕이 되었고 46, 후삼이 죽으매 브닷의 아들 하닷이
    대신하여 왕이 되었으니 하닷은 모압 들에서 미디안을 친 자요 그 도성 이름은 아윗이며
47 하닷이 죽으매 마스레가 사믈라가 대신하여 왕이 되었고 48, 사믈라가 죽으매 하숫가의 르호봇 사울이 대신하여
    왕이 되었고 49, 사울이 죽으매 악볼의 아들 바알하난이 대신하여 왕이 되었고
50 바알하난이 죽으매 하닷이 대신하여 왕이 되었으니 그 도성 이름은 바이요 그 아내의 이름은 므헤다벨이라
    메사합의 손녀요 마드렛의 딸이었더라
51 하닷이 죽은 후에 에돔의 족장이 이러하니 딤나 족장과 알랴 족장과 여뎃 족장과
52 오홀리바마 족장과 엘라 족장과 비논 족장과 53, 그나스 족장과 데만 족장과 밉살 족장과
54 막디엘 족장과 이람 족장이라 에돔 족장이 이러하였더라

아담으로부터 야곱까지의 구속사 맥락

1-4아담, 셋, 에노스, 게난, 마할랄렐, 야렛, 에녹, 므두셀라,
라멕, 노아, 셈, 함과 야벳.

역대상은 방대한 족보로 시작이 됩니다. 이는 무의미한 것이 아니라
이를 통해서 구속사(救贖史)의 흐름이 어떻게 이어져 내려 왔는가를 깨
닫게 하려는 것입니다.

역대기의 1차 독자들은 바벨론 포로에서 귀환한 "남은 자"들입니다.
70년이 지난 이제 "남은 자"들의 대부분은, "그 세대 사람도 다 그 열조
에게로 돌아갔고 그 후에 일어난 다른 세대는 여호와를 알지 못하며 여
호와께서 이스라엘을 위하여 행하신 일도 알지 못하였더라"(삿 2:10)
함과 같은 "다른 세대"(世代)였던 것입니다. 이들에게 자신들은 하나님
의 택함을 받은 선민이요, 언약의 백성들임을 일깨워주기 위해서 그들
의 뿌리를 알려주고 있는 것입니다. 이것이 역대기를 기록한 목적(目

的)이기도 합니다.

　도표를 보시면 "아담, 셋, 에노스"를 중심으로, ① "게난, 마할랄렐, 야렛"으로 이어져 노아의 세 아들까지, ② 노아의 세 아들 중 먼저 야벳의 후예, ③ 함의 후예를 말한 후에, ④ 셈에게 초점을 맞추어 아브라함까지 진술합니다. ⑤ 그리고 아브라함이 이삭과 이스마엘을 낳은 것을 말한 후, 먼저 곁가지인 이스마엘의 계보와, 첩 그두라의 소생을 말하고, ⑥ 이삭이 에서와 이스라엘(야곱)을 낳은 것을 진술한 후에, ⑦ 곁가지인 "에서의 아들"과, ⑧ 에돔의 왕들과 족장들을 언급함으로 1장을 마칩니다. 1장은 아담 → 셋 → 노아 → 셈 → 아브라함 → 이삭 → 이스라엘로 이어져 내려온 구속사를 보여주고 있는데, 에서의 족보까지 언급하고 원줄기인 야곱(이스라엘)의 후예는 2장에서 본격적으로 진술하게 됩니다.

　첫째 단원(1-27) **아담으로부터 아브라함까지**
　둘째 단원(28-34) **아브라함부터 야곱까지**
　셋째 단원(35-54) **에서의 후예와 에돔의 왕들**

주제(主題) : 아담으로부터 야곱까지의 구속사 맥락

　㉠ 포로에서 귀환한 자들에게 가장 시급한 문제는 70년의 단절(斷絕)로 인한 정통성(正統性)의 확립과 정체성(正體性)을 일깨워주는 일이었습니다. 이를 위해서 역대기는 기록이 되었고, 서두에서 방대한 족보를 언급하는 의도이기도 합니다. 정체성에 대한 각성은 1차 독자들만이 아니라 각 시대의 하나님의 백성들에게 가장 시급하고도 절실한 과제이기도 합니다. 이를 알았기에 사도 바울은 혼란에 빠진 고린도교회를 향해서, "너희가 하나님의 성전인 것과 하나님의 성령이 너희 안에

거하시는 것을 알지 못하느뇨(고전 3:16), 너희 몸은 너희가 하나님께로부터 받은바 너희 가운데 계신 성령의 전인 것을 알지 못하느냐"(고전 6:19) 하고, 일깨워주었던 것입니다.

　ⓒ 성경은 구약성경과 신약성경 두 권도 아니요 66권으로 이루어진 것은 더욱 아닙니다. 창세기에서 시작하여 계시록에서 "이루었도다 나는 알파와 오메가요 처음과 나중이라"(계 21:6) 하고 완성(完成)이 될 하나의 구속사인 것입니다. 그러므로 성경에는 통일성(統一性), 일관성(一貫性), 점진성(漸進性)이 있는 것입니다. 이를 건물에 비한다면 골조(骨組)라 할 수가 있습니다. 사도 바울은 "지극히 작은 자보다 더 작은 나에게 이 은혜를 주신 것은, 영원부터 만물을 창조하신 하나님 속에 감추었던 비밀의 경륜(經綸)을 드러내게 하려 하심이라"(엡 3:8, 9) 합니다. 이 "비밀의 경륜", 즉 하나님께서 나 같은 죄인을 구원하시기 위해서 이루어 오신 구원계획을 깨닫게 해주어야만 골조가 튼튼한 건물같이 시험과 환난 중에도 주저앉지 않고 굳건하게 설 수가 있는 것입니다. 바로 역대기 저자는 이 작업을 하고 있는 것입니다.

　ⓓ 그런데 족보를 말하되 "아브라함"부터 시작하는 것이 아니라, "아담, 셋, 에노스"(1) 하고 "아담"까지 소급해 올라가고 있는 의도가 무엇인가 하는 점입니다. 누가복음에 수록된 "예수"의 족보도 아담까지 소급해 올라가고 있는데 이는 인류(人類)의 뿌리를 말해주려는 것이 아니라 구속사의 기원(起源)을 말해주기 위해서입니다. 왜 구원이 필요하게 되었는가? 인류의 시조 아담이 타락하였기 때문입니다. 그러므로 구속사는 아담이 넘어진 그 현장에서, "내가 너로 여자와 원수가 되게 하고 너의 후손도 여자의 후손과 원수가 되게 하리니 여자의 후손은 네 머리를 상하게 할 것이요 너는 그의 발꿈치를 상하게 할 것이니라"(창 3:15) 하고 선언하신 "원 복음"으로부터 시작이 되었기 때문입니다.

　ⓔ "원 복음"이란 인간 편에서 볼 때에 "복음"이 되는 것이지, "뱀",

즉 사탄에게는 여자의 후손에 의하여 멸망을 당하게 된다는 선전포고였던 것입니다. 그러므로 구속사란 "여자의 후손"의 계보와 뱀의 후손의 계보, 즉 유기(遺棄)된 자의 계보 간에 "원수가 되게 하리니" 하신 영적인 싸움의 역사인 것입니다.

ⓑ 아담이 원 복음을 듣고 이에 응하여, "아담이 그 아내를 하와(생명의 어미)라 이름하였다"(창 3:20) 하고 말씀하는데, 이는 아담이 하나님께서 세워주신 "원 복음"의 의미를 알아들었고, 믿었다는 증거가 되는 것입니다. 그래서 그리스도의 족보가 "아담"까지 소급해 올라가고 있는 것입니다.

ⓐ 역대기의 족보는 아담으로부터 시작하여 포로귀환까지를 보여주고 있는데 구속사는 여기가 끝이 아닙니다. 그러므로 역대기의 족보가 마태복음과 누가복음으로 이어져서 그리스도를 증거하는 족보로 결론을 맺게 된다는 점을 유념해야만 합니다. 왜냐하면 "구속 주"는 오직 예수 그리스도이시기 때문입니다. 성경에는 많은 족보들이 등장하는데 이 족보는 궁극적으로 "예수가 여자의 후손인 그리스도"이심을 입증(立證)하는 증거(證據)가 된다는 점을 망각하지 말아야만 하는 것입니다. 본문관찰에서 보게 될 것입니다만 제시된 족보에는, 원줄기가 있고 곁가지가 있습니다. 창세기의 족보나 역대기의 족보는 먼저 곁가지를 간략하게 언급한 후에 초점을 원줄기에 맞춰서 자세하게 언급하는 패턴을 따르고 있음을 유념하시기를 바랍니다.

첫째 단원(1-27) 아담으로부터 아브라함까지

첫째 단원은 아담으로부터 아브라함까지의 계보인데, "아담, 셋, 에노스"(1)는 주님의 족보를 밝혀주고 있는 누가복음 3:38절과 일치합니다.

원래는 "아담 → 아벨"로 이어지도록 되어 있었으나 가인이 아벨을 죽임
으로 하나님이 다른 씨를 주셔서, "아담 → 셋"으로 이어지게 된 것입니
다. 이는 형이 동생을 죽였다는 단순한 살인사건이 아닙니다. 사탄은
자신이 "여자의 후손"에 의하여 정복당하게 될 것을 창세기 3:15절에서
선고를 받았고, 이때부터 여자의 후손을 보내시려는 하나님의 계획을
대적(對敵)해 왔던 것입니다. 하나님이 "아벨 대신에 다른 씨"(창 4:25)
를 주셨고, "셋도 아들을 낳고 그 이름을 에노스라 하였으며 그 때에 사
람들이 비로소 (가인의 족속과는 달리) 여호와의 이름을 불렀더라"(창 4
:26) 합니다.

① "게난, 마할랄렐, 야렛, 에녹, 므두셀라, 라멕, 노아, 셈, 함과 야
벳"(2-3) 하고, 단숨에 노아의 세 아들까지를 언급하는데 이는 누가복음
3:34-36절과 일치합니다. "아담 → 노아"까지는 홍수심판 이전의 10대
조상이고, 구속사에 있어서 두드러진 인물로는 "셋 → 에녹 → 므두셀라
→ 노아"인데, 그러면 노아의 세 아들 중 여자의 후손의 원줄기는 어느
자손으로 이어질 것인가?

㉠ 합력하여 선을 이루시는 하나님은 노아가 포도주를 마시고 벌거
벗는 사건을 통해서 이를 계시(啓示)하여주셨던 것입니다. 당시는 하나
님께서 족장들을 선지자(창 20:7)로 삼으셔서 하나님의 구원계획을 예
언케 하셨는데, "셈의 하나님 여호와를 찬송하리로다"(창 9:26) 하고 선
언함으로 여자의 후손이 셈의 줄기에서 나시게 될 것을 계시하셨던 것
입니다. 아비 노아의 하체를 덮어준 것은 "셈과 야벳"입니다. 그러나 노
아는 셈과 야벳을 칭찬하고 있는 것이 아니라, 여호와를 찬양하고 있습
니다. 그렇다고 "셈과 야벳의 하나님"을 찬양하는 것이 아니라, "셈의
하나님 여호와를 찬양" 하고 있는 것입니다.

㉡ 왜냐하면 노아는 셈의 줄기에서 그리스도가 나시어 하나님 앞에
벌거벗은 자와 같은 우리의 허물과 죄를 덮어주시게 될, 즉 의롭다고

여겨주실 것을 찬양했던 것입니다. 훗날 다윗도 동일한 영에 의하여, "허물의 사함을 얻고 그 죄의 가리움을 받은 자는 복이 있도다"(시 32: 1) 하고 찬양하는 것을 보게 됩니다.

② 그런데 역대기 저자는 구속사의 원줄기가 될 셈 보다 먼저 "야벳의 아들은 고멜과 마곡과 마대와 야완과 두발과 메섹과 디라스요"(5) 하고, "야벳"을 언급합니다. 중요한 셈의 후예를 나중에 언급하는 것은 초점(焦點)을 그에게 맞추기 위한 의도에서입니다.

③ "함의 아들은 구스와 미스라임과 붓과 가나안이요"(8),

㉠ "구스의 아들은 스바와 하윌라와 삽다와 라아마와 삽드가요 라아마의 아들은 스바와 드단이요 구스가 또 니므롯을 낳았으니 세상에 처음 영걸한 자며 미스라임은 루딤과 아나밈과 르하빔과 납두힘과 바드루심과 가슬루힘과 갑도림을 낳았으니 블레셋 족속은 가슬루힘에게서 나왔으며 가나안은 맏아들 시돈과 헷을 낳고 또 여부스 족속과 아모리 족속과 기르가스 족속과 히위 족속과 알가 족속과 신 족속과 아르왓 족속과 스말 족속과 하맛 족속을 낳았더라"(9-16) 합니다. 이점에서 선민 이스라엘을 대적한, "블레셋, 가나안 족속"들이 함의 후손들임을 확인할 수가 있습니다.

④ 그런 후에 맨 마지막으로, "셈의 아들은 엘람과 앗수르와 아르박삿과 룻과 아람과 우스와 훌과 게델과 메섹이라"(17) 합니다.

㉠ "아르박삿은 셀라를 낳고 셀라는 에벨을 낳고 에벨은 두 아들을 낳아 하나의 이름을 벨렉이라 하였으니 이는 그 때에 땅이 나뉘었음이요 그 아우의 이름은 욕단이며"(18-19) 하는데 이는 창세기 11장에 수록된 홍수심판 이후의 "셈의 후예"와 일치하고, "그 때에 땅이 나뉘었음이요"(19, 창 10:25) 한 것은 바벨탑 사건 이후를 가리킵니다. 이 계보는 주님의 계보를 말하는 누가복음 3:35-36절의 대목입니다.

㉡ 그런 후에 "셈, 아르박삿, 셀라, 에벨, 벨렉, 르우, 스룩, 나홀, 데

라, 아브람 곧 아브라함"(24-27)이라 하고, 셈으로부터 아브라함까지를 요약해서 증거하는 것을 봅니다. 여기까지 "여자의 후손"의 원줄기는, 아담 → 셋 → 노아 → 셈 → 아브라함으로 이어져 내려온 것입니다.

둘째 단원(28-34) 아브라함부터 야곱까지

둘째 단원은 아브라함부터 이스라엘 곧 야곱까지의 계보를 보여주고 있습니다.
⑤ "아브라함의 아들은 이삭과 이스마엘이라"(28).
㉠ 먼저 곁가지인, "이스마엘의 세계는 이러하니"(29-31) 하고,
㉡ 또 "아브라함의 첩 그두라의 낳은 아들은"(32-33), 이러 하니라 합니다.
⑥ 그런 후에 "아브라함이 이삭을 낳았으니 이삭의 아들은 에서와 이스라엘이더라"(34) 하고, 아브라함부터 이스라엘, 즉 야곱까지를 요약을 해줍니다. 그러니까 "여자의 후손"의 줄기는, 아담 → 셋 → 노아 → 셈 → 아브라함 → 이삭 → 이스라엘(야곱)로 이어져 내려온 것입니다.

셋째 단원(35-54) 에서의 후예와 에돔의 왕들

셋째 단원은 이삭의 쌍둥이 아들 중 먼저 곁가지인 에서의 계보를 말하는 내용입니다.
⑦ "에서의 아들은 엘리바스와 르우엘과 여우스와 얄람과 고라요"(35-37) 하고, 에서의 후예들을 말합니다.
⑧ 그런데 주목하게 되는 것은 후손들의 계보만을 말하는 것이 아니

라, "이스라엘 자손을 치리하는 왕이 있기 전에 에돔 땅을 다스린 왕이
이러 하니라"(43) 하고, 왕들을 열거하고 있다는 점입니다. 이는 창세기
36:31절의 인용인데 이렇게 말씀하는 의도가 무엇인가?

ㄱ 이는 "이스라엘과, 에돔"을 대조하는 관점에서 한 말입니다. 43-
54절 안에는 에돔의 여덟 왕과, 족장 11명이 등장하는데 선민 이스라엘
은 애굽에서 430년 동안 종살이를 하는 동안, 곁가지인 에돔 족속들은
왕국을 이루고 흥왕하였음을 말씀해주고 있는 것입니다. 이는 리브가의
모태로부터 다투던 에돔 족속이 대대로 이스라엘을 대적(對敵)하게 될
것이 암시되어 있는 것입니다.

ㄴ 이점에서 이스라엘을 선민으로 택하신 구속사적 의미에 대해서
한 말씀 부언을 하겠습니다. 이스라엘을 선민(選民)으로 택하신 시점
(時點)을 언제로 보아야만 하는가? 넓은 의미에서는 아브라함을 택하신
때로부터 볼 수도 있지만, "이스라엘"이라는 이름은 야곱에서 비롯된
것입니다. 하나님은 하란에서 돌아오는 야곱에게, "네 이름이 야곱이다
마는 네 이름을 다시는 야곱이라 부르지 않겠고 이스라엘이 네 이름이
되리라 하시고, 생육하며 번성하라 국민과 많은 국민이 네게서 나고 왕
들이 네 허리에서 나오리라"(창 35:10-11) 하셨습니다. 그러니까 "이스
라엘 민족"의 시조(始祖)는 야곱이란 말입니다.

ㄷ 그 이전의 창세기 3-11장까지는 별도의 선민이 없이 인류 전체
를 대상으로 하고 있습니다. 그런데 야곱의 12아들을 통해서 선민(選
民) "이스라엘"이라는 민족이 태동하게 되었고, 12지파 중에서 유다 지
파를 통해서 그리스도가 오시게 됩니다. 이점에서 이스라엘을 선민으로
택하신 이유가 드러나는데, 첫째는 "하나님의 말씀을 맡았음이니라"(롬
3:2) 한, 말씀 즉, 구약성경을 기록하여 보존하여 물려주기 위함이요,
둘째는, "구원이 유대인에게서 남이니라"(요 4:22) 한 그리스도를 보내
실 계통을 삼기 위해서입니다. "말씀을 맡아" 전해주지 않았다면 그리

스도가 오셨어도 예수가 그리스도이심을 입증할 증거를 상실하게 되었
을 것입니다.

ⓓ 그 후로는 그리스도의 구속으로 말미암아 이스라엘과 이방인이
라는 벽이 무너지게 되어, "하나님은 홀로 유대인의 하나님뿐이시뇨 또
이방인의 하나님은 아니시뇨 진실로 이방인의 하나님도 되시느니라 할
례자도 믿음으로 말미암아 또는 무할례자도 믿음으로 말미암아 의롭다
하실 하나님은 한 분이시니라"(롬 3:29-30) 하고, 하나로 합해지게 되는
것입니다.

ⓜ 그러면 구속사라는 맥락에서 보면 아브라함은 어떤 위치(位置)
에 있는 인물인가? 이스라엘과 이방인을 막론하고 "모든 믿는 자의 조
상"(祖上)이라고 말씀합니다. 이점을 로마서 4:16-18절에서는, "아브라
함은 하나님 앞에서 우리 모든 사람의 조상(祖上)이라(16), 내가 너를
많은 민족(民族)의 조상으로 세웠다(17), 네 후손이 이 같으리라 하신
말씀대로 많은 민족(民族)의 조상이 되게 하려 하심을 인함이라"(18) 하
고, 세 번이나 강조하고 있습니다. 이제는 "오직 너희는 택하신 족속이
요 왕 같은 제사장들이요 거룩한 나라요 그의 소유된 백성이니"(벧전 2:
9) 하고, 모든 그리스도인들이 택하신 족속이고 왕 같은 제사장이라 하
십니다. 역대기를 상고하는 우리들도 이 영광스러운 정체성을 잊지 말
아야만 하겠습니다.

⑨ 묵상해보겠습니다.

ⓙ 아담으로부터 아브라함까지 이어져 내려온 여자의 후손의 계보
에 대해서,

ⓛ 구속사의 맥락에서 아브라함과 야곱의 조상됨에 대해서,

ⓒ 에돔의 왕들을 거론하는 의도에 대해서.

역대상 2장 개관도표
주제 : 야곱→유다지파→다윗을 낳으니라

이 스 라 엘 ↓ 다 윗	**1-17** 1 **이스라엘의 아들은 이러하니** ① 르우벤과 시므온과 레위와 유다와 잇사갈과 스불론과 2 단과 요셉과 베냐민과 납달리와 갓과 아셀이더라 3 **유다의 아들은** 에르와 오난과 셀라니 이 세 사람은 가나안 사람 수아의 딸이 유다로 말미암아 낳은 자요 유다의 맏아들 에르는 여호와 보시기에 악하였으므로 여호와께서 죽이셨고 4 유다의 며느리 다말이 유다로 말미암아 **베레스**와 세라를 낳았으니 유다의 아들이 모두 다섯이더라 5 베레스의 아들은 **헤스론**과 하물이요 6, 세라의 아들은 시므리와 에단과 헤만과 갈골과 다라니 모두 다섯 사람이요 7, 가르미의 아들은 아갈이니 저는 마땅히 멸할 물건으로 인하여 이스라엘을 괴롭게 한 자며 8 에단의 아들은 아사랴더라 9, 헤스론의 낳은 아들은 여라므엘과 **람**과 글루베라 10 람은 **암미나답**을 낳았고 암미나답은 **나손**을 낳았으니 나손은 유다 자손의 방백이며 11 나손은 **살마**를 낳았고 살마는 **보아스**를 낳았고 1,2 보아스는 **오벳**을 낳았고 오벳은 **이새**를 낳았고 13 이새는 맏아들 엘리압과 둘째로 아비나답과 셋째로 시므아와 14, 네째로 느다넬과 다섯째로 랏대와 15 여섯째로 오셈과 일곱째로 ③ **다윗을 낳았으며** 16 저희의 자매는 스루야와 아비가일이라 스루야의 아들은 아비새와 요압과 아사헬 삼형제요 17 아비가일은 아마사를 낳았으니 아마사의 아비는 이스마엘 사람 예델이었더라
헤 스 론 자 손 의 주 도 적 인 역 할	**18-55** 18 **헤스론의 아들** 갈렙이 그 아내 아수바와 여리옷에게서 아들을 낳았으니 그 낳은 아들은 예셀과 소밥과 아르돈이며 19 아수바가 죽은 후에 갈렙이 또 에브랏에게 장가 들었더니 에브랏이 그로 말미암아 훌을 낳았더라 20 ④ **훌은 우리를 낳았고 우리는 브사렐을 낳았더라** 21, 그 후에 헤스론이 육십세에 길르앗의 아비 마길의 딸에게 장가들어 동침하였더니 저가 **헤스론으로** 말미암아 스굽을 낳았으며 22, 스굽은 야일을 낳았고 야일은 길르앗 땅에서 스물 세 성읍을 가졌더니 23, ⑤ **그술과 아람이 야일의 성읍들과 그낫과 그 성들** **모두 육십을 그들에게서 빼앗았으며** 저희는 다 길르앗의 아비 마길의 자손이었더라 24, 헤스론이 갈렙 에브라다에서 죽은 후에 그 아내 아비야가 그로 말미암아 아스훌을 낳았으니 아스훌은 드고아의 아비더라 25 **헤스론의 맏아들 여라므엘의 아들은** 맏아들 람과 그 다음 브나와 오렌과 오셈과 아히야며 26 여라므엘이 다른 아내가 있었으니 이름은 아다라라 저는 오남의 어미더라 27, 여라므엘의 맏아들 람의 아들은 마아스와 야민과 에겔이요 28, 오남의 아들들은 삼매와 야다요 삼매의 아들은 나답과 아비술이며 29 아비술의 아내의 이름은 아비하일이라 저가 그로 말미암아 아반과 몰릿을 낳았으며 30, 나답의 아들은 셀렛과 압바임이라 셀렛은 아들이 없이 죽었고 31, 압바임의 아들은 이시요 이시의 아들은 세산이요 세산의 아들은 알래요 32 삼매의 아우 야다의 아들은 예델과 요나단이라 예델은 아들이 없이 죽었고 33 요나단의 아들은 벨렛과 사사라 여라므엘의 자손은 이러하며 34 세산이 아들이 없고 딸 뿐이라 그에게 야르하라 하는 애굽 종이 있는고로 35 딸을 그 종 야르하에게 주어 아내를 삼게 하였더니 저가 그로 말미암아 앗대를 낳았고 36 앗대는 나단을 낳았고 나단은 사밧을 낳았고 37, 사밧은 에블랄을 낳았고 에블랄은 오벳을 낳았고 38 오벳은 예후를 낳았고 예후는 아사랴를 낳았고 39, 아사랴는 헬레스를 낳았고 헬레스는 엘르아사를 낳았고 40 엘르아사는 시스매를 낳았고 시스매는 살룸을 낳았고 41, 살룸은 여가마를 낳았고 여가먀는 엘리사마를 낳았더라 42 여라므엘의 아우 갈렙의 아들 곧 맏아들은 메사니 십의 아버지요 그 아들은 마레사니 헤브론의 아비며 43 헤브론의 아들은 고라와 답부아와 레겜과 세마라 44, 세마는 라함을 낳았으니 라함은 요르그암의 아비며 레겜은 삼매를 낳았고 45, 삼매의 아들은 마온이라 마온은 벳술의 아비며 46 갈렙의 첩 에바는 하란과 모사와 가세스를 낳았고 하란은 가세스를 낳았으며 47 야대의 아들은 레겜과 요단과 게산과 벨렛과 에바와 사압이며 48, 갈렙의 첩 마아가는 세벨과 디르하나를 낳았고 49 또 막만나의 아비 사울을 낳았고 또 막베나와 기브아의 아비 스와를 낳았으며 갈렙의 딸은 악사더라 50 갈렙의 자손 곧 에브라다의 맏아들 훌의 아들은 이러하니 ⑥ **기럇여아림의 아비 소발과 51 베들레헴의 아비 살마와 벧가델의 아비 하렙이라** 52 기럇여아림의 아비 소발의 자손은 하로에와 므누홋 사람의 절반이니 53, 기럇여아림 족속들은 이델 족속과 붓 족속과 수맛 족속과 미스라 족속이라 이로 말미암아 소라와 에스다올 두 족속이 나왔으며 54 살마의 자손들은 베들레헴과 느도바 족속과 아다롯벳요압과 마하낫 족속의 절반과 소라 족속과 55 야베스에 거한 서기관 족속 곧 디랏 족속과 시므앗 족속과 수갓 족속이니 이는 다 레갑의 집 조상 함맛에게서 나온 겐 족속이더라

야곱→유다지파→다윗을 낳으니라

¹³⁻¹⁵이새는 맏아들 엘리압과 둘째로 아비나답과 세째로 시
므아와 넷째로 느다넬과 다섯째로 랏대와 여섯째로 오셈과
일곱째로 다윗을 낳았으며.

　　1장에서 9장까지 전개되는 족보에 있어서 핵심은 2장이라 할 수가
있습니다. 왜냐하면 "다윗을 낳았으며"(15) 하고, 역대상의 중심인물인
다윗에게로 초점(焦點)이 모아지고 있기 때문입니다. 1장은, "아브라함
이 이삭을 낳았으니 이삭의 아들은 에서와 이스라엘이더라"(1:34) 한
후에 "에서의 아들은" 하고, 에서의 족속과, 왕들과, 족장을 진술함으로
끝을 맺었습니다. 이제 2장은, "이스라엘의 아들은 이러하니"(2:1) 하고,
초점을 "이스라엘"에 맞추어 본격적으로 야곱의 자손들이 어떻게 번성
해나갔는가를 진술하고 있는 것입니다.

　　도표를 보시면 "이스라엘의 아들은 이러하니"를 중심으로 첫째 단원
은, ① 우선적으로 야곱의 열두 아들을 말하고, ② 열두 아들 중 초점

을 "유다의 아들은" 하고 유다로 모아지면서, ③ 그 계열에서 "다윗을 낳았으며" 합니다. 둘째 단원은 초점이 유다의 손자인 "헤스론"의 자손들에게 맞춰져 있는데, ④ 중요한 인물 "훌, 브사렐을 낳았더라" 말씀하고, ⑤ 가나안 정복 당시 "23성읍, 60성읍을 빼앗았으며", ⑥ "기럇여아림의 아비, 베들레헴의 아비"라고 말함으로 가나안을 정복할 당시 헤스론의 자손들이 주도적인 역할을 했음을 드러내고 있습니다.

첫째 단원(1-17) **이스라엘→다윗까지의 계보**
둘째 단원(18-55) **헤스론 자손의 주도적인 역할**

주제(主題) : 야곱→유다지파→다윗을 낳으니라

㉠ 1장 계보의 중심점은 "아브라함"에 있고, 2장 계보의 중심점은 "다윗"입니다. "아브라함과, 다윗"은 구속사라는 산맥(山脈)에 우뚝 솟은 두 봉우리라 할 수가 있는데, 신약성경은 "아브라함과 다윗의 자손 예수 그리스도의 세계라"(마 1:1) 하고 시작이 됩니다. 이는 아브라함과 다윗에게 언약하신 그리스도가 "예수"로 오셨음을 선언하는 말인 것입니다. 그래서 이를 입증하기 위해서 족보를 제시하고 있는 것입니다.

㉡ 2장의 족보는 "이스라엘의 아들은 이러 하니라"(1) 하고, 시작이 됩니다. 먼저 주목하게 되는 것은 역대기 기자는 야곱이라 부르지 않고 하나님께서 명명(命名)하신, "이스라엘"(1:34, 43, 2:1)이라고 부르고 있다는 점입니다. 이는 무심한 일이 아닙니다. "아브라함 → 이삭 → 야곱"으로 이어진 계보가, 야곱이 애굽으로 내려갈 때까지는 "야곱"이라는 한 가문(家門)에 불과하였으나 애굽에 머물게 하신 430년 동안 번성케 하셔서 출애굽 할 당시는 "이스라엘"이라는 민족(民族)으로 발전했음을 드러내기 위해서인 것입니다.

ⓒ "야곱"하면, "야곱은 사랑하고 에서는 미워하였다"(말 1:2, 롬 9:12) 한 "택함"의 대명사입니다. 역대기 기자는 이스라엘이 선민(選民)이 된 뿌리를 말해주고 있는 것입니다. 또한 12아들을 말한 후에 초점은 "유다의 아들은"(3) 하고, 유다 지파로 모아지고, 유다 지파 중에서 "이새는, 다윗을 낳았으며"(13, 15) 하고 "다윗"에게로 모아집니다. "택하심을 따라 되는 하나님의 뜻"(롬 9:11)은 이스라엘의 열두 지파 중, 유다 지파를 택하시고 그 유다지파에서 그리스도의 예표의 인물인 다윗 왕이 나게 하신 것을 보여주고 있는(28:4) 것입니다.

ⓓ 그리고 18절 이하에서는 유다 → 베레스 → 헤스론으로 이어지는 "헤스론"의 자손들에게 초점을 맞추고 있는데, 헤스론은 주님의 족보에도 올라있는 인물로써 유다 지파 중에서 가장 번창하였고, 가나안을 정복할 당시에 주도적인 역할을 했기 때문입니다.

첫째 단원(1-17) 이스라엘→다윗까지의 계보

"이스라엘의 아들은 이러하니"(1상),

① "르우벤과 시므온과 레위와 유다와 잇사갈과 스불론과 단과 요셉과 베냐민과 납달리와 갓과 아셀이더라"(1하-2) 하고, 열두 아들의 이름을 진술합니다. 이들이 다름 아닌 구약교회를 이루게 될 열두 족장들이기 때문입니다. 이는 마치 신약교회가 열두 사도로 시작이 되었다는 점과 상응합니다.

② 그리고는 곧바로 "유다의 아들은"(3상) 하고, 넷째 아들인 유다를 언급하는 의도가 무엇이겠는가?

ⓐ 야곱은 임종 머리에서 열두 아들에게 "너희의 후일에 당할 일을 내가 너희에게 이르리라", 즉 예언하리라 했는데 당시는 하나님께서 족

장들을 선지자로 삼으셔서 예언케 하셨던 것입니다. 그런데 "홀이 유다를 떠나지 아니하며 치리자의 지팡이가 그 발 사이에서 떠나지 아니하시기를 실로가 오시기까지 미치리니"(창 49:1, 10) 하고 예언을 했던 것입니다.

ⓛ 이 예언은 크게 두 마디로 되어 있는데, 첫째는 유다 지파를 통해서 왕위가 계승될 것과, 둘째는 유다 지파를 통해서 그리스도가 나시게 될 것이라는 말씀입니다. 이점을 구약의 성도들은 알고 있었습니다.

> 이스라엘이 애굽에서 나오며
> 야곱의 집이 방언이 다른 민족에게서 나올 때에
> 유다는 여호와의 성소(聖所)가 되고
> 이스라엘은 그의 영토(領土)가 되었도다 (시 114:1-2) 합니다.

유다가 여호와의 성소(聖所)가 되었다는 것은 하나님께서 유다 지파 중에 계셨다는 뜻인데, 그러므로 출애굽 당시 행진할 때에도 "수두(首頭)로 유다 자손 진기"(민 10:14)가 인도하라 명하셨던 것입니다. 이는 무엇을 말씀해주고 있느냐 하면 광야교회 당시도 그리스도가 선두(先頭)에서 인도하셨음을 나타냅니다. 시편 기자는 이를 알고 감격해 하고 있는 것입니다.

ⓒ "유다의 아들은 에르와 오난과 셀라니 이 세 사람은 가나안 사람 수아의 딸이 유다로 말미암아 낳은 자요 유다의 맏아들 에르는 여호와 보시기에 악하였으므로 여호와께서 죽이셨고 유다의 며느리 다말이 유다로 말미암아 베레스와 세라를 낳았으니 유다의 아들이 모두 다섯이더라"(3-4) 합니다. 이 기사가 창세기 38장에 수록이 되어 있습니다. 어떤 마음이 드십니까? 열두 아들 중 유다가 그리스도가 오실 계통으로 선택을 받았다는 것이 자신의 공로나 자격으로 된 것이 아니라는 점을 적나

라하게 드러내고 있는 것입니다. 성경은 말씀합니다. "그런즉 자랑할
데가 어디뇨 있을 수가 없느니라 무슨 법으로냐 행위로냐 아니라 오직
믿음의 법으로니라"(롬 3:27). 그리고 이것은 우리들의 이야기입니다.

ⓒ 유다와 며느리 다말의 불륜으로 태어난 자가 쌍둥이 베레스와
세라요, "베레스의 아들은 헤스론과 하물이요 세라의 아들은 시므리와
에단과 헤만과 갈골과 다라니 모두 다섯 사람이요 가르미의 아들은 아
갈이니 저(아간)는 마땅히 멸할 물건으로 인하여 이스라엘을 괴롭게 한
자며 에단의 아들은 아사랴더라"(5-8) 합니다.

ⓓ 이점에서 "유다 → 베레스 → 헤스론"의 계보를 염두에 두어야함
은 둘째 단원이 "헤스론"에게 초점이 맞춰져 있기 때문입니다. "헤스론
의 낳은 아들은 여라므엘과 람과 글루배라 람은 암미나답을 낳았고 암
미나답은 나손을 낳았으니 나손은 유다 자손의 방백이며 나손은 살마를
낳았고 살마는 보아스를 낳았고 보아스는 오벳을 낳았고 오벳은 이새를
낳았고 이새는 맏아들 엘리압과 둘째로 아비나답과 세째로 시므아와 네
째로 느다넬과 다섯째로 랏대와 여섯째로 오셈과"(9-15상),

③ "일곱째로 다윗을 낳았으며"(15하) 하고, 초점이 다윗에게로 모아
집니다.

㉠ "유다 → 베레스"의 족보는, 룻기 4:18-22절과, 마태복음 1:3-6절
과 일치하고 있습니다. 유다를 클로즈업 시키고 있는 것은, 유다 지파
에서 다윗이 왕이 되었다가 그 왕위가, "주 하나님께서 그 조상 다윗의
위를 저에게 주시리니 영원히 야곱의 집에 왕 노릇하실 것이며 그 나라
가 무궁하리라"(눅 1:32-33) 하고, 그리스도로 이어지기 때문입니다.

㉡ 이런 맥락에서 구속사의 관점으로 보면 이스라엘의 초대 왕은
다윗인 것입니다. 왜냐하면 사울은 베냐민 지파(삼상 9:1) 출신이요,
"너희의 구한 왕, 너희의 택한 왕"(삼상 12:13)이라고 사람이 세운 왕이
라고 말씀하고 있기 때문입니다. 룻기는 사사기와 사무엘상 가운데 끼

어있는 연골과 같은 역할을 하고 있는데 "이새는 다윗을 낳았더라(룻 4:
22) 하고 마치고 있습니다. 다윗은 이새의 막내아들입니다. 그럼에도
불구하고 "이새는 다윗을 낳았더라" 하는 것은 하나님은 왕이 없던 사
사시대에 "왕"을 준비하고 계셨는데 그가 다윗임을 드러내기 위해서인
것입니다. 이점이 사무엘에게, "너를 베들레헴 사람 이새에게로 보내리
니 이는 내가 그 아들 중에서 한 왕을 예선(豫選)하였음이니라"(삼상 16
:1) 한 말씀이 뒷받침해줍니다.

둘째 단원(18-55) 헤스론 자손의 주도적인 역할

둘째 단원은 "헤스론의 아들"(18상)은 하고, "헤스론"에 초점을 맞추
고 있는데, 이렇게 하고 있는 의도는 유다 지파 중에서 헤스론의 족속
들이 가장 번창하고 주도적인 역할을 했기 때문입니다. 또한 구속사가,
"유다 → 베레스 → 헤스론 → 람 → 아미나답 → 나손 → 살몬 → 보아스
→ 오벳 → 이새 → 다윗"으로 이어지는 계보라는 점입니다.

④ 우선적으로 헤스론의 계보에서, "훌은 우리를 낳았고 우리는 브살
렐을 낳았더라"(20) 하고, 성막을 세우는데 중요하게 쓰임을 받은 "브살
렐"을 드러내고 있습니다.

㉠ 여호와께서 모세에게 말씀하시기를, "내가 유다 지파 훌의 손자
요 우리의 아들인 브사렐을 지명하여 부르고 하나님의 신을 그에게 충
만하게 하여 지혜와 총명과 지식과 여러 가지 재주로"(출 31:1-3) 법궤,
향단, 번제단, 물두멍 등을 만들게 하셨던 것입니다. 그리고 "훌"은 아
말렉과의 싸움에서 모세의 피곤한 손을 붙들어 줌으로 승리케 한 훌(출
17:12)과 동일 인물로 여겨집니다.

⑤ 다윗의 조상이요 곧 그리스도의 족보에 올라 있는 헤스론의 자손

들은 가나안을 정복할 당시에도, "23성읍을 가졌더니(22), 60을 그들에게서 빼앗았으며"(23) 하고, 주도적인 역할을 했던 점을 드러내고 있습니다.

ㄱ 본문을 보시면 헤스론의 자손들이 이처럼 유력하게 될 수 있었던 것은 그들이 왕성하게 번성했기 때문입니다. "이스라엘 자손은 생육이 중다하고 번식하고 창성하고 심히 강대하여 온 땅에 가득하게 되었더라"(출 1:7) 말씀하는데, 그 중에 유다 지파가 제일 많이 번성했고, 유다 지파 중에서는 헤스론의 자손들이 번성했다는 것입니다. 20세 이상으로 싸움을 나갈만한 자를 계수하였을 때에도 1, 2차 모두 유다 지파가 절대 다수를 차지하고 있었고, 그리하여 가나안을 정복할 때에 가장 크게 쓰임을 받았음을 드러내고 있습니다.

⑥ 또한 "갈렙의 자손 곧 에브라다의 맏아들 훌의 아들은 이러하니 기럇여아림의 아비 소발과 베들레헴의 아비 살마와 벧가델의 아비 하렙이라"(50-51) 합니다.

ㄱ 여기 "기럇여아림의 아비, 베들렘헴의 아비"라고 말씀하는데, 이는 가나안을 정복할 당시 그 도성을 최초로 정복했음을 의미합니다. 그리하여 인명(人名)과 지명(地名)이 동일하게 나타나는 것을 볼 수가 있습니다. 이는 유다 지파, 그 중에서도 헤스론의 자손들이 출애굽으로부터 약속의 땅 가나안을 정복하기까지 중요하게 쓰임을 받았음을 말씀해줍니다.

ㄴ 이를 드러내는 의도는 분명합니다. 포로에서 귀환한 자들 대부분이 유다 지파 자손들이요, 그리하여 그 계보를 자세히 밝혀줌으로 자신의 뿌리를 찾고, 정체성을 확립시켜주기 위해서인 것입니다. 정체성의 문제는 현대교회 성도들에게도 더욱 절실한 문제입니다. 어찌하여 "그의 나라와 그의 의"는 망각한 체 자기중심적인 기복(祈福)주의에 빠지게 되는가? 정체성을 모르기 때문입니다. 형제는 자신의 신분(身分)

과 지위(地位)와 위치(位置)와 사명(使命)에 확고하게 서 있습니까?

⑦ 묵상해보겠습니다.

   ㉠ 야곱을 이스라엘로 부르는 의도에 대해서,

   ㉡ 초점을 다윗에게로 모아가고 있는 역대상의 주제에 대해서,

   ㉢ 베레스의 아들 헤스론의 자손들을 부각시키고 있는 점에 대해서.

역대상 3장 개관도표
주제 : 다윗으로부터 포로에서 귀환까지의 계보

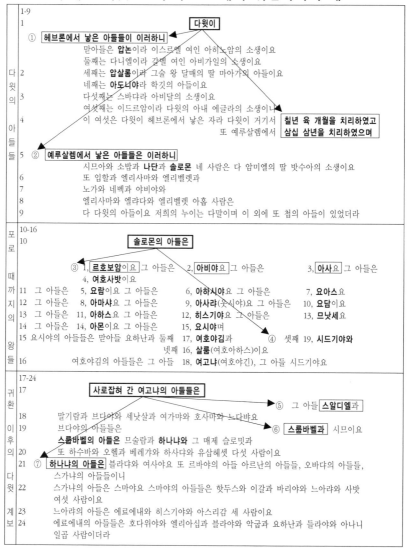

1-9

1

다윗이

① 헤브론에서 낳은 아들들이 이러하니

맏아들은 **암논**이라 이스르엘 여인 아히노암의 소생이요

둘째는 다니엘이라 갈멜 여인 아비가일의 소생이요

2 세째는 **압살롬**이라 그술 왕 달매의 딸 마아가의 아들이요

네째는 **아도니야**라 학깃의 아들이요

3 다섯째는 스바댜라 아비달의 소생이요

여섯째는 이드르암이라 다윗의 아내 에글라의 소생이니

4 이 여섯은 다윗이 헤브론에서 낳은 자라 다윗이 거기서 **칠년 육 개월을 치리하였고** 또 예루살렘에서 **삼십 삼년을 치리하였으며**

5 ② 예루살렘에서 낳은 아들들은 이러하니

시므아와 소밥과 **나단**과 **솔로몬** 네 사람은 다 암미엘의 딸 밧수아의 소생이요

6 또 입할과 엘리사마와 엘리벨렛과

7 노가와 네벡과 야비야와

8 엘리사마와 엘랴다와 엘리벨렛 아홉 사람은

9 다 다윗의 아들이요 저희의 누이는 다말이며 이 외에 또 첩의 아들이 있었더라

다윗의아들들

10-16

10 솔로몬의 아들은

③ 1, **르호보암**이요 그 아들은 2, **아비야**요 그 아들은 3, **아사**요 그 아들은 4, **여호사밧**이요

11 그 아들은 5, **요람**이요 그 아들은 6, **아하시야**요 그 아들은 7, **요아스**요

12 그 아들은 8, **아마샤**요 그 아들은 9, **아사랴(웃시야)**요 그 아들은 10, **요담**이요

13 그 아들은 11, **아하스**요 그 아들은 12, **히스기야**요 그 아들은 13, **므낫세**요

14 그 아들은 14, **아몬**이요 그 아들은 15, **요시야**며

15 요시야의 아들들은 맏아들 요하난과 둘째 17, **여호야김**과 ④ 셋째 19, **시드기야**와

넷째 16, **살룸(여호아하스)**이요

16 여호야김의 아들들은 그 아들 18, **여고냐(여호야긴)**, 그 아들 시드기야요

포로때까지의왕들

17-24

17 사로잡혀 간 여고냐의 아들은 ⑤ 그 아들 **스알디엘**과

18 말기람과 브다야와 세낫살과 여가먀와 호사마와 느다뱌요

19 브다야의 아들들은 ⑥ **스룹바벨과** 시므이요

스룹바벨의 아들은 므술람과 **하나냐**와 그 매제 슬로밋과

20 또 하수바와 오헬과 베레갸와 하사댜와 유삽헤셋 다섯 사람이요

21 ⑦ **하나냐의 아들은** 블라댜와 여사야와 또 르바야의 아들 아르난의 아들들, 오바댜의 아들들, 스가냐의 아들들이니

22 스가냐의 아들은 스마야요 스마야의 아들들은 핫두스와 이갈과 바리야와 느아랴와 사밧 여섯 사람이요

23 느아랴의 아들은 에료에내와 히스기야와 아스리감 세 사람이요

24 에료에내의 아들들은 호다위야와 엘리아십과 블라야와 악굽과 요하난과 들라야와 아나니 일곱 사람이더라

귀환이후의다윗계보

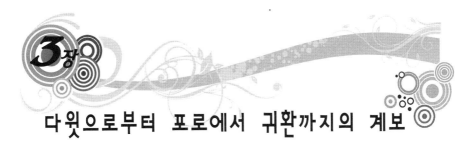

다윗으로부터 포로에서 귀환까지의 계보

[10]솔로몬의 아들은 르호보암이요 그 아들은 아비야요 그
아들은 아사요 그 아들은 여호사밧이요.

 1-2장의 계보를 요약을 하면, ① 아담으로부터 시작하여 아브라함까
지(1:1-27), ② 아브라함에서 이스라엘(야곱)까지(1:28-54), ③ 이스라엘
(야곱)로부터 다윗까지(2:1-55)로 이어져 내려왔습니다. 그리고 3장은
"다윗이"(1) 하고 시작함으로 그 초점이 다윗에게로 맞춰짐을 보게 됩
니다. 이렇게 하는 의도는 포로에서 귀환한 남은 자들에게 하나님께서
다윗에게 세워주신 언약을 상기시킴으로 격려와 용기를 주기 위해서인
것입니다. 이점을 시편에서는, "내 언약을 파하지 아니하며 내 입술에
서 낸 것도 변치 아니 하리로다 내가 나의 거룩함으로 한번 맹세하였은
즉 다윗에게 거짓을 아니할 것이라"(시 89:34-35) 하고 말씀합니다.
 도표를 보시면 첫째 단원은 "다윗"을 중심으로, ① 먼저 헤브론에서

7년 동안 왕 노릇할 때에 낳은 아들들을 말하고, ② 다음으로 예루살렘에서 낳은 아들들을 말합니다. 둘째 단원은 "솔로몬"을 중심으로, ③ 왕국이 바벨론에 의하여 멸망하기까지의 계승(繼承)된 왕들을 열거하고 있는데, 1대 "르호보암"으로 시작하여, ④ 19대 "시드기야"로 마치고 있습니다. 셋째 단원은 "사로잡혀간 여고냐"를 중심으로, ⑤ "그 아들 스알디엘"과, ⑥ 1차로 귀환할 때에 인도자였던 손자 "스룹바벨"이 등장합니다. ⑦ 그 이후의 계보는 약 400년간의 신구약 중간시대를 말해주고 있습니다.

첫째 단원(1-9) **다윗의 아들들**
둘째 단원(10-16) **포로 때까지의 왕들**
셋째 단원(17-24) **귀환 이후의 계보**

주제(主題) : 다윗으로부터 포로에서 귀환까지의 계보

㉠ 3장의 계보는 사무엘하와 열왕기 상하의 역사를 보여주고 있습니다. 중요한 점은 이러한 역사를 반복해서 기록케 하신 주의 마음입니다. 사무엘과 열왕기의 관점이, "이렇게 해서 망했다" 하는 경고로 기록이 되었다면, 역대기는 "그럼에도 불구하고 하나님은 구원계획을 중단하시지 않으시고 회복시켜주셨다" 하는 소망을 말해주기 위해서입니다.
㉡ 그러므로 다윗에게 모아졌던 족보의 초점은 다윗에게서 멈추는 것이 아니라, "다윗이 헤브론에서 낳은 아들들이 이러하니"(1상) 하고, 또다시 계보는 진행(進行)을 하고 있는 것입니다. 이는 무엇을 말해주고 있느냐 하면, 하나님께서 계시하시려는 궁극적인 인물이 다윗이 아니라 그는 예표의 인물임을 나타냅니다. 하나님은 예루살렘이 멸망한 후에 에스겔 선지자를 통해서, "내가 한 목자를 그들의 위에 세워 먹이

게 하리니 그는 내 종 다윗이라 그가 그들을 먹이고 그들의 목자가 될 지라 나 여호와는 그들의 하나님이 되고 내 종 다윗은 그들 중에 왕이 되리라 나 여호와의 말이니라"(겔 34:23-24) 하셨습니다.

ⓒ 또 말씀하시기를, "내 종 다윗이 영원히 그 왕이 되리라 내가 그 들과 화평의 언약을 세워서 영원한 언약이 되게 하고 또 그들을 견고하 고 번성케 하며 내 성소를 그 가운데 세워서 영원히 이르게 하리니"(겔 37:25-26) 하고 약속하셨습니다. 약 400년 전에 죽은 다윗이 "목자(牧 者)가 되고 영원한 왕"(王)이 되리라는 예언은, 다윗을 예표로 한 메시 아 예언이 명백한 것입니다.

ⓓ 그러므로 본문에는 1차 귀환 때에 "남은 자"를 인도하여온 "스룹 바벨"의 이름이 등장하는데, 스룹바벨은 다윗의 왕위가 포로기에 어떻 게 이어져 내려왔는가 하는 맥(脈)을 이어주는 중요한 위치를 점하고 있습니다. 하나님은 예루살렘이 멸망하기 직전에 세움 받은 18대 왕 여 고냐를 향해서, "여호야김의 아들 너 고니야가 나의 오른손의 인장반지 라 할지라도 내가 빼어, 느부갓네살의 손에 줄 것이라"(렘 22:24-25) 하 고 선언하십니다. 그렇다면 다윗의 왕위는 끊어지고 언약은 폐하여진단 말인가? 아닙니다. 포로 귀환 후에 세움을 받은 학개 선지자를 통해서 말씀하시기를, "나 만군의 여호와가 말하노라 스알디엘의 아들 내 종 스룹바벨아 나 여호와가 말하노라 그 날에 내가 너를 취하고 너로 인 (印)을 삼으리니 이는 내가 너를 택하였음이니라 만군의 여호와의 말이 니라"(학 2:23) 하고, 인장반지, 즉 왕통이 스룹바벨로 이어질 것을 말 씀하십니다.

ⓔ 그러므로 스룹바벨은 마태복음에 기록되어 있는 주님의 족보에 도 등장하는데, 이는 그리스도에게서 성취될 예언이요, 스룹바벨은 예 표의 인물이라는 점입니다. 구약시대 내내 계속되어오던 제사제도를 폐 하시고 자기 아들을 세상 죄를 지고 가는 어린양으로 삼으셔서 단번에

성취케 하신 하나님은, 계승되어 내려오던 "조상 다윗의 위(位)를 저(그리스도)에게 주시리니 영원히 야곱의 집에 왕 노릇하실 것이며 그 나라가 무궁하리라"(눅 1:32-33) 하고, 그리스도에게로 귀결(歸結)이 되는 것입니다.

첫째 단원(1-9) 다윗의 아들들

① "다윗이 헤브론에서 낳은 아들들이 이러하니"(1상),

㉠ 구속사에 있어서 끼어든 왕인 사울이 죽자 다윗이 바로 통일된 왕이 된 것이 아닙니다. "그 후에 다윗이 여호와께 물어 가로되 내가 유다 한 성으로 올라가리이까? 여호와께서 가라사대 올라가라. 다윗이 가로되 어디로 가리이까? 헤브론으로 갈지니라"(삼하 2:1). 그리하여 헤브론에서 유다를 7년 6개월 다스린 것입니다. 남은 지파들은 사울의 아들 이스보셋이 왕이 되어 두 해 동안 다스렸다(삼하 2:10)고 말씀합니다. "사울의 집과 다윗의 집 사이에 전쟁이 오래매 다윗은 점점 강하여 가고 사울의 집은 점점 약하여 가니라"(삼하 3:1) 합니다.

㉡ 이때에 "헤브론에서 나온 아들들이 이러하니 맏아들은 암논이라 이스르엘 여인 아히노암의 소생이요 둘째는 다니엘이라 갈멜 여인 아비가일의 소생이요 셋째는 압살롬이라 그술 왕 달매의 딸 마아가의 아들이요 넷째는 아도니야라 학깃의 아들이요 다섯째는 스바댜라 아비달의 소생이요 여섯째는 이드르암이라 다윗의 아내 에글라의 소생이니 이 여섯은 다윗이 헤브론에서 낳은 자라 다윗이 거기서 칠년 육 개월을 치리하였고 또 예루살렘에서 삼십 삼년을 치리하였으며"(1-4) 합니다.

② 그런 후에 "예루살렘에서 낳은 아들들은 이러하니 시므아와 소밥과 나단과 솔로몬 네 사람은 다 암미엘의 딸 밧수아의 소생이요"(5) 하

고, 다윗에게서 "솔로몬"으로 이어지고 있는데, 밧수아란 밧세바를 가리킵니다.

ㄱ "또 입할과 엘리사마와 엘리벨렛과 노가와 네벡과 야비야와 엘리사마와 엘랴다와 엘리벨렛 아홉 사람은 다 다윗의 아들이요 저희의 누이는 다말이며 이 외에 또 첩의 아들이 있었더라"(6-9) 합니다.

둘째 단원(10-16) 포로 때까지의 왕들

③ "솔로몬의 아들은"(10상) 합니다.

ㄱ 이는 하나의 분기점이 되는 말씀인데 왜냐하면 다윗 → 솔로몬까지가 통일왕국이요, 아들 대로부터는 분열왕국이 되기 때문입니다. ㉮ 우리는 앞에서 창세기 49:10절의 예언과, 룻기서에서 하나님의 예비하심(룻 4:22, 삼상 16:1)과는 달리, 이스라엘의 초대 왕으로 베냐민 지파 사울이 끼어든 것을 언급했습니다. ㉯ 사울이 죽은 후에도 사울의 집과 다윗의 집 사이에 전쟁이 오래 계속되었음도 보았습니다. ㉰ 이토록 어렵게 세워진 통일왕국이 100년을 지키지 못하고 분열왕국이 되었던 것입니다.

ㄴ 그 원인이 무엇인가? 성전을 건축하고 일천 번제를 드렸던 솔로몬이 메시아언약을 버리고 우상을 숭배하는 데까지 타락했기 때문입니다. 그럼에도 불구하고 하나님은, "오직 내가 이 나라를 다 빼앗지 아니하고 나의 종 다윗과 나의 뺀 예루살렘을 위하여 한 지파를 네 아들에게 주리라"(왕상 11:13) 하심으로, 다윗에게 언약하신 메시아의 왕위는 끊어짐이 없이 남쪽 유다 왕국을 통해서 계승되어 왔던 것입니다.

ㄷ "솔로몬의 아들은 르호보암이요 그 아들은 아비야요 그 아들은 아사요 그 아들은 여호사밧이요 그 아들은 요람이요 그 아들은 아하시

야요"(10-11상) 합니다. 지금 다윗의 왕위가 어떻게 계승되어 내려왔는 가를 말씀하는 중인데 여기서 집고 넘어가야할 점이 있습니다. 도표에 표시된 대로 "아하시야"는 남쪽 유다의 6대 왕입니다. 그러면 7대 왕이 누군가 하는 점입니다. "아달랴"라고 말하는 것을 보게 되는데 이는 시정(是正)이 되어야 마땅합니다. 왜냐하면 "아달랴"는 유다 지파 다윗의 자손이 아니라, 아합과 이세벨의 딸입니다. 유다 왕 여호사밧이 북 이스라엘과의 화합정책을 위해서 아합의 딸을 자부로 맞이했던 것입니다. 그런데 자기 아들(아하시야)이 죽자 "왕의 씨를 진멸"(대하 22:10) 하고 자신이 왕 위에 오른 자인데 그를 다윗 왕의 계보에 올릴 수가 있단 말인가?

　ㄹ 그런 중에서도 하나님은 한 살 난 왕의 씨(다윗의 자손) 요아스를 남겨주셔서 6년을 성전에 숨겨두고 양육하게 하심으로 왕위가 끊어지지 않게 하셨는데 그러므로 본문도 "아달랴"는 배제(排除)한 체, "그 아들은 요아스요"(11하) 하고, 아하시야에서 요아스로 계승되었다고 말씀하고 있는 것입니다. 이점에서도 부언해야할 말씀이 있습니다. 요아스는 7살에 왕위에 올랐는데 그가 장성하자 자신을 6년이나 숨겨주었던, "여호와의 전을 버리고" 우상을 섬기고, 이를 책망하는 은인의 아들 스가랴를 여호와의 전 뜰 안에서 돌로 쳐 죽였기(대하 24:18, 20-21) 때문입니다. "사람은 다 거짓되되 오직 하나님은 참되시다 할지어다"(롬 3:4) 하고 말할 것밖에는 없는 것입니다.

　④ "그(요아스) 아들은 아마샤요 그 아들은 아사랴요 그 아들은 요담이요 그 아들은 아하스요 그 아들은 히스기야요 그 아들은 므낫세요 그 아들은 아몬이요 그 아들은 요시야며 요시야의 아들들은 맏아들 요하난과 둘째 여호야김과 세째 시드기야와 네째 살룸이요 여호야김의 아들들은 그 아들 여고냐, 그 아들 시드기야요"(12-16) 합니다.

　ㄱ 북 왕국은 19대인 호세아 왕 때에 앗수르에 멸망을 하고, 남 왕

국도 19대(아달랴 제외)인 시드기야 왕 때에 바벨론에 의하여 멸망을 당했는데 여기에는 차별이 있습니다. 첫째로 다른 점은, 남 왕국은 19대 중 8명 정도는 선한 왕이었으나 북 왕국은 선한 왕이 한 명도 없었다는 점입니다. 둘째는, 남 왕국은 다윗의 왕위가 끊어지지 않고 계승이 되었으나 북 왕국은 대부분이 반역으로 인하여 왕위가 단절이 되었다는 점입니다. 셋째는 결정적으로 다른 점인데 북 왕국은 영영 돌아오지 못하고 흩어졌으나, 남 왕국은 포로 중에도 다윗의 왕위가 이어져 나갔으며 "남은 자"를 있게 하셔서 돌아오게 하셨다는 점입니다. 이는 시작하신 구원계획을 완성하시려는 하나님의 주권적인 은혜로 말미암아 가능하여진 것입니다.

셋째 단원(17-24) 귀환 이후의 계보

⑤ "사로잡혀간 여고냐의 아들들은"(17상) 합니다.

㉠ 여기서 말하는 "여고냐"는 여호야긴이라고도 하는데, 마지막으로 선한 왕 요시아의 손자입니다. 멸망을 당할 때에 사로잡혀간 왕은 시드기야인데 그는 요시아의 아들로 바벨론에 의하여 왕위가 손자에서 삼촌에게로 역류(逆流)를 하게 된 것으로, 정통적인 왕위 계승은,

⑥ "요시아 → 아들 여호야김 → 손자 여고냐(여호야긴) → 증손 스알디엘 → 현손 스룹바벨"(마 1:11-12)로 이어져 내려가는 것이 정통(正統)을 유지하는 것이 됩니다.

㉠ 본문 17-19절은 이를 보여주고 있는데 이 부분은 마태복음에 수록된 계보와 일치합니다. 그런데 그 이후에 등장하는 계보는 일치하지 않고 있습니다. 그 원인으로는 그 기간이 혼란기였고, 이스라엘 민족의 계보는 계대결혼, 양자 등 복잡한 양상으로 이어지고 있기 때문에 보는

자의 관점에 따라 다르기 때문으로 여겨집니다.

　⑦ 어떻든 18-24절에 등장하는 사람들은 다윗의 자손으로 그 계보가
끊어짐이 없이 그리스도에게로 이어지고 있다는 점은 분명하다 하겠습
니다. 그리고 서두에서 족보를 밝히고 있는 목적은 첫째는 다윗의 왕위
가 폐하여진 것이 아니라는 점과, 포로에서 귀환한 자들의 뿌리를 찾아
줌으로 정체성을 확립시켜주기 위함이라는 점입니다.

　⑧ 묵상해보겠습니다.

　　㉠ 다윗이 헤브론에서 왕 노릇하게 된 배경에 대해서,

　　㉡ 분열왕국이 된 원인과 유다 왕국을 남겨주심에 대해서,

　　㉢ 침입자 "아달랴"를 열왕에서 제외시키고 있는 점에 대해서.

역대상 4장 개관도표
주제 : 녹명된 유다와 시므온의 자손들

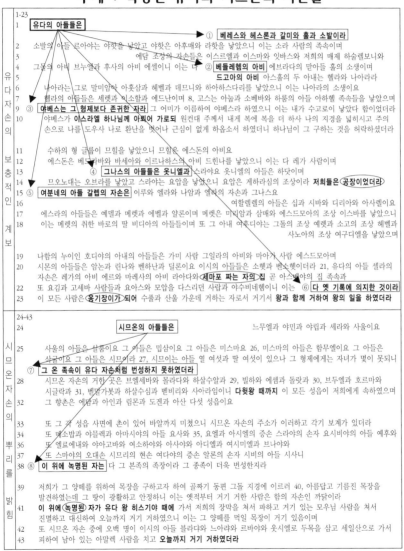

유다자손의 보충적인 계보

1-23

1 유다의 아들들은 ─────► ① 베레스와 헤스론과 갈미와 훌과 소발이라

2 소발의 아들 르아야는 야핫을 낳고 야핫은 아후매와 라핫을 낳았으니 이는 소라 사람의 족속이며

3 에담 조상의 자손들은 이스르엘과 이스마와 잇바스와 저희의 매제 하슬렐보니와

4 그들의 아비 브누엘과 후사의 아비 에셀이니 이는 다 ② 베들레헴의 아비 에브라다의 맏아들 훌의 소생이며

5 드고아의 아비 아스훌의 두 아내는 헬라와 나아라라

6 나아라는 그로 말미암아 아훗삼과 헤벨과 데므니와 하아하스다리를 낳았으니 이는 나아라의 소생이요

7 헬라의 아들들은 세렛과 이소할과 에드난과 8, 고스는 아눕과 소베바와 하룸의 아들 아하헬 족속을 낳았으며

9 ③ 야베스는 그 형제보다 존귀한 자라 그 어미가 이름을 야베스라 하였으니 이는 내가 수고로이 낳았다 함이었더라

10 야베스가 이스라엘 하나님께 아뢰어 가로되 원컨대 주께서 내게 복에 복을 더 하사 나의 지경을 넓히시고 주의 손으로 나를 도우사 나로 환난을 벗어나 근심이 없게 하옵소서 하였더니 하나님이 그 구하는 것을 허락하셨더라

11 수하의 형 글룹이 므힐을 낳았으니 므힐은 에스돈의 아비요

12 에스돈은 베드라바와 바세아와 이르나하스의 아비 드힌나를 낳았으니 이는 다 레가 사람이며

13 ④ 그나스의 아들들은 옷니엘과 스라야요 옷니엘의 아들은 하닷이며

14 므오노대는 오브라를 낳고 스라야는 요압을 낳았으니 요압은 게하라심의 조상이라 저희들은 공장이었더라

15 ⑤ 여분네의 아들 갈렙의 자손은 이루와 엘라와 나암과 엘라의 자손과 그나스요

16 여할렐렘의 아들은 십과 시바와 디리아와 아사렐이요

17 에스라의 아들들은 예델과 메렛과 에벨과 얄론이며 메렛은 미리암과 삼매와 에스드모아의 조상 이스바를 낳았으니

18 이는 메렛의 취한 바로의 딸 비디아의 아들들이며 또 그 아내 여후디야는 그돌의 조상 예렛과 소고의 조상 헤벨과 사노아의 조상 여구디엘을 낳았으며

19 나함의 누이인 호디야의 아내의 아들들은 가미 사람 그일라의 아비와 마아가 사람 에스드모아며

20 시몬의 아들들은 암논과 린나와 벤하난과 딜론이요 이시의 아들들은 소헷과 벤소헷더라 21, 유다의 아들 셀라의 자손은 레가의 아비 에르와 마레사의 아비 라아다와 세마포 짜는 자의 집 곧 아스베아의 집 족속과

22 또 요김과 고세바 사람들과 요아스와 모압을 다스리던 사람과 야수베네헴이니 이는 ⑥ 다 옛 기록에 의지한 것이라

23 이 모든 사람은 옹기장이가 되어 수풀과 산울 가운데 거하는 자로서 거기서 왕과 함께 거하여 왕의 일을 하였더라

시므온자손의 뿌리를 밝힘

24-43

24 시므온의 아들들은 느무엘과 야민과 야립과 세라와 사울이요

25 사울의 아들은 살룸이요 그 아들은 밉삼이요 그 아들은 미스마요 26, 미스마의 아들은 함무엘이요 그 아들은 삭굴이요 그 아들은 시므이 27, 시므이는 아들 열 여섯과 딸 여섯이 있으나 그 형제에게는 자녀가 몇이 못되니 ⑦ 그 온 족속이 유다 자손처럼 번성하지 못하였더라

28 시므온 자손의 거한 곳은 브엘세바와 몰라다와 하살수알과 29, 빌하와 에셈과 돌랏과 30, 브두엘과 호르마와 시글락과 31, 벧말가봇과 하살수심과 벧비리와 사아라임이니 다윗왕 때까지 이 모든 성읍이 저희에게 속하였으며

32 그 향촌은 에담과 아인과 림몬과 도겐과 아산 다섯 성읍이요

33 또 그 각 성읍 사면에 촌이 있어 바알까지 미쳤으니 시므온 자손의 주소가 이러하고 각기 보계가 있더라

34 또 메소밥과 야믈렉과 아마시야의 아들 요사와 35, 요엘과 아시엘의 증손 스라야의 손자 요시비야의 아들 예후와

36 또 엘료에내와 야아고바와 여소하야와 아사야와 아디엘과 여시미엘과 브나야와

37 또 스마야의 오대손 시므리의 현손 여다야의 증손 알론의 손자 시비의 아들 시사니

38 ⑧ 이 위에 녹명된 자는 다 그 본족의 족장이라 그 종족이 더욱 번성한지라

39 저희가 그 양떼를 위하여 목장을 구하고자 하여 골짜기 동편 그돌 지경에 이르러 40, 아름답고 기름진 목장을 발견하였는데 그 땅이 광활하고 안정하니 이는 옛적부터 거기 거한 사람은 함의 자손인 까닭이라

41 이 위에 녹명된 자가 유다 왕 히스기야 때에 가서 저희의 장막을 쳐서 파하고 거기 있는 모우님 사람을 쳐서 진멸하고 대신하여 오늘까지 거기 거하였으니 이는 그 양떼를 먹일 목장이 거기 있음이며

42 또 시므온 자손 중에 오백 명이 이시의 아들 블라댜와 느아랴와 르바야와 웃시엘로 두목을 삼고 세일산으로 가서

43 피하여 남아 있는 아말렉 사람을 치고 오늘까지 거기 거하였더라

녹명된 유다와 시므온의 자손들

³⁸이 위에 녹명 된 자는 다 그 본족의 족장이라 그 종족이
더욱 번성한지라.

4장부터 8장까지는 선민 "이스라엘"을 형성한 12지파의 계보를 밝혀
주고 있는 내용입니다. 4장은 최우선적으로 유다 지파로부터 시작하여,
유다 지경에 붙어살았던 시므온 지파의 계보를 밝혀주고 있습니다. 근
거로는 "이는 다 옛 기록에 의지한 것이라"(22) 합니다. 1-3장이 다윗
왕국의 정통성과 언약의 계승을 밝혀주는데 초점을 맞췄다면, 4-8장은
각 지파에 속해있는 개인의 뿌리를 찾아주는데 초점이 맞춰져 있다 하
겠습니다. 그래서 "옛 기록에 의지한 것"이라는 신빙성과, "이 위에 녹
명(錄名)된 자"(38, 41)라는 말을 두 번이나 내세우고 있는 것입니다.

도표를 보시면 첫째 단원은 "유다의 아들들"을 중심으로, ① 유다의
직계인 "베레스와 헤스론과 갈미와 훌과 소발"을 말하고, ② "이는 베들

레헴의 아비, 드고아의 아비"라 칭함으로 베들레헴, 드고아를 정복한 창설자임을 밝힙니다. ③ 그런 중에 "야베스는 그 형제보다 존귀한 자라" 하면서, ④ 가나안을 정복할 때에 혁혁한 공을 세운, "옷니엘"과, ⑤ "갈렙의 자손"을 밝혀주면서, ⑥ "이는 다 옛 기록에 의지한" 믿을만한 것임을 말씀합니다. 둘째 단원은 "시므온의 아들들"을 중심으로, ⑦ "그 온 족속이 유다 자손처럼 번성하지 못하였더라" 하면서, ⑧ "이 위에 녹명된 자는 다 그 본족의 족장이라" 합니다.

첫째 단원(1-23) **유다 자손의 보충적인 계보**
둘째 단원(24-43) **시므온 자손의 뿌리를 말함**

주제(主題) : 녹명된 유다와 시므온의 자손들

㉠ 먼저 형제에게 질문을 드려야만 하겠습니다. 장황한 족보로 시작이 되는 역대기를 대하면서 어떤 마음이 드십니까? 우선 지루하고 무의미하고 나와는 상관이 없다는 마음이 들어서, "통과"하고 싶지 않습니까? 그러면 이 명단 중에 형제의 조상의 이름이나, 형제 자신의 이름이 기록이 되었다면 어떻겠습니까? 온 가문이 가보(家寶)로 여겨서 자랑을 하면서 소중하게 간직하게 될 것입니다.

㉡ 그리고 이 질문은 가상(假想)이 아니라 적실성이 있는 진실(眞實)이라는 점입니다. 성경 마지막 책은, "죽임을 당한 어린양의 생명책에 창세 이후로 녹명되지 못하고 이 땅에 사는 자들은 다 짐승에게 경배하리라"(계 13:8), 즉 구원에 참여할 수 없다고 말씀합니다. 그리고 사도 바울은, "복음에 나와 함께 힘쓰던 저 부녀들을 돕고 또한 글레멘드와 그 외에 나의 동역자들을 도우라 그 이름들이 생명책에 있느니라"(빌 4:3) 합니다.

ⓒ 문제는 바벨론 포로에서 귀환한 자들은 남왕국 유다 자손들인데 다른 지판의 계보를 밝혀주는 의도가 무엇인가 하는 점입니다. 역대기에는 이에 대한 정보를 제공해주는 말씀들이 있습니다. 통일왕국이 분열왕국이 되어 열 지파가 다윗의 집, 즉 하나님께서 다윗에게 세워주신 언약을 배신하고 떨어져 나갔을 때에도, "이스라엘 모든 지파 중에 마음을 오로지 하여 이스라엘 하나님 여호와를 구하는 자들이 레위 사람을 따라 예루살렘에 이르러 그 열조의 하나님 여호와께 제사하고자 한지라"(대하 11:16) 합니다. 이 외에도 "(북쪽) 이스라엘 사람들이 아사의 하나님 여호와께서 그와 함께 하심을 보고 (남쪽 유대나라) 아사에게로 돌아오는 자가 많았음이더라"(대하 15:9) 합니다.

ⓓ 그러므로 이에 대한 예언의 말씀이 있습니다. 하나님은 포로 중에 세움을 받은 에스겔 선지자에게, "인자야 너는 막대기 하나를 취하여 그 위에 유다와 그 짝 이스라엘 자손이라 쓰고 또 다른 막대기 하나를 취하여 그 위에 에브라임의 막대기 곧 요셉과 그 짝 이스라엘 온 족속이라 쓰고 그 막대기들을 서로 연합(聯合)하여 하나가 되게 하라 네 손에서 둘이 하나가 되리라"(겔 37:16-17) 하셨습니다.

ⓔ 이로 보건대 포로에서 귀환한 "남은 자들" 중에는 유다 지파 자손들뿐만이 아니라 "마음을 오로지 하여 이스라엘 하나님 여호와를 구하는" 각 지파 족속들이 섞여있었을 것입니다. 그러니까 분열왕국이 징벌을 통해서 하나로 통합이 되었다는 말씀입니다. 그러므로 포로에서 귀환한 자들이 제2성전을 건축한 후에, "이스라엘 지파의 수를 따라 수염소 열둘로 이스라엘 전체(全體)를 위하여 속죄제를 드렸다"(스 6:17)하고 말씀합니다. 이들의 뿌리를 밝혀줌으로 "우리는 하나"라는 공동체의식을 심어주어야 할 필요가 있었기 때문일 것입니다. "마음의 눈"(엡 1:18)으로 보십시오. 명단 가운데는 형제의 이름도 분명히 들어있을 것입니다.

첫째 단원(1-23) **유다 자손의 보충적인 계보**

① "유다의 아들들은 베레스와 헤스론과 갈미와 훌과 소발이라"(1) 합니다.

㉠ 유다의 자손들은 2:3절 이하에서 이미 밝힌 바입니다. 그런데 2 장은 "다윗을 낳았으며"(2:15) 하고, 다윗의 정통성을 밝히는데 초점을 맞추었고, 본장에서는 이때에 빠진 계보를 보충적으로 밝혀주고 있는 것입니다.

㉡ 포로에서 귀환한 자들의 급선무는 보계를 찾는 일이었습니다. 이점이 "델멜라와 델하르사와 그룹과 앗단과 임멜에서 올라온 자가 있으나 그 종족과 보계가 이스라엘에 속하였는지는 증거할 수 없으니"(스 2:59)에 나타납니다. 심지어 "이 사람들이 보계 중에서 자기 이름을 찾아도 얻지 못한 고로 저희를 부정하게 여겨 제사장의 직분을 행치 못하게"(스 2:62) 하였다고 전합니다.

㉢ 그러므로 "소발의 아들 르아야는 야핫을 낳았고 야핫은 아후매와 라핫을 낳았으니 이는 소라 사람의 족속이며 에담 조상의 자손들은 이스르엘과 이스마와 잇바스와 저희의 매제 하술렐보니와 그돌의 아비 브누엘과 후사의 아비 에셀이니"(2-4상) 하고 보계를 밝혀주어야 할 필요가 있었던 것입니다.

② 보계뿐만이 아니라, "이는 다 베들레헴의 아비 에브라다의 맏아들 훌의 소생이며 드고아의 아비 아스훌의 두 아내는 헬라와 나아라라"(4 하5) 하고, 베들레헴을 정복하고, 드고아를 정복하여 창건(創建)한 자임을 가리키는 "아비"라는 업적도 밝혀주고 있는 것입니다.

③ 이런 맥락에서, "야베스는 그 형제보다 존귀한 자라 그 어미가 이름 하여 야베스라 하였으니 이는 내가 수고로이 낳았다 함이었더라"(9) 합니다.

㉠ 야베스가 어떤 점에서 형제보다 존귀한 자였는가에 대해서는 말씀하고 있지 아니합니다. 2:55절에는 "야베스에 거한 서기관 족속"이라는 말씀이 있는데, 당시는 지명(地名)을 정할 때에 "다윗 성"이라 하듯 인명(人名)을 좇아 부른 경우가 많이 있었습니다. 그렇다면 야베스는 학문과 신앙이 뛰어난 "하나님을 경외"하는 존귀한 자였으리라고 여겨집니다. "야베스가 이스라엘 하나님께 아뢰어 가로되 원컨대 주께서 내게 복에 복을 더 하사 나의 지경을 넓히시고 주의 손으로 나를 도우사 나로 환난을 벗어나 근심이 없게 하옵소서 하였더니 하나님이 그 구하는 것을 허락하셨더라"(10) 합니다. "허락하셨다"는 것은, 그를 받아주시고 인정해주셨다는 의미이기도 합니다. 이를 대하는 그의 자손들이 얼마나 자랑스러워했을 것인가? 또한 격려가 되어서 경건한 삶을 살았을 것입니다.

④ 계보 중에서 "그나스의 아들은 옷니엘과 스라야요 옷니엘의 아들은 하닷이며"(13) 하는 "옷니엘"을 대하게 되는데,

㉠ 가나안을 정복할 당시 갈렙이 말하기를, "기럇세벨을 쳐서 그것을 취하는 자에게는 내가 내 딸 악사를 아내로 주리라"(수 15:16) 하여, 갈렙의 사위가 된 용사입니다. 그 후에 옷니엘은 40년 동안이나 이스라엘의 사사(삿 3:9-11)로 치리한 사람입니다. 이를 확인하게 된 그의 자손들은 얼마나 고무되었을 것인가!

⑤ 또한 "여분네의 아들 갈렙의 자손은"(15상) 하고, 그 계보를 밝혀 주고 있습니다.

㉠ 이점에서 혼동하지 말아야할 것은 2:18절의 "헤스론의 아들 갈렙"은, 2:9절의 "글루배"와 동일 인물로 본문의 "여분네의 아들 갈렙"이 아니라는 점입니다. 본문의 "갈렙"은 가데스 바네아에서 가나안을 정탐할 당시 유다 지파의 족장으로써 여호수아와 함께 하나님 편에 섰던 사람입니다.

ⓛ 당시에 하나님께서는 "오직 내 종 갈렙은 그 마음이 그들과 달라서 나를 온전히 좇았은즉 그의 갔던 땅으로 내가 그를 인도하여 들이리니 그 자손이 그 땅을 차지하리라"(민 14:24) 하고 약속하셨고, 땅을 분배할 때에, "그 날에 여호와께서 말씀하신 이 산지를 내게 주소서"(수 14:12) 함으로 헤브론과 그 일경을 기업으로 삼았던 것입니다.

ⓒ 여기에 함축되어 있는 구속사적 의미를 아시겠습니까? 가나안 땅을 분배할 때에 초미의 관심사는 유다 지파가 어느 지경을 분배받느냐에 모아지게 됩니다. 왜냐하면 그리스도는 유다 지파를 통해서 오실 것이 예언이 되어 있으므로, 유다 지파가 분배받는 그 땅이 바로 메시아가 탄생하실 땅이기 때문입니다. 그리하여 "베들레헴, 예루살렘" 등 그리스도가 태어나시고 죽으실 지역이 유다 지파의 기업이 되었던 것입니다. 하나님은 열 족장의 반역(叛逆)이라는 악을 선으로 바꾸셔서 그리스도가 탄생하실 무대를 계시(啓示)해주셨던 것입니다.

⑥ 역대기 기자는, "이는 다 옛 기록(記錄)에 의지한 것이라"(22하) 하고, 근거를 밝혀주고 있습니다.

㉠ 유대인의 특권이 무엇인지 아십니까? "범사에 많으니 첫째는 저희가 하나님의 말씀을 맡았음이니라"(롬 3:2) 합니다. 즉 하나님께 말씀을 받아 기록(記錄)하여, 보존(保存)하였다가, 전달해준 것이라는 말씀입니다. 이는 유대인의 최고의 업적입니다. 만일 구약성경을 기록하여 전해줌이 없었다면 "예수"가 그리스도이심을 증명(證明)할 근거를 상실한 것이 되고, 하나님께서 이루어 오신 구원계획도 알 길이 없었을 것입니다.

ⓛ 그러므로 이 기록은 믿을 만한 것이라는 뜻입니다. 그리고 여기에 이름이 녹명이 되었다는 것은 무엇과도 바꿀 수 없는 영광이라는 의미가 들어 있습니다. 한 가지 부언해야 할 점은, "이 모든 사람은 옹기장이가 되어 수풀과 산울 가운데 거하는 자로서 거기서 왕과 함께 거하

여 왕의 일을 하였더라"(23)는 기록입니다. "옹기장이"란 도자기를 만드는 장인들을 가리킵니다. 14절은 "저희들은 공장(工匠)이었더라", 즉 금속을 세공하는 자라 말씀하고, 21절은 "세마포 짜는 자"라 말씀합니다. 그런데 "왕과 함께 거하여 왕의 일을 하였더라" 말씀하고 있다면 이 일을 통해서 하나님의 나라건설에 헌신했다는 뜻이 되는 것입니다. 형제가 하고 있는 일이 아무리 보잘 것이 없어 보인다 하여도 이는 "그의 나라와 그의 의를 위한" 선한 사업이라는 각성이 있어야만 하는 것입니다.

둘째 단원(24-43) 시므온 자손의 뿌리를 말함

"시므온의 아들들은"(24상) 합니다.

㉠ 어찌하여 "시므온" 지파를 먼저 언급하고 있는가? 여호수아서에 의하면, "시므온 자손의 지파를 위하여 그 가족대로 제비를 뽑았으니 그 기업은 유다 자손의 기업 중에서라"(수 19:1), 즉 유다 지파가 분배받은 남쪽 브엘세바 지역을 나누어주었던 것입니다. 시므온 지파가 유다와 붙어 있었기 때문에 유다 다음으로 언급하고 있는 것입니다.

㉡ 그런데 "그 형제에게는 자녀가 몇이 못 되니 그 온 족속이 유다 자손처럼 번성하지 못하였더라"(27) 합니다. "자식은 여호와의 주신 기업이요 태의 열매는 그의 상급이로다"(시 127:3) 한 대로 자손이 번성한다는 것은 하나님의 축복이었던 것입니다. 그런데 시므온 지파는 유다 지파에 비해 번성하지 못했다는 것입니다.

㉢ 이점에서 주목해야할 점은, "이 위에 녹명된 자는 다 그 본족의 족장이라 그 종족이 더욱 번성한지라"(38) 한 "녹명"(錄名)이라는 말입니다. 41절에서도 "이 위에 녹명된 자"라고 말씀합니다.

㉠ 녹명이 되었다는 점이 얼마나 중요하고 영광스러운지 아십니까? 이사야 선지자는, "시온에 남아 있는 자, 예루살렘에 머물러 있는 자 곧 예루살렘에 있어 생존한 자 중 녹명된 모든 사람은 거룩하다 칭함을 얻으리니"(사 4:3) 합니다. 주님은 말씀하십니다. "귀신들이 너희에게 항복하는 것으로 기뻐하지 말고 너희 이름이 하늘에 기록된 것으로 기뻐하라"(눅 10:20). 그리스도인들은 환난과 시련 중에서도 이름이 생명책에 녹명된 것으로 기뻐하면서, 자손들에게 좋은 믿음의 유산을 남겨주어야 하겠다는 각성을 하게 합니다.

⑨ 묵상해보겠습니다.

㉠ "야베스, 옷니엘, 갈렙" 등이 자손에 물려준 믿음의 유산에 대해서,

㉡ "공장(工匠), 세마포 짜는 자, 옹기장이" 등의 헌신에 대해서,

㉢ "녹명된 자"라는 중요성과 영광스러움에 대해서,

㉣ 자신은 무엇을 하는 자로 기록이 될 것인가에 대해서.

역대상 5장 개관도표
주제 : 요단 동편 두 지파 반의 계보와 흥망

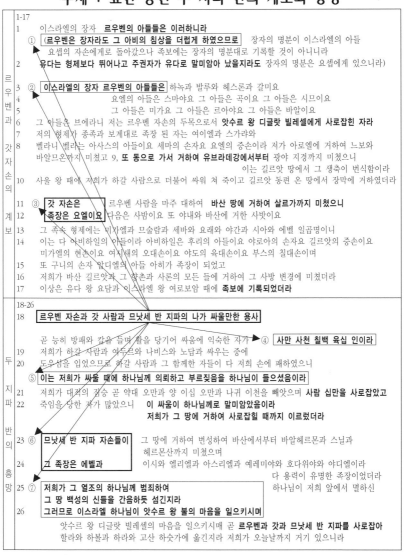

1-17

1 이스라엘의 장자 **르우벤의 아들들은 이러하니라**

① (르우벤은 장자라도 그 아비의 침상을 더럽게 하였으므로) 장자의 명분이 이스라엘의 아들
요셉의 자손에게로 돌아갔으나 족보에는 장자의 명분대로 기록할 것이 아니니라

2 유다는 형제보다 뛰어나고 주권자가 유다로 말미암아 났을지라도 장자의 명분은 요셉에게 있으니라)

3 ② 이스라엘의 장자 르우벤의 아들들은 하녹과 발루와 헤스론과 갈미요

4 요엘의 아들은 스마야요 그 아들은 곡이요 그 아들은 시므이요

5 그 아들은 미가요 그 아들은 르아야요 그 아들은 바알이요

6 그 아들은 브에라니 저는 르우벤 자손의 두목으로서 앗수르 왕 디글랏 빌레셀에게 사로잡힌 자라

7 저의 형제가 종족과 보계대로 족장 된 자는 여이엘과 스가랴와

8 벨라니 벨라는 아사스의 아들이요 세마의 손자요 요엘의 증손이라 저가 아로엘에 거하여 느보와
바알므온까지 미쳤고 9, 또 동으로 가서 거하여 유브라데강에서부터 광야 지경까지 미쳤으니
이는 길르앗 땅에서 그 생축이 번식함이라

10 사울 왕 때에 저희가 하갈 사람으로 더불어 싸워 죽이고 길르앗 동편 온 땅에서 장막에 거하였더라

11 ③ 갓 자손은 르우벤 사람을 마주 대하여 바산 땅에 거하여 살가까지 미쳤으니

12 족장은 요엘이요 다음은 사밤이요 또 야내와 바산에 거한 사밧이요

13 그 족속 형제에는 미가엘과 므술람과 세바와 요래와 야간과 시아와 에벨 일곱명이니

14 이는 다 아비하일의 아들이라 아비하일은 후리의 아들이요 야로아의 손자요 길르앗의 증손이요
미가엘의 현손이요 여시새의 오대손이요 야도의 육대손이요 부스의 칠대손이며

15 또 구니의 손자 압디엘의 아들 아히가 족장이 되었고

16 저희가 바산 길르앗과 그 향촌과 사론의 모든 들에 거하여 그 사방 변경에 미쳤더라

17 이상은 유다 왕 요담과 이스라엘 왕 여로보암 때에 족보에 기록되었더라

18-26

18 르우벤 자손과 갓 사람과 므낫세 반 지파의 나가 싸울만한 용사
곧 능히 방패와 칼을 들며 활을 당기어 싸움에 익숙한 자가 ④ 사만 사천 칠백 육십 인이라

19 저희가 하갈 사람과 여두르와 나비스와 노답과 싸우는 중에

20 도우심을 입었으므로 하갈 사람과 그 함께한 자들이 다 저희 손에 패하였으니
⑤ 이는 저희가 싸울 때에 하나님께 의뢰하고 부르짖음을 하나님이 들으셨음이라

21 저희가 대적의 짐승 곧 약대 오만과 양 이십 오만과 나귀 이천을 빼앗으며 사람 십만을 사로잡았고

22 죽임을 당한 자가 많았으니 이 싸움이 하나님께로 말미암았음이라
저희가 그 땅에 거하여 사로잡힐 때까지 이르렀더라

23 ⑥ 므낫세 반 지파 자손들이 그 땅에 거하여 번성하여 바산에서부터 바알헤르몬과 스닐과
헤르몬산까지 미쳤으며

24 그 족장은 에벨과 이시와 엘리엘과 아스리엘과 예레미야와 호다위야와 야디엘이라
다 용력이 유명한 족장이었더라

25 ⑦ 저희가 그 열조의 하나님께 범죄하여 하나님이 저희 앞에서 멸하신
그 땅 백성의 신들을 간음하듯 섬긴지라

26 그러므로 이스라엘 하나님이 앗수르 왕 불의 마음을 일으키시며
앗수르 왕 디글랏 빌레셀의 마음을 일으키시매 곧 르우벤과 갓과 므낫세 반 지파를 사로잡아
할라와 하볼과 하라와 고산 하숫가에 옮긴지라 저희가 오늘날까지 거기 있느니라

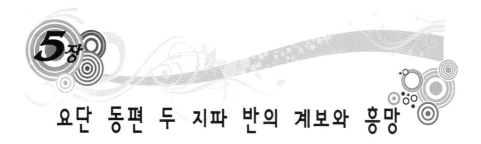

요단 동편 두 지파 반의 계보와 흥망

[25]저희가 그 열조의 하나님께 범죄하여 하나님이 저희 앞
에서 멸하신 그 땅 백성의 신들을 간음하듯 섬긴지라.

5장은 요단 동편에서 기업을 얻은 르우벤, 갓, 므낫세 반 지파의 계
보와 흥망성세를 진술하는 내용입니다. "그들이 야셀 땅과 길르앗 땅을
본즉 그곳은 가축에 적당한 곳인지라", 모세에게 "우리로 요단을 건너
지 않게 하소서"(민 32:1, 5) 하고 간청하여 요단 동편 모압 평지 길르
앗 땅에 눌러앉게 된 것입니다. "유다와 시므온" 지파에 이어서 이들 두
지파 반의 행적을 기술하는 의도는 다분히 경고적인 의미가 있다 하겠
습니다.

도표를 보시면 "르우벤 자손과 갓 사람과 므낫세 반 지파"를 중심으
로 첫째 단원은, ① 먼저 "르우벤은 장자라도 아비의 침상을 더럽게 하
였으므로 장자의 명분"이 요셉에게로 넘어가게 된 것을 말하고, ② "이

스라엘의 장자 르우벤"의 계보와, ③ "갓 자손"의 계보를 진술합니다. 둘째 단원은, ④ 두 지파 반의 싸움에 나갈만한 자가 "44,760인이라", ⑤ "저희가 싸울 때에 하나님께 의뢰하고 부르짖음을 하나님이 들으셨음이라", 그리하여 십만을 사로잡았다고 말씀합니다. ⑥ "므낫세 반 지파"의 계보를 진술한 후에, ⑦ 두 지파 반이 "그 열조의 하나님께 범죄하여, 그 땅 백성의 신들을 간음하듯 섬긴지라", 그리하여 도리어 앗수르에 사로잡혀가게 되었다고 마칩니다.

첫째 단원(1-17) **르우벤, 갓 지파의 계보**
둘째 단원(18-26) **두 지파 반의 흥망성쇠**

주제(主題) : 요단 동편 두 지파 반의 계보와 흥망

㉠ 4장을 진술하는 의도는 배경과 내용으로 볼 때에, 계보를 밝혀주는 것만이 아니라 포로에서 귀환한 1차 독자들에게 향한 경고성 메시지가 들어 있습니다. 먼저, 두 지파 반이 차지한 요단 동편에서 완강하게 저지하던 아모리 왕과 바산 왕을 정복한 구속사적 의미를 생각해보아야만 합니다. 이는 언약 백성들로 하여금 약속의 땅에 들어가지 못하게 하기 위한 사탄의 마지노선이라 말할 수가 있습니다. 만일 이를 격파하지 못했다면 약속의 땅에 들어가는 것이 좌절하게 되었을 것입니다. 그래서 시편에서는,

아모리인의 왕 시혼을 죽이신 이에게 감사하라
그 인자하심이 영원함이로다
바산 왕 옥을 죽이신 이에게 감사하라
그 인자하심이 영원함이로다(시 136:19-20),

하고 찬양을 합니다.

ⓛ 그런데 르우벤, 갓, 므낫세 반 지파는 "그곳은 가축(家畜)에 적당한 곳이라, 이 땅을 당신의 종들에게 산업으로 주시고 우리로 요단을 건너지 않게 하소서"(민 32:1, 5) 하고 청원을 했던 것입니다. 저들이 요구한 땅은 하나님께서 아브라함에게 언약한 약속의 땅이 아니라 언약 밖의 땅이었던 것입니다. 그러므로 저들의 요청과, "구하옵나니 나로 건너가게 하사 요단 저 편에 있는 아름다운 땅, 아름다운 산과 레바논을 보게 하옵소서"(신 3:25) 한 모세의 간구와 대조해서 생각해보시기를 바랍니다. "그곳은 가축에 적당한 곳"이지, 언약의 백성들에게 적당한 곳은 아니었던 것입니다.

ⓔ 그들의 초심(初心)은, "저희가 싸울 때에 하나님께 의뢰하고 부르짖음을 하나님이 들으셨음이라"(20), 그리하여 4만의 병력으로 대적 십만을 사로잡았다고 말씀합니다. 그러나 첫 단추를 잘못 꿴 저들이 배부르게 되자, "저희가 그 열조의 하나님께 범죄하여 하나님이 저희 앞에서 멸하신 그 땅 백성의 신들을 간음하듯 섬긴지라"(25) 합니다. 5장의 결말이 다른 장과 어떻게 다른가를 보십시오. "르우벤, 갓, 므낫세 반 지파를 사로잡아, 옮긴지라 오늘까지 거기 있으니라"(26하) 하고 마치고 있습니다. 이는 포로에서 귀환한 자들에게 큰 경종이 되었을 것입니다.

첫째 단원(1-17) 르우벤, 갓 지파의 계보

"이스라엘의 장자 르우벤의 아들들은 이러 하니라"(1상),

① "(르우벤은 장자라도 그 아비의 침상을 더럽게 하였으므로 장자의

명분이 이스라엘의 아들 요셉의 자손에게로 돌아갔으나 족보에는 장자의 명분대로 기록할 것이 아니니라"(1하) 합니다.

㉠ 역대기는 제사장적인 관점으로 모든 허물을 덮어주고 있는데 여기서는 르우벤이 "서모 빌하와 통간"(창 35:22) 한 사건을 드러냅니다. 그리하여 장자의 명분을 빼앗기어 요셉 지파로 돌아가게 되었다고 밝힙니다. 여기서 장자란 두 몫을 상속받게 되는 것을 가리키는데 그리하여 요셉 지파가 "에브라임과 므낫세" 두 지파로 기업을 받게 되었던 것입니다.

㉡ 그런데 본문은 여기서 끝이고 있는 것이 아니라, "유다는 형제보다 뛰어나고 주권자가 유다로 말미암아 났을지라도 장자의 명분은 요셉에게 있으니라)"(2) 합니다. "주권자가 유다로 말미암아 났다"는 것은 1차적으로는 이스라엘의 왕이 유다 지파를 통해서 나오게 됨을 가리키는 것이나, 궁극적으로는 "우리 주께서 유다로 좇아 나신 것이 분명하도다"(히 7:14) 한 그리스도가 나실 것을 가리킵니다. 이 맥락이 성경 마지막 책까지 이어지는데 계시록에서는 그리스도를, "유대 지파의 사자 다윗의 뿌리"(계 5:5)라고 말씀합니다. 이를 정리하면, ㉮ 혈통적인 장자는 르우벤이나, ㉯ 법률적인 장자는 요셉에게로 돌아갔고, ㉰ 아브라함, 이삭, 야곱에게 세워주신 언약의 장자 권은 유다 지파를 통해서 계승되었다는 것입니다.

② "이스라엘의 장자 르우벤의 아들들은"(3상),

㉠ "하녹과 발루와 헤스론과 갈미요 요엘의 아들은 스마야요 그 아들은 곡이요 그 아들은 시므이요 그 아들은 미가요 그 아들은 르아야요 그 아들은 바알이요 그 아들은 브에라니 저는 르우벤 자손의 두목으로서 앗수르 왕 디글랏 빌레셀에게 사로잡힌 자라"(3하-6) 하고, 앗수르에 의해서 사로잡혀가기까지의 계보를 밝혀주고 있습니다.

㉡ 그리고 "저가 아로엘에 거하여 느보와 바알므온까지 미쳤고 또

동으로 가서 거하여 유브라데강에서부터 광야 지경까지 미쳤으니 이는 길르앗 땅에서 그 생축이 번식함이라"(8하-9) 하고, 저들이 거하던 지경을 말해줍니다.

③ 그런 후에 "갓 자손은 르우벤 사람을 마주 대하여 바산 땅에 거하여 살르가까지 미쳤으니"(11) 하고, 갓 자손의 지경을 언급하면서, "족장은 요엘이요 다음은 사밤이요 또 야내와 바산에 거한 사밧이요"(12) 하고 계보를 밝혀줍니다.

㉠ "이상은 유다 왕 요담과 이스라엘 왕 여로보암 때에 족보에 기록되었더라"(17) 하고, 족보의 근거를 말해줍니다. 선민 이스라엘은 ㉮ 후사(後嗣)와, ㉯ 족보를 목숨같이 중히 여겼습니다. 족보에 이름이 녹명되지 못한 자를 부정한 자로 여겼고, 후사 없이 죽으면 언약 백성에서 끊어지는 것으로 여겼던 것입니다. 그래서 성경에는 족보가 많이 등장을 하고, 후사가 없이 죽은 형의 보계를 이어주기 위해서 동생이 형의 아내를 맞이하여 후사를 잇게 하는 계대결혼 제도가 생기게 된 것입니다.

㉡ 선민 이스라엘에게 이런 사상을 심어주신 분은 하나님이십니다. 이는 무엇을 말해주고 있느냐하면 사탄은 여자의 후손이 나지 못하도록 그 줄기를 끊으려하나 하나님은 그리스도가 나기까지 "후사"를 계승시키어 기어코 성취하시겠다는 의지를 나타냅니다. 이런 맥락에서 신약의 성도들도 자신의 이름이 생명책에 녹명이 되었다는 영적인 족보와, 믿음을 계승시켜나갈 후사문제에 비상한 관심을 기울려야 마땅하다 하겠습니다.

둘째 단원(18-26) 두 지파 반의 흥망성쇠

④ "르우벤 자손과 갓 사람과 므낫세 반 지파의 나가 싸울만한 용사

곧 능히 방패와 칼을 들며 활을 당기어 싸움에 익숙한 자가 사만 사천 칠백 육십 인이라"(18) 합니다.

㉠ "저희가 하갈 사람과 여두르와 나비스와 노답과 싸우는 중에 도우심을 입었으므로 하갈 사람과 그 함께한 자들이 다 저희 손에 패하였으니"(19-20상) 합니다. 소수로써 절대다수를 이긴 것입니다.

⑤ "이는 저희가 싸울 때에 하나님께 의뢰하고 부르짖음을 하나님이 들으셨음이라"(20하) 합니다.

㉠ 그리하여 "저희가 대적의 짐승 곧 약대 오만과 양 이십 오만과 나귀 이천을 빼앗으며 사람 십만을 사로잡았고 죽임을 당한 자가 많았으니"(21-22상) 합니다. 4만의 병력으로 수십만의 대적을 물리치고 10만을 포로로 사로잡았다는 것은 불가사의 한 싸움이라고 밖에는 설명할 길이 없는 것입니다. 그래서 본문은, "이 싸움이 하나님께로 말미암았음이라"(22하) 하는 것입니다.

⑥ "므낫세 반 지파 자손들이 그 땅에 거하여 번성하여 바산에서부터 바알헤르몬과 스닐과 헤르몬산까지 미쳤으며 그 족장은 에벨과 이시와 엘리엘과 아스리엘과 예레미야와 호다위야와 야디엘이라 다 용력이 유명한 족장이었더라"(23-24) 하고, 므낫새의 지경과 계보를 간단히 말한 후에,

⑦ 이처럼 시작은 좋았던, "저희가 그 열조의 하나님께 범죄하여 하나님이 저희 앞에서 멸하신 그 땅 백성의 신들을 간음하듯 섬긴지라"(25) 합니다.

㉠ 이는 육적으로는 정복을 했으나 영적으로는 도리어 정복을 당했음을 나타냅니다. 그 원인이 무엇인가? "그 땅 백성의 신들을 간음하듯 섬긴지라", 즉 우상숭배를 했기 때문입니다. 이점에서 "우상숭배"에 대한 교훈적인 의미가 아니라 신학적인 의미가 무엇인가에 확고해야만 합니다. "간음하듯"이라고 말씀합니다. 우상숭배란 남편을 버리고 다른

남자를 좇는 것과 같다는 것입니다.

ㄴ 주님은 "한 사람이 두 주인을 섬기지 못한다"(마 6:24) 하십니다. 그러므로 우상을 섬겼다는 것은 다름 아닌 "주인"(主人)을 바꿔치게 했다는 뜻입니다. 두 지파 반은 아브라함에게 세워주신 "메시아언약"을 에서가 팥죽 한 그릇에 장자의 명분을 팔아먹듯이 우상하고 바꿔치기를 했던 것입니다. 하나님은 그리스도를 통해서 천하 만민이 복을 얻게 하시려는데, 저들은 우상을 통해서 복을 받으려 한 것입니다. 이점이 "저희가 그 열조의 하나님께 범죄하여"(25상) 라는 표현 속에 나타납니다.

ㄷ 계시록에 등장하는 7교회 중에는, ㉮ "처음 사랑을 버린" 교회, ㉯ "살았다 하는 이름은 가졌으나 죽은" 교회, ㉰ "눈멀고 벌거벗은" 교회, ㉱ "행음하는" 교회 등이 있습니다. 이는 표현이 다를 뿐 모두가 복음을 잃어버린 상태를 가리킵니다. 이점이 주님께서 문밖에 서서 문을 두드린다는 말씀에 나타나고, 그래서 "촛대를 옮기리라, 토하여 내치리라, 살았다 하는 이름은 가졌으나 죽은 자로다" 하고 말씀하는 것입니다.

ㄹ "그러므로 이스라엘 하나님이 앗수르 왕 불의 마음을 일으키시며 앗수르 왕 디글랏 빌레셀의 마음을 일으키시매"(26상), 즉 앗수르를 "진노의 막대기"(사 10:5)로 사용하셔서, "곧 르우벤과 갓과 므낫세 반 지파를 사로잡아 할라와 하볼과 하라와 고산 하숫가에 옮긴지라 저희가 오늘날까지 거기 있으니라"(26) 하고, 르우벤의 범죄로 시작한 5장은 두 지파 반의 범죄의 결과로 마치고 있습니다.

ㅁ 10만을 포로로 사로잡았던 저들이 도리어 포로가 되어서 끌려갔다는 것입니다. 이렇게 된 결정적인 범죄는 윤리가 아닙니다. "열조의 하나님께 범죄"했다는 신학적인 오류, 곧 아브라함에게 세워주신 메시아언약을 배반했기 때문입니다. 포로에서 귀환한 자들이 이 말씀을 듣고는 경각심을 갖게 되었을 것입니다. 본장을 통해서 신구약시대를 막

론하고 구원은 그리스도 안에서만 가능하고, 멸망당하는 원인도 오직 그리스도를 배척하는데 있다는 점에 확고해야만 합니다.

⑧ 묵상해보겠습니다.

㉠ 르우벤의 장자 권이 요셉과 유다에게 주어진 것에 대해서,

㉡ 저들이 하나님께 의뢰했다는 첫 신앙에 대해서,

㉢ 열조의 하나님께 범죄했다는 신학적 의미에 대해서.

역대상 6:1-48절 개관도표
주제 : 제사장 지파인 레위자손의 계보와 직무

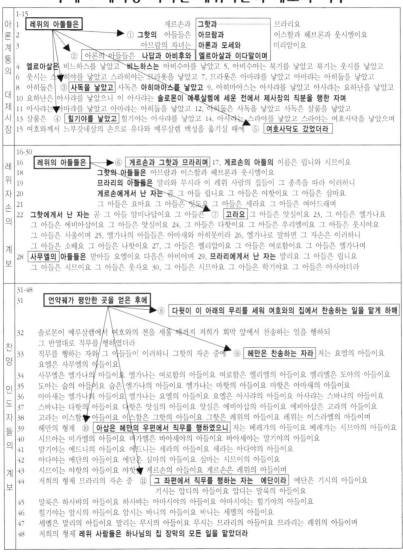

아론계통의 대제사장

1-15

1 레위의 아들들은   게르손과 **그핫과** 므라리요
2   ① 그핫의 아들들은 **아므람과** 이스할과 헤브론과 웃시엘이요
3   아므람의 자녀는 **아론과 모세와** 미리암이요
   ② 아론의 아들들은 **나답과 아비후와** **엘르아살과 이다말이며**
4 **엘르아살은** 비느하스를 낳았고 **비느하스는** 아비수아를 낳았고 5, 아비수아는 북기를 낳았고 북기는 웃시를 낳았고
6 웃시는 스라히야를 낳았고 스라히야는 므라욧을 낳았고 7, 므라욧은 아마랴를 낳았고 아마랴는 아히둡을 낳았고
8 아히둡은 ③ **사독을 낳았고** 사독은 **아히마아스를 낳았고** 9, 아히마아스는 아사랴를 낳았고 아사랴는 요하난을 낳았고
10 요하난은 아사랴를 낳았으니 이 아사랴는 **솔로몬이 예루살렘에 세운 전에서 제사장의 직분을 행한 자며**
11 아사랴는 아마랴를 낳았고 아마랴는 아히둡을 낳았고 12, 아히둡은 사독을 낳았고 사독은 살룸을 낳았고
13 살룸은 ④ **힐기야를 낳았고** 힐기야는 아사랴를 낳았고 14, 아사랴는 스라야를 낳았고 스라야는 여호사닥을 낳았으며
15 여호와께서 느부갓네살의 손으로 유다와 예루살렘 백성을 옮기실 때에 ⑤ **여호사닥도 갔었더라**

레위자손의 계보

16-30

16 레위의 아들들은 ⑥ **게르손과 그핫과 므라리며** 17, 게르손의 아들의 이름은 립니와 시므이요
18   **그핫의 아들들은** 아므람과 이스할과 헤브론과 웃시엘이요
19   **므라리의 아들들은** 말리와 무시라 이 레위 사람의 집들이 그 종족을 따라 이러하니
20   **게르손에게서 난 자는** 곧 그 아들 립니요 그 아들은 야핫이요 그 아들은 심마요
21   그 아들은 요아요 그 아들은 잇도요 그 아들은 세라요 그 아들은 여아드래며
22 **그핫에게서 난 자는** 곧 그 아들 암미나답이요 그 아들은 ⑦ **고라요** 그 아들은 앗실이요 23, 그 아들은 엘가나요
   그 아들은 에비아삽이요 그 아들은 앗실이요 24, 그 아들은 다핫이요 그 아들은 우리엘이요 그 아들은 웃시야요
   그 아들은 사울이며 25, 엘가나의 아들들은 아마새와 아히못이라 26, 엘가나로 말하면 그 자손은 이러하니
   그 아들은 소배요 그 아들은 나핫이요 27, 그 아들은 엘리압이요 그 아들은 여로함이요 그 아들은 엘가나며
28 **사무엘의 아들들은** 맏아들 요엘이요 다음은 아비야며 29, **므라리에게서 난 자는** 말리요 그 아들은 립니요
   그 아들은 시므이요 그 아들은 웃사요 30, 그 아들은 시므아요 그 아들은 학기야요 그 아들은 아사야더라

찬양인도자들의 계보

31-48

31 **언약궤가 평안한 곳을 얻은 후에**   ⑧ **다윗이 이 아래의 무리를 세워 여호와의 집에서 찬송하는 일을 맡게 하매**
32 솔로몬이 예루살렘에서 여호와의 전을 세울 때까지 저희가 회막 앞에서 찬송하는 일을 행하되
   그 반열대로 직무를 행하였더라
33 직무를 행하는 자와 그 아들들이 이러하니 그핫의 자손 중에 ⑨ **헤만은 찬송하는 자라** 저는 요엘의 아들이요
   요엘은 사무엘의 아들이요
34 사무엘은 엘가나의 아들이요 엘가나는 여로함의 아들이요 여로함은 엘리엘의 아들이요 엘리엘은 도아의 아들이요
35 도아는 숩의 아들이요 숩은 엘가나의 아들이요 엘가나는 마핫의 아들이요 마핫은 아마새의 아들이요
36 아마새는 엘가나의 아들이요 엘가나는 요엘의 아들이요 요엘은 아사랴의 아들이요 아사랴는 스바냐의 아들이요
37 스바냐는 다핫의 아들이요 다핫은 앗실의 아들이요 앗실은 에비아삽의 아들이요 에비아삽은 고라의 아들이요
38 고라는 이스할의 아들이요 이스할은 그핫의 아들이요 그핫은 레위의 아들이요 레위는 이스라엘의 아들이며
39 헤만의 형제 ⑩ **아삽은 헤만의 우편에서 직무를 행하였으니** 저는 베레갸의 아들이요 베레갸는 시므아의 아들이요
40 시므아는 미가엘의 아들이요 미가엘은 바아세야의 아들이요 바아세야는 말기야의 아들이요
41 말기야는 에드니의 아들이요 에드니는 세라의 아들이요 세라는 아다야의 아들이요
42 아다야는 에단의 아들이요 에단은 심마의 아들이요 심마는 시므이의 아들이요
43 시므이는 야핫의 아들이요 야핫은 게르손의 아들이요 게르손은 레위의 아들이며
44 저희의 형제 므라리의 자손 중 ⑪ **그 좌편에서 직무를 행하는 자는 에단이라** 에단은 기시의 아들이요
   기시는 압디의 아들이요 압디는 말룩의 아들이요
45 말룩은 하사뱌의 아들이요 하사뱌는 아마시야의 아들이요 아마시야는 힐기야의 아들이요
46 힐기야는 암시의 아들이요 암시는 바니의 아들이요 바니는 세멜의 아들이요
47 세멜은 말리의 아들이요 말리는 무시의 아들이요 무시는 므라리의 아들이요 므라리는 레위의 아들이며
48 저희의 형제 레위 사람들은 **하나님의 집 장막의 모든 일을 맡았더라**

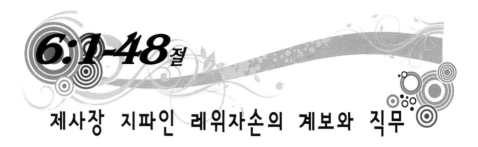

6:1-48절
제사장 지파인 레위자손의 계보와 직무

³아므람의 자녀는 아론과 모세와 미리암이요 아론의 아들
들은 나답과 아비후와 엘르아살과 이다말이며.

6장은 레위 지파에 대한 계보인데 분량 상 두 문단(1-48, 49-81)으로 나누어 상고하도록 하겠습니다. 첫째 문단(1-48)은 아론의 자손으로 계승이 된 대제사장의 계보와, 레위 자손의 계보와, 찬양을 인도한 악사들의 계보로 되어 있습니다. 최우선적으로 유다 지파의 계보를 언급한 것은 그 지파가 다윗이 태어난 지파이고, 궁극적으로는 그리스도가 탄생할 지파이기 때문일 것이요, 제사장 지파인 레위 자손에 대해서 81절이나 할애하여 중점적으로 논한 것은 제사장 지파요, 궁극적으로는 그리스도께서 담당하실 제사장 직분의 중요성 때문일 것입니다.

도표를 보시면 첫째 단원은, "레위의 아들들은 게르손과 그핫과 므라리요"를 중심으로, ① 그핫 계통에서 "아론과 모세"가 태어나고, ② 아

론의 대제사장 직이 네 아들 중 "엘르아살"로 계승이 되어, ③ 그 중에
는 다윗 왕 때 대제사장이었던 "사독"과, ④ 요시야 왕의 종교개혁 때에
성전에서 율법 책을 발견한 "힐기야" 대제사장, ⑤ 바벨론 포로로 끌려
갈 때에 "여호사닥도 갔었더라"(15) 하고, 대제사장 계보가 끝나고 있습
니다. 둘째 단원은 "레위의 아들들"을 중심으로, ⑥ "게르손, 그핫, 므라
리" 세 아들의 대략적인 계보를 언급하는데, ⑦ 그 이름 중에는 아론의
대제사장 직을 탐낸 "고라"와, 제사장이요 사사였던 "사무엘"의 계보도
등장합니다. 셋째 단원은 "언약궤가 평안한 곳을 얻은 후에"를 중심으
로, ⑧ "다윗이 무리를 세워 여호와의 집에서 찬송하는 일을 맡게 하
매", ⑨ "헤만"이 총 지휘를 맡고, ⑩ 우편에서는 "아삽"이, ⑪ 좌편에서
는 "에단"이 직무를 행했다고 전합니다.

첫째 단원(1-15) **아론 계통의 대제사장 계보**
둘째 단원(16-30) **레위의 자손의 대략적인 계보**
셋째 단원(31-48) **찬양 인도자들의 계보**

주제(主題) : 제사장 지파인 레위자손의 계보와 직무

㉠ 역대기 기자가 계보를 밝히는 중에 역점을 두고 있는 것은 유다
지파와, 레위 지파의 족보입니다. 이는 너무나 합당한 일입니다. 왜냐
하면 유다 지파의 족보는 다윗 왕의 정통성을 밝혀줌과 동시에, "예수"
가 아브라함과 다윗의 자손으로 오신 그리스도이심을 입증할 근거가 되
기 때문이요, 레위 지파는 하나님과 백성 사이를 중보 할 제사장 지파
이기 때문입니다. 그리고 "왕과, 제사장"으로 분리되어 내려오던 계통이
"이 두 사이에 평화의 의론이 있으리라"(슥 6:13) 하고, 그리스도에게서
하나로 합쳐지게 될 것이 예언이 되어 있고, 그대로 성취가 되었던 것

입니다.

ⓛ 그러므로 왕통(王統)은, "사로잡혀 간 여고냐의 아들들은" 한 줄기에서, 포로귀환 당시에 1차로 인도하여 올라온 총독(왕) "스룹바벨"(3:17, 19)로 계보가 이어지고, 대제사장의 맥은, "예루살렘 백성을 옮기실 때에 여호사닥도 갔었더라" 한 계보가, 스룹바벨과 함께 1차로 인도하여 올라온 대제사장 "여호수아"로 이어지고 있는 것을 대하게 된다는 것은 얼마나 중요하고도 신실(信實)한 일인가! 그러므로 포로 귀환 후에 선지자 학개를 통해서 하신 여호와의 말씀은, "스알디엘의 아들 유다 총독(總督) 스룹바벨과 여호사닥의 아들 대제사장(大祭司長) 여호수아에게 임하니라"(학 1:1) 하고 말씀하는 것입니다.

ⓒ 그리고 하나님께 예배를 드리는 것은 택함을 받은 선민의 특권이요, 더욱이나 하나님의 성호를 송축할 찬양대원이 된다는 것은 아무 지파 출신이나 할 수 있었던 것이 아닙니다. 총지휘자 "헤만"은 레위의 세 아들 중 그핫 족속이요, 우편에서 수종을 든 지휘자 "아삽"은 게르손 족속이요, 좌편에서 수종을 든 "에단"은 므라리 족속으로써 찬양대 전원이 레위 지파에 속한 사람들이라는 것을 생각할 때에 레위 지파의 중요성을 실감하게 합니다. 구약시대 의문으로 주어졌던 이 영광스러움이 그리스도의 구속으로 말미암아, "오직 너희는 택하신 족속이요 왕 같은 제사장들이요 거룩한 나라요 그의 소유된 백성이니"(벧전 2:9) 하고, 그리스도인들에게 성취가 되었다는 것을 생각한다면 족보를 상고하는 마음가짐이 달라질 것입니다.

첫째 단원(1-15) 아론 계통의 대제사장 계보

첫째 단원은 대제사장(大祭司長)의 계보가 어떻게 이어져 내려왔는가

를 보여주고 있는데 "레위의 아들들은 게르손과 그핫과 므라리요"(1) 하고 세 아들을 말씀하면서,

① 레위의 세 아들 중 "그핫의 아들들은 아므람과 이스할과 헤브론과 웃시엘이요"(2) 하고, 둘째 아들 "그핫"의 계통을 먼저 언급하는데,

㉠ 그핫의 아들 중에서, "아므람의 자녀는 아론과 모세와 미리암이요"(3상) 하고, "아론과, 모세"가 태어나서, 모세는 출애굽의 영도자로, 아론은 대제사장으로 세움을 받게 됨을 밝혀주고 있습니다.

㉡ 그리고 대제사장 "아론의 아들들은 나답과 아비후와 엘르아살과 이다말이며"(3하) 하는데, "나답과 아비후"는 여호와의 명하지 않은 다른 불로 분향을 하다가 죽었고, 아론의 대제사장 직은, "아론의 옷을 벗겨 그 아들 엘르아살에게 입히라"(민 20:26) 하고, 엘르아살 계통으로 이어지게 된 것입니다. 이를 정리하면 "레위 지파 → 그핫 족속 → 아므람 자손 → 아론 → 엘르아살"이 됩니다.

② "엘르아살은 비느하스를 낳았고"(4상) 하는데, 비느하스는 의분(義憤)의 사람으로 구약교회가 어려움에 처할 때마다 하나님 편에 서서 분연히 일어섰던 인물입니다.

㉠ 거짓 선지자 발람의 궤계인 "바알브올" 사건 때(민 25:11), 창으로 간음하는 남녀의 배를 꿰뚫어 죽임으로 하나님의 진노를 멈추게 한 사람이 비느하스요,

㉡ 하나님께서 "원수를 미디안에 갚으라"(민 31:1, 6) 명하셨을 때에도 군대장관이 되어 미디안의 다섯 왕을 죽이고, 발람을 처형했던 인물이며,

㉢ 요단 동편 두 지파 반이 "다른 단"을 쌓았을 때(수 22:13)와, 베냐민 지파와의 분쟁 때(삿 20:28)에도 앞장을 섰던 정의의 사람이었습니다. 비느하스에 대해서 특별한 관심을 갖게 되는 것은 이 시대가 비느하스와 같은 의분의 종을 필요로 하고 있기 때문입니다.

③ "아히둡은 사독을 낳았고 사독은 아히마아스를 낳았고"(8) 하는데, "사독"은 압살롬의 반역 때에 법궤를 가지고 다윗을 따랐던(삼하 15:24) 충직한 대제사장이었고, 그의 아들 아히마아스도 다윗 편에 서서(삼하 17:17, 18:28) 압살롬의 반역을 분쇄하는데 앞장을 선 인물입니다.

④ "살룸은 힐기야를 낳았고 힐기야는 아사랴를 낳았고"(13) 하는데, 대제사장 "힐기야"는 요시야 왕이 대대적인 개혁을 단행할 때에 성전을 수리하다가 율법 책을 발견하여 기록된 대로 개혁할 수 있게 한 대제사장입니다. 반면 아하스 왕 때에 대제사장이었던 "우리야"는 악한 왕의 지시대로 "다른 단을 만들고, 번제단을 옮기고 물두멍 받침의 옆판을 떼어내는"(왕하 16:10-11) 잘못을 저질은 대제사장도 있었습니다.

⑤ 이처럼 왕과 대제사장이 바로 서지 못했다가 결국은, "여호와께서 느부갓네살의 손으로 유다와 예루살렘 백성을 옮기실 때에 여호사닥도 갔었더라"(15) 하고, 대제사장과 왕도 포로로 끌려가고야 말았던 것입니다.

둘째 단원(16-30) 레위의 자손의 대략적인 계보

⑥ 첫째 단원이 아론 계통의 대제사장의 계보를 밝히고 있다면 둘째 단원은 "레위의 아들들은 게르손과 그핫과 므라리며"(16) 하고, 대제사장은 아니었으나 성막과 성전에서 수종을 든 레위 자손의 계보를 기술하고 있습니다.

㉠ 성전의 직무를 맡은 레위인들은 크게 세 부류로 나누어지는데, ㉮ 대제사장직은 아론의 아들 중 엘르아살의 계통으로 이어졌고, ㉯ 제사장들은 아론의 다른 아들들의 계통으로 이어져 내려왔고, ㉰ 여타 레위인들은 제사장을 수종드는 일을 당당했던 것입니다.

ⓛ 이점에서 조심해야할 점은 교회 내의 여러 가지 직무들을 계급(階級)으로 여겨서는 아니 된다는 점입니다. 오늘날 그런 경향이 있는 것도 사실인데, 이는 유기적인 직무분담일 뿐입니다. 이점을 참대제사장이신 그리스도의 모범에서 보는 바인데 "섬김을 받으려 함이 아니라 도리어 섬기러 오셨다" 말씀하면서 손수 제자들의 발을 씻겨주셨고, 종래는 자기 목숨을 대속제물로 내어주셨던 것입니다.

ⓒ 23장에서 보게 될 것입니다만 수종드는 레위인의 직무 중에는, "반죽하는 일, 냄비에 지지는 일, 저울이나 자를 관리하는 일"(23:29) 등을 담당하는 사람들도 있습니다. 그런데 이들이 아니면 하나님께 드리는 예배가 원만하게 이루어질 수가 없는 것입니다.

⑦ 그 이름 중에는 아론의 대제사장직을 탐내서 250명과 작당하여 반역하다가 땅이 삼킨바 된 "고라"(22)의 계보와, 제사장이면서 마지막 사사이기도 한 "사무엘"(28)의 계보도 있습니다.

셋째 단원(31-48) 찬양 인도자들의 계보

셋째 단원은 "언약궤가 평안한 곳을 얻은 후에"(31상),

⑧ "다윗이 이 아래의 무리를 세워 여호와의 집에서 찬송하는 일을 맡게 하매"(31하) 한, 찬양대의 계보입니다. 이는 의문(儀文)의 예배에 혁명을 일으킨 것과 같은 중대한 변화라 할 수가 있습니다.

ⓐ 첫째로 "여호와의 집에서 찬송하는 일을 맡게 하매" 한, "찬송"의 의미입니다. 구약시대의 예배는 제사로 드려졌습니다. 즉 "의문"(儀文)에 속한 것이었습니다. 그런데 "여호와의 집에서 찬송하는 일을 맡게" 했다니, 이는 구약시대에 일어난 "종교개혁"이라 부를만한 사건이었던 것입니다.

ⓛ 누가 이렇게 했는가? 다윗입니다. 그가 누군가? 하나님께서 양을 치는 목장에서 택하셔서 기름을 부어 왕으로 삼으신 자입니다. 그에게 "네 집과 네 나라가 네 앞에서 영원히 보전되고 네 위가 영원히 견고하리라"(삼하 7:16) 하고, 메시아언약을 세워주신 사람입니다. 이점을 신약성경에서는, "그는 선지자(先知者)라 하나님이 이미 맹세하사 그 자손 중에서 한 사람을 그 위에 앉게 하리라 하심을 알고 미리 보는 고로 그리스도의 부활하심을 말하되 저가 음부에 버림이 되지 않고 육신이 썩음을 당하지 아니하시리라"(행 2:30-31) 하고 증거한 장본인입니다.

ⓒ 그리하여 다윗은 증거합니다.

주께서 나의 귀를 통하여 들리시기를
제사와 예물을 기뻐 아니하시며
번제와 속죄제를 요구치 아니하신다 하신지라 (시 40:6).

ⓔ 이를 깨닫게 된 다윗은 "제사제도"라는 의문(儀文)에다가 찬양을 불어넣으므로 축제가 되게 했던 것입니다. 그것은 마치 주님께서 의문에 속한 결례용 항아리의 물을 극상품 포도주로 변하게 하여 혼인잔치에 참여한 자들을 놀라게 하고 기쁘게 해주심과도 같은 변화였던 것입니다.

ⓜ 하나님의 임재를 상징하는 "언약궤"가 안치된 성전(聖殿)의 첫 기능은 예배하는데 있습니다. 그리고 예배의 중심적인 요소는, "너는 말씀을 가지고 여호와께 돌아와서 아뢰기를 모든 불의를 제하시고 선한 바를 받으소서 우리가 입술로 수송아지를 대신하여 주께 드리리이다"(호 14:2) 한 "말씀과, 찬양"입니다. 그러므로 유념해야할 점은 찬양이란 고운 목소리만 있으면 되는 것이 아니라,

내 영혼아 여호와를 송축하라
내 속에 있는 것들아 다 그 성호를 송축하라
내 영혼아 여호와를 송축하며
그 모든 은택을 잊지 말지어다 (시 103:1-2),

한, 말씀을 묵상하는 가운데 영혼 깊은데서 우러나오는 찬양을 드려
야 하는 것입니다.

ⓑ 그러므로 찬양대는 아무나 할 수 있는 것이 아니라 "레위 지파"
족속이라야만 했던 것입니다. 왜냐하면 영혼으로 부르는 찬양을 하기
위해서는 그 심령에 아브라함과 다윗에게 세워주신 메시아언약 곧 복음
진리가 기록이 되어 있어야만 가능하여지기 때문입니다. 그러므로 현대
교회가 시급히 회복해야할 점도, "말씀과, 찬양"이라 할 수가 있습니다.
"솔로몬이 예루살렘에서 여호와의 전을 세울 때까지 저희가 회막 앞에
서 찬송하는 일을 행하되 그 반열대로 직무를 행하였더라 직무를 행하
는 자와 그 아들들이 이러하니"(32-33상),

⑨ "그핫의 자손 중에 헤만은 찬송하는 자라"(33중) 합니다. 이는 찬
양대 지휘자를 가리키는데, "헤만"은 그핫 자손이요,

⑩ "헤만의 형제 아삽은 헤만의 우편에서 직무를 행하였으니"(39상)
합니다. 중앙에는 "헤만"이 섰고 우편(右便)에는 "아삽"이 섰는데 계보
를 더듬어 보면 헤만은 "게르손"(43) 자손임을 알 수가 있고,

⑪ "저희의 형제 므라리의 자손 중 그 좌편에서 직무를 행하는 자는
에단이라"(44) 합니다. 이를 정리하면 중안에는 그핫 자손 "헤만"이요,
우편에는 게르손 자손 "아삽"이요, 좌편에는 므라리 자손 "에단", 즉 레
위의 세 아들 계통이 다 참여하여 장엄한 찬양을 드렸음을 대하게 됩니
다.

ㄱ 신약성경은 말씀합니다. "이러므로 우리가 예수로 말미암아 항상

찬미의 제사를 하나님께 드리자 이는 그 이름을 증거하는 입술의 열매
니라"(히 13:15) 합니다. "예수로 말미암아" 라고 말씀합니다. "말미암
아" 라는 사전적인 의미는 "거치어 오다, 인연하다, 관계되다"라는 뜻입
니다. 그렇다면 하나님께 합당한 찬미의 제사도 예수 그리스도의 구속
으로 말미암아 가능하여지는 것입니다. 이를 알았기에 선지자 호세아
는, "우리가 입술로 수송아지를 대신하여 주께 드리리이다"(호 14:2) 하
고 말씀했던 것입니다. 어떻습니까? 전 성도들을 찬양대원이 되게 하여
서 지휘자를 중앙과 좌우편에 세워 기뻐하며 감사하는 장엄한 찬미의
제사를 드리고 싶지 않으십니까? 이것이 "제사장 지파인 레위자손의 계
보와 직무"입니다.

  ⑫ 묵상해보겠습니다.

   ㉠ 제사장 직무의 영광스러움과 책임에 대해서,

   ㉡ 레위 자손 중 "고라와, 사무엘"이 있음에 대해서,

   ㉢ 의문의 제사에 찬양을 도입한 혁명적인 사건에 대해서.

역대상 6:49-81절 개관도표
주제 : 아론 자손들의 직무와 레위자손의 거주지

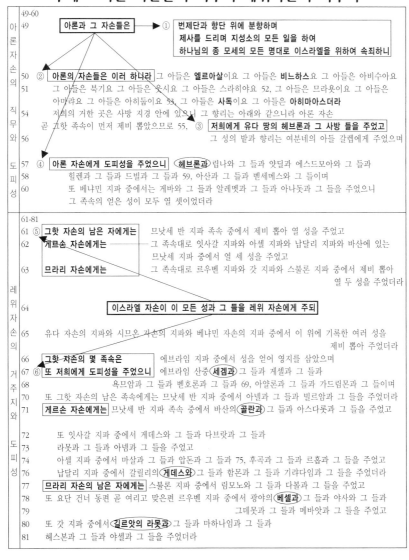

아
론
자
손
의

직
무
와

도
피
성

49-60

49 아론과 그 자손들은 ──▶ ① 번제단과 향단 위에 분향하며
    제사를 드리며 지성소의 모든 일을 하여
    하나님의 종 모세의 모든 명대로 이스라엘을 위하여 속죄하니

50 ② 아론의 자손들은 이러 하니라 그 아들은 **엘르아살**이요 그 아들은 **비느하스**요 그 아들은 아비수아요
51 그 아들은 북기요 그 아들은 웃시요 그 아들은 스라히야요 52, 그 아들은 므라욧이요 그 아들은
    아마랴요 그 아들은 아히둡이요 53, 그 아들은 **사독**이요 그 아들은 **아히마아스더라**
54 저희의 거한 곳은 사방 지경 안에 있으니 그 향리는 아래와 같으니라 아론 자손
    곧 그핫 족속이 먼저 제비 뽑았으므로 55, ③ 저희에게 유다 땅의 헤브론과 그 사방 들을 주었고
56 그 성의 밭과 향리는 여분네의 아들 갈렙에게 주었으며

57 ④ 아론 자손에게 도피성을 주었으니 헤브론과 립나와 그 들과 얏딜과 에스드모아와 그 들과
58 힐렌과 그 들과 드빌과 그 들과 59, 아산과 그 들과 벧세메스와 그 들이며
60 또 베냐민 지파 중에서는 게바와 그 들과 알레멧과 그 들과 아나돗과 그 들을 주었으니
    그 족속의 얻은 성이 모두 열 셋이었더라

레
위
자
손
의

거
주
지
와

도
피
성

61-81

61 ⑤ 그핫 자손의 남은 자에게는 므낫세 반 지파 족속 중에서 제비 뽑아 열 성을 주었고
62 게르손 자손에게는 ······ 그 족속대로 잇사갈 지파와 아셀 지파와 납달리 지파와 바산에 있는
    므낫세 지파 중에서 열 세 성을 주었고
63 므라리 자손에게는 그 족속대로 르우벤 지파와 갓 지파와 스불론 지파 중에서 제비 뽑아
    열 두 성을 주었더라

64 이스라엘 자손이 이 모든 성과 그 들을 레위 자손에게 주되

65 유다 자손의 지파와 시므온 자손의 지파와 베냐민 자손의 지파 중에서 이 위에 기록한 여러 성을
    제비 뽑아 주었더라

66 그핫 자손의 몇 족속은 에브라임 지파 중에서 성을 얻어 영지를 삼았으며
67 ⑥ 또 저희에게 도피성을 주었으니 에브라임 산중 세겜과 그 들과 게셀과 그 들과
68 욕므암과 그 들과 벧호론과 그 들과 69, 아얄론과 그 들과 가드림몬과 그 들이며
70 또 그핫 자손의 남은 족속에게는 므낫세 반 지파 중에서 아넬과 그 들과 빌르암과 그 들을 주었더라
71 게르손 자손에게는 므낫세 반 지파 족속 중에서 바산의 골란과 그 들과 아스다롯과 그 들을 주었고

72 또 잇사갈 지파 중에서 게데스와 그 들과 다브랏과 그 들과
73 라못과 그 들과 아넴과 그 들을 주었고
74 아셀 지파 중에서 마살과 그 들과 압돈과 그 들과 75, 후곡과 그 들과 르홉과 그 들을 주었고
76 납달리 지파 중에서 갈릴리의 게데스와 그 들과 함몬과 그 들과 기랴다임과 그 들을 주었더라
77 므라리 자손의 남은 자에게는 스불론 지파 중에서 림모노와 그 들과 다볼과 그 들을 주었고
78 또 요단 건너 동편 곧 여리고 맞은편 르우벤 지파 중에서 광야의 베셀과 그 들과 야사와 그 들과
79   그데못과 그 들과 메바앗과 그 들을 주었고
80 또 갓 지파 중에서 길르앗의 라못과 그 들과 마하나임과 그 들과
81 헤스본과 그 들과 야셀과 그 들을 주었더라

6:49-81절

아론 자손들의 직무와 레위자손의 거주지

⁴⁹아론과 그 자손들은 번제단과 향단 위에 분향하며 제사를 드리며 지성소의 모든 일을 하여 하나님의 종 모세의 모든 명대로 이스라엘을 위하여 속죄하니.

　　6장의 둘째 문단(49-81)은, 세 가지 주제로 되어 있는데, 아론 자손의 제사장 직무와, 레위자손의 거주지를 각 지파에 분산토록 하신 의도와, 그 중에 포함된 도피성(逃避性)의 의미입니다.

　　도표를 보시면 첫째 단원은 "아론과 그 자손들"을 중심으로, ① "번제단, 향단, 지성소의 모든 일을 하여, 이스라엘을 위하여 속죄하니", 이것이 아론 자손의 직무요, ② 이를 수행한 대표적인 대제사장의 계보와, ③ "저희에게 유다 땅의 헤브론과 그 사방 들을 주었고", ④ "아론 자손에게 도피성을 주었으니" 합니다. 둘째 단원은 각 지파가 분배받은 땅에서 레위 자손에게 준 거주지인데 "이스라엘 자손이 이 모든 성과 그 들을 레위 자손에게 주되"를 중심으로, ⑤ "그핫 자손, 게르손 자손, 므라리 자손"에게 준 거주지와, ⑥ "또 저희에게 도피성을 주었으니" 합니다. 이에 대한 구속사적 의미가 무엇인가?

첫째 단원(49-60) **아론자손의 직무와 도피성**
둘째 단원(61-81) **레위자손의 거주지와 도피성**

주제(主題) : 아론 자손들의 직무와 레위자손의 거주지

㉠ 서론에서 말씀드린 대로 "제사장의 직무, 도피성의 의미, 레위자손을 분산하여 거하게 하신 의도"라는 세 가지 주제는 신구약교회에 동일하게 중요한 요점입니다. 먼저 "제사장의 직무"입니다. 하나님께서 이스라엘을 선민으로 택하시고 말씀하시기를, "너희가 내 말을 잘 듣고 내 언약을 지키면 너희는 열국(列國) 중에서 내 소유가 되겠고 너희가 내게 대하여 제사장(祭司長) 나라가 되며 거룩한 백성이 되리라"(출 19:5-6) 하셨습니다. "열국 중에서 제사장 나라가 된다"는 의미가 무엇인가?

㉡ 아브라함에게 "땅의 모든 족속이 너를 인하여 복을 얻을 것이니라"(창 12:3) 하신 복을, 이스라엘을 통해서 받게 된다는 말씀입니다. 이는 이스라엘 민족의 어떤 공로에 의해서가 아니라, 그들에게 "메시아 언약"이 주어졌고 이에 대한 모형으로 "번제단에서 드려지는 제사제도"가 주어졌기 때문입니다. 주님은 이점을, "구원이 유대인에게서 남이니라"(요 4:22) 하고 말씀하십니다.

㉢ 구약교회에 세움을 받은 제사장은 그리스도를 예표하는 인물로, "번제단에서 제사를 드리며, 향단 위에 분향하며, 지성소의 모든 일"(49), 즉 대 속죄일에 속죄 피를 가지고 지성소에 들어가 속죄소 위에 부음으로 백성의 죄를 속하는 일을 수행하게 하신 것입니다. 질문을 드

려보겠습니다. 본문 49절은, "이스라엘을 위하여 속죄(贖罪)하니" 하고
말씀하는데 구약시대에 죄를 속하는 방도(方途)가 있었는가? 만일 속죄
의 방도가 있었다고 말한다면 그리스도의 죽으심을 헛된 것으로 만드는
것이 됩니다. 왜냐하면 속죄의 길이 있는데 또다시 구속하실 이유가 없
기 때문입니다.

　㉣ 아닙니다. 성경은 말씀합니다. "그러나 이 제사들은 해마다 죄를
생각하게 하는 것이 있나니 이는 황소와 염소의 피가 능히 죄를 없이하
지 못함이라"(히 10:3-4). 그러므로 흠이 없는 양으로 속죄제를 드림으
로 죄를 속했다는 것은, 참 것이 오기까지의 그림자라고 말씀하는 것입
니다. 이점을 로마서 3:25절에서는, "이는 하나님이 길이 참으시는 중에
전에 (구약시대) 지은 죄를 간과"(看過)하셨다고 말씀합니다. "간과"란
보고도 못 보신 척했다는 의미입니다. 언제까지인가? "곧 이 때에"(롬
3:26), 즉 자기 아들을 대속제물로 내어주실 때까지입니다. 그러므로 구
약시대의 제사제도는 죄를 잠정적으로 보류하는 방도였던 것입니다. 이
직무를 수행한 사람들이 아론 계통의 제사장들이었다는 말씀입니다.

　㉤ 둘째는 "도피성"의 구속사적 의미입니다. 살인자가 "도피성"(逃
避城)으로 피하기만 하면 보수자로부터 목숨을 보존할 수 있는 장치였
습니다. 표현은 다르지만 ㉮ "노아의 방주, ㉯ 유월절 양의 피가 뿌려
진 대문 안, ㉰ 붉은 줄을 맨 라합의 집" 등은 그 당시의 도피성의 기능
을 수행했던 것입니다. 그러므로 신약성경은, "앞에 있는 소망(所望)을
얻으려고 피하여 가는 우리"(히 6:18)라고 말씀함으로 도피성이 그리스
도에 대한 예표임을 말씀합니다. 그리스도는 우리의 피난처요, 구원의
방주요, 도피성인 것입니다.

　㉥ 그러므로 도피성을 여섯(민 35:6)이나 두게 하신 것은, "길이 멀
면 그를 따라 미쳐서 죽일까 하노라" 하신 배려에서요, 그래서 "그 도로
(道路)를 닦고 무릇 살인자를 그 성으로 도피케 하라"(신 19:6, 3) 하신

것입니다. 그러므로 도표에 표시된 여섯 개의 도피성은 높은 곳에 있는 산성(山城)들인데, 이는 도피하는 자가 바라보기 쉽도록 하기 위해서입니다.

ⓐ 그런데 유념해야할 점은 도피성에 피할 수 있는 자는 엄격한 조건이 있다는 점입니다. 고의가 아닌 오살자(誤殺者)의 경우입니다. "도피성", 다시 말하면 복음은 습관적으로 죄를 범하는 자들을 옹호하는 도피처가 아니라는 말씀입니다. 그러므로 다윗은 "주의 종으로 고범죄(故犯罪)를 짓지 말게 하사 죄가 나를 주장치 못하게 하소서"(시 19:13)하고 간구했던 것입니다.

ⓞ 셋째는 레위인을 한 곳에 모여 살게 하지 않고 각 지파가 분배받은 기업에서 나눠준 48성읍(수 21:41)에 분산(分散)케 하신 의도가 무엇이냐 하는 점입니다. 이스라엘은 신정(神政)국가입니다. 하나님은 레위인을 통해서 자기 백성들을 다스리려하셨던 것입니다. 6개의 도피성을 주신 것은 도피하는 자로 길이 멀지 않게 하기 위해서라고 했습니다. 그런데 레위인들을 48성읍(城邑)에 분산하여 거주케 하셨다면 모든 백성들은 레위인의 영향권 내에서 살아가게 되었던 것입니다.

ⓩ 그런데 여호수아가 죽은 후의 사사시대는 혼란한 가운데 7번의 악순환이 계속되는 것을 보게 됩니다. 그 당시 48성읍에 살고 있던 레위인들은 도대체 어디서 무엇을 하고 있었단 말인가? 사사기 후반부에 등장하는 레위인은 사신 우상의 제사장 노릇을 하고, 레위인의 첩으로 인해 동족상쟁을 유발시키는 역기능(逆機能) 노릇을 하고 있음을 봅니다. 이는 현대교회 성도들에게도 큰 충격과 도전으로 다가옵니다. 오늘날 그리스도인들은 지구상의 방방곡곡에 흩어져서 살아가고 있는 제사장 족속들입니다. 하나님은 이 제사장들을 통해서 모든 사람들이 구원에 이르기를 원하시는 것입니다. 그런데 "빛과 소금"의 역할을 감당하고 있는가? 아니면 역기능(逆機能) 노릇을 하고 있는 것은 아닌가?

첫째 단원(49-60) 아론자손의 직무와 도피성

① "아론과 그 자손들은",

㉠ "번제단과",

㉡ "향단 위에 분향하며",

㉢ "제사를 드리며",

㉣ "지성소의 모든 일을 하여 하나님의 종 모세의 모든 명대로 이스라엘을 위하여 속죄하니"(49) 합니다. 이 직무는 그리스도께서 담당하신 십자가 사건을 통해서 성취가 되었습니다. 그런데 여기서 끝이는 것이 아니라 그리스도의 구속으로 말미암아 "왕 같은 제사장들"이 된 신약의 모든 성도들이 담당해야할 직무임을 명심해야만 합니다. "너희도 산돌같이 신령한 집으로 세워지고 예수 그리스도로 말미암아 하나님이 기쁘게 받으실 신령한 제사를 드릴 거룩한 제사장이 될지니라"(벧전 2: 5) 합니다.

② 다시 강조되고 있는 대제사장의 계보는, "아론 → 엘르아살(50), 사독 → 아히마아스더라"(53) 하고 요약되어 있고,

③ "저희의 거한 곳은"(54), 즉 아론의 자손 제사장들의 거주지를 첫번으로 언급하는데, "유다 땅의 헤브론과 그 사방 들을 주었고"(55) 합니다. "헤브론"은 아브라함, 이삭, 야곱 등 메시아언약을 믿고 죽은 족장들을 장사한 가족묘지(창 23:19)가 있는 곳이면서 도피성이요, 다윗이 왕으로 즉위한 뜻 깊은 곳입니다.

④ "아론 자손에게 도피성을 주었으니 헤브론과 립나와 그 들과 얏딜과 에스드모아와 그 들과"(57) 합니다. 도피성은 전부가 6성읍이었는데 모두가 높은 지대에 있는 산성(山城)이었습니다. 이는 도피자로 하여금 알아보기 쉽게 하기 위한 배려에서입니다. 멸망당하게 되는 것은 "도피성"이 멀기 때문도 아니요, 몰라서도 아닙니다. 다만 피하여 달려오지

않기 때문입니다.

둘째 단원(61-81) 레위자손의 거주지와 도피성

⑤ 둘째 단원은 아론의 자손을 제외한 레위의 자손들에게, 각 지파에서 나눠준 거주지들인데, "그핫 자손의 남은 자에게는 므낫세 반 지파 족속 중에서 제비 뽑아 열 성을 주었고"(61),

㉠ "게르손 자손에게는 그 족속대로 잇사갈 지파와 아셀 지파와 납달리 지파와 바산에 있는 므낫세 지파 중에서 열 세 성을 주었고"(62),

㉡ "므라리 자손에게는 그 족속대로 르우벤 지파와 갓 지파와 스불론 지파 중에서 제비 뽑아 열 두 성을 주었더라"(63) 합니다.

⑥ 그리고 앞에서 말씀드린 6개의 도피성이 도표에 표시된 대로,

㉠ 그핫 자손에게는 "헤브론과, 세겜"이 주어졌고,

㉡ 게르손 자손들에게는 "골란과, 게데스"가 주어졌고,

㉢ 므라리 자손들에게는 "베셀과, 길르앗 라못"이 주어짐으로 레위의 세 아들 족속들에게 두 도피성 씩 골고루 주어진 것을 보게 됩니다. 이 기록을 대하면서 포로에서 귀환한 "남은 자들"은 무엇을 생각했을 것인가? 제사장 자손들과 레위인들이 자신들에게 맡겨진 직무를 바르게 수행했다면 이런 징벌을 당하지 않았으리라는 각성을 하게 되었을 것입니다.

⑦ 묵상해보겠습니다.

㉠ 49절에 나타난 제사장의 직무에 대해서,

㉡ 도피성을 6성이나 주신 의도와, 구속사적 의미에 대해서,

㉢ 레위인들을 48성읍에 분산케 하신 의도와, 이에 대한 각성에 대해서

역대상 7장 개관도표
주제 : 이스라엘 여섯 지파의 보계와 계수

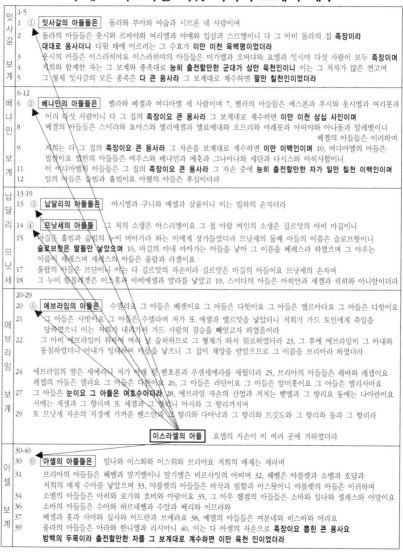

잇사갈 보계	1-5	
	1	① **잇사갈의 아들들은** 돌라와 부아와 야숩과 시므론 네 사람이며
	2	돌라의 아들들은 웃시와 르바야와 여리엘과 야매와 입삼과 스므엘이니 다 그 아비 돌라의 집 **족장이라** 대대로 용사더니 다윗 때에 이르러는 그 수효가 **이만 육백명이었더라**
	3	웃시의 아들은 이스라히야요 이스라히야의 아들들은 미가엘과 오바댜와 요엘과 잇시야 다섯 사람이 모두 **족장이며**
	4	저희와 함께한 자는 그 보계와 종족대로 **능히 출전할만한 군대가 삼만 육천인이니** 이는 그 처자가 많은 연고며
	5	그 형제 잇사갈의 모든 종족은 **다 큰 용사라** 그 보계대로 계수하면 **팔만 칠천인이었더라**
베냐민 보계	6-12	
	6	② **베냐민의 아들들은** 벨라와 베겔과 여디아엘 세 사람이며 7, 벨라의 아들들은 에스본과 우시와 웃시엘과 여리못과 이리 다섯 사람이니 다 그 집의 **족장이요 큰 용사라** 그 보계대로 계수하면 **이만 이천 삼십 사인이며**
	8	베겔의 아들들은 스미라와 요아스와 엘리에셀과 엘료에내와 오므리와 여레못과 아비야와 아나돗과 알레멧이니 베겔의 아들들은 이러하며
	9	저희는 다 그 집의 **족장이요 큰 용사라** 그 자손을 보계대로 계수하면 **이만 이백인이며** 10, 여디아엘의 아들은 빌한이요 빌한의 아들들은 여우스와 베냐민과 에훗과 그나아나와 세단과 다시스와 아히사할이니
	11	이 여디아엘의 아들들은 그 집의 **족장이요 큰 용사라** 그 자손 중에 **능히 출전할만한 자가 일만 칠천 이백인이며**
	12	일의 아들은 숩빔과 훔빔이요 아헬의 아들은 후심이더라
납달리 므낫세	13-19	
	13	③ **납달리의 아들들은** 야시엘과 구니와 예셀과 살룸이니 이는 빌하의 손자더라
	14	④ **므낫세의 아들들** 그 처의 소생은 아스리엘이요 그 첩 아람 여인의 소생은 길르앗의 아비 마길이니
	15	마길은 훕빔과 숩빔의 누이 마아가라 하는 이에게 장가들었더라 므낫세의 둘째 아들의 이름은 슬로브핫이니 **슬로브핫은 딸들만 낳았으며** 16, 마길의 아내 마아가는 아들을 낳아 그 이름을 베레스라 하였으며 그 아우는 이름이 세레스며 세레스의 아들은 울람과 라겜이요
	17	울람의 아들은 브단이니 이는 다 길르앗의 자손이라 길르앗은 마길의 아들이요 므낫세의 손자며
	18	그 누이 함몰레겟은 이스홋과 아비에셀과 말라를 낳았고 19, 스미다의 아들은 아히안과 세겜과 릭히와 아니암이더라
에브라임 보계	20-29	
	20	⑤ **에브라임의 아들은** 수델라 그 아들은 베렛이요 그 아들은 다핫이요 그 아들은 엘르아다 그 아들은 다핫이요
	21	그 아들은 사밧이요 그 아들은 수델라며 저가 또 에셀과 엘르앗을 낳았더니 저희가 가드 토인에게 죽임을 당하였으니 이는 저희가 내려가서 가드 사람의 짐승을 빼앗고자 하였음이라
	23	그 아비 에브라임이 위하여 여러 날 슬퍼하므로 그 형제가 와서 위로하였더라 23, 그 후에 에브라임이 그 아내와 동침하였더니 아내가 잉태하여 아들을 낳으니 그 집이 재앙을 받았으므로 그 이름을 브리아라 하였더라
	24	에브라임의 딸은 세에라니 저가 아래 윗 벧호론과 우센세에라를 세웠더라 25, 브리아의 아들들은 레바와 레셉이요 레셉의 아들은 델라요 그 아들은 다한이요 26, 그 아들은 라단이요 그 아들은 암미훗이요 그 아들은 엘리사마요
	27	그 아들은 눈이요 **그 아들은 여호수아더라** 28, 에브라임 자손의 산업과 거처는 벧엘과 그 향리요 동에는 나아란이요 서에는 게셀과 그 향리며 또 세겜과 그 향리와 아사와 그 향리까지며
	29	또 므낫세 자손의 지경에 가까운 벧스안과 그 향리와 다아낙과 그 향리와 므깃도와 그 향리와 돌라 그 향리라
		이스라엘의 아들 요셉의 자손이 이 여러 곳에 거하였더라
아셀 보계	30-40	
	30	⑥ **아셀의 아들들은** 임나와 이스와와 이스위와 브리아요 저희의 매제는 세라며
	31	브리아의 아들들은 헤벨과 말기엘이니 말기엘은 비르사잇의 아비며 32, 헤벨은 야블렛과 소멜과 호담과 저희의 매제 수아를 낳았으며 33, 야블렛의 아들들은 바삭과 빔할과 아스왓이니 야블렛의 아들은 이러하며
	34	소멜의 아들들은 아히와 로가와 호바와 아람이요 35, 그 아우 헬렘의 아들들은 소바와 임나와 셀레스와 아말이요
	36	소바의 아들들은 수아와 하르네벨과 수알과 베리와 이므라와
	37	베셀과 홋과 사마와 실사와 이드란과 브에라요 38, 예델의 아들들은 여분네와 비스바와 아라요
	39	울라의 아들들은 아라와 한니엘과 리시아니 40, 이는 다 아셀의 자손으로 **족장이요 뽑힌 큰 용사요 방백의 두목이라** 출전할만한 자를 그 보계대로 계수하면 **이만 육천 인이었더라**

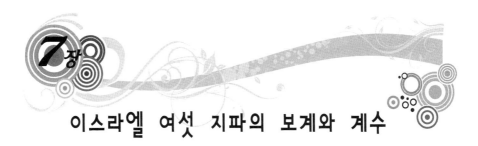

이스라엘 여섯 지파의 보계와 계수

[5]그 형제 잇사갈의 모든 종족은 다 큰 용사라 그 보계대로
계수하면 팔만 칠천 인이었더라.

7장은 4-6장에서 기술한 "유다, 시므온(4장), 르우벤, 갓, 므낫세 반
지파(5장), 레위"(6장) 지파를 제외한 남은 여섯 지파의 보계와 계수입
니다. 이들은 지파와 거주지는 달라도 모두가 한 조상인 "이스라엘의
아들"(29), 즉 야곱의 자손들이라는 점입니다.

도표를 보시면 "이스라엘의 아들"을 중심으로, ① "잇사갈의 아들들
은", ② 베냐민의 아들들은", ③ 납달리의 아들들은", ④ "므낫세의 아들
들은", ⑤ "에브라임의 아들들은", ⑥ "아셀의 아들들은" 하고 보계와 계
수(計數)를 기술하고 있습니다.

주제(主題) : 이스라엘 여섯 지파의 보계와 계수

㉠ "선민 이스라엘"에 대한 관심은 오늘날까지도 여전하고, 그 역할에 관해서는 해석이 엇갈리고 있습니다. 하나님께서 이스라엘을 선민으로 삼으신 것은 분명한 계획과 목적이 있으셨기 때문인데 크게 두 가지를 들 수가 있습니다. 첫째는 "하나님의 말씀을 맡았음이니라"(롬 3:2) 합니다. 즉 구약성경을 기록하고 보존하여 전해주는 사명을 맡기신 것입니다. 둘째는 "육신으로 하면 그리스도가 저희에게서 나셨으니"(롬 9:5) 합니다. 그리고 두 가지 목적인 미리 "말씀하시고, 말씀대로 그리스도를 보내주셨다"는 것은 나눌 수 없는 하나의 주제였던 것입니다. 그리하여 "이 복음은 하나님이 선지자들로 말미암아 그의 아들에 관하여 성경에 미리 약속하신 것이라"(롬 1:2) 하고 증거 할 수가 있게 된 것입니다. 하나님은 이스라엘을 선민으로 택하신 계획과 목적을 이루신 것입니다.

㉡ 이점에서 "이스라엘 민족(民族)과 개인"(個人)을 구분할 수 있어야만 합니다. 구약역사를 보면 선민 이스라엘에 몇 번의 치명적인 위기가 있었습니다.

㉮ 첫 번은 시내산에서 금송아지를 만들어 놓고 "너희를 애굽에서 인도하여 낸 너희 신이로다"(출 32:4) 한 반역사건입니다.

㉯ 둘째 번은, 가데스 바네아에서 열 족장의 불신앙으로 인하여 "한 장관을 세우고 애굽으로 돌아가자"(민 14:4) 한 반역 사건입니다.

㉰ 셋째 번은 10지파가 "우리가 다윗과 무슨 관계가 있느뇨 이새의 아들에게 업이 없도다"(왕상 12:16) 하고, 다윗에게 세워주신 메시아 언약을 배반하고 분열왕국이 된 반역사건입니다.

㉱ 넷째 번은 남쪽 유다가 메시아언약을 버리고 우상을 숭배함으로 예루살렘이 멸망하고 성전은 불에 타고 백성들은 포로로 끌려간 비

극적인 사건입니다.

ⓒ 그럼에도 불구하고, "밤나무, 상수리나무가 베임을 당하여도 그 그루터기는 남아 있는 것같이"(사 6:13), 즉 불신앙한 개인(個人)은 버리셨으나, 이스라엘을 선민(選民)으로 택하신 목적과 계획은 폐하지 않으셨다는 점입니다. 왜냐하면 아브라함, 이삭, 야곱에게 세워주신 언약을 지키기 위해서요, "여인의 후손"을 통해서 온 인류를 구원하시려는 하나님의 나라건설 계획을 이루시기 위해서였던 것입니다.

ⓔ 이런 맥락에서 "남은 자"라는 그루터기는 중요한 의미가 있는 것입니다. 하나님은 엘리야에게 "그러나 내가 이스라엘 가운데 칠천 인을 남기리니 다 무릎을 바알에게 꿇지 아니하고 다 그 입을 바알에게 맞추지 아니한 자니라"(왕상 19:18) 하셨습니다. 북쪽 이스라엘 왕 여로보함이 금송아지를 만들어 놓고 숭배를 강요했을 때에도, "이스라엘 모든 지파 중에 마음을 오로지하여 이스라엘 하나님 여호와를 구하는 자들이 레위 사람을 따라 예루살렘에 이르러 그 열조의 하나님 여호와께 제사하고자 한지라"(대하 11:16) 하고 말씀합니다.

ⓜ 그러므로 바벨론에서 돌아온 "남은 자들" 중에는 각 지파 사람들이 포함되어 있었을 것입니다. 하나님은 포로 중에 세움을 받은 에스겔 선지자를 통해서, "그 땅 이스라엘 모든 산에서 그들로 한 나라를 이루어서 한 임금이 모두 다스리게 하리니 그들이 다시는 두 민족이 되지 아니하며 두 나라로 나누이지 아니 할지라"(겔 37:22) 하셨고, 호세아 선지자를 통해서도 "이에 유다 자손과 이스라엘 자손이 함께 모여 한 두목을 세우고 그 땅에서부터 올라오리니 이스르엘 날이 클 것임이로다"(호 1:11) 하셨습니다. 이점이 포로에서 귀환한 후에, "예루살렘에 거한 자는 유다 자손(만이 아니라)과 베냐민 자손과 에브라임과 므낫세 중에서"(9:3) 라는 말씀이 뒷받침해줍니다. 그래서 다른 지파들도 언급하고 있는 것입니다. 이를 단원을 나눔이 없이 간략하게 상고하고자 합

니다.

잇사갈의 아들들

① "잇사갈의 아들들은 돌라와 부아와 야숩과 시므론 네 사람이며"
(1) 합니다.

㉠ 여기 많은 이름들이 등장하면서, "다윗 때에 이르러는 그 수효가
이만 이천 육백 명이었더라"(2하) 합니다. 이런 족보를 끈기를 가지고
정독(精讀)할 수 있는 분이 얼마나 될 것인가를 생각해봅니다. 이럴 경
우 시편 87편이 도움이 될 것입니다.

　내가 라합(애굽)과 바벨론을
　나를 아는 자 중에 있다 말하리라
　보라 블레셋과 두로와 구스여
　이도 거기서 났다 하리로다 하십니다.

애굽, 바벨론, 블레셋 두로 등은 이방인들이요, 이스라엘을 대적하던
나라들입니다. 그런데 이런 이방 중에서도 하나님의 택하심과 부르심을
입어 구원 얻을 자들(거기서 났다 하리로다)이 있을 것을 예언하고 있
습니다. 그런 후에,

　시온에 대하여 말하기를
　이사람 저 사람이 거기서 났나니
　지존자가 친히 시온을 세우시리라 하리로다
　여호와께서 민족들을 등록(登錄)하실 때에는
　그 수(數)를 세시며 이 사람이 거기서 났다 하시리라(셀라) 합니다.

ⓛ "여호와께서 민족들을 등록하실 때"가 있고, "그 수를 세시며", "이 사람이 거기서 났다" 하고 인정(認定)해주실 것이라는 말씀입니다. 그렇다면 우리가 지루해하는 그 이름 하나하나가 얼마나 소중한 존재들인가를 인식하게 됩니다. 여기 녹명된 자는, "모두 족장이며(2, 3), 대대로 용사더니(2), 능히 출전할 만한 군대가 3만 6천인이니(4), 그 형제 잇사갈의 모든 종족은 다 큰 용사라 그 보계대로 계수하면 팔만 칠천인이었더라"(5) 하고 말씀합니다. 형제가 큰 용사요, 그리고 이름이 성경에 등록이 되었다고 생각해 보십시오. 그런데 읽어주지도 않고 건너뛴다면 얼마나 섭섭하겠는가? 주보에 헌금자 이름은 깨알 같은 활자로 올리면서 말입니다.

베냐민의 아들들

② "베냐민의 아들들은 벨라와 베겔과 여디아엘 세 사람이며"(6),

㉠ "벨라의 아들들은 에스본과 우시와 웃시엘과 여리못과 이리 다섯 사람이니 다 그 집의 족장이요 큰 용사라 그 보계대로 계수하면 이만 이천 삼십 사인이며(7), 베겔의 아들들은 스미라와 요아스와 엘리에셀과 엘료에내와 오므리와 여레못과 아비야와 아나돗과 알레멧이니 베겔의 아들들은 이러하며(8) 저희는 다 그 집의 족장이요 큰 용사라 그 자손을 보계대로 계수하면 이만 이백 인이며"(9) 합니다.

ⓛ "족장"(族長)이란 말과, "큰 용사"(勇士)라는 말이 강조되어 있습니다. 어찌하여 바울은 자랑의 목록 중에 "베냐민의 지파요"(빌 3:5) 하고 말했을까? 베냐민 지파의 가장 큰 긍지는 10지파가 다윗언약을 버리고 돌이킬 때에 동조하지 않았다는 점일 것입니다. 그리하여 포로에서 귀환한 자들 중에는 유다 지파 다음으로 많았을 것입니다. 그 원인 중의 하나는 베냐민 지파에 분배된 땅이 유다 지파에 인접해 있었다는 것

을 들 수가 있습니다.

ⓒ 이런 맥락에서 "여디아엘의 아들들은 그 집의 족장이요 큰 용사라 그 자손 중에 능히 출전할만한 자가 일만 칠천 이백 인이며"(11) 합니다. 주목하게 되는 점은 "용사, 출전할만한 자"임을 강조하고 있다는 점입니다. 왜냐하면 하나님의 나라건설은 영적 싸움을 통해서 회복하는 것이기 때문입니다. 그러므로 오늘날도 "출전할만한 용사"가 각 교회에 몇 명이나 되느냐 하는 점이 중요한 것입니다.

납달리의 아들들

③ "납달리의 아들들은 야시엘과 구니와 예셀과 살룸이니 이는 빌하의 손자더라"(13) 합니다. 이 명단은 창세기 46:24절에 기록된 애굽으로 내려간 야곱의 70명 중에 포함된 이름과 일치합니다. 그런데 이것이 납달리 지파에 대한 기록의 전부입니다.

ⓖ 민수기에 기록된 싸움에 나갈만한 자의 계수가 1차 때에는 53,400명이요, 2차 때에는 45,400명이었던 납달리 자손들의 행적이 어찌하여 이처럼 빈약한가? 이는 다음 8장 한 장을 할애하여 재차 언급하고 있는 베냐민 지파와는 대조가 됩니다. 그런가 하면 단 지파와 스불론 지파는 언급조차도 하지 않고 지파 목록에서 빠져 있는 것을 보게 됩니다. 이를 대하면서 계시록 2-3장에 등장하는 7교회를 향해서 하신 주님의 평가를 생각하게 됩니다. 지상의 모든 교회를 상징하는 7교회 중 어느 교회를 향하여, "네 촛대를 그 자리에서 옮기리라, 살았다 하는 이름은 가졌으나 죽은 자로다, 내 입에서 너를 토하여 내치리라"(계 2:5, 3:1, 16) 하고 경고하십니다. 재림하실 때까지 지상에 존재하게 될 교회들 중에는, "촛대가 옮겨진 교회, 실상은 죽은 교회, 토하여 낸 교회"가 존재할 수 있다는 것이 되기 때문입니다.

므낫세의 아들들

④ "므낫세의 아들들 그 처의 소생은 아스리엘이요 그 첩 아람 여인의 소생은 길르앗의 아비 마길이니"(14) 합니다. 이는 요단 동편에서 기업을 얻은 반 지파 자손들을 제외한 남은 반 지파에 대한 언급입니다.

㉠ "마길은 훕빔과 숩빔의 누이 마아가라 하는 이에게 장가들었더라 므낫세의 둘째 아들의 이름은 슬로브핫이니 슬로브핫은 딸들만 낳았으며"(15) 하는데, 이 "슬로보핫의 딸들"이 나아가 "어찌하여 아들이 없다고 우리 아버지의 이름이 그 가족 중에서 삭제되리이까 우리 아버지 형제 중에서 우리에게 기업을 주소서"(민 27:4) 하고 상신하여 기업을 얻을 수가 있었습니다. 딸들의 간절한 소원은 기업에 있는 것이 아니라, 아버지 이름이 언약 백성 중에서 "삭제"(削除)되는 것을 막으려는데 있었던 것입니다. 그리하여 이에 대한 기사가 민수기 27:1-11절과, 36장에 기록되었고, 역대기에도 아버지 "슬로브핫"의 이름이 삭제되지 않고 오르게 된 것입니다. 이름이 등록이 된다는 것이 얼마나 영광스러운가!

에브라임의 아들들

⑤ "에브라임의 아들은 수델라요 그 아들은 베렛이요 그 아들은 다핫이요 그 아들은 엘르아다요 그 아들은 다핫이요"(20) 합니다.

㉠ "에브라임"은 요셉의 차남이었음에도 할아버지 야곱이 우수(右手)를 그 머리에 얹고 "그 아우가 그보다 큰 자가 되고 그 자손이 여러 민족을 이루리라"(창 48:19)는 예언적인 축복을 한 지파입니다. 또한 모세의 후계자로 세움을 입어서 백성들을 약속의 땅으로 인도하여 드린

인물도, "그 아들은 눈이요 그 아들은 여호수아더라"(27) 한, 에브라임의 족장 "여호수아"였습니다.

ⓛ 그런데 너무 창대하여 교만해졌기 때문일까요, 왕국이 분열하는데 주도적인 역할을 했고, 초대 왕 여로보암도 에브라임 출신이었던 것입니다. 이점을 시편에서는 "에브라임 자손은 병기(兵器)를 갖추며 활을 가졌으나 전쟁의 날에 물러갔도다 저희가 하나님의 언약을 지키지 아니하고 그 율법 준행하기를 거절하며 여호와의 행하신 것과 저희에게 보이신 기사를 잊었도다"(시 78:9-11) 하고 부정적인 평가를 하고 있습니다. 그 막강한 병력을 가지고 하나님의 나라건설에 이바지 한 것이 아니라 그들은 비겁하게 "물러갔고", 도리어 남쪽 유다를 대적하는데 사용했던 것입니다.

ⓒ 그런 중에도 포로에서 귀환한 자들 중에 "유다 자손과 베냐민 자손과 에브라임과 므낫세 자손 중에서 예루살렘에 거한 자는"(9:3) 한 것을 보면, 유다로 돌아온 "남은 자"가 있었음을 알게 됩니다.

아셀의 아들들

⑥ "아셀의 아들들은 임나와 이스와와 이스위와 브리아요 저희의 매제는 세라며"(30) 하는데, 이 명단은 애굽으로 내려간 야곱의 70인 가족 중 아셀의 아들들(창 46:17)과 일치합니다.

㉠ "이는 다 아셀의 자손으로 족장이요 뽑힌 큰 용사요 방백의 두목이라 출전할만한 자를 그 보계대로 계수하면 이만 육천 인이었더라"(40) 하고 마치고 있습니다. 결론은 이들은 모두가 "이스라엘의 아들"(29), 즉 택함을 받은 야곱의 자손들이라는 점입니다. 하나님은 야곱의 가족들을 애굽으로 내려 보내시면서, "나는 하나님이라 네 아비의 하나님이니 애굽으로 내려가기를 두려워 말라 내가 거기서 너로 큰 민족을

이루게 하리라"(창 46:3) 하셨고, 약속하신대로 큰 민족을 이루어 유월절 양의 피로 구속하여 다시 올라오게 해주셨습니다.

ⓛ 그러나 하나님께서 열조에게 세워주신 메시아언약을 배반한 연고로 다시 바벨론으로 추방을 당했다가 70년의 복역을 마친 후 선지자들로 약속하신대로 "남은 자"가 있게 하셔서 귀환하게 해주신 것입니다. 이들에게 보계를 말해줌으로 언약 백성이라는 정체성을 확신시켜주고 있는 것입니다.

⑦ 묵상해보겠습니다.

㉠ 중요하게 다루어진 지파와, 빈약한 지파, 침묵하는 지파에 대해서,

㉡ "출전할만한 큰 용사"라는 표현이 암시하는 의미에 대해서,

㉢ 하나님이 "그 수를 세시며 등록 하신다"는 점에 대해서.

역대상 8장 개관도표
주제 : 베냐민 지파 자손의 족보

	1-28		
	1	**베냐민의 낳은 자는** ──────▶ ①	맏아들 벨라와 둘째 아스벨과 셋째 아하라와
	2	넷째 노하와 다섯째 라바며 3, 벨라에게 아들들이 있으니 곧 앗달과 게라와 아비훗과	
	4	아비수아와 나아만과 아호아와 5, 게라와 스부반과 후람이며	
	6	에훗의 아들들은 이러하니라 저희는 게바 거민의 **족장으로서** 사로잡아 마나핫으로 가되	
	7	곧 나아만과 아히야와 게라를 사로잡아 갔고 그가 또 웃사와 아히훗을 낳았으며	
	8	사하라임은 두 아내 후심과 바아라를 내어보낸 후에 모압 땅에서 자녀를 낳았으니	
족	9	그 아내 호데스에게서 낳은 자는 요밥과 시비야와 메사와 말감과	
장	10	여우스와 사갸와 미르마라 이 아들들은 **족장이며**	
을	11	또 그 아내 후심에게서 아비둡과 엘바알을 낳았으며	
	12	엘바알의 아들들은 에벨과 미삼과 세멧이니 저는 오노와 롯과 그 향리를 세웠고	
중	13	또 브리아와 세마니 저희는 아얄론 거민의 **족장이 되어** 가드 거민을 좇아내었더라	
심	14	아히요와 사삭과 여레못과 15, 스바댜와 아랏과 에델과	
한	16	미가엘과 이스바와 요하는 다 브리아의 아들들이요	
	17	스바댜와 무술람과 히스기와 헤벨과	
계	18	이스므래와 이슬리아와 요밥은 다 엘바알의 아들들이요	
보	19	야김과 시그리와 삽디와 20, 엘리에내와 실르대와 엘리엘과	
	21	아다야와 브라야와 시므랏은 다 시므이의 아들들이요	
	22	이스반과 에벨과 엘리엘과 23, 압돈과 시그리와 하난과	
	24	하나냐와 엘람과 안도디야와 25, 이브드야와 브누엘은 다 사삭의 아들들이요	
	26	삼스래와 스하랴와 아달랴와	
	27	야아레시야와 엘리야와 시그리는 다 여로함의 아들들이니	
	28	② 이는 다 족장이요 대대로 두목이라 예루살렘에 거하였더라	

	29-40		
	29	③ **기브온의 조상 여이엘은** 기브온에 거하였으니 그 아내의 이름은 마아가며	
사	30	장자는 압돈이요 다음은 술과 기스와 바알과 나답과 31, 그돌과 아히오와 세겔이며	
울	32	미글롯은 시므아를 낳았으며 이 무리가 그 형제로 더불어 서로 대하여 **예루살렘에 거하였더라**	
왕	33	넬은 기스를 낳았고 **기스는 사울을 낳았고**	
을		**사울은 요나단과** 말기수아와 아비나답과 에스바알을 낳았으며	
	34	④ **요나단의 아들은 므립바알이라** 므립바알이 미가를 낳았고	
중	35	미가의 아들들은 비돈과 멜렉과 다레아와 아하스며	
심	36	아하스는 여호앗다를 낳았고 여호앗다는 알레멧과 아스마웻과 시므리를 낳았고	
한		시므리는 모사를 낳았고	
	37	모사는 비느아를 낳았으며 비느아의 아들은 라바요 그 아들은 엘르아사요 그 아들은 아셀이며	
계	38	아셀에게 여섯 아들이 있어 그 이름이 이러하니 아스리감과 보그루와 이스마엘과 스아랴와	
보		오바댜와 하난이라 아셀의 모든 아들이 이러하며	
	39	그 아우 에섹의 아들은 이러하니 그 장자는 울람이요 둘째는 여우스요 셋째는 엘리벨렛이며	
	40	⑤ **울람의 아들은 다 큰 용사요 활을 잘 쏘는 자라** 아들과 손자가 많아 모두 일백 오십 인이었더라	
		베냐민의 자손들은 이러하였더라	

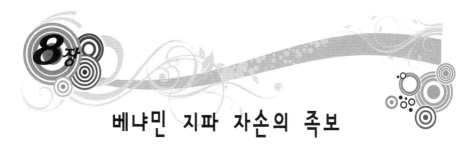

베냐민 지파 자손의 족보

²⁸이는 다 족장이요 대대로 두목이라 예루살렘에 거하였더라.

　　8장은, 7:6-12절에서 언급한 베냐민 자손들의 계보에 대한 보충적인 언급입니다. 1-9장의 계보를 보면, "유다 지파, 레위 지파, 베냐민 지파"에 역점을 두고 있음을 대하게 됩니다. "유다와, 레위" 지파에 강조점을 두고 있는 점은 쉽게 이해할 수가 있는데, 문제는 베냐민 지파에게 별도로 한 장을 할애하면서까지 언급하는 의도가 무엇인가 하는 점입니다.

　　도표를 보시면 첫째 단원은 "베냐민의 낳은 자는"을 중심으로, ① "맏아들 벨라와" 하고 계보를 말씀하고는, ② "이는 다 족장이요 대대로 두목이라" 합니다. 둘째 단원은 "기스는 사울을 낳았고"를 중심으로, ③ "기브온의 조상 여이엘은 기브온에 거하였으니" 하고 사울의 고향을 언급하면서 기스는 사울을 낳았다고 말씀하고, ④ 사울의 아들 "요나단의 아들은 므립바알(므비보셋)이라" 하고, ⑤ "베냐민의 자손은 이러하였더라" 합니다.

첫째 단원(1-28) **족장을 중심한 계보**
둘째 단원(29-40) **사울을 중심한 계보**

첫째 단원(1-28) **족장을 중심한 계보**

① 첫째 단원은 사울 왕 이전까지의 베냐민 족장들을 중심한 계보인데, "베냐민의 낳은 자는 맏아들 벨라와 둘째 아스벨과 셋째 아하라와 넷째 노하와 다섯째 라바며"(1-2) 합니다.

㉠ 베냐민 지파는 영욕(榮辱)이 교차한 지파입니다. 먼저 영광스러움을 꼽는다면, "이에 이스라엘이 다윗의 집을 배반(背叛)하여 오늘까지 이르니라"(대하 10:19, 왕상 123:19) 할 때에, "유다와 베냐민이 르호보암(다윗의 손자)에게 속(屬)하였더라"(대하 11:12) 하고, 다윗 집을 배반하는 일에 가담하지 않았다는 점을 들 수가 있습니다. 이를 구속사라는 맥락에서 보면 중대한 의미가 되는 것입니다.

㉡ "다윗의 집"을 배반했다는 것은 하나님께서 다윗에게, "내가 영영히 그를 내 집과 내 나라에 세우리니 그 위가 영원히 견고하리라"(17:14) 하고 세워주신 메시아언약을 배반했다는 뜻이 되는데, 배신하는 다수인 10지파에 가담하지 않고 다윗의 집(르호보암)에 속했다는 것은, 메시아언약을 견고히 붙잡았다는 뜻이 되기 때문입니다. 더욱이나 배신(背信)하기로 하면 어느 지파보다도 베냐민 지파가 앞장을 서야할 처지에서 말입니다. 왜냐하면 사울 왕이 베냐민 지파 출신이기 때문입니다.

ⓒ "베냐민과, 유다"의 유대(紐帶)는 창세기로 거슬러 올라갑니다. 애굽의 총리로 있던 요셉이 시므온을 볼모로 잡아두고 동생 베냐민을 데려오라 했을 때에 아버지 야곱은 완강히 거부했으나 이때에 유다가 나서서, "내가 그(베냐민)의 몸을 담보(擔保)하오리니"(창 43:9), 즉 책임지겠다고 말하였던 것입니다. 유다의 말이 역사적으로 성취되어, 유다 지파로 말미암아 베냐민 지파 자손들이 보호를 받고 있다 할 수가 있습니다.

ⓡ 베냐민 지파는 다윗 집에 속해있기만 한 것이 아닙니다. 구스 사람 세라가 군사 백만을 거느리고 유다를 치려고 공격해왔을 때에, "유다 중에서 큰 방패와 창을 잡는 자가 30만이요, 베냐민 중에서 작은 방패를 잡으며 활을 당기는 자가 28만이라 다 큰 용사더라"(대하 14:8) 하고, 메시아왕국의 예표인 다윗왕국을 위해서 싸웠던 것입니다(대하 17:17).

ⓜ 그리하여 "이에 유다와 베냐민 족장들과 제사장들과 레위 사람들과 무릇 그 마음이 하나님께 감동을 받고 올라가서 예루살렘 여호와의 전을 건축코자 하는 자가 다 일어나니"(스 1:5) 하고, 함께 포로가 되고, 함께 귀환하는 고락을 같이 한 지파가 베냐민이었던 것입니다.

② 이런 배경에는 땅을 분배받을 때에 베냐민 지파가 예루살렘을 중심으로 유다와 인접한 지역을 분배받았던 영향도 작용을 했을 것입니다. 그래서 본문은 "이는 다 족장이요 대대로 두목이라 예루살렘에 거하였더라"(28, 32) 하는 것입니다. 이런 맥락에서 유다 지파와 레위 지파 다음으로 "베냐민 지파"를 중요하게 다루고 있는 것입니다. 이와는 반대로 미가의 집에 있던 우상과 제사장을 탈취하여 멀리 북쪽 "라이스"(삿 18:18, 31)로 갔던 "단 지파"는 역대기와, 계시록 7장의 목록에서 찾아볼 수가 없게 되었다는 것은 우리에게 교훈과 경종이 된다 하겠습니다. 이것이 베냐민의 영광스러움입니다.

둘째 단원(29-40) 사울을 중심한 계보

③ 둘째 단원은 사울 왕을 중심한 계보인데, "넬은 기스를 낳았고 기스는 사울을 낳았고 사울은 요나단과 말기수아와 아비나답과 에스바알을 낳았으며"(33) 합니다.

㉠ 베냐민 지파의 치욕적인 역사의 발단은 사울의 고향인 "기브아"(삿 19:14)에서 시작이 되었습니다. 기브아 사람들이 레위인의 첩을 집단적으로 성폭행을 하여 죽게 한 일로 말미암아 촉발된 동족상쟁은 급기야 베냐민 지파 자손이 겨우 600명만이 생존하여, 한 지파가 멸절을 당할 위기에 처하게 됩니다.

㉡ 그런데 불과 2-3백년 쯤 후에 베냐민 지파에서 사울이라는 왕을 배출하게 되었다는 것은 놀라운 일이라 하겠습니다. 그런데 성경은 사울을 가리켜서 "너희의 구한 왕 너희의 택한 왕"(삼상 12:13)이라고 말씀합니다. 왜냐하면 왕은 "유다 지파"에서 나게 될 것이 작정(창 49:10)이 되어 있고, 하나님께서 예선해 놓으신 왕은 유다 지파 "이새의 아들 다윗"(룻 4:22, 삼상 16:1)이었기 때문입니다.

㉢ 이점을 호세아 선지자를 통해서는, "전에 네가 이르기를 내게 왕과 방백들을 주소서 하였느니라, 내가 분노(憤怒)하므로 네게 왕을 주고 진노하므로 폐하였노라"(호 13:10-11) 하고 말씀하십니다. 그러므로 "너희의 구한 왕 너희의 택한 왕"의 종말은, "사울과 그 세 아들과 병기든 자와 그의 모든 사람이 다 그 날에 함께 죽었더라"(삼상 31:6) 하고, "패망"으로 끝나고 있는 것입니다. 이는 인간의 행위로는 구원을 얻을 수 없다는 자력구원의 불가능성을 명약관화(明若觀火)하게 보여주고 있는 것입니다. 이런 맥락에서 "사울"은 베냐민 지파의 영욕을 한 몸에 짊어진 사람이라 할 수가 있습니다.

④ "요나단의 아들은 므립바알이라 므립바알이 미가를 낳았고"(34)

하고 "요나단"의 이름이 등장합니다.

ㄱ 다윗과 요나단의 관계를 우정(友情)의 관계로 여기는 것은 성경을 교훈적으로 보기 때문에 오는 한계입니다. 요나단은 다윗에게, "너는 이스라엘 왕이 되고 나는 네 다음이 될 것"(삼상 23:17)이라고 말합니다. 다윗을 죽이려한다면 사울보다는 요나단일 것입니다. 왜냐하면 요나단은 사울의 왕위를 물려받을 왕자(王子)였기 때문입니다. 그런데 요나단은 악신의 조정을 받아(삼상 16:14) 다윗을 죽이려는 아버지 편에 서지 않고 다윗을 위하는 자가 되었다는 것을 "우정"으로만 볼 수가 있단 말인가? 요나단은 "홀이 유다를 떠나지 아니하리라" 한 말씀을 믿었다는 것이 됩니다.

ㄴ 이는 마치 "믿음으로 모세는 장성하여 바로의 공주의 아들이라 칭함을 거절하고 도리어 하나님의 백성과 함께 고난 받기를 잠시 죄악의 낙을 누리는 것보다 더 좋아하고 그리스도를 위하여 받는 능욕을 애굽의 모든 보화보다 더 큰 재물로 여겼다"(히 11:24-26) 한 신앙고백이었던 셈입니다. 그래서 "여호와의 인자를 내게 베풀어서 나로 죽지 않게 할 뿐 아니라, 네 인자를 내 집에서 영영히 끊어버리지 말라"(삼상 20:14-15) 하고 말했던 것입니다. 이를 오른 편 강도의 말대로 표현한다면 "당신의 나라에 임하실 때에 나를 생각해 달라"는 간구였던 것입니다.

ㄷ 다윗은 그와의 약속을 지켜서 본문에서 "므립바알"(34)이라 한 절뚝발이가 된 요나단의 아들을 청하여, "네 아비 요나단을 인하여 네게 은총을 베풀리라, 너는 항상 내 상에서 먹을 지니라"(삼하 9:7) 하고 약속한 바를 지켜주었던 것입니다.

⑤ "울람의 아들은 다 큰 용사요 활을 잘 쏘는 자라 아들과 손자가 많아 모두 일백 오십 인이었더라 베냐민의 자손들은 이러 하였더라"(40).

⑥ 묵상해보겠습니다.

㉠ 베냐민 지파를 배려하는 의도에 대해서,

㉡ 사울 왕과 결부된 구속사적 의미에 대해서,

㉢ 다윗에 향한 요나단의 신앙에 대해서.

역대상 9장 개관도표
주제 : 포로에서 귀환하여 본성에 거한 사람들

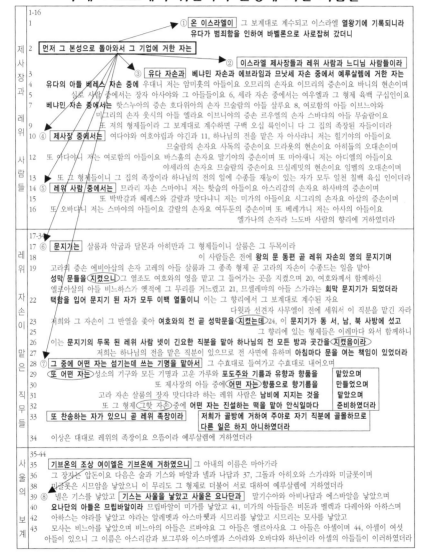

1-16

1　①온 이스라엘이 그 보계대로 계수되고 이스라엘 열왕기에 기록되니라
유다가 범죄함을 인하여 바벨론으로 사로잡혀 갔더니

먼저 그 본성으로 돌아와서 그 기업에 거한 자는

②이스라엘 제사장들과 레위 사람과 느디님 사람들이라

3　③유다 자손과 베냐민 자손과 에브라임과 므낫세 자손 중에서 예루살렘에 거한 자는
4　유다의 아들 베레스 자손 중에 우대니 저는 암미훗의 아들이요 오므리의 손자요 이므리의 증손이요 바니의 현손이며
5　실로 사람 중에서는 장자 아사야와 그 아들들이요 6, 세라 자손 중에서는 여우엘과 그 형제 육백 구십인이요
7　베냐민 자손 중에서는 핫스누아의 증손 호다위아의 손자 므술람의 아들 살루요 8, 여로함의 아들 이브느야요
미그리의 손자 웃시의 아들 엘라요 이브느야의 증손 르우엘의 손자 스바댜의 아들 무술람이요
9　또 저의 형제들이라 그 보계대로 계수하면 구백 오십 륙인이니 다 그 집의 족장된 자들이더라
10　④제사장 중에서는 여다야와 여호야립과 야긴 11, 하나님의 전을 맡은 자 아사랴니 저는 힐기야의 아들이요
므술람의 손자 사독의 증손 므라욧의 현손이요 아히둡의 오대손이며
12　또 아다야니 저는 여로함의 아들요 바스훌의 손자요 말기야의 증손이며 또 마아새니 저는 아디엘의 아들이요
야세라의 손자요 므술람의 증손이요 므실레밋의 현손이요 임멜의 오대손이며
13　또 그 형제들이니 그 집의 족장이라 하나님의 전의 일에 수종들 재능이 있는 자가 모두 일천 칠백 육십 인이더라
14　⑤레위 사람 중에서는 므라리 자손 스마니니 저는 핫숩의 아들이요 아스리감의 손자요 하사뱌의 증손이며
15　또 박박갈과 헤레스와 갈랄과 맛다니아 저는 미가의 아들이요 시그리의 손자요 아삽의 증손이며
16　또 오바댜니 저는 스마야의 아들이요 갈랄의 손자요 여두둔의 증손이며 또 베레갸니 저는 아사의 아들이요
엘가나의 손자라 느도바 사람의 향리에 거하였더라

17-34

17　⑥문지기는 살룸과 악굽과 달몬과 아히만과 그 형제들이니 살룸은 그 두목이라
18　이 사람들은 전에 왕의 문 동편 곧 레위 자손의 영의 문지기며
19　고라의 증손 에비아삽의 손자 고레의 아들 살룸과 그 종족 형제 곧 고라의 자손이 수종드는 일을 맡아
성막 문들을 지켰으니 그 열조도 여호와의 영을 맡고 그 들어가는 곳을 지켰으며 20, 여호와께서 함께하신
엘르아살의 아들 비느하스가 옛적에 그 무리를 거느렸고 21, 므셀레먀의 아들 스가랴는 회막 문지기가 되었더라
22　택함을 입어 문지기 된 자가 모두 이백 열둘이니 이는 그 향리에서 보계대로 계수된 자요
다윗과 선견자 사무엘이 전에 세워서 이 직분을 맡긴 자라
23　저희와 그 자손이 그 반열을 좇아 여호와의 전 곧 성막문을 지켰는데 24, 이 문지기가 동 서, 남, 북 사방에 섰고
25　그 향리에 있는 형제들은 이레마다 와서 함께하니
26　이는 문지기의 두목 된 레위 사람 넷이 긴요한 직분을 맡아 하나님의 전 모든 방과 곳간을 지켰음이라
27　저희는 하나님의 전을 맡은 직분이 있으므로 전 사면에 유하며 아침마다 문을 여는 책임이 있었더라
28　⑦그 중에 어떤 자는 섬기는데 쓰는 기명을 맡아서 그 수효대로 들여가고 수효대로 내어오며
29　또 어떤 자는 성소의 기구와 모든 기명과 고운 가루와 포도주와 기름과 유향과 향품을 맡았으며
또 제사장의 아들 중에 어떤 자는 향품으로 향기름을 만들었으며
31　고라 자손 살룸의 장자 맛디댜라 하는 레위 사람은 남비에 지지는 것을 맡았으며
32　또 그 형제 그핫 자손 중에 어떤 자는 진설하는 떡을 맡아 안식일마다 준비하였더라
33　또 찬송하는 자가 있으니 곧 레위 족장이라 저희가 골방에 거하여 주야로 자기 직분에 골몰하므로 다른 일은 하지 아니하였더라
34　이상은 대대로 레위의 족장이요 으뜸이라 예루살렘에 거하였더라

35-44

35　기브온의 조상 여이엘은 기브온에 거하였으니 그 아내의 이름은 마아가라
36　그 장자는 압돈이요 다음은 술과 기스와 바알과 넬과 나답과 37, 그돌과 아히오와 스가랴와 미글롯이며
38　미글롯은 시므암을 낳았으니 이 무리도 그 형제로 더불어 서로 대하여 예루살렘에 거하였더라
39　⑧넬은 기스를 낳았고 기스는 사울을 낳았고 사울은 요나단과 말기수아와 아비나답과 에스바알을 낳았으며
40　요나단의 아들은 므립바알이라 므립바알이 미가를 낳았고 41, 미가의 아들들은 비돈과 멜렉과 다레아와 아하스며
42　아하스는 야라를 낳았고 야라는 알레멧과 아스마웻과 시므리를 낳았고 시므리는 모사를 낳았고
43　모사는 비느아를 낳았으며 비느아의 아들은 르바야요 그 아들은 엘르아사요 그 아들은 아셀이며 44, 아셀이 여섯
아들이 있으니 그 이름은 아스리감과 보그루와 이스마엘과 스아랴와 오바댜와 하난이라 아셀의 아들들이 이러하였더라

左欄 (세로):
제사장과 레위 사람들
레위 자손이 맡은 직무들
사울의 보계

포로에서 귀환하여 본성에 거한 사람들

²먼저 그 본성으로 돌아와서 그 기업에 거한 자는 이스라엘 제사장들과 레위 사람과 느디님 사람들이라.

9장은 포로에서 귀환하여 예루살렘에 거하면서 맡은바 직무들을 충성스럽게 수행한 사람들에 대한 언급입니다. 그러니까 1-8장의 족보가 포로에서 귀환한 자들의 뿌리를 찾아주기 위한 과거(過去)의 보계를 밝혀주는 내용이었다면, 9장은 "먼저 그 본성으로 돌아와서 그 기업에 거한 자는" (2) 하고, 드디어 현재(現在)로 돌아온 것입니다.

도표를 보시면 "돌아와서 그 기업에 거한 자"를 중심으로 첫째 단원은, ① 먼저 "유다가 범죄함을 인하여" 하고 사로잡히게 된 원인을 말하고, ② 제일 먼저 "제사장들과 레위인과 느다님 사람"이 돌아와 거하고, ③ "유다, 베냐민, 에브라임, 므낫세 자손들"이 있었음을 언급한 후에, ④ "제사장 중에서는", ⑤ "레위 사람 중에서는" 하는 순으로 거론을 합니다. 둘째 단원에서는 지키는 자들인, ⑥ "문지기"에 강조점을 두고 언급하면서, ⑦ "어떤 자는, 어떤 자는" 하고, 각기 맡은 직무를 언급합니다. 셋째 단원은 또다시 ⑧ "사울 왕"의 계보를 언급하는데 이는 사울의 시대를 청산(淸算)하고 모든 초점을 다윗의 행적에 맞추기 위해서입니다.

첫째 단원(1-16) **제사장과 레위 사람들**
둘째 단원(17-34) **레위 자손이 맡은 직무들**
셋째 단원(35-44) **마무리하기 위한 사울의 보계**

주제(主題) : 포로에서 귀환하여 본성에 거한 사람들

㉠ 느헤미야 11장에도 본문 9장과 맥을 같이 하는 기사가 있는데, "백성의 두목들은 예루살렘에 머물렀고 그 남은 백성들은 제비뽑아 십분의 일은 거룩한 성 예루살렘에 와서 거하게 하고 그 구분(九分)은 다른 성읍에 거하였으며 무릇 예루살렘에 거하기를 자원(自願)하는 자는 백성들이 위하여 복을 빌었느니라"(느 11:1-2) 하고 말씀합니다. 이 말씀에 근거하여 추론을 해보면 당시의 상황은 예루살렘에 거한다는 것이 위험을 무릅쓰는 일이었음을 짐작하게 합니다.

㉡ 왜냐하면 예루살렘은 70년이나 방치된 폐허였고, 에스라서와 느헤미야서에 나타난 대로 예루살렘의 재건을 저지하려는 대적들의 공격목표가 되어 있었기 때문입니다. 이런 배경에서 예루살렘에 거한다는 것은 최전선(最前線)에 배치된 군사와 같은 비장한 결의가 요구되었던 것입니다. 그래서 제비를 뽑아 배치를 하고, "자원(自願)하는 자는 백성들이 위하여 복을 빌었다" 하는 것입니다.

㉢ 이런 맥락에서 본문에는 "문지기"의 직분을 "긴요한 직분"이라

말하면서, "이는 문지기의 두목 된 레위 사람 넷이 긴요한 직분을 맡아 하나님의 전 곳간을 지켰음이라"(26) 하고, 또한 "지키다"는 말이 강조되어 있습니다. 이런 상황에서 제 위치를 지키며 각기 맡은 직무를 수행했다는 것은 "죽도록 충성"한 셈입니다.

　② 본문 말씀이 현대교회에는 어떤 의미가 있는가? 사도 바울은, "마귀의 궤계를 능히 대적하기 위하여 하나님의 전신갑주를 입으라"(엡 6:11) 하고 무장을 할 것과, "너는 그리스도 예수 안에 있는 믿음과 사랑으로써 내게 들은바 바른 말을 본받아 지키고 우리 안에 거하시는 성령으로 말미암아 네게 부탁한 아름다운 것을 지키라"(딤후 1:13-14) 하고, 복음을 보수(保守)하라고 명합니다.

첫째 단원(1-16) 제사장과 레위 사람들

　① "온 이스라엘이 그 보계대로 계수되고 이스라엘 열왕기에 기록(記錄)되니라"(1상) 한 말씀은, 1장부터 진술한 계보가 어디에 근거(根據)한 것인가를 밝혀주는 말씀이고, "유다가 범죄(犯罪)함을 인하여 바벨론으로 사로잡혀 갔더니"(1하) 하는 말씀은, 어찌하여 예루살렘이 심판을 받게 되었는가 하는 원인(原因)을 드러내는 것입니다.

　㉠ 이 말씀 가운데 두 가지 요점이 있는데 첫째는, "온 이스라엘"이라는 표현입니다. 11:1절에서도 "온 이스라엘"이라고 말하고 있는데 이는 이스라엘은 본래 "하나"임을 드러내기 위해서입니다. 통일왕국이 분열왕국이 되고, 패망왕국이 되었다가 이제 회복왕국이 되었다는 말씀입니다. 사도 바울은 교회론에서, "평안의 매는 줄로 성령의 하나 되게 하신 것을 힘써 지키라"(엡 4:3) 하고 권면합니다. "하나"되기를 힘쓰라는 말이 아닙니다. 우리는 거듭날 때에 한 하나님, 한 주님, 한 성령에 의

한 "하나"였다는 것입니다. 그러므로 성령께서 하나 되게 하신 것을 쪼개지지 않도록 "힘써 지키라"는 말씀입니다. 이는 하나인 교회를 파괴하려는 자가 있기 때문입니다. 온 이스라엘은 하나 됨을 지키지 못하고 분열되었다가, 징벌을 통해서 하나로 회복할 수가 있게 된 것입니다.

ⓛ 둘째는 "유다가 범죄함을 인하여" 라는 말입니다. 어찌하여 "온 이스라엘이 범죄함을 인하여" 라고 말씀하지 않는가? 이는 "유다"에게 초점을 맞추기 위해서인데, 여기에는 영광스러움과 동시에 막중한 책임(責任)이 있는 것입니다. "홀이 유다를 떠나지 아니하며 치리자의 지팡이가 그 발 사이에서 떠나지 아니하시기를 실로가 오시기까지 미치리니"(창 49:10) 하고 예언이 되어 있고, 그 예표적인 왕으로 세움을 입은 자가 다윗이라는 점은 영광스러운 면입니다. 그런 유다가 메시아언약을 배신하고 우상을 숭배하다니! 그러므로 "유다가 범죄함을 인하여" 라는 표현은, 다른 지파가 다 범죄한다 하여도 유다만은 타락해서는 안 된다는 경계요, 반면 유다만 바로 선다면 소망이 있다는 책임의 막중함을 나타냅니다.

ⓒ 1-2절에 있어서 핵심은, "본성(本城)으로 돌아와서 그 기업에 거한 자"가 있게 하셨다는데 있습니다. "범죄함을 인하여 바벨론으로 사로잡혀 갔던" 자들이 어떻게 해서 본성으로 돌아와 거하게 되었단 말인가? ㉮ 자력(自力)으로가 아닙니다. ㉯ 무슨 공로나 자격이 있어서도 아닙니다. 하나님은 말씀하십니다. "너희 행위를 인하여 부끄러워하고 한탄할 지어다" 하시면서, "내가 이렇게 행함은 너희를 위함이 아니요 너희가 들어간 그 열국에서 더럽힌 나의 거룩한 이름을 위함이라"(겔 36:22, 32) 하십니다. 구원계획에는 하나님의 거룩하신 영예가 걸려 있는 것이며, 또한 아브라함에게 맹세로 언약하신 바를 지키시기 위해서 돌아오게 하신 것입니다.

② "먼저 그 본성으로 돌아와서 그 기업에 거한 자는 이스라엘 제사

장들과 레위 사람과 느디님 사람들이라"(2) 합니다.

㉠ 제일 먼저 언급하는, "제사장, 레위인, 느디님 사람"은 예배위원들이라 할 수가 있습니다. 출애굽 당시에도 "여호와의 언약궤가 그 삼일 길을 앞서 행하여 그들의 쉴 곳을 찾았다"(민 10:33) 하고 말씀하는데, "제사장들과 레위인"이 선두로 입성하여 귀환하는 백성들의 "쉴 곳"을 마련한 셈입니다. 이 일에 "느디님" 사람들이 수종을 들었다고 말씀하는데, "느디님"이란 "바쳐진 사람들"이란 뜻입니다.

㉡ 에스라 3장에는, "이스라엘 자손이 그 본성에 거하였더니, 단(壇)을 그 터 위에 세우고 그 위에 조석으로 여호와께 번제를 드렸다"(스 3:1, 3) 하고 말씀합니다. 성전이라는 건물을 세우기 전에, 우선적으로 단(壇)을 "그 터"에 세우고 번제를 드렸던 것입니다. "그 터"라 한 정관사(定冠詞)는 유일(唯一)성을 나타내는 것으로 솔로몬 성전이 있던 터를 가리킵니다. "그 터"에서 "번제"를 드렸다는 것은 "천하 인간에 구원을 얻을 만한 다른 이름을 우리에게 주신 일이 없음이라"(행 4:12) 한 그리스도의 구속사역을 예표합니다. 그들은 몸만이 돌아온 것이 아니라 마음이 하나님께로 돌아왔던 것입니다.

③ "유다 자손과 베냐민 자손과 에브라임과 므낫세 자손 중에서 예루살렘에 거한 자는"(3) 합니다.

㉠ 이로 보건대 돌아온 자들 중에는 유다와 베냐민 사람들 외에 다른 지파 사람들도 있었음을 알게 되는데 기록에는, "유다의 아들 베레스 자손 중에 우대니 저는 암미훗의 아들이요 오므리의 손자요 이므리의 증손이요 바니의 현손이며"(4) 하고 유다 사람과, "베냐민 자손 중에서는 핫스누아의 증손 호다위아의 손자 므술람의 아들 살루요"(7) 하고, 유다와 베냐민의 귀환자만을 언급하고 있습니다. 이렇게 일반적인 말씀을 한 후에,

④ "제사장 중에서는 여다야와 여호야립과 야긴과"(10) 하고, 제사장

들을 언급하는데 이들의 이름은 귀환자의 명단을 말씀하고 있는 느헤미
야 11:10절과도 일치합니다.

⑤ 그리고 "레위 사람 중에서는 므라리 자손 스마야니 저는 핫숩의
아들이요 아스리감의 손자요 하사뱌의 증손이며"(14) 하고 레위인을 언
급합니다.

㉠ 귀환할 때에 최우선적으로 중요시 한 것은 "제사장과, 레위인"이
몇 명이 있느냐 하는 문제였습니다. 왜냐하면 하나님과 바른 관계를 회
복하는 것이 급선무이기 때문이요, 하나님과의 교제는 제사를 통해서만
이 가능하다는 점을 인식했기 때문입니다. 에스라 8장에 보면, "백성과
제사장들을 살핀즉 그 중에 레위 자손이 하나도 없는지라, 우리 하나님
의 전을 위하여 수종들 자를 데리고 오라 하였더니, 220명을 데려왔으
니 그 이름이 다 기록되었느니라"(스 8:15, 20), 즉 족보에 올라 있는
사람들이라는 말씀을 대하게 됩니다. 그런데 신약의 성도들은 예수 그
리스도의 구속으로 말미암아 모든 자가 "왕 같은 제사장들"이라 말씀하
니 얼마나 영광스럽고도 책임이 막중한가?

둘째 단원(17-34) 레위 자손이 맡은 직무들

둘째 단원에는 여러 가지 직무(職務)들이 있는데 이는 아무나 할 수
있는 일이 아니라 레위인으로써, "그 보계대로 계수된 자요 다윗과 선
견자 사무엘이 전에 세워서 이 직분을 맡긴 자라"(22) 한데서 알 수가
있듯이, 전승(傳承)을 따라 보계가 확실한 자라야만 수행할 수가 있었
던 것입니다.

⑥ "문지기는 살룸과 악굽과 달몬과 아히만과 그 형제들이니 살룸은
그 두목이라"(17) 합니다.

㉠ 여러 가지 직무 중에 제일 먼저 "문지기"를 언급하고 있는데, 17-27절 안에는 "문지기와, 지키다"는 말이 강조되어 있습니다. 그리고 사무엘이나 다윗 당시(22)부터 "문지기"의 직무를 "긴요"(緊要)한 직분(26)으로 여겼다고 말씀합니다.

㉮ "여호와의 영(슈)을 맡고 그 들어가는 곳을 지켰으며"(19하),

㉯ 아론을 이어 대제사장이 된 "엘르아살의 아들 비느하스가 옛적에 그 무리를 거느렸고"(20), 즉 문지기의 총책임자로 있었고,

㉰ "택함을 입어 문지기가 된 자가 모두 212이니"(22),

㉱ "저희와 그 자손이 그 반열을 좇아 여호와의 전 곧 성막 문을 지켰는데 이 문지기가 동 서, 남, 북 사방에 섰고"(23-24),

㉲ "이는 문지기의 두목 된 레위 사람 넷이 긴요한 직분을 맡아 하나님의 전 모든 방과 곳간을 지켰음이라"(26).

㉳ "저희는 하나님의 전을 맡은 직분이 있으므로 전 사면에 유하며 아침마다 문을 여는 책임이 있었더라"(27) 합니다.

㉡ 바사에서 돌아온 느헤미야는, "우리의 당한 곤경은 너희도 목도하는 바라 예루살렘이 황무하고 성문(城門)이 소화되었으니 자 예루살렘 성을 중건하여 다시 수치를 받지 말자"(느 2:17) 하고 독려를 합니다. 한마디로 지키지를 못해서 수치를 당하게 되었다는 말입니다. 그러므로 신앙생활에 있어서 "지킨다"는 주제는 교회나 개인으로 볼 때에도 중요한 요점이 됩니다. 복음의 순수성과 교회의 신성을 지키지 못하면 세속화가 되고, 받은바 은혜를 지키지 못하면 타락하게 되는 것입니다. 잠언에서는 "무릇 지킬 만한 것보다 더욱 네 마음을 지키라"(잠 4:23) 말씀하는데, 현대교회는 지킬 만한 것보다 "더욱 복음을 지켜야만" 할 것입니다.

㉢ 28-34절 안에는 "어떤 자는" 이라는 말을 4번(28, 29, 30, 32)이나 말씀하면서 여러 가지 직무를 분담했음을 말씀하는데,

㉠ "그 중에 어떤 자는 섬기는데 쓰는 기명을 맡아서 그 수효대로 들여가고 수효대로 내어오며"(28),

㉡ "또 어떤 자는 성소의 기구와 모든 기명과 고운 가루와 포도주와 기름과 유향과 향품을 맡았으며"(29),

㉢ "또 제사장의 아들 중에 어떤 자는 향품으로 향 기름을 만들었으며"(30),

㉣ "고라 자손 살룸의 장자 맛디댜라 하는 레위 사람은 남비에 지지는 것을 맡았으며"(31),

㉤ "또 그 형제 그핫 자손 중에 어떤 자는 진설하는 떡을 맡아 안식일마다 준비하였더라"(32) 합니다. 이점을 신약성경에서는, "어떤 이에게는 성령으로 말미암아 지혜의 말씀을, 어떤 이에게는 같은 성령을 따라 지식의 말씀을, 다른 이에게는 같은 성령으로 믿음을, 어떤 이에게는 한 성령으로 병 고치는 은사를"(고전 12:8-9) 하고 말씀하면서, "몸은 하나인데 많은 지체가 있고 몸의 지체가 많으나 한 몸임과 같이 그리스도도 그러 하니라"(고전 12:12) 말씀합니다.

㉥ "또 찬송하는 자가 있으니 곧 레위 족장이라 저희가 골방에 거하여 주야(晝夜)로 자기 직분에 골몰하므로 다른 일은 하지 아니 하였더라"(33) 합니다. "저희가 골방에 거하여 주야로 자기 직분에 골몰하므로 다른 일은 하지 아니 하였더라"는 말씀은, 우선적으로 설교자들이 깊이 새겨야할 점이라 하겠습니다. 왜냐하면 강단에서 선포되는 말씀이 성도들에게 천국 문을 열어주기도 하고, 닫을 수도 있는 사활(死活)이 걸려 있다는 점을 인식한다면 "진리의 말씀을 옳게 분변"(딤후 2:15)하기 위해서 얼마나 "골몰"해야 마땅하겠는가? "이 구원에 대하여는 너희에게 임할 은혜를 예언하던 선지자들이 연구하고 부지런히 살폈다"(벧전 1:10) 하고 말씀하지 않는가? "이상은 대대로 레위의 족장이요 으뜸이라 예루살렘에 거하였더라"(34) 합니다. 이것이 "레위 자손이 맡은 직무들"

입니다.

셋째 단원(35-44) 마무리하기 위한 사울의 보계

⑧ "기브온의 조상 여이엘은"(35상) 하고, 사울의 고향 "기브온"을 언급하면서, "넬은 기스를 낳았고 기스는 사울을 낳았고"(39) 하고, 또다시 사울의 족보를 언급하는 의도가 무엇인가?

㉠ 이는 1장에서부터 시작한 족보를 마무리 하고 본론(本論)에 들어가기에 앞서서 "사울"의 잔재를 청산하고 모든 초점을 "다윗"에 집중시키기 위한 의도에서입니다. 이점이 "사울이 죽은 것은 여호와께 범죄하였음이라 저가 여호와의 말씀을 지키지 아니하고 또 신접한 자에게 가르치기를 청하고 여호와께 묻지 아니하였으므로 여호와께서 저를 죽이시고 그 나라를 이새의 아들 다윗에게 돌리셨더라"(10:13-14) 한 말씀이 뒷받침해줍니다.

⑨ 묵상해보겠습니다.

㉠ "본성으로 돌아와서 그 기업에 거한 자"가 있게 하신 의미에 대해서,

㉡ 제사장과 레위인의 구속사적 중요성에 대해서,

㉢ "어떤 자는, 어떤 자는" 한 직무분담에 대해서.

역대상 10:1-11:3절 개관도표
주제 : 말씀하신대로 사울을 폐하시고 다윗을 세우심

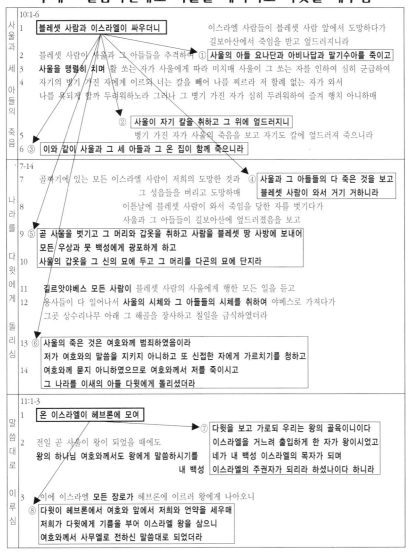

10:1-6

사울과 세 아들의 죽음

1 블레셋 사람과 이스라엘이 싸우더니   이스라엘 사람들이 블레셋 사람 앞에서 도망하다가 길보아산에서 죽임을 받고 엎드러지니라

2 블레셋 사람이 사울과 그 아들들을 추격하여 ① 사울의 아들 요나단과 아비나답과 말기수아를 죽이고

3 사울을 맹렬히 치며 활 쏘는 자가 사울에게 따라 미치매 사울이 그 쏘는 자를 인하여 심히 군급하여

4 자기의 병기 가진 자에게 이르되 너는 칼을 빼어 나를 찌르라 저 할례 없는 자가 와서 나를 욕되게 할까 두려워하노라 그러나 그 병기 가진 자가 심히 두려워하여 즐겨 행치 아니하매

② 사울이 자기 칼을 취하고 그 위에 엎드러지니

5 병기 가진 자가 사울의 죽음을 보고 자기도 칼에 엎드러져 죽으니라

6 ③ 이와 같이 사울과 그 세 아들과 그 온 집이 함께 죽으니라

7-14

나라를 다윗에게 돌리심

7 골짜기에 있는 모든 이스라엘 사람이 저희의 도망한 것과   ④ 사울과 그 아들들의 다 죽은 것을 보고 그 성읍들을 버리고 도망하매   블레셋 사람이 와서 거기 거하니라

8 이튿날에 블레셋 사람이 와서 죽임을 당한 자를 벗기다가 사울과 그 아들들이 길보아산에 엎드러졌음을 보고

9 ⑤ 곧 사울을 벗기고 그 머리와 갑옷을 취하고 사람을 블레셋 땅 사방에 보내어 모든 우상과 뭇 백성에게 광포하게 하고

10 사울의 갑옷을 그 신의 묘에 두고 그 머리를 다곤의 묘에 단지라

11 길르앗야베스 모든 사람이 블레셋 사람의 사울에게 행한 모든 일을 듣고

12 용사들이 다 일어나서 사울의 시체와 그 아들들의 시체를 취하여 야베스로 가져다가 그곳 상수리나무 아래 그 해골을 장사하고 칠일을 금식하였더라

13 ⑥ 사울의 죽은 것은 여호와께 범죄하였음이라 저가 여호와의 말씀을 지키지 아니하고 또 신접한 자에게 가르치기를 청하고

14 여호와께 묻지 아니하였으므로 여호와께서 저를 죽이시고 그 나라를 이새의 아들 다윗에게 돌리셨더라

11:1-3

말씀대로 이루심

1 온 이스라엘이 헤브론에 모여   ⑦ 다윗을 보고 가로되 우리는 왕의 골육이니이다 이스라엘을 거느려 출입하게 한 자가 왕이시었고 네가 내 백성 이스라엘의 목자가 되며 이스라엘의 주권자가 되리라 하셨나이다 하니라

2 전일 곧 사울이 왕이 되었을 때에도 왕의 하나님 여호와께서도 왕에게 말씀하시기를 내 백성

3 이에 이스라엘 모든 장로가 헤브론에 이르러 왕에게 나아오니

⑧ 다윗이 헤브론에서 여호와 앞에서 저희와 언약을 세우매 저희가 다윗에게 기름을 부어 이스라엘 왕을 삼으니 여호와께서 사무엘로 전하신 말씀대로 되었더라

10:1-11:3절

말씀하신대로 사울을 폐하시고 다윗을 세우심

10:14여호와께 묻지 아니하였으므로 여호와께서 저를 죽이
시고 그 나라를 이새의 아들 다윗에게 돌리셨더라.

　　본 문단(10:1-11:3)은 사울의 왕위를 폐하시고 그 위를 다윗에게 돌
리신 내용입니다. 이를 가리켜 성경은, "말씀대로 되었더라"(11:3) 합니
다. 도표를 보시면 첫째 단원은 "블레셋 사람과 이스라엘이 싸우더니"
를 중심으로, ① "블레셋 사람이 사울의 아들들을 죽이고", ② "사울은
자기 칼을 취하고 그 위에 엎드러지니", ③ "온 집이 함께 죽으니라" 합
니다. 둘째 단원은, ④ "사울이 죽은 것을 보고, 블레셋 사람이 와서 거
기 거하니라", ⑤ 사울의 머리와 갑옷을 블레셋 우상과 백성에게 광포
하니, ⑥ "사울이 죽은 것은 여호와께 범죄하였음이라, 나라를 이새의
아들 다윗에게 돌리셨더라" 합니다. 셋째 단원은 "온 이스라엘이 헤브
론에 모여"를 중심으로, ⑦ "다윗을 보고 우리는 왕의 골육이니이다" 하

면서, ⑧ "기름을 부어 왕을 삼으니 말씀대로 되었더라" 합니다.

첫째 단원(10:1-6) **사울과 세 아들의 죽음**
둘째 단원(7-14) **나라를 다윗에게 돌리심**
셋째 단원(11:1-3) **말씀대로 이루심**

주제(主題) : 말씀하신대로 사울을 폐하시고 다윗을 세우심

㉠ 10장은 사울을 폐하시고 다윗을 왕으로 세우시는 분기점이 되는 장입니다. 이 시점에서 다시 한 번 성경을 보는 관점을 말씀드려야만 하겠습니다. ㉮ 구약으로 구약을 해석하는 사람들이 있습니다. 이는 신약성경을 인정하지 않고, "예수"가 그리스도이심을 부인하는 유대인 학자와 같은 방법입니다. ㉯ 구약으로 신약을 해석하려는 사람들이 있습니다. 이들을 가리켜 사도 바울은 마음에서 수건이 벗어지지 않은 "의문(儀文)의 직분 자"(고후 3:14)들이라고 말합니다. ㉰ 계시의 빛이 밝히 드러난 신약으로 구약을 해석하는 방법입니다. 이것이 "새 언약의 직분 자"들이요, 그리스도의 증인들이 하는 방법입니다.

㉡ 주님은 말씀하십니다. "너희가 성경에서 영생을 얻는 줄 생각하고 성경을 상고하거니와 이 성경이 곧 내게 대하여 증거하는 것이로다"(요 5:39). 우리 죄를 위하여 죽으시고 다시 사신 주님은 말씀하십니다. "미련하고 선지자들의 말한 모든 것을 마음에 더디 믿는 자들이여 그리스도가 이런 고난을 받고 자기의 영광에 들어가야 할 것이 아니냐 하시고 이에 모세와 및 모든 선지자의 글로 시작하여 모든 성경에 쓴바 자기에 관한 것을 자세히 설명하시니라"(눅 24:25-27). 그러므로 밝히 드러난 복음의 빛을 받아 구약을 해석해야 하는 것입니다.

㉢ 그렇다면 역대기에서도 그리스도를 만나야 하는 것입니다. 이점

이 역대기의 특성에 분명하게 나타납니다. 역대기 기자가 사울이 왕 노릇한 40년의 역사(사무엘상의 내용)나, 다윗에게 세워주신 메시아언약을 배신하고 떨어져나간 북 왕국의 역사를 과감하게 생략하고 있는 의도가 무엇인가? 오직 초점을 다윗에게 집중시키기 위해서입니다. 궁극적으로는 곁가지는 생략하고 다윗을 예표로 하여 그리스도를 만나게 하고, 유다 왕국의 역사를 통해서 하나님의 구원계획이 어떻게 이루어져 왔는가 하는 "하나님의 비밀의 경륜"을 드러내기 위해서인 것입니다.

ⓔ 본문 10장은 사무엘상 31장과 병행하는 내용입니다. 역대기 기자는 사무엘상에서 사울 왕이 죽는 마지막 장 한 장만을 소개하고 있는 것입니다. 왜 이렇게 하고 있는가? 인간의 자력으로는 구원할 수가 없고 오직 주권적인 하나님의 은혜에 있음을 드러내기 위해서입니다. 이를 본문관찰에서 보게 될 것입니다.

첫째 단원(10:1-6) **사울과 세 아들의 죽음**

"블레셋 사람과 이스라엘이 싸우더니 이스라엘 사람들이 블레셋 사람 앞에서 도망하다가 길보아산에서 죽임을 받고 엎드러지니라"(1).

① "블레셋 사람이 사울과 그 아들들을 추격하여 사울의 아들 요나단과 아비나답과 말기수아를 죽이고"(2),

㉠ "사울의 아들들"이라면, 9:39절의 족보에 기록된 사울의 왕위를 계승할 왕자들인 것입니다. 그런데 이들이 죽었다고 말씀합니다. 그리고 "사울을 맹렬히 치며 활 쏘는 자가 사울에게 따라 미치매 사울이 그 쏘는 자를 인하여 심히 군급하여"(3),

② "자기의 병기 가진 자에게 이르되 너는 칼을 빼어 나를 찌르라 저 할례 없는 자가 와서 나를 욕되게 할까 두려워하노라 그러나 그 병기

가진 자가 심히 두려워하여 즐겨 행치 아니하매 사울이 자기 칼을 취하고 그 위에 엎드러지니"(4), 즉 자살(自殺)을 하고 만 것입니다.

㉠ "병기 가진 자가 사울의 죽음을 보고 자기도 칼에 엎드러져 죽으니라"(5).

③ "이와 같이 사울과 그 세 아들과 그 온 집이 함께 죽으니라"(6) 합니다. 이것이 "사울과 세 아들의 죽음"입니다.

㉠ 사울이 왕이 된 것은 하나님의 택하심으로 된 것이 아니라 장로들이, "열방과 같이 우리에게 왕을 세워 우리를 다스리게 하소서"(삼상 8:5) 하고 요구했기 때문입니다. 즉 "너희의 구한 왕 너희의 택한 왕"(삼상 12:13)이었던 것입니다. 장로들은 열방과 같이 잘 먹고 잘 살기를 바랐으나 그 종말은 자살로 끝나고 말았습니다. 이를 통해서 성경은 무엇을 깨닫기를 원하고 있는가? 인간의 행위로는 구원을 얻을 수 없다는 자력구원의 불가능성입니다.

둘째 단원(7-14) 나라를 다윗에게 돌리심

둘째 단원은 "사울의 죽음"이 어떤 의미가 있는가를 드러냅니다.

④ "골짜기에 있는 모든 이스라엘 사람이 저희의 도망한 것과 사울과 그 아들들의 다 죽은 것을 보고 그 성읍들을 버리고 도망하매 블레셋 사람이 와서 거기 거하니라"(7), 즉 블레셋 군을 물리친 것이 아니라 도리어 정복을 당했다는 것입니다.

㉠ 그 뿐만이 아니라, "이튿날에 블레셋 사람이 와서 죽임을 당한 자를 벗기다가 사울과 그 아들들이 길보아산에 엎드러졌음을 보고"(8),

⑤ "곧 사울을 벗기고 그 머리와 갑옷을 취하고 사람을 블레셋 땅 사방에 보내어 모든 우상과 뭇 백성에게 광포하게 하고"(9),

㉠ "사울의 갑옷을 그 신의 묘(廟)에 두고 그 머리를 다곤의 묘에 단지라" 합니다. 여기서 주목할 점은 "우상, 신의 묘, 다곤의 묘"(廟)라는 표현입니다. 어찌하여 사울의 머리를 다곤의 신전에 바쳤는가? 고대(古代)에는 전쟁에서의 승리를 자신들이 섬기는 신의 승리로 여겼기 때문입니다. 즉 승리에 대한 영광과 감사를 다곤이라는 우상에게 돌렸던 것입니다.

㉡ 그러면 무엇인가? 사울은 죽어서까지 하나님의 이름에 모독을 돌렸다는 것이 되는 것입니다. 인류의 시조도 하나님의 이름에 모독을 돌렸습니다. 이 명예를 누가 회복시킬 수가 있단 말인가? 하나님은 선언하십니다. "내가 나를 위하며 내가 나를 위하여 이를 이룰 것이라 어찌 내 이름을 욕되게 하리요 내 영광을 다른 자에게 주지 아니하리라"(사 48:11).

㉢ "길르앗야베스 모든 사람이 블레셋 사람의 사울에게 행한 모든 일을 듣고 용사들이 다 일어나서 사울의 시체와 그 아들들의 시체를 취하여 야베스로 가져다가 그곳 상수리나무 아래 그 해골을 장사하고 칠 일을 금식하였더라"(11-12) 합니다. 이렇게 한 것은 사울이 전에 암몬의 침략으로부터 야베스 사람들을 구원해준 일(삼상 11:6)이 있기 때문인데, 이것이 전부가 아닙니다. 하나님의 이름에 모독을 돌리는 흔적을 덮었다는 의미도 되는 것입니다. 그래서 이 소식을 들은 다윗이, "여호와께 복을 받을 지어다"(삼하 2:5) 하고 축복했던 것입니다.

⑥ 사울의 죽음에 대해 역대기 기자는, "사울의 죽은 것은 여호와께 범죄하였음이라 저가 여호와의 말씀을 지키지 아니하고 또 신접한 자에게 가르치기를 청하고 여호와께 묻지 아니하였으므로 여호와께서 저를 죽이신"(13-14상) 것이라고 해석해주고 있습니다. 1-6절은 사울의 죽음에 대한 표면적(表面的)인 기사이고, 13-14절은 이에 대한 이면적(裏面的), 즉 영적인 의미인 것입니다. 그러므로 이를 좀 더 깊이 고찰해보아

야만 합니다.

㉠ 사울의 죽음을 구속사라는 맥락에서 보면 어떤 의미가 되는가? 성경은 사울을 가리켜, "너희의 구한 왕 너희의 택한 왕"(삼상 12:13)이라고 말씀합니다. 왜냐하면 "왕"은 유다 지파를 통해서 나시게 될 것이 이미 야곱을 통해서 예언하신(창 49:10) 바요, 그러므로 하나님이 예선(豫選)해 놓으신 왕은 유다 지파 이새의 아들 다윗(삼상 16:1, 룻 4:22)인데, 사울은 베냐민 지파 사람이었던 것입니다.

㉡ 사울이 왕이 되게 된 배경이 문제입니다. 하나님께서 택하여 세우신 왕이 아니라 장로들이 사무엘에게 나아와, "열방과 같이 우리에게 왕을 세워 우리를 다스리게 하소서" 하고 요구하여 세워진 왕이라는 점이 다윗과 다른 점입니다. 주목할 점은 "열방(列邦)과 같이" 라는 말입니다. 하나님은 "하나님의 나라"를 건설하시려는데, 장로들은 잘 먹고 잘 사는 열방과 같은 세속국가를 세우려는 것입니다.

㉢ 이에 대해 하나님은 사무엘에게, "그들이 너를 버림이 아니요 나를 버려 자기들의 왕이 되지 못하게 함이니라"(삼상 8:5, 7) 하셨습니다. "나를 버려 자기들의 왕이 되지 못하게 함이라"는 말씀을 구속사라는 맥락으로 보면, 만왕의 왕 되시는 메시아 그리스도를 버렸다는 뜻이 되는 것입니다. 하나님은 이를 허용을 하셨습니다. 왜냐하면 자력구원(自力救援)의 불가능성을 깨닫게 하기 위해서입니다. 그 결과는, "이와 같이 사울과 그 세 아들과 그 온 집이 함께 죽으니라"(6) 하고, "사망"으로 끝나고 만 것입니다.

㉣ 인간이 택한 왕과, 하나님께서 택하신 왕의 특성이 어떻게 다른가를 보십시오. 사울은 40년이나 왕위에 있으면서도, "사울 때에는 우리가 궤 앞에서 묻지 아니 하였느니라"(13:3), 즉 블레셋에게 빼앗겼다가 돌아온 법궤를 방치해 두었으나, 다윗은 왕위에 오르자 최우선적으로 법궤를 예루살렘으로 운반해왔던 것입니다. 사울은 하나님께 묻지

아니한 선에서 멈춘 것이 아니라 도리어 신접한 여인에게 물었던(삼상 28:8) 것입니다. 이렇게 되면 선을 넘은 것이요, 구제불능인 것입니다. "그 나라를 이새의 아들 다윗에게 돌리셨더라"(14하) 합니다.

셋째 단원(11:1-3) 말씀대로 이루심

⑦ "온 이스라엘이 헤브론에 모여 다윗을 보고 가로되 우리는 왕의 골육이니이다"(1) 하고 말했다는 것입니다.

㉠ 11:1절은 사무엘하 5:1절과 병행을 하는 같은 구절입니다. 그러니까 역대기 기자는 사무엘하에서도 1-4장을 생략하고 있는 것입니다. 그 안에는, ㉮ 사울의 아들 이스보셋이 왕이 되어 2년 동안 왕 노릇한 일(삼하 2:10), ㉯ 다윗이 헤브론에서 7년 6개월 동안 "유다 지파" 중심으로 왕 노릇한 일(삼하 5:5), ㉰ 그리하여 사울 집과 다윗 집 사이에 전쟁이 계속된(삼하 3:1) 내용이 있는데, 이러한 잡다한 사건을 과감하게 생략을 하고 있는 것입니다. 성령께서 이렇게 하는 의도는 1차적으로는 하나님께서 택하시고 언약을 세워주신 다윗에게 초점을 맞추어 포로에서 귀환한 자들에게 위로와 소망을 주기 위해서요, 궁극적으로는 다윗을 예표로 하여 그리스도를 증거하기 위해서인 것입니다.

㉡ "온 이스라엘이 헤브론에 모여"(1상) 라고 말씀합니다. 12:23절에서는, "싸움을 예비한 군대 장관들이 헤브론에 이르러" 합니다. 그러니까 10장에서는 문신(文臣)들이 나아왔고 12장에서는 무신(武臣)들이 나아온 것입니다. 두 가지 요점이 있는데 첫째는 "온 이스라엘"이라는 말입니다. 4절에서도 "온 이스라엘"이라고 말씀합니다. 즉 다윗을 "온 이스라엘"의 왕을 삼으려는 것입니다. 둘째는 "헤브론에 모여" 라는 말입니다. 사무엘하 2장에 의하면 다윗은 사울이 죽자, "여호와께 물어 가

로되 내가 유다 한 성으로 올라가리이까" 합니다. "올라가라, 어디로 가리이까" 하고 묻습니다. "헤브론으로 갈지니라"(삼하 2:1) 하십니다. 그래서 헤브론으로 올라간 것입니다.

ⓒ 어찌하여 헤브론인가? 그곳에는 약속을 받지는 못했으나 믿고 죽은, "아브라함, 이삭, 야곱"을 장사한 곳이 "마므레 앞 막벨라 밭 굴에 장사하였더라(마므레는 곧 헤브론이라)"(창 23:19) 합니다. 그러므로 헤브론으로 올라가라 하심은 다윗이 열조들에게 세워주신 메시아언약을 계승할 정통(正統)이라는 상징성이 있었던 것입니다. 하나님은 일찍이 유다 지파 족장인 갈렙에게, 헤브론을 "그 자손이 그 땅을 차지하리라"(민 14:24) 하고 약속하셨고 가나안 땅을 점령하고 분배할 때에 약속하신 대로, "축복하고 헤브론을 그에게 주어 기업을 삼게"(수 14:13) 하였던 것입니다. 이런 맥락에서 하나님은 다윗에게 헤브론으로 올라가라 명하신 것입니다.

ⓓ 헤브론에 모인 "온 이스라엘"은 다윗이 왕이 되어야할 당위성(當爲性) 세 가지를 꼽습니다.

㉮ 첫째는, "우리는 왕의 골육이니이다"(1하) 하고 말합니다. 이는 자신들과 다윗은 한 조상의 자손들이라는 말입니다. 옳은 말입니다. 동일한 아브라함과 이삭과 야곱의 자손들입니다. 이 말 속에는 그런데 당신이 우리를 돌아보지 않는다면 누가 돌아보겠나이까 하는 뜻이 함의되어 있는 것입니다.

㉯ 둘째는, "전일 곧 사울이 왕이 되었을 때에도 이스라엘을 거느려 출입하게 한 자가 왕이시었고"(2상) 합니다. 이는 사울이 왕 노릇할 때에도 실제적인 왕은 다윗이었다는 말입니다. 맞는 말입니다. 하나님은 약 20년 전에 이미 불순종한 사울을 버리셨고(삼상 15:22), 다윗에게 기름을 부어 왕으로 세우셨기(삼상 16:1) 때문입니다. 다만 왕위에 오르지만 않았을 뿐입니다. 그리하여 골리앗을 죽이고 이스라엘을 구원

한 자는 다윗이었지, 사울이 아니었던 것입니다.

　㉣ 결정적인 근거는, "왕의 하나님 여호와께서도 왕에게 말씀하시기를 네가 내 백성 이스라엘의 목자가 되며 내 백성 이스라엘의 주권자가 되리라 하셨나이다"(2하) 한 말에 있습니다. 하나님이 다윗을 이스라엘의 "왕과, 목자"로 삼으셨다는 것입니다. 이것이 최종적인 권위입니다.

　⑧ "이에 이스라엘 모든 장로가 헤브론에 이르러 왕에게 나아오니 다윗이 헤브론에서 여호와 앞에서 저희와 언약을 세우매 저희가 다윗에게 기름을 부어 이스라엘 왕을 삼으니"(3상) 합니다.

　㉠ "온 이스라엘이 헤브론에 모이고"(1), "이스라엘 모든 장로가 헤브론에 이르러"(3), ㉮ "여호와 앞에서 저희와 언약을 세우고", ㉯ "저희가 다윗에게 기름을 부어 이스라엘 왕을 삼았다"면, 다윗은 하나님 앞과 백성들 앞에서 명실상부한 "온 이스라엘의 왕"이 된 것입니다.

　㉡ "여호와께서 사무엘로 전하신 말씀대로 되었더라"(3하) 합니다.

　㉮ 창세기에서는, "여호와께서 그 말씀대로 사라를 권고하셨고 여호와께서 그 말씀대로 사라에게 행하셨으므로 사라가 잉태하고 하나님의 말씀하신 기한에 미쳐 늙은 아브라함에게 아들을 낳으니"(창 21:1-2) 합니다.

　㉯ 여호수아서에서는, "여호와께서 이스라엘 족속에게 말씀하신 선한 일이 하나도 남음이 없이 다 응하였더라"(수 21:45) 합니다.

　㉰ 솔로몬은 찬양하기를, "여호와를 찬송할지로다 저가 무릇 허하신 대로 그 백성 이스라엘에게 태평을 주셨으니 그 종 모세를 빙자하여 무릇 허하신 그 선한 말씀이 하나도 이루지 않음이 없도다"(왕상 8:56) 합니다. "말씀하신 대로" 다윗이 왕이 된 것입니다.

　㉢ 그런데 말씀하신 대로 다윗이 왕위에 오르게 되었다는 것은 여기가 끝이 아닙니다. 왜냐하면 바벨론 포로가 된 자들을 위해서 세워주

신 에스겔 선지자를 통하여, "내가 한 목자(牧者)를 그들의 위에 세워 먹이게 하리니 그는 내 종 다윗이라 그가 그들을 먹이고 그들의 목자가 될지라 나 여호와는 그들의 하나님이 되고 내 종 다윗은 그들 중에 왕(王)이 되리라 나 여호와의 말이니라"(겔 34:23-24) 하고 말씀하시기 때문입니다. 죽은 지 수백 년이나 된 다윗이 "왕이요, 목자"가 된다니 이는 다윗을 예표로 한 메시아예언이 명백한 것입니다. 인류의 소망과 구원에 대한 결론은 그리스도입니다.

ㄹ) 그러므로 사도 바울은, "내가 받은 것을 먼저 너희에게 전하였노니 이는 성경(말씀)대로 그리스도께서 우리 죄를 위하여 죽으시고 장사 지낸바 되었다가 성경(말씀)대로 사흘 만에 다시 살아나사"(고전 15:3-4) 하고 증거합니다. "말씀하신 대로 되었더라". 이것이 "말씀하신대로 사울을 폐하시고 다윗을 세우심"입니다.

⑨ 묵상해보겠습니다.

㉠ 인간이 택한 왕의 종말과 구속사적 의미에 대해서,

㉡ 다윗이 왕이 되어야할 세 가지 당위성에 대해서,

㉢ "말씀대로 되었더라" 한 하나님의 주권적인 행사에 대해서.

역대상 11:4-47절 개관도표
주제 : 신정왕국을 세우는데 공헌한 다윗의 용사들

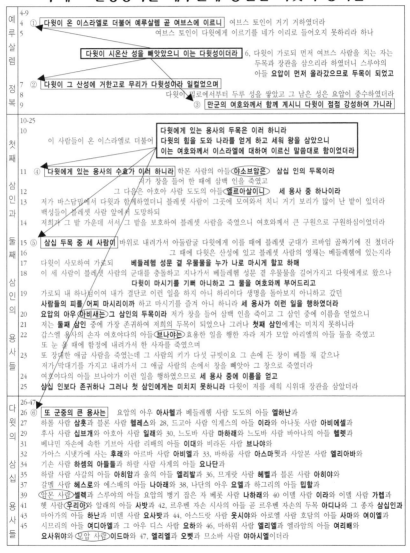

예루살렘 정복

4-9

4 ① 다윗이 온 이스라엘로 더불어 예루살렘 곧 여부스에 이르니 여부스 토인이 거기 거하였더라
5 여부스 토인이 다윗에게 이르기를 네가 이리로 들어오지 못하리라 하나

다윗이 시온산 성을 빼앗았으니 이는 다윗성이더라 6, 다윗이 가로되 먼저 여부스 사람을 치는 자는
두목과 장관을 삼으리라 하였더니 스루야의
아들 요압이 먼저 올라갔으므로 두목이 되었고

7 ② 다윗이 그 산성에 거한고로 무리가 다윗성이라 일컬었으며
8 다윗이 밀로에서부터 두루 성을 쌓았고 그 남은 성은 요압이 중수하였더라
9 ③ 만군의 여호와께서 함께 계시니 다윗이 점점 강성하여 가니라

첫째 삼인과 둘째 삼인의 용사들

10-25

10 다윗에게 있는 용사의 두목은 이러 하니라
이 사람들이 온 이스라엘로 더불어 다윗의 힘을 도와 나라를 얻게 하고 세워 왕을 삼았으니
이는 여호와께서 이스라엘에 대하여 이르신 말씀대로 함이었더라

11 ④ 다윗에게 있는 용사의 수효가 이러 하니라 학몬 사람의 아들 야소브암은 삼십 인의 두목이라
저가 창을 들어 한 때에 삼백 인을 죽였고
12 그 다음은 아호아 사람 도도의 아들 엘르아살이니 세 용사 중 하나이라
13 저가 바스담밈에서 다윗과 함께하였더니 블레셋 사람이 그곳에 모여와서 치니 거기 보리가 많이 난 밭이 있더라
백성이 블레셋 사람 앞에서 도망하되
14 저희가 그 밭 가운데 서서 그 밭을 보호하여 블레셋 사람을 죽였으니 여호와께서 큰 구원으로 구원하심이었더라

15 ⑤ 삼십 두목 중 세 사람이 바위로 내려가서 아둘람굴 다윗에게 이를 때에 블레셋 군대가 르바임 골짜기에 진 쳤더라
16 그 때에 다윗은 산성에 있고 블레셋 사람의 영채는 베들레헴에 있는지라
17 다윗이 사모하여 가로되 베들레헴 성문 곁 우물물을 누가 나로 마시게 할꼬 하매
18 이 세 사람이 블레셋 사람의 군대를 충돌하고 지나가서 베들레헴 성문 곁 우물물을 길어가지고 다윗에게로 왔으나
다윗이 마시기를 기뻐 아니하고 그 물을 여호와께 부어드리고
19 가로되 내 하나님이여 내가 결단코 이런 일을 하지 아니 하리이다 생명을 돌아보지 아니하고 갔던
사람들의 피를 어찌 마시리이까 하고 마시기를 즐겨 아니 하니라 세 용사가 이런 일을 행하였더라
20 요압의 아우 아비새는 그 삼인의 두목이라 저가 창을 들어 삼백 인을 죽이고 그 삼인 중에 이름을 얻었으니
21 저는 둘째 삼인 중에 가장 존귀하여 저희의 두목이 되었으나 첫째 삼인에게는 미치지 못하니라
22 갑스엘 용사의 손자 여호야다의 아들 브나야는 효용한 일을 행한 자라 저가 모압 아리엘의 아들 둘을 죽였고
또 눈 올 때에 함정에 내려가서 한 사자를 죽였으며
23 또 장대한 애굽 사람을 죽였는데 그 사람의 키가 다섯 규빗이요 그 손에 든 창이 베틀 채 같으나
저가 막대기를 가지고 내려가서 그 애굽 사람의 손에서 창을 빼앗아 그 창으로 죽였더라
24 여호야다의 아들 브나야가 이런 일을 행하였으므로 세 용사 중에 이름을 얻고
25 삼십 인보다 존귀하나 그러나 첫 삼인에게는 미치지 못하니라 다윗이 저를 세워 시위대 장관을 삼았더라

다윗의 삼십 용사들

26-47

26 ⑥ 또 군중의 큰 용사는 요압의 아우 아사헬과 베들레헴 사람 도도의 아들 엘하난과
27 하롤 사람 삼훗과 블론 사람 헬레스와 28, 드고아 사람 익게스의 아들 이라와 아나돗 사람 아비에셀과
29 후사 사람 십브개와 아호아 사람 일래와 30, 느도바 사람 마하래와 느도바 사람 바아나의 아들 헬렛과
31 베냐민 자손에 속한 기브아 사람 리배의 아들 이대와 비라돈 사람 브나야와
32 가아스 시냇가에 사는 후래와 아르바 사람 아비엘과 33, 바하룸 사람 아스마벳과 사알본 사람 엘리아바와
34 기손 사람 하셈의 아들들과 하랄 사람 사게의 아들 요나단과
35 하랄 사람 사갈의 아들 아히암과 울의 아들 엘리발과 36, 므게랏 사람 헤벨과 블론 사람 아히야와
37 갈멜 사람 헤스로와 에스배의 아들 나아래와 38, 나단의 아우 요엘과 하그리의 아들 밉할과
39 암몬 사람 셀렉과 스루야의 아들 요압의 병기 잡은 자 베롯 사람 나하래와 40 이델 사람 이라와 이델 사람 가렙과
41 헷 사람 우리야와 알래의 아들 사밧과 42, 르우벤 자손 시사의 아들 곧 르우벤 자손의 두목 아디나와 그 종자 삼십 인과
43 마아가의 아들 하난과 미덴 사람 요사밧과 44, 아스드랏 사람 웃시야와 아로엘 사람 호담의 아들 사마와 여이엘과
45 시므리의 아들 여디아엘과 그 아우 디스 사람 요하와 46, 마하위 사람 엘리엘과 엘라암의 아들 여리배와
요사위야와 모압 사람 이드마와 47, 엘리엘과 오벳과 므소바 사람 야아시엘이더라

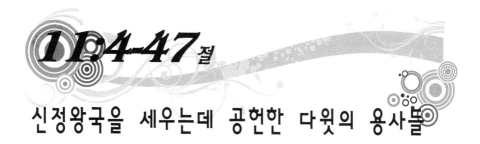

11:4-47절
신정왕국을 세우는데 공헌한 다윗의 용사들

[9]만군의 여호와께서 함께 계시니 다윗이 점점 강성하여 가니라.

　11장의 중심적인 내용은, 온 이스라엘의 "왕"이 된 다윗이 이때까지 정복하지 못했던 예루살렘을 정복하여 "수도"(首都)로 삼는 내용입니다. 이렇게 할 수 있었던 원동력이 어디에 있는가? "만군의 여호와께서 다윗과 함께 계셨기"(9) 때문입니다. 그리고 "온 이스라엘로 더불어 다윗의 힘을 도와 나라를 얻게 하고 세워 왕을 삼았으니"(10) 한, 충성스러운 용사들이 있었기 때문입니다. 이들 용사는 "여호와께서 이스라엘에 대하여 이르신 말씀"을 이루어 드리는데 죽도록 충성한 용사들인데 다음 장까지 계속됩니다.

　도표를 보시면 첫째 단원은 "다윗이 시온산성을 빼앗았으니 이는 다윗성이더라"를 중심으로, ① "다윗이 예루살렘"을 정복하여, ② "다윗성

이라 일컬었으며", ③ 이는 "만군의 여호와께서 함께 계셨기 때문"이라
고 말씀합니다. 둘째 단원은 "다윗에게 있는 용사의 두목이 이러 하니
라"를 중심으로, ④ 첫째 삼인의 용사와, ⑤ 둘째 삼인의 용사의 이름과
용맹을 말씀한 후에, 셋째 단원은 ⑥ 그 외의 30용사들의 이름을 일일
이 말씀하는 내용입니다.

> 첫째 단원(4-9) **예루살렘을 정복하여 다윗성이라 함**
> 둘째 단원(10-25) **첫째 삼인과 둘째 삼인의 용사들**
> 셋째 단원(26-47) **다윗의 30용사들**

주제(主題) : 신정왕국을 세우는데 공헌한 다윗의 용사들

㉠ 온 이스라엘의 왕위에 오른 다윗이 최우선적으로 착수한 과업이
무엇인가? 여호수아 이후로 이때까지 정복하지 못한 예루살렘을 정복하
여 수도(首都)로 삼은 일입니다. 사울은 "길갈"(삼상 11:15)에서 왕 노
릇을 했던 것입니다. 왜 예루살렘인가? 이 "시온"은 하나님이 택해놓으
신 산성(시 78:68)이기 때문입니다. 그리하여 다윗은 방치되어 있던 하
나님의 언약궤를 시온으로 옮겨오려는 것입니다.

㉡ 신정왕국을 세워 예루살렘을 수도로 삼을 수 있었던 것은 첫째
는, "만군의 여호와께서 다윗과 함께 하셨기"(9) 때문이요, 둘째는 "하나
님의 말씀을 이루어드리려는 충성스런 용사들"(10)이 있었기 때문입니
다. 하나님은 모세에게 "내가 내려와서 그들을 애굽 인의 손에서 건져
내겠다" 하셨습니다. 출애굽은 하나님이 이루어주신 여호와의 행사입니
다. 그런데 "이제 내가 너를 바로에게 보내어 너로 내 백성 이스라엘
자손을 애굽에서 인도하여 내게 하리라"(출 3:8, 10) 하십니다. 하나님
이 행하시되 말씀을 이루어드릴 종을 필요로 하신다는 뜻입니다. "하나

님이 함께 하심과, 종의 헌신", 이는 하나님의 뜻을 이루는데 중요한 요점이 됩니다.

ⓒ 그래서 본문은 신정왕국을 세우는데 헌신한 용사들을 소개하고 있는 것입니다. 우리 주님께서도, "너희는 나의 모든 시험 중에 항상 나와 함께 한 자들인즉 내 아버지께서 나라를 내게 맡기신 것같이 나도 너희에게 맡겨 너희도 내 나라에 있어 내 상에서 먹고 마시며 또는 보좌에 앉아 이스라엘 열 두 지파를 다스리게 하려 하노라"(눅 22:28-30) 하셨습니다. 우리의 고백적인 말은, "이를 위하여 나도 내 속에서 능력으로 역사하시는 이의 역사를 따라 힘을 다하여 수고하노라"(골 1:29) 하는 말입니다. 오늘날은 너무나 인본주의적(人本主義的)이어서 본문을 대할 때에 다윗에게 충성을 바친 용사들을 부각시키기가 쉽습니다. 아닙니다. 핵심은 "만군의 여호와께서 함께 계시니"(9)에 있음을 놓쳐서는 아니 됩니다.

ⓓ 이는 사무엘상 16:13-14절과 결부되는 말씀입니다. "사무엘이 기름 뿔을 취하여 그 형제 중에서 그(다윗)에게 부었더니 이날 이후로 다윗이 여호와의 신에게 크게 감동이 되니라" 합니다. 이를 힘입어 누구도 나서지 못하던 골리앗도 이길 수가 있었던 것입니다. 반면 "여호와의 신이 사울에게서 떠나고 여호와의 부리신 악신이 그를 번뇌케 한지라", 그때부터 사울은 하나님의 기름 부으신 다윗을 죽이려고 한 것입니다.

ⓔ 그러므로 성경을 구속사의 관점으로 본다는 것은 하나님께서 자기 아들을 통하여 이루어주신 "하나님중심, 그리스도중심"으로 보는 것을 의미합니다. 왜냐하면 이것이 "내가…하리니"(창 3:15) 하고 선언하신 구속사역이기 때문입니다. 여기 등장하는 다윗의 용사들을 사울의 입장에서 보면 어떻게 되는가? 반역한 역적들이 되는 것입니다. 그러나 "여호와께서 이스라엘에 대하여 이르신 말씀대로"(10하) 한 것이기 때문에 충신들인 것입니다.

첫째 단원(4-9) 예루살렘을 정복하여 다윗성이라 함

① "다윗이 온 이스라엘로 더불어 예루살렘 곧 여브스에 이르니 여브스 토인이 거기 거하였더라"(4) 합니다.

㉠ 이는 무엇을 말해주고 있느냐 하면 이때까지도 약속의 땅의 심장이라 할 수 있는 예루살렘은 정복하지 못했다는 것이 됩니다. 여호수아 15:63절에 보면, "예루살렘 거민 여부스 사람을 유다 자손이 쫓아내지 못하였으므로 여부스 사람이 오늘날까지 유다 자손과 함께 예루살렘에 거하니라" 합니다. 그래서 "여브스 토인이 다윗에게 이르기를 네가 이리로 들어오지 못하리라", 즉 난공불락이라고 호언장담을 했던 것입니다. "하나 다윗이 시온산 성을 빼앗았으니 이는 다윗성이더라"(5) 합니다. 이를 구속사라는 맥락에서 보면 중대한 의미가 있는 것입니다.

㉮ 왜냐하면 하나님께서 아브라함에게, "네 아들 네 사랑하는 독자 이삭을 데리고 모리아 땅으로 가서 내가 네게 지시하는 한 산 거기서 그를 번제로 드리라"(창 22:2) 한, "모리아 산"이 바로 예루살렘이었기 때문이요,

㉯ 모세가 죽기 전에 행한 설교에서, "유월절 제사를 네 하나님 여호와께서 네게 주신 각 성에서 드리지 말고 오직 네 하나님 여호와께서 그 이름을 두시려고 택하신 곳에서"(신 16:5-6, 12:11) 드리라 한 "택하신 곳"이, 바로 예루살렘이요,

㉰ 그리하여 "솔로몬이 모리아 산에 여호와의 전 건축하기를 시작하니 그 아비 다윗에게 나타나신 곳이요 여부스 사람 오르난의 타작 마당에 다윗이 정한 곳이라"(대하 3:1) 하는 것이 가능해졌고,

㉱ 궁극적으로는 주님께서 "선지자가 예루살렘 밖에서는 죽는 법이 없느니라"(눅 13:33) 말씀하시면서, 유월절 양으로 죽임을 당하실 곳이 예루살렘이었기 때문입니다. 그렇다면 사울은 40년 동안이나 왕위에

있으면서 무엇을 했단 말인가? 그 많은 날들을 하나님께서 택하신 다윗을 죽이려는데 허비하고 말았던 것입니다.

② "다윗이 가로되 먼저 여브스 사람을 치는 자는 두목과 장관을 삼으리라 하였더니 스루야의 아들 요압이 먼저 올라갔으므로 두목이 되었고 다윗이 그 산성에 거한고로 무리가 다윗성이라 일컬었으며"(6-7),

㉠ "다윗이 밀로에서부터 두루 성을 쌓았고 그 남은 성은 요압이 중수하였더라"(8).

③ "만군의 여호와께서 함께 계시니 다윗이 점점 강성하여 가니라"(9).

　　여호와는 내 편이시라 내게 두려움이 없나니
　　사람이 내게 어찌할꼬
　　여호와께서 내 편이 되사 나를 돕는 자 중에
　　계시니 그러므로 나를 미워하는 자에게
　　보응하시는 것을 내가 보리로다 (시 118:6-7).

둘째 단원(10-25) 첫째 삼인과 둘째 삼인의 용사들

"다윗에게 있는 용사의 두목은 이러 하니라"(10상).

㉠ 10절은 중심적인 말씀입니다. 세 마디로 되어 있는데, ㉮ "이 사람들이 온 이스라엘로 더불어 다윗의 힘을 도와 나라를 얻게 하고", ㉯ "세워 왕을 삼았으니", ㉰ "이는 여호와께서 이스라엘에 대하여 이르신 말씀대로 함이었더라"(10하) 합니다. 그러니까 하나님의 말씀을 이루어 드린 용사들이라는 뜻입니다.

㉡ 설명하려고 애쓰기보다는, "내가 교회 일군이 된 것은 하나님이

너희를 위하여 내게 주신 경륜을 따라 〈하나님의 말씀을 이루려 함이
니라〉"(골 1:25) 한 사도 바울의 증거를 인용함이 도움이 될 것입니다.
주님은 박해자였던 바울을 이방인의 사도로 택정을 하셨습니다. 바울은
그 뜻을 이루어 드리기 위해서, "두루 행하여 일루리곤까지 그리스도의
복음을 편만하게 전하였노라"(롬 15:19) 합니다. 이것이 "이르신 말씀대
로 함이었더라, 하나님의 말씀을 이루려 함이니라"는 뜻입니다.

④ "다윗에게 있는 용사의 수효가 이러 하니라"(11상) 하고 말씀하는
데 여기에는 등급이 있습니다. 그렇습니다. 구원은 값없이 거저 주시는
은혜이나, "내가 줄 상이 내게 있어 각 사람에게 그의 일한 대로 갚아
주리라"(계 22:12) 하십니다.

㉠ 먼저 "첫째 삼인"(21)이 있는데 이들은 최상급의 용사들입니다.
㉮ "학몬 사람의 아들 야소브암은 삼십 인의 두목이라 저가 창을 들어
한 때에 삼백 인을 죽였고" 한 "야소브암"(11하)과, ㉯ "그 다음은 아호
아 사람 도도의 아들 엘르아살이니 세 용사 중 하나이라"(12) 한 "엘르
아살"이고, ㉰ 또 한 사람은 본문에는 기록이 되지 않고 사무엘하 23:11
절에 기록된 "삼마"인데 이들이 첫째 삼인(三人)의 용사입니다.

⑤ 15절에서, "삼십 두목 중 세 사람이 바위로 내려가서 아둘람 굴
다윗에게 이를 때에 블레셋 군대가 르바임 골짜기에 진 쳤더라" 한, 이
"세 사람"은 둘째 삼인의 반열에 드는 사람들입니다.

㉠ "요압의 아우 아비새는 그 삼인의 두목이라 저가 창을 들어 삼백
인을 죽이고 그 삼인 중에 이름을 얻었으니 저는 둘째 삼인 중에 가장
존귀하여 저희의 두목이 되었으나 그러나 첫째 삼인에게는 미치지 못하
니라"(20-21) 한 "아비새"와, "갑스엘 용사의 손자 여호야다의 아들 브나
야는 효용한 일을 행한 자라 저가 모압 아리엘의 아들 둘을 죽였고 또
눈 올 때에 함정에 내려가서 한 사자를 죽였으며"(22) 한 "브나야"와,
이름을 밝히지 않고 있는 또 한 사람이 둘째 삼인의 반열에 드는 용사

입니다.

ⓛ 여기 에피소드와 같은 기사가 등장하는데, "그 때에 다윗은 산성에 있고 블레셋 사람의 영채는 베들레헴에 있는지라 다윗이 사모하여 가로되 베들레헴 성문 곁 우물물을 누가 나로 마시게 할꼬 하매 이 세 사람(둘째 3인의 용사)이 블레셋 사람의 군대를 충돌하고 지나가서 베들레헴 성문 곁 우물물을 길어가지고 다윗에게로 왔다"(16-18상)는 것입니다. 적진(敵陣)을 돌파(突破)하고 들어가서 물을 길어 왔다는 것은 불가사의(不可思議)한 일이요, 그 예를 달리는 찾아볼 수 없는 용맹이요 충성심이라 할 것입니다.

ⓒ "다윗이 마시기를 기뻐 아니하고 그 물을 여호와께 부어드리고 가로되 내 하나님이여 내가 결단코 이런 일을 하지 아니 하리이다 생명을 돌아보지 아니하고 갔던 사람들의 피를 어찌 마시리이까 하고 마시기를 즐겨 아니 하니라 세 용사가 이런 일을 행하였더라"(18하-19) 합니다. 이를 통해서 말씀하려는 바가 무엇인가? 첫째는 3인의 용사들의 충성심입니다.

ⓔ 그런데 성령께서 에피소드와 같은 이 기사를 기록케 하신 것은 이를 예표로 하여 그 이상의 하시고자 하는 말씀이 있기 때문일 것입니다. "결단코 이런 일을 하지 아니 하리이다" 한 말 속에는, 이 사건이 되풀이 될 수 없는 어떤 상징성이 있음을 암시해주고 있습니다. 이점을 "여호와께 부어 드렸다"(18하)는 말이 뒷받침해주고 있습니다.

ⓜ "베들레헴"은 다윗의 출생지(삼상 16:1)이면서, 우리 주 그리스도께서 탄생하실 곳이기도 합니다. 또한 다윗은 하나님의 택하신 자요, 기름부음을 받은 메시아를 예표하는 인물이라는 점입니다. 그러므로 세 용사가 바친 충성은 다윗 개인을 위한 것이 아니라, 바로 그리스도께 바친 충성이었던 것입니다. 어떻게 해서 여리고의 기생 라합이 "의롭다 함을 얻었다"(약 2:25) 하고 말씀하는가? 그가 영접한 정탐꾼은 구속사

역을 이루는데 쓰임 받는 군사들이요, 그러므로 정탐꾼을 영접한 것을 그리스도를 영접한 것으로 여겨주셨기 때문입니다. 이런 맥락에서 세 용사의 충성은 그리스도께 바친 충성이 되는 것입니다.

　ⓑ 주님은 십자가상에서 "내가 목마르다"(요 19:28) 하셨습니다. 주님은 이제도 영혼구혼에 목말라 하십니다. "누가 나로 마시게 할꼬"(17) 하는 주님의 소원에, "적진을 돌파하고" 가서 물을 길어다가 주님을 시원케 한 이런 충성을 바친 사람들이 베드로요, 바울입니다. 이 기사는 우리를 향해서, "너도 이렇게 할 수 있느냐" 하고 묻고 있는 것입니다. 성경은 말씀합니다. "충성된 사자는 그를 보낸 이에게 마치 추수하는 날에 얼음냉수 같아서 능히 그 주인의 마음을 시원케 하느니라"(잠 25: 13).

셋째 단원(26-47) **다윗의 30용사들**

셋째 단원은 "첫째 3인과, 둘째 3인"에 들지는 못했으나, "여호와께서 이스라엘에 대하여 이르신 말씀"(10)을 이루어 드리기 위하여 목숨을 걸고 충성을 한 30용사들의 명단입니다.

　ⓐ "또 군중의 큰 용사는 요압의 아우 아사헬과 베들레헴 사람 도도의 아들 엘하난과 하롤 사람 삼훗과 블론 사람 헬레스와"(26-27) 합니다.

　㉠ 이 용사들을 가리켜 "30인 용사"라고 말하는데, 본문에는 46명의 이름과 "아들들(34), 그 종자 30인" 등이 포함되어 있습니다. 도표에 표시된 대로 이들 명단에는 우리가 잘 아는 "우리아"(41)와, 그리고 "암몬 사람 셀렉(39)과, 모압 사람 이드마"(46)라는 이방인들도 용사들의 반열에 당당히 끼어 있는 것을 보게 됩니다.

ⓛ 우리는 이런 명단들을 대할 때에 대수롭지 않게 여기고 건너뛰기가 일쑤입니다. 생각해봅니다. "하나님의 말씀"대로 다윗 왕국을 건설하기 위하여 충성을 한 용사들은, 메시아왕국을 이루기 위하여 충성해야 하는 우리의 예표가 됩니다. 저들이 용사의 반열에 들 수 있었던 것은 죽도록 충성을 했기 때문입니다. 그 충성에 비하면 우리의 충성은 얼마나 미약한 것인가! 저는 마치 자신의 이름을 찾고 있는 사람이기라도 한 것처럼 한 사람 한사람의 이름을 고딕체로 바꿔놓았습니다. 그러노라니 눈물이 왈칵 치밀어 올랐습니다. "내가 선한 싸움을 싸우고 나의 달려갈 길을 마치고 믿음을 지켰으니 이제 후로는 나를 위하여 의의 면류관이 예비 되었으므로 주 곧 의로우신 재판장이 그 날에 내게 주실 것이니 내게만 아니라 주의 나타나심을 사모하는 모든 자에게니라"(딤후 4:7-8) 하고 말할 수가 있단 말인가?

미쁘다 이 말이여
우리가 주와 함께 죽었으면 또한 함께 살 것이요
참으면 또한 함께 왕 노릇할 것이요
우리가 주를 부인하면 주도 우리를 부인하실 것이라
우리는 미쁨이 없을지라도 주는 일향 미쁘시니
자기를 부인하실 수 없으시리라 (딤후 2:11:13).

⑦ 묵상해보겠습니다.
 ㉠ 예루살렘 정복에 대한 구속사적 의미에 대해서,
 ㉡ 용사들의 반열에 등급이 있음에 대해서,
 ㉢ "누가 나로 마시게 할꼬"에 대한 응답에 대해서.

역대상 12장 개관도표
주제 : 돌아와 다윗에게 속하여 고난을 함께 한 자들

시글락에 있을 때 돌아온 자들	**1-22**

1 다윗이 기스의 아들 사울을 인하여 시글락에 숨어 있을 때에 그에게 와서 싸움을 돕는 용사 중에 든 자가 있었으니

2 저희는 활을 가지며 좌우 손을 놀려 물매도 던지며 살도 발하는 자요 ① 베냐민 지파 사울의 동족인데
그 이름은 이러 하니라 3, 그 두목은 **아히에셀**이요 다음은 요아스니 기브아 사람 스마아의 두 아들이요
또 아스마?의 아들 **여시엘과 벨렛**과 또 **브라가**와 아나돗 사람 **예후**와
4 기브온 사람 곧 삼십인 중에 용사요 삼십 인의 두목 된 **이스마야**며 또 **예레미야**와 **야하시엘**과 **요하난**과
그데라 사람 **요사밧**과 5, **엘루새**와 **여리못**과 **브아랴**와 **스마랴**와 하룹 사람 **스바댜**와
6 고라 사람 **엘가나**와 **잇시야**와 **아사렐**과 **요에셀**과 **야소브암**이며 7, 그돌 사람 여로함의 아들 **요엘라**와 **스바댜**더라
8 ② 갓 사람 중에서 거친 땅 견고한 곳에 이르러 다윗에게 돌아온 자가 있었으니 다 용사 싸움에 익숙하여 방패와
창을 능히 쓰는 자라 그 얼굴은 사자 같고 빠르기는 산의 사슴 같으니
9 그 두목은 에셀이요 둘째는 오바댜요 셋째는 엘리압이요 10, 넷째는 미스만나요 다섯째는 예레미야요
11 여섯째는 앗대요 일곱째는 엘리엘이요 12, 여덟째는 요하난이요 아홉째는 엘사밧이요
13 열째는 예레미야요 열한째는 막반내라 14, 이 갓 자손이 군대 장관이 되어 그 작은 자는 일백 인을 관할하고
그 큰 자는 일천 인을 관할하더니 15, 정월에 요단강 물이 모든 언덕에 넘칠 때에 이 무리가 강물을 건너서
골짜기에 있는 모든 자로 동서로 도망하게 하였더라
16 ③ 베냐민과 유다 자손 중에서 견고한 곳에 이르러 다윗에게 오매
17 다윗이 나가서 맞아 저희에게 일러 가로되 만일 너희가 평화로이 와서 **나를 돕고자 하면 내 마음이 너희와
연합하려니와** 만일 너희가 나를 속여 내 대적에게 붙이고자 하면 내 손에 불의함이 없으니
우리 열조의 하나님이 감찰하시고 책망하시기를 원하노라 하매
18 때에 성신이 삼십 인의 두목 아마새에게 감동하시니 가로되 **다윗이여 우리가 당신에게 속하겠고** 이새의 아들이여
우리가 당신과 함께하리니 원컨대 평강하소서 당신도 평강하고 당신을 돕는 자에게도 평강이 있을지니
이는 당신의 하나님이 당신을 도우심이니이다 한지라 다윗이 드디어 접대하여 세워 군대 장관을 삼았더라
19 다윗이 전에 블레셋 사람과 함께 가서 사울을 치려 할 때에 므낫세 지파에서 몇 사람이 다윗에게 돌아왔으나
다윗등이 블레셋 사람을 돕지 못하였음은 블레셋 사람의 방백이 서로 의논하고 보내어 이르기를
저가 그 주 사울에게로 돌아가리니 우리 머리가 위태할까 하노라 함이라
20 ④ 다윗이 시글락으로 갈 때에 므낫세 지파에서 그에게로 돌아온 자는 아드나와 요사밧과 여디아엘과 미가엘과
요사밧과 엘리후와 실르대니 다 므낫세의 천부장이라
21 이 무리가 다윗을 도와 적당을 쳤으니 저희는 다 큰 용사요 군대 장관이 되었더라
22 ⑤ 그 때에 사람이 날마다 다윗에게로 돌아와 돕고자 하매 큰 군대를 이루어 하나님의 군대와 같았더라

헤브론에 있을 때 나아온 자들	**23-40**

23 싸움을 예비한 군대 장관들이 헤브론에 이르러 다윗에게로 나아와서
⑥ 여호와의 말씀대로 사울의 나라를 저에게 돌리고자 하였으니 그 수효가 이러하였더라
24 유다 자손 중에서 방패와 창을 들고 싸움을 예비한 자가 육천 팔백명이요
25 시므온 자손 중에서 싸움하는 큰 용사가 칠천 일백명이요 26, 레위 자손 중에서 사천 육백명이요 27, 아론의 집 족장
여호야다와 그와 함께한 자가 삼천 칠백 명이요 28, 또 젊은 용사 사독과 그 족속의 장관이 이십 이명이요
29 베냐민 자손 곧 사울의 동족은 아직도 태반이나 사울의 집을 좇으나 그 중에서 나아온 자가 삼천 명이요
30 에브라임 자손 중에서 본 족속의 유명한 큰 용사가 이만 팔백명이요
31 므낫세 반 지파에 녹명된 자로서 와서 다윗을 세워 왕을 삼으려 하는 자가 일만 팔천명이요
32 잇사갈 자손 중에서 시세를 알고 이스라엘이 마땅히 행할 것을 아는 두목이 이백 명이니 저희는 그 모든 형제를
관할하는 자며 33, 스불론 중에서 모든 군기를 가지고 항오를 정제히 하고 두 마음을 품지 아니하고 능히 진에
나아가서 싸움을 잘하는 자가 오만 명이요 34, 납달리 중에서 장관 일천명과 방패와 창을 가지고 함께한 자가
삼만 칠천명이요 35, 단 자손 중에서 싸움을 예비한 자가 이만 팔천 륙백명이요
36 아셀 중에서 능히 진에 나가서 싸움을 잘하는 자가 사만명이요
37 요단 저편 르우벤 자손과 갓 자손과 므낫세 반 지파 중에서 모든 군기를 가지고 능히 싸우는 자가
십 이만 명이었더라 38, 이 모든 군사가 항오를 정제히 하고 다 성심으로 헤브론에 이르러
⑦ 다윗으로 온 이스라엘 왕을 삼고자 하고 또 이스라엘의 남은 자도 다 일심으로 다윗으로 왕을 삼고자 하며
39 무리가 거기서 다윗과 함께 사흘을 지내며 먹고 마셨으니 이는 그 형제가 이미 식물을 예비하였음이며
40 또 근처에 있는 자로부터 잇사갈과 스불론과 납달리까지도 식물을 나귀와 약대와 노새와 소에 무수히 실어왔으니
곧 과자와 무화과병과 건포도와 포도주와 기름이요 소와 양도 많이 가져왔으니 이스라엘 가운데 희락이 있음이었더라

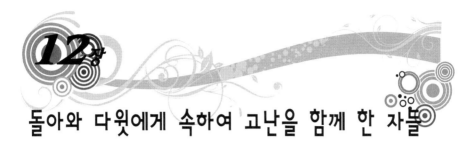

돌아와 다윗에게 속하여 고난을 함께 한 자들

[18]때에 성신이 삼십 인의 두목 아마새에게 감동하시니 가로되 다윗이여 우리가 당신에게 속하겠고 이새의 아들이여 우리가 당신과 함께하리니 원컨대 평강하소서 당신도 평강하고 당신을 돕는 자에게도 평강이 있을지니 이는 당신의 하나님이 당신을 도우심이니이다 한지라 다윗이 드디어 접대하여 세워 군대 장관을 삼았더라.

12장은 11:10절에서, "다윗에게 있는 용사의 두목은 이러 하니라" 하고 시작된 용사(勇士)명단의 계속입니다. 이들을 가리켜, "돌아온" 자들(8, 19, 20, 22)이라고 말씀합니다. 무슨 뜻인가? 당시는 사울이 왕위에 있으면서 하나님이 택하셔서서 기름을 부으신 다윗을 죽이려고 가히 발악적이던 때입니다. 그런 상황에서 "사울에게서 다윗에게로 돌아왔다"는 것은 "죽으면 죽으리이다" 하는 일사각오 없이는 불가능한 것입니다. 이들은 분별력을 행사하여 결단을 하고 시행하여 하나님 편으로 "돌아왔던" 것입니다. 그러므로 이를 기록케 한 것은 이 예표를 통해서 왕

중 왕 되시는 그리스도께 돌아와 충성을 바쳐야할 것을 격려하기 위해서인 것입니다.

도표를 보시면 첫째 단원은 "다윗이 사울을 인하여 시글락에 숨어 있을 때에" 돌아온 자들인데, ① "베냐민 지파 사울의 동족"에서 돌아온 자들을 우선적으로 말하고, ② "갓 사람 중에서 돌아온 자들"과, ③ "베냐민과 유다 자손 중에서 나아온 자"와, ④ "므낫새 지파에서 돌아온 자"를 거론하면서, ⑤ "그 때에 사람이 날마다 다윗에게로 돌아와서 돕고자 하매 큰 군대를 이루어 하나님의 군대와 같았더라"(22) 합니다. 둘째 단원은 다윗이 "헤브론"에 있을 때에 나아온 자들인데, ⑥ "여호와의 말씀대로 사울의 나라를 다윗에게 돌리고자 하여", "유다 자손, 시므온 자손, 레위 자손, 베냐민 자손, 에브라임 자손, 므낫새 반 지파, 잇사갈, 스불론, 납달리, 단, 아셀과 요단 저편 르우벤, 갓, 므낫세 반 지파" 등 이스라엘 모든 지파가 나아와, ⑦ "다윗을 온 이스라엘 왕을 삼고자" 함으로, 다윗이 명실상부한 "온 이스라엘의 왕"이 되었음을 증거하고 있습니다.

첫째 단원(1-22) **시글락에 있을 때에 돌아온 자들**
둘째 단원(23-40) **헤브론에 있을 때에 나아온 자들**

주제(主題) : 돌아와 다윗에게 속하여 고난을 함께 한 자들

㉠ 12장은 크게 두 부분으로 나누어지는데 다윗이 "시글락"에 있을 때에 돌아온 자들과, 헤브론에 있을 때에 나아온 자들로 구분(區分)이 되어 있습니다. 첫 절은 "다윗이 기스의 아들 사울을 인하여 시글락에 숨어 있을 때에" 라고 말씀합니다. 사무엘상 27장에는 다윗이 시글락에 거하게 된 동기(動機)가 나오는데, 이스라엘 경내(境內)에 있다가는 사

울에게 죽임을 당하게 되리라는 생명의 위협을 느끼고 블레셋 지경 시글락으로 들어가 1년 4개월을 머물렀다(삼상 27:1-7)고 전합니다.

ⓛ 그러므로 다윗이 시글락에 머문 기간은 생명이 위협받은 절정에 이르렀던 시기였던 것입니다. 이런 상황 하에서 사울의 진영(陣營)을 떠나 다윗에게로 돌아온다는 것은 그야말로 죽을 각오 없이는 불가능한 일입니다. 그런데 다윗이 "헤브론"에 거할 때는 상황이 바뀐 때입니다. 사울과 그의 아들이 죽은 이후였기 때문입니다. 그러므로 본문을 관찰해보면 다윗이 시글락에 있을 당시는 "돌아온 자"(8, 19, 20, 22)라고 표현을 하고, 헤브론에 있을 때에는 "나아온 자"(23)라고 표현하고 있음을 보게 됩니다. 이것이 어떤 차이인가?

ⓒ 하나님의 "말씀을 믿는 믿음"의 차이입니다. 우리는 11장에서, "다윗에게 기름을 부어 이스라엘 왕을 삼으니 여호와께서 사무엘로 전하신 말씀대로 되었더라(11:3), 여호와께서 이스라엘에 대하여 이르신 말씀대로 함이었더라"(11:10) 한 바를 대하였습니다. 12:23절에서도 "여호와의 말씀대로 사울의 나라를 저에게 돌리고자 하였다" 하고 말씀합니다. 그 "하나님의 말씀"을, 다윗이 시글락에 있을 때에 돌아온 자들은, "바랄 수 없는 중에 바라고 믿은"(롬 4:18) 것이 되고, 헤브론에 있을 때에 나아온 자들은, "시세(時勢)를 알고 마땅히 행할 것을 알고"(32), 즉 대세(大勢)가 이미 다윗에게로 돌아간 것을 알고 나아왔다는 그런 차이인 것입니다.

ⓔ 그런데 이것도 잘한 일입니다. 왜냐하면 사울의 아들 "이스보셋"이 두 해 동안 왕 노릇(삼하 2:10)하면서, "사울의 집과 다윗의 집 사이에 전쟁이 오래"(삼하 3:1) 계속되고 있었고, "베냐민 자손 곧 사울의 동족은 아직도 태반이나 사울의 집을 좇고"(29) 있는 중이었기 때문입니다. 본문은 우리에게, "너는 어떤 상황에서 주를 좇고 있느냐" 하고 묻고 있는 셈입니다.

ⓜ 이점에서 꼭 기억해야할 점은, "다윗이여 우리가 당신에게 속하겠고 이새의 아들이여 우리가 당신과 함께 하리니"(18) 하는 고백과 함께 돌아온 경우와, "우리가 다윗과 무슨 관계가 있느뇨 이새의 아들에게서 업이 없도다"(대하 10:16) 하고 배척을 하고 10지파가 떠나가 버리는 경우의 대조입니다. 이는 다윗 개인에게로 돌아오고 떠나는 문제가 아니라, "이새의 줄기에서 한 싹이 나며 그 뿌리에서 한 가지가 나서 결실할 것이요"(사 11:1) 한 그리스도에게로 돌아오느냐, 떠나느냐의 문제인 것입니다. 오늘날도 "돌아오는 자와, 떠나가는 자"의 악순환은 계속되고 있는 것입니다.

첫째 단원(1-22) 시글락에 있을 때에 돌아온 자들

"다윗이 기스의 아들 사울을 인하여 시글락에 숨어 있을 때에 그에게 와서 싸움을 돕는 용사 중에 든 자가 있었으니"(1),

① "저희는 활을 가지며 좌우 손을 놀려 물매도 던지며 살도 발하는 자요 베냐민 지파 사울의 동족인데 그 이름은 이러 하니라"(2) 합니다.

㉠ "사울의 동족"(同族)인 베냐민 지파에 속한 용사들이 유다 지파 다윗에게로 돌아왔다는 것은 보통일이 아닙니다. 그래서 맨 먼저 거론하는 것으로 볼 수가 있습니다. 그러니까 다윗에게로 돌아온 베냐민 지파 사람들은 혈육, 지역, 감정과 같은 "육신의 소욕"을 따라 행동한 것이 아니라, "하나님의 말씀을 좇아"(창 12:4) 행한 것이 됩니다. 베냐민 자손들은 야곱이, "물어뜯는 이리라 아침에는 빼앗은 것을 먹고 저녁에는 움킨 것을 나누리로다"(창 49:27) 하고 예언한 대로 싸움에 능한 자들이었습니다.

㉡ "그 두목은 아히에셀이요 다음은 요아스니 기브아 사람 스마아

의 두 아들이요 또 아스마웻의 아들 여시엘과 벨렛과 또 브라가와 아나
돗 사람 예후와 기브온 사람 곧 삼십인 중에 용사요"(3-4) 하고, 도표에
고딕체로 표시된 23명의 이름이 열거되어 있습니다. 특히 주목하게 되
는 것은, "기브아 사람"(3)이라는 말입니다. 왜냐하면 기브아는 바로 사
울의 고향(삼상 10:26)이었기 때문입니다.

② 다음으로 "갓 사람 중에서 거친 땅 견고한 곳에 이르러 다윗에게
돌아온 자가 있었으니 다 용사요 싸움에 익숙하여 방패와 창을 능히 쓰
는 자라 그 얼굴은 사자 같고 빠르기는 산의 사슴 같으니"(8) 하고, "갓
지파"에서 돌아온 자들을 말씀합니다.

㉠ 여기서 주목하게 되는 점은 첫째로, "거친 땅"이라는 표현입니다.
이는 다윗에게 돌아온 저들이 평탄한 길이 아니라 황무지 광야를 통과
하여 찾아왔음을 나타내기 때문입니다. 둘째로, "견고한 곳"이라는 묘사
인데 이는 다윗이 "아둘람 굴"(삼상 22:1)이나, "엔게디 황무지에 있는
굴"(삼상 24:1)에 숨어있을 때임을 나타냅니다. 이 때 다윗이 쓴 시가
있는데,

　　하나님이여 나를 긍휼히 여기시고 나를 긍휼히 여기소서
　　내 영혼이 주께로 피하되 주의 날개 그늘 아래서
　　이 재앙이 지나기까지 피하리이다
　　내가 지극히 높으신 하나님께 부르짖음이여
　　곧 나를 위하여 모든 것을 이루시는 하나님께로다 (시 57:1-2) 합
니다.

㉡ 이 시에는 "다윗이 사울을 피하여 굴에 있던 때에" 라는 표제가
있습니다. 사자를 피하여 굴에 숨은 한 마리 토끼와 같은 처지에서 다
윗은 하나님께 부르짖고 있습니다. 그러나 다윗은 절망(絕望)하고 있는

것이 아니라, "나를 위하여 모든 것을 이루시는 하나님"(2), 즉 자신에게 기름을 부으신 하나님이 왕위에 앉게 하여주실 것을 믿고 있는 것입니다. 갓 지파 사람들이 이런 처지에 있는 다윗을, "거친 땅"을 통과하여 "견고한 곳"까지 찾아 돌아왔다는 것은 "믿음"이라고 밖에는 달리는 설명할 길이 없는 것입니다.

ㄷ 15절에서는, "정월에 요단강 물이 모든 언덕에 넘칠 때에 이 무리가 강물을 건너서 골짜기에 있는 모든 자로 동서로 도망하게 하였더라" 합니다. 여호수아 3:15절에 의하면, "요단이 모맥 거두는 시기에는 항상 언덕에 넘치더라" 합니다. 이처럼 범람한 요단강 물을 건너서 다윗에게로 돌아왔다는 말씀을 대하면서 형제의 마음은 어떠합니까? "이 갓 자손이 군대 장관이 되어 그 작은 자는 일백 인을 관할하고 그 큰 자는 일천 인을 관할하더니"(14) 합니다.

③ 다음으로는, "베냐민과 유다 자손 중에서 견고한 곳에 이르러 다윗에게 나오매"(16) 합니다.

ㄱ "다윗이 나가서 맞아 저희에게 일러 가로되"(17상)

㉮ "만일 너희가 평화로이 와서 나를 돕고자 하면 내 마음이 너희와 연합하려니와",

㉯ "만일 너희가 나를 속여 내 대적(對敵)에게 붙이고자 하면",

㉰ "내 손에 불의함이 없으니",

㉱ "우리 열조의 하나님이 감찰하시고 책망하시기를 원하노라"(17하) 합니다. 무슨 뜻인가? 사사 삼손을 블레셋 군에 넘겨주듯이 다윗을 사울에게 넘겨주려고 온 것이 아닌가 하고 경계하는 말입니다.

ㄴ 이 말씀 안에는 우리가 본받아야할 중요한 요점들이 있는데 첫째는, "사탄의 궤계에 속지 않도록"(고후 2:11) 경계하는 일입니다. 다윗은 특히 사울의 동족 "베냐민" 사람들이기 때문에 무조건 받아드린 것이 아니라, 검증할 필요를 느꼈을 것입니다. 둘째는, "너희와 연합(聯

습)하려니와" 라는 말인데, 문제는 연합이 가능한 경우와 불가능한 경우가 있다는 점입니다. 그러므로 셋째는, "열조의 하나님"이라는 말이 중요합니다. 이는 "아브라함의 하나님, 이삭의 하나님, 야곱의 하나님"을 가리키는 말인데 일종의 신앙고백인 것입니다. 열조의 하나님이 세워주신 메시아언약 안에서만이 연합이 가능하다는 것입니다. 결론은, "우리 열조의 하나님이 감찰하시고 책망하시기를 원하노라" 한, 하나님을 의뢰하고 의탁하는 믿음입니다. 이런 담대함이 있기 위해서는, "내 손에 불의함이 없으니" 한 의의 길로 행해야만 한다는 점입니다.

ⓒ "때에 성신(聖神)이 삼십 인의 두목 아마새에게 감동하시니 가로되 다윗이여 우리가 당신에게 속하겠고 이새의 아들이여 우리가 당신과 함께하리니"(18상) 합니다. 여기 두 가지 요점이 있는데,

㉮ 첫째는, "당신에게 속하겠고" 한 말입니다. 모든 사람은 자신이 알든 모르든, 인정을 하든지 안 하든지 "소속"(所屬)이 있습니다. 그리고 소속된 진영(陣營)은 오직 둘 밖에 없다는 점입니다. 저들은 전에는 사울 진영에 속했던 자들인데 다윗 진영으로 돌아온 것입니다. 이를 영적 논리로 하면 "사망의 왕국과, 생명의 왕국"(요 5:24)이 있을 뿐입니다. 이를 거슬러 올라가면 "여자의 후손의 진영과, 뱀의 후손의 진영"이 되는 것입니다.

㉯ 둘째는, "당신과 함께 하리니" 하는 말입니다. "속(屬)한다"는 말은 그 진영의 대표자를 따른다는 말이요, 생사고락을 그와 함께 한다는 말입니다. 여기에 구원과 멸망이 걸려 있는 것입니다.

ⓓ "원컨대 평강하소서 당신도 평강하고 당신을 돕는 자에게도 평강이 있을지니 이는 당신의 하나님이 당신을 도우심이니이다"(18중) 하고 응답을 합니다. 즉 하나님께서 다윗 편에 계시기 때문에 사울을 떠나서 돌아왔다는 말입니다. 그러므로 "당신도 평강하고 당신을 돕는 자에게도 평강"이 있게 될 것이라고 말합니다. 이 고백을 듣고야, "다윗이

드디어 접대하여 세워 군대 장관을 삼았더라"(18하) 합니다.

ⓜ "다윗이 시글락으로 갈 때에 므낫세 지파에서 그에게로 돌아온 자는 아드나와 요사밧과 여디아엘과 미가엘과 요사밧과 엘리후와 실르 대니 다 므낫세의 천부장이라"(20) 합니다. "이 무리가 다윗을 도와 적 당을 쳤으니 저희는 다 큰 용사요 군대 장관이 됨이었더라"(21) 합니다. 이점은 삼상 29장을 참고하기 바랍니다.

⑤ 22절은 첫째 단원의 결론인데, "그 때에 사람이 날마다 다윗에게 로 돌아와서 돕고자 하매 큰 군대를 이루어 하나님의 군대와 같았더라" 합니다.

ㄱ 11:9절에서는, "만군의 여호와께서 함께 계시니 다윗이 점점 장 성하여 가니라" 했고, 성신의 감동을 받은 아마새는, "당신의 하나님이 당신을 도우심이니이다"(18) 말하고, 그리하여 "사람이 날마다 다윗에게 로 돌아와서 돕고자" 했다면 다윗의 군대는 곧 "하나님의 군대"임이 분 명한 것입니다. 이들은 다윗이 가장 위기에 처한 "시글락에 있을 때에 돌아온 자들"입니다.

둘째 단원(23-40) 헤브론에 있을 때에 나아온 자들

둘째 단원은 사울이 죽은 후 다윗이 하나님의 명대로 헤브론으로 올 라왔을 때에 나아온 자들입니다.

⑥ "싸움을 예비한 군대 장관들이 헤브론에 이르러 다윗에게로 나아 와서 여호와의 말씀대로 사울의 나라를 저에게 돌리고자 하였으니 그 수효가 이러 하였더라"(23) 합니다.

ㄱ 다윗이 헤브론에 있을 당시의 정세는, 사울의 군대장관 아브넬 이 주동이 되어서 사울의 아들 "이스보셋"을 왕으로 추대(삼하 2:8-10)

하던 때입니다. 이런 상황에서 "사울의 나라를 저에게 돌리고자 하였다"는 것도 "하나님의 말씀"에 대한 믿음인 것입니다.

㉮ "유다 자손 중에서 방패와 창을 들고 싸움을 예비한 자가 육천 팔백 명이요"(24),

㉯ "시므온 자손 중에서 싸움하는 큰 용사가 칠천 일백 명이요"(25),

㉰ "레위 자손 중에서 사천 육백 명이요"(26), "아론의 집 족장 여호야다와 그와 함께한 자가 삼천 칠백 명이요 또 젊은 용사 사독과 그 족속의 장관이 이십 이명이요"(27-28),

㉱ "베냐민 자손 곧 사울의 동족은 아직도 태반이나 사울의 집을 좇으나 그 중에서 나아온 자가 삼천 명이요"(29),

㉲ "에브라임 자손 중에서 본 족속의 유명한 큰 용사가 이만 팔천 명이요"(30),

㉳ "므낫세 반 지파 중에 녹명된 자로서 와서 다윗을 세워 왕을 삼으려 하는 자가 일만 팔천 명이요"(31),

㉴ "잇사갈 자손 중에서 시세를 알고 이스라엘이 마땅히 행할 것을 아는 두목이 이백 명이니 저희는 그 모든 형제를 관할하는 자며"(32),

㉵ "스불론 중에서 모든 군기를 가지고 항오를 정제히 하고 두 마음을 품지 아니하고 능히 진에 나아가서 싸움을 잘하는 자가 오만 명이요"(33),

㉶ "납달리 중에서 장관 일천 명과 방패와 창을 가지고 함께한 자가 삼만 칠천 명이요(34),

㉷ "단 자손 중에서 싸움을 잘하는 자가 이만 팔천 육백 명이요"(35),

㉸ "아셀 중에서 능히 진에 나가서 싸움을 잘하는 자가 사만 명이요"(36),

　　㉤ "요단 저편 르우벤 자손과 갓 자손과 므낫세 반 지파 중에서 모
든 군기를 가지고 능히 싸우는 자가 십 이만 명이었더라"(37) 합니다.
　　㉡ 본문에 등록된 자의 공통점은 첫째로, 싸움에 나갈만한 용사들
이라는 점입니다. 하나님의 나라건설이란 영적 싸움이요, 그러므로 필
요한 것은, "방패와 창을 들고 싸움을 예비한 자(24, 34), 싸움하는 큰
용사(25), 두 마음을 품지 아니하고 능히 진에 나아가서 싸움을 잘하는"
(33) 용사가 필요한 것입니다. 가나안을 정복할 때에도, "20세 이상으로
싸움에 나갈만한 모든 자를 계수하라"(민 3, 26:2) 하셨습니다. 그러므
로 중요한 것은 형제가 섬기고 있는 교회에 이러한 훈련되고 무장한 용
사(勇士)가 몇 명이나 되느냐 하는 점입니다.

왕의 열병식(閱兵式)

　　38-40절은, 11:1-3절과 부합하는 내용입니다. 다른 점은 11장에서는
"백성들과 장로"(長老)들이 나아와 다윗에게 기름을 부어 왕을 삼았으
나, 12장에서는 "모든 군사(軍士)가 항오(行伍)를 정제히 하고" 나아왔
다는 것이 다른 점입니다.
　　㋐ "이 모든 군사가 항오(行伍)를 정제히 하고 다 성심(誠心)으로 헤
브론에 이르러 다윗으로 온 이스라엘 왕을 삼고자 하고 또 이스라엘의
남은 자도 다 일심(一心)으로 다윗으로 왕을 삼고자 하여"(38),
　　㉠ "항오를 정제히 하고"라는 말은 장병들이 충성을 다짐하는 "열
병식" 장면이라 할 수가 있습니다. 그런 후에 "무리가 거기서 다윗과 함
께 사흘을 지내며 먹고 마셨으니 이는 그 형제가 이미 식물을 예비하였
음이며"(39) 합니다. "다윗과 함께 사흘을 지내며 먹고 마셨다"는 것은
다윗을 왕으로 추대하고 잔치를 베풀었음을 의미합니다. 그래서 "또 근
처에 있는 자로부터 잇사갈과 스불론과 납달리까지도 식물을 나귀와 약

대와 노새와 소에 무수히 실어왔으니 곧 과자와 무화과병과 건포도와 포도주와 기름이요 소와 양도 많이 가져왔으니 이스라엘 가운데 희락 (喜樂)이 있음이었더라"(40) 하고 말씀하는 것입니다. 이렇게 하여 사울 시대는 막을 내리고 "다윗 왕"의 시대가 개막이 되었던 것입니다.

ⓛ 12장을 마치기 전에 생각해보아야만 합니다. "사울"은 왕이 되지 말았어야 하는 인물입니다. 왕은 유다 지파로 말미암을 것이 이미 작정이 되어 있는데 베냐민 지파 사람이 끼어든(加入) 것입니다. 구속사의 맥락에서 보면 이처럼 가입한 것이 또 있었습니다. 그것은 "율법이 가입(加入)한 것은 범죄(犯罪)를 더하게 하려 함이라"(롬 5:20) 한, "율법"입니다. 많은 사람들은 생각하기를 율법으로 하려다가 안 되니까 복음을 주신 양 여깁니다만, 아닙니다. 하나님은 먼저 복음(원 복음, 아브라함에게 세워주신 언약)을 주셨습니다.

ⓒ 그러면 어찌하여 율법을 가입하셨는가? 범죄를 더하게, 즉 죄를 발견하여 자력구원의 불가능성을 깨닫게 하기 위해서입니다. 구속사에 사울 왕이 가입하게 된 이유도 저들은 "우리에게도 열방과 같이 왕을 주소서" 하고 요구했고, 하나님은 "할 수 있거든 해 보아라" 하고 허용하셨기 때문입니다. 그러나 그 종말은, "이와 같이 사울과 그 세 아들과 온 집이 함께 죽으니라"(10:6) 한, 사망(死亡)으로 끝나고 말았던 것입니다.

ⓔ 이런 맥락에서 "사울"은 인간의 행위로 이루어보려는 "행위구원론"적인 역할을 했던 것입니다. 12장은 "이스라엘 가운데 희락이 있음이었더라" 하고 마치고 있는데 참으로 중요한 요점입니다. 행위구원론에는 "오호라 나는 곤고한 사람이로다" 하는 탄식만이 있을 뿐이요, "희락"(喜樂)은 오직 복음 안에만 있습니다.

ⓜ 사울 시대의 막을 내리고 다윗 왕국이 개막되면서 비로소, "이스라엘 가운데 희락(喜樂)이 있음이었더라"(40하) 하고, 기쁨과 즐거움을

찾을 수가 있었던 것입니다. "행함"이 뒤따르지 못하는 것은 몰라서가 아닙니다. 기쁨이 없기 때문입니다. 신앙생활이란 "그리스도의 사랑이 우리를 강권하시는 도다"(고후 5:14) 하는 "복음이 이끄는 삶"입니다. 그러면 왕위에 오른 다윗이 최우선적으로 한 것이 무엇인가?

  ⑧ 묵상해보겠습니다.

   ㉠ 시글락에서 돌아온 자와, 헤브론에서 나아온 자의 차이점이 무엇인지,

   ㉡ 싸움에 나갈만한 자가 몇 명이나 되는가? 자신은 어떠한가에 대해서,

   ㉢ 구속사에 사울 왕이 가입한 의미에 대해서.

역대상 13장 개관도표
주제 : 우리가 우리 하나님의 궤를 옮겨오자

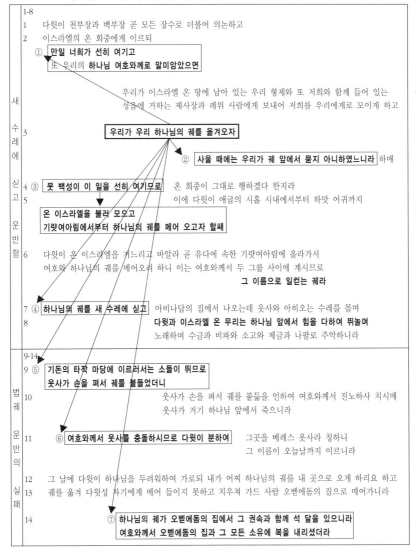

	1-8	
	1	다윗이 천부장과 백부장 곧 모든 장수로 더불어 의논하고
	2	이스라엘의 온 회중에게 이르되

① 만일 너희가 선히 여기고
또 우리의 하나님 여호와께로 말미암았으면

우리가 이스라엘 온 땅에 남아 있는 우리 형제와 또 저희와 함께 들어 있는
성읍에 거하는 제사장과 레위 사람에게 보내어 저희를 우리에게로 모이게 하고

새
수
레
에

실
고

운
반
함

우리가 우리 하나님의 궤를 옮겨오자

② 사울 때에는 우리가 궤 앞에서 묻지 아니하였느니라 하매

4 ③ 뭇 백성이 이 일을 선히 여기므로   온 회중이 그대로 행하겠다 한지라
5   이에 다윗이 애굽의 시홀 시내에서부터 하맛 어귀까지

온 이스라엘을 불러 모으고
기럇여아림에서부터 하나님의 궤를 메어 오고자 할새

6 다윗이 온 이스라엘을 거느리고 바알라 곧 유다에 속한 기럇여아림에 올라가서
   여호와 하나님의 궤를 메어오려 하니 이는 여호와께서 두 그룹 사이에 계시므로
                              그 이름으로 일컫는 궤라

7 ④ 하나님의 궤를 새 수레에 싣고 아비나답의 집에서 나오는데 웃사와 아히오는 수레를 몰며
8   다윗과 이스라엘 온 무리는 하나님 앞에서 힘을 다하여 뛰놀며
                              노래하며 수금과 비파와 소고와 제금과 나팔로 주악하니라

법
궤

운
반
의

실
패

9-14
9 ⑤ 기돈의 타작 마당에 이르러서는 소들이 뛰므로
   웃사가 손을 펴서 궤를 붙들었더니

10   웃사가 손을 펴서 궤를 붙듦을 인하여 여호와께서 진노하사 치시매
                           웃사가 거기 하나님 앞에서 죽으니라

11 ⑥ 여호와께서 웃사를 충돌하시므로 다윗이 분하여   그곳을 베레스 웃사라 칭하니
                                                그 이름이 오늘날까지 이르니라

12 그 날에 다윗이 하나님을 두려워하여 가로되 내가 어찌 하나님의 궤를 내 곳으로 오게 하리요 하고
13 궤를 옮겨 다윗성 자기에게 메어 들이지 못하고 치우쳐 가드 사람 오벧에돔의 집으로 메어가니라

14 ⑦ 하나님의 궤가 오벧에돔의 집에서 그 권속과 함께 석 달을 있으니라
    여호와께서 오벧에돔의 집과 그 모든 소유에 복을 내리셨더라

우리가 우리 하나님의 궤를 옮겨오자

[3]우리가 우리 하나님의 궤를 옮겨오자 사울 때에는 우리가
궤 앞에서 묻지 아니 하였느니라 하매.

13장은 다윗이 이때까지 방치되어 있던 법궤를 운반해오려다가 실패하는 내용입니다. 이를 문맥적으로 보면, 11장에서 온 이스라엘의 왕(王)이 되어, 먼저 예루살렘을 정복하여 수도(首都)로 삼고, 최우선적으로 하나님의 궤를 옮겨오려는 것입니다. 이는 지극히 당연한 일이고 잘하는 일입니다. 그런데 왜 실패하게 되는가?

도표를 보시면 "하나님의 궤를 옮겨오자"를 중심으로 첫째 단원은, ① "너희가 선히 여기고 또 우리의 하나님 여호와께로 말미암았으면" 법궤를 옮겨오자, ② "사울 때에는 궤 앞에서 묻지 아니 하였느니라 하매", ③ "백성이 이 일을 선히 여기므로", ④ "새 수레에다 싣고" 오는데, "다윗과 온 무리는 힘을 다하여" 춤을 춥니다. 둘째 단원은, ⑥ "소들이 뛰므로 웃사가 궤를 붙들었다가" 즉사하는 불상사가 일어나, ⑦ 법궤는 "오벧에돔의 집으로" 메어 가게 되는데, ⑧ "여호와께서 오벧에돔의 집에 복을 주셨다" 합니다. 이를 통해서 말씀하려는 바가 무엇인가?

첫째 단원(1-8) **새 수레에 싣고 운반함**
둘째 단원(9-14) **법궤 운반의 실패**

주제(主題) : 우리가 우리 하나님의 궤를 옮겨오자

㉠ "우리가 우리 하나님의 궤를 옮겨오자 사울 때에는 우리가 궤 앞에서 묻지 아니 하였느니라"(3) 한 말은, 40년 간 왕위에 있었던 사울 시대의 특성을 한마디로 정의해주면서, 다윗 왕의 시대의 성격을 단적으로 말해주고 있습니다. 즉 사울은 인본주의(人本主義)자였고, 다윗은 신본주의(神本主義)자임을 드러냅니다.

㉡ 그러므로 "법궤를 옮겨 오는" 같은 기사가 사무엘하의 문맥에서는, ㉮ 왕위에 오른 후에(5:3), ㉯ 예루살렘을 정복하고(5:7), ㉰ 두로왕 히람이 백향목과 석수를 보내주어 왕궁을 지은 기사(5:11-12)와, ㉱ 다윗을 대적하기 위하여 침략해온 블레셋을 격퇴하는 기사가 앞서 나온 후에(5:17), ㉲ 법궤를 운반하는(6장) 순서로 되어 있으나, 역대상에서는, ㉮ 예루살렘을 점령(11:5)한 후에, ㉯ 곧바로 법궤를 운반하는 순서로 되어 있습니다. 이것은 무엇을 말해주고 있느냐 하면, 하나님우선(優先)의 사상을 나타냅니다.

㉢ 역대기의 기자가 이렇게 하고 있는 의도는 포로에서 귀환한 자들로 하여금 하나님중심(中心), 하나님 우선순위로 살아가게 하기 위해서인 것입니다. 이때는 블레셋에게 탈취를 당했다가 돌아온 하나님의

궤가 "기럇여아림"(삼상 7:1-2)에 있은 지 70년 이상이 지난 시점입니다. 이를 인간의 시각으로 보면 "방치"(放置)한 것이요, 하나님 편으로 보면 메시아왕국의 예표인 다윗 왕국이 세워질 때까지 "은익"(隱匿)한 셈입니다. "때가 찬 경륜 가운데" 다윗은 왕이 되었고, 법궤는 제자리로 옮겨오게 된 것입니다.

ㄹ) 그런데 어찌하여 실패로 끝나게 되는가? 영광(榮光)을 얻은 후에 실패(失敗)가 따르게 되는 것은 여기가 처음이 아닙니다. 성경은 노아가 방주에서 나온 후에 "장막 안에서 벌거벗은지라"(창 9:21) 하고, 벌거벗은 모습을 보여주고 있습니다. 왜냐하면 이런 실패가 없었다면 "노아나, 다윗"은 자신의 의나 공로로 구원을 얻고, 왕이 된 것으로 여기게 되었을 것입니다. 본문을 관찰해보면 다윗이 우쭐대고 교만해지려는 모습이 나타나고 있는 것입니다. 그리고 법궤 운반의 실패를 기록하고 있는 것은 다윗을 위해서가 아니라, 포로에서 귀환한 자들과, 이를 상고하는 우리들의 경계를 위해서 기록케 하신 것임을 잊지 말아야만 합니다.

첫째 단원(1-8) 새 수레에 싣고 운반함

"다윗이 천부장과 백부장 곧 모든 장수로 더불어 의논하고"(1),

① "이스라엘의 온 회중에게 이르되 만일 너희가 선히 여기고 또 우리의 하나님 여호와께로 말미암았으면 우리가 이스라엘 온 땅에 남아 있는 우리 형제와 또 저희와 함께 들어 있는 성읍에 거하는 제사장과 레위 사람에게 보내어 저희를 우리에게로 모이게 하고 우리가 우리 하나님의 궤를 옮겨오자"(2-3상) 합니다.

㉠ 이점에서 유념해야할 점은, 온 백성이 선(善)히 여긴다하여도

"하나님 여호와께로 말미암지" 않는다면 그것은 선한 것이 아니라는 점입니다. 법궤를 장엄하게 수레로 운반하자는 것을 온 백성이 선히 여겼다 해도 그 방법이 "하나님으로 말미암지" 않는다면 실패할 수밖에 없다는 점을 13장은 보여주고 있습니다.

② "사울 때에는 우리가 궤 앞에서 묻지 아니 하였느니라"(3하) 합니다.

㉠ 법궤 안에는 십계명이 새겨진 "돌비"가 들어 있습니다. 그래서 법궤라 하는 것입니다. 그런데 묻지 않았다면 하나님의 법 곧 말씀을 무시했다는 것이요, "범사에 하나님을 인정하지 않았다"는 뜻이 되는 것입니다. 그처럼 방치되었던 법궤를 나라의 중심으로 옮겨오자는 발의는 너무나 지당하고 합당한 일이 아닐 수가 없습니다. 사울 때에 묻지 않았으나, 다윗은 때마다 일마나 하나님께 "묻는 것"(14:10, 14)을 보게 됩니다. 하나님은 이때를 위해서 "하나님의 궤"를 70년 동안이나 기럇여아림에 은익하신 것입니다. 시편에는 다윗이 "하나님의 궤"를 얼마나 사모했는가를 읊은 시가 있습니다.

　여호와여 다윗을 위하여
　그의 모든 근심한 것을 기억하소서
　저가 여호와께 맹세하며
　야곱의 전능자에게 서원하기를
　내가 실로 나의 거하는 장막에 들어가지 아니하며
　내 침상에 오르지 아니하며
　내 눈으로 잠들게 아니하며
　내 눈꺼풀로 졸게 아니하기를

　여호와의 처소 곧 야곱의 전능자의 성막을

발견하기까지 하리라 하였나이다
우리가 그것이 에브라다에 있다 함을 들었더니
나무 밭에서 찾았도다 (시 132:1-6) 합니다.

③ "뭇 백성이 이 일을 선히 여기므로 온 회중이 그대로 행하겠다 한지라"(4).

㉠ "이에 다윗이 애굽의 시홀 시내에서부터 하맛 어귀까지 온 이스라엘을 불러 모으고 기럇여아림에서부터 하나님의 궤를 메어 오고자 할 쌔 다윗이 온 이스라엘을 거느리고 바알라 곧 유다에 속한 기럇여아림에 올라가서 여호와 하나님의 궤를 메어오려 하니 이는 여호와께서 두 그룹 사이에 계시므로 그 이름으로 일컫는 궤라"(5-6) 합니다.

④ "하나님의 궤를 새 수레에 싣고 아비나답의 집에서 나오는데 웃사와 아히오는 수레를 몰며"(7),

㉠ "다윗과 이스라엘 온 무리는 하나님 앞에서 힘을 다하여 뛰놀며 노래하며 수금과 비파와 소고와 제금과 나팔로 주악하니라"(8) 합니다. 여기까지는 순조롭고 경사스러웠으며 모든 일이 잘 되어가는 것으로 여겨졌던 것입니다.

둘째 단원(9-14) 법궤 운반의 실패

⑤ 그런데 "기돈의 타작마당에 이르러서는 소들이 뛰므로"(9상),

㉠ "소들이 뛰었다"는 일을 자연발생적인 무심(無心)한 일로 여겨서는 아니 됩니다. 왜냐하면 블레셋 사람들이 송아지를 떼어놓은 두 필의 소에게 법궤를 실은 수레를 끌게 하였을 때에는 모는 사람이 없었음에도, "암소가 벳세메스 길로 바로 행하여 대로로 가며 갈 때에 울고 좌우

로 치우치지 아니하였다"(삼상 6:12) 하고 말씀하기 때문입니다. 그러므
로 "소들이 뛰었다는 것"은, 법궤 운반을 하나님의 명대로 하지 않는 것
을 마땅치 않게 여기신 하나님의 개입으로 보아야만 합니다. 수레로 운
반하는 것은, "그들의 우상들은 짐승과 가축에게 실리웠으니"(사 46:1)
한 대로 이방인들의 방법이었던 것입니다. 주님은 짐승을 위해서 십자
가를 지신 것이 아닙니다.

ⓒ 그러므로 "소들이 뛰었다"는 것은 하나님이 거부(拒否)하신다는
징표요, 웃사가 붙들지 않았다면 법궤는 "떨어지고야" 말았을 것입니다.
그런데 "웃사가 손을 펴서 궤를 붙들었더니"(9하) 한 것은, 하나님이 하
시고자 하는 것을 막았다는 뜻이 되는 것입니다. 통설(通說)은 고라 자
손이 아닌 자가 붙들었기 때문에 치신 것으로 말하고 있으나, 그러면
이때에 고라 자손이 붙들었다면 법궤 운반이 아무 탈 없이 성공하였으
리라고 말할 수가 있단 말인가? 본문에는 그런 언급이 전연 없는 것입
니다. 15장에서도 실패의 원인을 다만 "전에는 메지 아니하였으므로 하
나님께서 충돌하셨다"(15:13) 하고 말씀할 뿐입니다.

⑥ "여호와께서 웃사를 충돌하시므로 다윗이 분하여 그곳을 베레스
웃사라 칭하니 그 이름이 오늘날까지 이르니라"(11) 합니다.

㉠ 3절에서 다윗이, "사울 때에는 우리가 묻지 않았다"고 말하는 것
을 들었습니다. 그러면 다윗은 "법궤를 소로 운반해도 되겠습니까?" 하
고 묻고 결정했단 말인가? "다윗이 분하여" 했다는 정확한 의미가 무엇
일까? 이럴 경우 다윗이 하나님의 처사에 대하여 분이 여겼다고 말하는
것도 조심해야 되겠지만, 그렇다고 자신의 잘못에 대하여 분이 여겼다
고 하는 것도 한 쪽으로 치우치는 일이라 하겠습니다. 그래서 공동번역
은 "몹시 마음에 걸려" 라고 한 것입니다.

㉡ 어떻든 다윗이 "애굽의 시홀 시내에서부터 하맛 어귀까지", 즉
이스라엘 남단(南端)으로부터 북단(北端)에 이르기까지, "온 이스라엘을

불러 모았다"는 것은, 법궤 운반을 경축하려는 의도로 볼 수도 있지만 당시 정치적인 상황으로 볼 때에, 자신의 왕위를 견고히 하고 이를 과시하려는 의도도 있었다고 보아야만 할 것입니다. 이점을 "새 수레에 싣고, 이스라엘에서 뺀 무리 3만"(삼하 6:1)이 호위하는 가운데 운반했다는 점이 뒷받침해줍니다.

ⓒ 하나님은 "법궤를 떨어뜨림으로" 다윗의 교만을 꺾으려 하셨으나 법궤가 떨어지는 대신 웃사가 치심을 당한 것입니다. 2절에 의하면 전국에 있는 "제사장과 레위 사람"을 모았다고 합니다. 그렇다면 당연히 메어야 한다는 의논이 있었을 것이요, 다윗 자신도 "전에는 너희가 메지 아니하였으므로 우리 하나님 여호와께서 우리를 충돌하셨나니"(15:13) 하고 말하고 있습니다. 1차 때에는 이를 몰랐단 말인가? 잔치 집과 같았던 "희락"(喜樂)이 순식간에 장례 집같이 되었을 때의 다윗의 심정은 참으로 참담한 바가 있었을 것입니다. 이 심정을 성경은 "다윗이 분하여(11), 그 날에 다윗이 하나님을 두려워하여"(12) 라고 표현하고 있는 것입니다.

ⓓ 또한 다윗의 심경이, "그 날에 다윗이 하나님을 두려워하여 가로되 내가 어찌 하나님의 궤를 내 곳으로 오게 하리요 하고 궤를 옮겨 다윗 성 자기에게 메어 들이지 못하고 치우쳐 가드 사람 오벧에돔의 집으로 메어 가니라"(12-13)는 말씀 속에 나타납니다. 집권자가 가장 두려워하는 것이 무엇인지 아십니까? "민심"(民心)입니다. 그래서 사무엘이 사울에게, "여호와께서 왕을 버려 이스라엘 왕이 되지 못하게 하셨다"고 선언하자, "청하옵나니 내 백성의 장로들의 앞과 이스라엘의 앞에서 나를 높여 달라"(삼상 15:26, 30) 하고 말했던 것입니다. 그런데 하나님은 다윗을 온 백성 앞에서 공개적(公開的)으로 무참하게 만드셨던 것입니다.

⑦ "하나님의 궤가 오벧에돔의 집에서 그 권속과 함께 석 달을 있으

니라"(14상) 합니다. 26장에 등장하는 반차에 의하면 오벧에돔은 고라 족속(1, 4)으로 되어있습니다.

㉠ 이 "석 달" 동안 다윗은 무엇을 생각했을 것인가? 또한 어찌하여 하나님은 택하시고 기름 부어 왕으로 세우신 다윗에게 이렇게 하셨는 가? 이점을 모세는, "이는 너를 낮추시며 너를 시험하사 네 마음이 어떠 한지 그 명령을 지키는지 아니 지키는지 알려하심이라"(신 8:2) 말씀하 고, 사도 바울은 "힘에 지나도록 심한 고생을 받아 살 소망까지 끊어지 고 우리 마음에 사형선고를 받은 줄 알았으니 이는 우리로 자기를 의뢰 하지 말고 오직 죽은 자를 다시 살리시는 하나님만 의뢰하게 하심이라" (고후 1:8-9) 하고, 말씀합니다.

㉡ "여호와께서 오벧에돔의 집과 그 모든 소유에 복을 내리셨더라" (14) 합니다. 이 복을 "법궤"라는 "그것"이 준 양 여겨서는 아니 됩니다. 법궤는 하나님의 임재의 상징이요, 곧 그리스도의 모형이었던 것입니 다. 그러므로 법궤를 영접한 것을 그리스도를 영접한 것으로 여겨주셨 기 때문에 복을 받았던 것입니다. 병행구절인 사무엘하 6장은, "혹이 다 윗 왕에게 고하여 가로되 여호와께서 하나님의 궤를 인하여 오벧에돔의 집과 그 모든 소유에 복을 주셨다 한지라 다윗이 가서 하나님의 궤를 기쁨으로 메고 오벧에돔의 집에서 다윗 성으로 올라갔다"(삼하 6:12) 하고 말씀합니다.

㉢ 생각해봅니다. 다윗이 우선적으로 법궤를 운반하여 수도(首都) 예루살렘에 안치하려했다는 것은, 자신이 왕이 아니라 하나님이 왕이시 라는 고백이었던 것입니다. 그런데 열심도 좋고 충성도 좋으나 신앙의 토대와 근거는 하나님의 말씀에 두어야한다는 점입니다. 사람들이 어깨 에 메는 것보다는 임금님의 새 수레로 운반하는 것이 하나님을 영화롭 게 하는 것으로 여길 수가 있습니다만 그러나 그것은 진리를 변개(變 改)케 하려는 "다른 복음"이었던 것입니다. 현대교회 내에는 이런 인본

주의 사상과 편법이 더욱 성행하고 있기에 본문은 "저희에게 당한 이런 일이 거울이 되고 또한 말세를 만난 우리의 경계로 기록이"(고전 10:11) 된 것입니다.

⑧ 묵상해보겠습니다.

㉠ 예루살렘을 정복하여 최우선적으로 법궤를 운반하려 했다는 의미에 대해서,

㉡ 그런 다윗이 법대로 하지 않고 수레로 끌게 한 의도에 대해서,

㉢ 웃사를 충돌하신 이유와, 이를 통해서 깨닫게 하시려는 바에 대해서.

역대상 14장 개관도표
주제 : 다윗의 각성과 원수의 대적

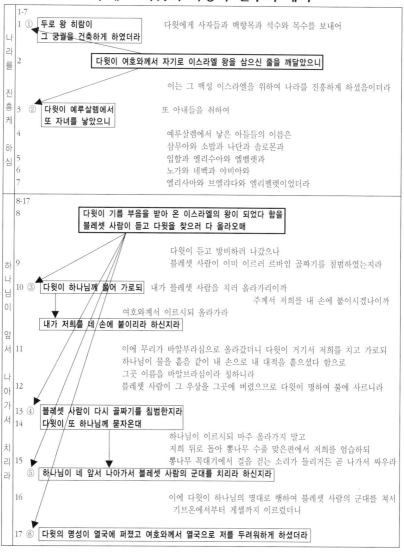

1-7

1 ① 두로 왕 히람이 그 궁궐을 건축하게 하였더라   다윗에게 사자들과 백향목과 석수와 목수를 보내어

2 다윗이 여호와께서 자기로 이스라엘 왕을 삼으신 줄을 깨달았으니

이는 그 백성 이스라엘을 위하여 나라를 진흥하게 하셨음이더라

3 ② 다윗이 예루살렘에서 또 자녀를 낳았으니   또 아내들을 취하여

4 예루살렘에서 낳은 아들들의 이름은
삼무아와 소밥과 나단과 솔로몬과
5 입할과 엘리수아와 엘벨렛과
6 노가와 네벡과 야비아와
7 엘리사마와 브엘랴다와 엘리벨렛이었더라

8-17

8 다윗이 기름 부음을 받아 온 이스라엘의 왕이 되었다 함을
블레셋 사람이 듣고 다윗을 찾으러 다 올라오매

9 다윗이 듣고 방비하러 나갔으나
블레셋 사람이 이미 이르러 르바임 골짜기를 침범하였는지라

10 ③ 다윗이 하나님께 물어 가로되   내가 블레셋 사람을 치러 올라가리이까
주께서 저희를 내 손에 붙이시겠나이까

여호와께서 이르시되 올라가라

내가 저희를 네 손에 붙이리라 하신지라

11 이에 무리가 바알브라심으로 올라갔더니 다윗이 거기서 저희를 치고 가로되
하나님이 물을 흩음 같이 내 손으로 내 대적을 흩으셨다 함으로
그곳 이름을 바알브라심이라 칭하니라
12 블레셋 사람이 그 우상을 그곳에 버렸으므로 다윗이 명하여 불에 사르니라

13 ④ 블레셋 사람이 다시 골짜기를 침범한지라
14 다윗이 또 하나님께 묻자온대

하나님이 이르시되 마주 올라가지 말고
저희 뒤로 돌아 뽕나무 수풀 맞은편에서 저희를 엄습하되
15 뽕나무 꼭대기에서 걸음 걷는 소리가 들리거든 곧 나가서 싸우라
⑤ 하나님이 네 앞서 나아가서 블레셋 사람의 군대를 치리라 하신지라

16 이에 다윗이 하나님의 명대로 행하여 블레셋 사람의 군대를 쳐서
기브온에서부터 게셀까지 이르렀더니

17 ⑥ 다윗의 명성이 열국에 퍼졌고 여호와께서 열국으로 저를 두려워하게 하셨더라

나라를 진흥케 하심

하나님이 앞서 나아가서 치리라

다윗의 각성과 원수의 대적

²다윗이 여호와께서 자기로 이스라엘 왕을 삼으신 줄을 깨
달았으니 이는 그 백성 이스라엘을 위하여 나라를 진흥하
게 하셨음이더라.

  14장을 상고할 때에 우선적으로 염두에 두어야할 점은 문맥입니다.
본문은 13장의 "법궤 운반의 실패"와, 15장의 "법궤 운반의 성공" 사이
에 놓여있는 문맥입니다. 본문에 나오는 사건들이 그 사이에서 되어 진
일들은 아닙니다. 예를 들어 다윗이 예루살렘에서 13명의 아들들을 낳
았다 말씀하는데 그 일이 "석 달" 동안에 되어 진 일은 아니라는 말씀
입니다. 그러면 성령께서 14장을 통해서 말씀하려는 바가 무엇이기에
이런 문맥을 설정하셨는가? 핵심은 "다윗이…깨달았으니"(2) 한 각성
(覺醒)입니다.

  도표를 보시면 첫째 단원은 "다윗이 여호와께서 자기로 이스라엘 왕
을 삼으신 줄을 깨달았으니"를 중심으로, ① "두로 왕 히람이, 궁궐을

건축하고", ② "다윗이 아들들을 낳았다" 합니다. 이는 나라를 진흥(振興)케 하심을 나타내는 대목입니다. 둘째 단원은 다윗이 왕이 되었다는 말을 "블레셋 사람이 듣고 죽이려 올라오매"를 중심으로, ③ "다윗이 하나님께 물어" 격퇴시킵니다. ④ "블레셋이 다시 침공"을 하나 다윗이 또 하나님께 묻자온대, ⑤ "하나님이 네 앞서 나아가서 치리라" 하십니다. ⑥ 그리하여 "다윗의 명성이 열국에 퍼졌다" 합니다. 이처럼 하나님께 "물어" 승리할 수 있었던 것은 다윗의 깨달음으로 말미암아 주어진 축복들입니다. 성령께서는 이를 보여주시려는 것입니다.

첫째 단원(1-7) **나라를 진흥케 하심**
둘째 단원(8-17) **하나님이 앞서 나가서 치리라**

주제(主題) : 다윗의 각성과 원수의 대적

㉠ "다윗이 여호와께서 자기로 이스라엘 왕을 삼으신 줄을 깨달았으니" 한 말은, "한 참 운 후에 누가 죽었느냐" 하는 말처럼 새삼스러운 말같이 여겨집니다. 그런데 이 "깨달음"은 꼭 있어야할 자리에 놓여 있는 것입니다. 왜하면 13장의 실패와, 15장의 성공 사이에 놓여 있기 때문입니다. 성경을 상고하다 보면 타락한 인간에게는 하나의 공통점(共通點)이 있는데 그것은 잘못을 하고 있으면서도 깨닫지를 못한다는 점입니다. 깨닫기만 하면 사함을 받을 수가 있고, 깨닫기만 하면 다시 일어날 수가 있는데도 말입니다. 그러므로 "깨달음"도 하나님의 은혜인 것입니다.

㉡ 다윗의 깨달음과 결부하여 두 가지 반응이 기록되어 있습니다. 첫째는 두로 왕 히람이 백향목과 석수와 목수를 보내어 궁궐을 건축한 일입니다. 이는 "내가 노하여 너를 쳤으나 이제는 나의 은혜로 너를 긍휼

히 여겼은즉 이방인들이 네 성벽을 쌓을 것이요 그 왕들이 너를 봉사할 것이며"(사 60:10)에 대한 예표라 할 수가 있습니다.

ⓒ 또 다른 반응은 블레셋이 두 번이나 침공해 온 일입니다. 다윗이 사울을 피하여 블레셋지경인 시글락에 있을 때에는 우호적으로 대했던 저들이, "왕이 되었다" 하는 말을 듣게 되자 다윗을 죽이려고 공격해온 것입니다. 이는 인간 다윗을 대적한 것이 아니라, 실체(實體)인 그리스 도를 대적한 일이 되는 것입니다. 이는 이미 창세기 3:15절에서 예언된 바요, 구속사는 "여인의 후손과, 뱀의 후손" 간의 싸움의 연속인 것입니다. 그러나 "깨달음"을 얻은 다윗은 두 번이나 하나님께 물어 대승할 수 가 있었던 것입니다. 중요한 것은 "각성"(覺醒)입니다. 그래서 주님께서 도 "시험에 들지 않도록 깨어 기도하라" 하신 것입니다.

첫째 단원(1-7) **나라를 진흥케 하심**

① "두로 왕 히람이 다윗에게 사자들과 백향목과 석수와 목수를 보내 어 그 궁궐을 건축하게 하였더라"(1) 합니다.

㉠ 이 시점에서 이방의 왕 히람이 궁궐을 건축한 이야기를 하는 의 도가 무엇인가? 이를 문맥적으로 볼 때에, "궤를 옮겨 다윗 성 자기에게 메어 들이지 못하고" 한 13장의 잘못과 결부가 되는 것이 아니라, 14장 의 "깨달음"과 결부가 되는 것입니다.

㉡ 다윗의 깨달음은 크게 두 방면으로 나타나는데 첫째는, "다윗이 여호와께서 자기(自己)로 이스라엘 왕을 삼으신 줄을 깨달았으니"(2상) 한 "자기"(自己) 정체성에 대한 깨달음입니다. 다윗이 누군가? "내가 너 를 목장 곧 양을 따르는 데서 취하여 내 백성 이스라엘의 주권자를 삼 고"(삼하 7:8) 한 목동(牧童)입니다. 목동을 왕위에 세우시다니, "나의

나 된 것은 하나님의 은혜로라" 하는 깨달음을 얻게 된 것입니다.

ⓒ 13장에는 "여호와의 진노와, 충돌"(10, 11)이 있으나, 14장에는 "하나님이 네 앞서 나아가서 블레셋 사람의 군대를 치리라"(15) 하시는 긍휼이 있습니다. 이는 깨달음의 결과입니다. 이런 훈련과 연단을 받은 다윗은 이렇게 찬양을 합니다.

주의 성도들아 여호와를 찬송하며
그 거룩한 이름에 감사할 지어다
그 노염은 잠간이요 그 은총은 평생이로다
저녁에는 울음이 기숙할지라도
아침에는 기쁨이 오리로다

주께서 나의 슬픔을 변하여 춤이 되게 하시며
나의 베옷을 벗기고 기쁨으로 띠 띠우셨나이다
이는 잠잠치 아니하고 내 영광으로 주를 찬송케 하심이니
여호와 나의 하나님이여
내가 주께 영영히 감사하리이다 (시 30:4-5, 11-12).

ⓓ 이것이 깨달음입니다. 다윗의 두 번째 깨달음은, "이는 그 백성 이스라엘을 위하여 나라를 진흥하게 하셨음이더라"(2하) 한, "그 나라" 와 결부된 깨달음입니다. 이 나라는, "주 하나님께서 그 조상 다윗의 위를 저에게 주시리니 영원히 야곱의 집에 왕 노릇하실 것이며 그 나라가 무궁(無窮)하리라"(눅 1:32-33) 한, 메시아왕국에 대한 비전이었던 것입니다. 이점이 이어지는 말씀에 분명히 나타납니다.

② "다윗이 예루살렘에서 또 아내들을 취하여 또 자녀를 낳았으니 예루살렘에서 낳은 아들들의 이름은 삼무아와 소밥과 나단과 솔로몬과"(3

-4) 하고, 13명이나 됩니다.

㉠ "또 아내를 취하였다"는 것은 잘못한 일입니다. 이에 대한 잘못
은 다른 곳에서 책망하게 될 것이고, 본문은 "나라를 진흥하게 하셨다"
(2)는 점을 말씀하려는 문맥입니다.

㉡ 그런데 그 이름들 중에 "나단과, 솔로몬"이 끼어있음을 주목하게
되는데, 이들은 모두 밧세바와의 사이에서 태어난 아들들입니다. 주목
하게 되는 이유는 "나단"은 누가복음에 나오는 주님의 족보에 들어 있
고(눅 3:31), "솔로몬"은 마태복음에 나오는 주님의 족보에 올라있기(마
1:6) 때문입니다. 이점이 2절의 "나라를 진흥케 하니라" 한 말씀과 결부
가 되는 것입니다. 하나님은 벌써 다윗의 왕위를 이을 자를 예비해놓으
셨던 것입니다. 이를 알았기에 솔로몬은, "자식은 여호와의 주신 기업
이요 태의 열매는 그의 상급이로다 젊은 자의 자식은 장사의 수중의 화
살 같으니 이것이 전통에 가득한 자는 복되도다"(시 127:3-5) 하고 찬양
했던 것입니다.

㉢ 참으로 "하나님의 지혜와 지식의 부요함"은 인간의 생각으로는
판단할 수도 없고 측량할 길도 없는 것입니다. 유다와 자부 다말과의
관계는 불륜이 분명한데 이를 통해서 태어난 "베레스"의 계통에서 다윗
을 나게 하시고, 다윗과 밧세바의 관계도 있어서는 아니 될 불륜이 분
명한데 이를 통해서 "한 아들", 솔로몬을 나게 하셔서 하나님의 전을 건
축하게 하시려는 것입니다. 그리고 이렇게 하심은 "나라를 진흥하게",
즉 하나님의 나라를 건설해나가시기 위해서라는 것입니다. 이는 "악을
선으로 바꾸시는" 기이한 하나님의 행사라 할 것입니다.

둘째 단원(8-17) 하나님이 앞서 나가서 치리라

"다윗이 기름 부음을 받아 온 이스라엘의 왕이 되었다 함을 블레셋 사람이 듣고"(8상), 축하 사절이라도 보냈다는 것인가? 아닙니다. "다윗을 찾으러 다 올라오매 다윗이 듣고 방비하러 나갔으나 블레셋 사람이 이미 이르러 르바임 골짜기를 침범하였는지라"(8하-9) 합니다. 저들은 다윗을 죽이기 위하여 공격해온 것입니다.

③ "다윗이 하나님께 물어 가로되 내가 블레셋 사람을 치러 올라 가리이까 주께서 저희를 내 손에 붙이시겠나이까"(10상) 하고 묻습니다.

㉠ 먼저 생각할 점은 블레셋 군대가 공격해온 것은 다윗이, ㉮ "기름부음을 받아, ㉯ 왕이 되었다"(8상)는 말을 들었기 때문이라는 점입니다. 그런데 왜 죽이려 하는가? 1차적으로는 다윗의 기세를 제압하기 위해서이지만 영적 논리로 하면 다윗은 "그리스도"에 대한 예표의 인물이요, "세상의 군왕들이 나서며 관원들이 서로 꾀하여 여호와와 그 기름 받은 자를 대적"(시 2:2) 하는 일이라는 점입니다.

㉡ 사무엘상 16:13절에서도 다윗이 기름부음을 받고 "여호와의 신에게 크게 감동"이 되자, 그 후로 사울이 죽이려고 추격을 했던 것입니다. 이런 맥락에서 저들은 다윗을 대적한 것이 아니라 다윗을 택하여 세우신 하나님을 대적한 것이요, 곧 "그리스도"를 대적한 것입니다. "블레셋"은 사탄의 대리자로, 다윗은 하나님의 대리자로 등장하고 있는 것입니다. 성경은 말씀합니다. "너희가 그리스도의 이름으로 욕을 받으면 복이 있는 자로다 영광의 영 곧 하나님의 영이 너희 위에 계심이라"(벧전 4:14).

㉢ 법궤를 운반할 때에도, "새 수레로 운반하리이까" 하고 물었다면 얼마나 좋았겠는가? 이것이 깨달은 자의 달라진 모습입니다. 다윗은 두 가지를 물었는데, "올라 가리이까? 내 손에 붙이시겠나이까?" 하는 것입

니다. "여호와께서 이르시되 올라가라 내가 저희를 네 손에 붙이리라 하신지라"(10하). 하나님께서 "손에 붙여주신다"는 점이 중요합니다. 이 점은 이미 창세기에서 멜기세덱이 아브라함에게, "천지의 주재시오 지극히 높으신 하나님이여 아브라함에게 복을 주옵소서 너의 대적을 네 손에 붙이신 지극히 높으신 하나님을 찬송할지로다"(창 14:19-20) 하고, 축복할 때에 등장합니다. 가나안을 정복할 수 있었던 것도, "여호와께서 여호수아에게 이르시되 보라 내가 여리고와 그 왕과 용사들을 네 손에 붙였으니"(수 6:2) 하고 붙여주심으로 가능했던 것입니다.

 ㄹ "이에 무리가 바알부라심으로 올라갔더니 다윗이 거기서 저희를 치고 가로되 하나님이 물을 흩음 같이 내 손으로 내 대적을 흩으셨다 함으로 그곳 이름을 바알브라심이라 칭하니라 블레셋 사람이 그 우상을 그곳에 버렸으므로 다윗이 명하여 불에 사르니라"(11-12) 합니다. 얼마나 다급했으면 수호신(守護神)으로 여긴 "우상"을 버리고 도망을 했겠는가? 이 말씀과, "사울의 갑옷을 그 신의 묘(廟)에 두고 그 머리를 다곤의 묘에 단지라"(10:10) 한 대목과 대조를 해보시기 바랍니다. 완전한 역전(逆轉)입니다. 사울은 죽어서도 하나님께 모독을 돌렸으나 다윗은 블레셋의 우상을 불사름으로 영광을 돌렸던 것입니다.

 ④ "블레셋 사람이 다시 골짜기를 침범한지라"(13) 합니다.

 ㄱ 병행구절인 사무엘하 5:22절에서는, "블레셋 사람이 다시 올라와서 르바임 골짜기에 편만한지라" 합니다. 패퇴했던 대적이 재차 침공해 왔다면 병력을 증강했기 때문일 것입니다. 그래서 "편만"(遍滿)하다 하는 것입니다. "다윗이 또 하나님께 묻자온대 하나님이 이르시되 마주 올라가지 말고 저희 뒤로 돌아 뽕나무 수풀 맞은편에서 저희를 엄습하되 뽕나무 꼭대기에서 걸음 걷는 소리가 들리거든 곧 나가서 싸우라"(14-15상) 하시면서,

 ⑤ "하나님이 네 앞서 나아가서 블레셋 사람의 군대를 치리라"(15하)

하십니다.

㉠ 자기 마음대로 법궤를 운반하다가 실패한 다윗에게 무슨 자격이 있어서 이렇게 해주신단 말인가? 공로가 아닙니다. "깨달음" 때문입니다. "저희 뒤로 돌아라" 하는 매복 작전은 중과부적(衆寡不敵)일 경우에 구사하는 작전입니다. 그렇다면 "뽕나무 꼭대기에서 걸음 걷는 소리가 들리거든"이 무슨 뜻일까? 이는 "하나님이 네 앞서 나아가서 블레셋 사람의 군대를 치리라" 한 말씀과 결부시켜 해석되어야만 합니다. "걸음 걷는 소리"란, "하나님이 앞서 나가신다"는 신호였던 것입니다.

㉡ 모세는 마지막 유언과 같은 설교에서, "네 하나님 여호와 그가 네 앞서 건너가사 이 민족들을 네 앞에서 멸하시고 너로 그 땅을 얻게 하실 것이라"(신 31:3) 말씀했고, 여호수아도 그의 마지막 설교에서, "너희 하나님 여호와 그가 너희 앞에서 그들을 쫓으사 너희 목전에서 떠나게 하시리라"(수 23:5) 했습니다.

㉢ 싸움은 아직 끝나지 않았고, 우리는 지금 옛날이야기를 하고 있는 것이 아닙니다. 왜냐하면 우리도 구속사의 동일 선상에서 동일한 선한 싸움을 싸우고 있기 때문입니다. 주님께서 "볼지어다 내가 세상 끝날까지 너희와 항상 함께 있으리라"(마 28:20) 하시고, "예수 그리스도는 어제나 오늘이나 영원토록 동일하시니라"(히 13:8) 한 말씀은, "주님께서 우리 앞서 나아가서 싸우신다"는 뜻인 것입니다.

㉣ 이점을 계시록에서는, "저희가 어린양으로 더불어 싸우려니와 어린양은 만주의 주시오 만왕의 왕이시므로 저희를 이기실 터이요 또 그와 함께 있는 자들 곧 부르심을 입고 빼내심을 얻고 진실(眞實)한 자들은 이기리로다"(계 17:14) 하고 말씀합니다. 다윗을 대적한 것이 곧 하나님을 대적하는 것이요, 지극히 작은 자를 대적하는 것이 그리스도를 대적하는 것이기에 "네 앞서 나아가서 치리라" 하시는 것입니다. 이럴 경우 다윗은 선언합니다.

혹은 병거, 혹은 말을 의지하나 우리는
여호와 우리 하나님의 이름을 자랑하리로다
저희는 굽어 엎드러지고 우리는
일어나 바로 서도다
여호와여 구원하소서
우리가 부를 때에 왕은 응락하소서 (시 20:7-9).

⑥ "이에 다윗이 하나님의 명대로 행하여 블레셋 사람의 군대를 쳐서 기브온에서부터 게셀까지 이르렀더니 다윗의 명성(名聲)이 열국에 퍼졌고 여호와께서 열국으로 저를 두려워하게 하셨더라"(16-17) 합니다.

㉠ 영적 다윗인 그리스도의 명성을 열국에 퍼지게 하고 저를 경외하게 할 책임이 우리들에게 있는 것입니다. 이를 위해서 필요한 것은 "깨달음"입니다. 이상 말씀한 것이, "다윗의 각성과 원수의 대적"입니다.

⑦ 묵상해보겠습니다.

㉠ 다윗이 "깨달았다"는 각성의 두 가지 요점에 대해서,

㉡ 예루살렘에서 자녀를 낳았다 하는 것과, 나라를 진흥케 하셨다는 결부에 대해서,

㉢ 두 번이나 하나님께 물었다는 것과, 네 앞서 나가서 치리라 하신 응답에 대해서.

역대상 15장 개관도표
주제 : 여호와의 말씀과 규례대로 궤를 메어옴

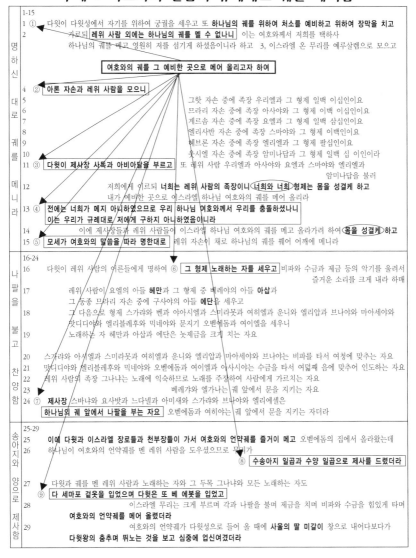

명하신대로 궤를 메니라

1-15

1 ① 다윗이 다윗성에서 자기를 위하여 궁궐을 세우고 또 하나님의 궤를 위하여 처소를 예비하고 위하여 장막을 치고

2 가로되 레위 사람 외에는 하나님의 궤를 멜 수 없나니 이는 여호와께서 저희를 택하사

하나님의 궤를 매고 영원히 저를 섬기게 하셨음이니라 하고 3, 이스라엘 온 무리를 예루살렘으로 모으고

여호와의 궤를 그 예비한 곳으로 메어 올리고자 하여

4 ② 아론 자손과 레위 사람을 모으니

5 그핫 자손 중에 족장 우리엘과 그 형제 일백 이십인이요

6 므라리 자손 중에 족장 아사야와 그 형제 이백 이십인이요

7 게르솜 자손 중에 족장 요엘과 그 형제 일백 삼십인이요

8 엘리사반 자손 중에 족장 스마야와 그 형제 이백인이요

9 헤브론 자손 중에 족장 엘리엘과 그 형제 팔십인이요

10 웃시엘 자손 중에 족장 암미나답과 그 형제 일백 십 이인이라

11 ③ 다윗이 제사장 사독과 아비아달을 부르고 또 레위 사람 우리엘과 아사야와 요엘과 스마야와 엘리엘과

암미나답을 불러

12 저희에게 이르되 너희는 레위 사람의 족장이니 너희와 너희 형제는 몸을 성결케 하고

내가 예비한 곳으로 이스라엘 하나님 여호와의 궤를 메어 올리라

13 ④ 전에는 너희가 메지 아니하였으므로 우리 하나님 여호와께서 우리를 충돌하셨나니

이는 우리가 규례대로 저에게 구하지 아니하였음이니라

14 이에 제사장들과 레위 사람들이 이스라엘 하나님 여호와의 궤를 메고 올라가려 하여 몸을 성결케 하고

15 ⑤ 모세가 여호와의 말씀을 따라 명한대로 레위 자손이 채로 하나님의 궤를 꿰어 어깨에 메니라

나팔을 불고 찬양함

16-24

16 다윗이 레위 사람의 어른들에게 명하여 ⑥ 그 형제 노래하는 자를 세우고 비파와 수금과 제금 등의 악기를 울려서

즐거운 소리를 크게 내라 하매

17 레위 사람이 요엘의 아들 헤만과 그 형제 중 베레야의 아들 아삽과

그 동종 므라리 자손 중에 구사야의 아들 에단을 세우고

18 그 다음으로 형제 스가랴와 벤과 야아시엘과 스미라못과 여히엘과 운니와 엘리압과 브나야와 마아세야와

맛디디야와 엘리블레후와 믹네야와 문지기 오벤에돔과 여이엘을 세우니

19 노래하는 자 헤만과 아삽과 에단은 놋제금을 크게 치는 자요

20 스가랴와 아시엘과 스미라못과 여히엘과 운니와 엘리압과 마아세야와 브나야는 비파를 타서 여청에 맞추는 자요

21 맛디디야와 엘리블레후와 믹네야와 오벤에돔과 여이엘과 아사시야는 수금을 타서 여덟째 음에 맞추어 인도하는 자요

22 레위 사람의 족장 그나냐는 노래에 익숙하므로 노래를 주장하여 사람에게 가르치는 자요

23 베레갸와 엘가나는 궤 앞에서 문을 지키는 자요

24 ⑦ 제사장 스바냐와 요사밧과 느다넬과 아미새와 스가랴와 브나야와 엘리에셀은

하나님의 궤 앞에서 나팔을 부는 자요 오벤에돔과 여히야는 궤 앞에서 문을 지키는 자더라

송아지와 양으로 제사함

25-29

25 이에 다윗과 이스라엘 장로들과 천부장들이 가서 여호와의 언약궤를 즐거이 메고 오벤에돔의 집에서 올라왔는데

26 하나님이 여호와의 언약궤를 멘 레위 사람을 도우셨으므로 무리가

⑧ 수송아지 일곱과 수양 일곱으로 제사를 드렸더라

27 다윗과 궤를 멘 레위 사람과 노래하는 자와 그 두목 그나냐와 모든 노래하는 자도

⑨ 다 세마포 겉옷을 입었으며 다윗은 또 베 에봇을 입었고

이스라엘 무리는 크게 부르며 각과 나팔을 불며 제금을 치며 비파와 수금을 힘있게 타며

여호와의 언약궤를 메어 올렸더라

29 여호와의 언약궤가 다윗성으로 들어 올 때에 사울의 딸 미갈이 창으로 내어다보다가

다윗왕의 춤추며 뛰노는 것을 보고 심중에 업신여겼더라

여호와의 말씀과 규례대로 궤를 메어옴

[15]모세가 여호와의 말씀을 따라 명한대로 레위 자손이 채로 하나님의 궤를 꿰어 어깨에 메니라.

15장은 "여호와의 말씀과 규례대로 궤를 메어오는" 내용입니다. 우리는 14장을 통해서 다윗이 "깨달았으니"(2) 한 말씀을 상고한 바 있습니다. 이 깨달음은 15장을 통해서 더욱 나타납니다. 도표를 보시면 "여호와의 궤를 예비한 곳으로 메어 올리고자 하여"를 중심으로 첫째 단원은, ① "다윗이 하나님의 궤를 위하여 처소를 예비하고", ② "아론 자손과 레위 사람을 모으고", ③ 대제사장 "사독과 아비아달을 부르고", ④ "전에는 규례대로 메지 아니하였으므로 여호와께서 우리를 충돌하셨다" 말하면서, ⑤ "여호와의 말씀을 따라 궤를 어깨에 메니라" 합니다. 둘째 단원은, ⑥ "노래하는 자를 세우고", ⑦ "제사장은 하나님의 궤 앞에서 나팔을 불면서", 셋째 단원에서는 ⑧ "오벧에돔의 집에서 올라오는데",

⑨ "수송아지 일곱과 수양 일곱으로 제사를 드렸더라", ⑩ "다 세마포를 입고, 다윗은 베 에봇을 입었다" 합니다. 이것이 깨달은 자의 변화된 모습입니다.

첫째 단원(1-15) **명하신 대로 궤를 메너나라**
둘째 단원(16-24) **나팔 불고 찬양함**
셋째 단원(25-29) **송아지와 양으로 제사함**

주제(主題) : 여호와의 말씀과 규례대로 궤를 메어옴

㉠ 15장-17장은 역대상에 있어서 중심부(中心部)입니다. 이는 역대기의 중심적인 말씀일 뿐만 아니라 구약성경의 중심주제라 할 수가 있습니다. ㉮ 15장은 규례대로 언약궤를 메어오는 장면이고, ㉯ 16장은 언약궤를 예루살렘에 안치한 후에 여호와의 행사를 감사하며 찬양하는 내용이고, ㉰ 17장은 하나님께서 다윗에게 언약을 세워주시는 장면입니다.

㉡ 언약궤를 예루살렘으로 메어왔다는 것은 다윗 왕국이 신정(神政)왕국이요, 메시아왕국의 예표임을 나타내고, 다윗에게 세워주신 언약(言約)은 한마디로 "그 (왕)위(位)를 영원히 견고하게 하리라"(17:12)는 말씀인데 이는 메시아왕국에 대한 언약입니다. "영원"이라는 말이 반복적으로 강조되어 있는데 지상의 나라에는 "영원"이란 없는 것입니다. 이를 알았기에 다윗은, "먼 장래까지 말씀하셨사오니, 큰일을 알게 하셨나이다"(17:17, 19) 하고 말하고 있는 것입니다.

㉢ 첫 번 법궤를 운반하려다가 실패한 13장과, 메어오는데 성공한 15장의 다른 점을 크게 세 가지를 들 수가 있는데 첫째는, "모세가 여호와의 말씀을 따라 명한 대로"(15) 했다는 점입니다. 첫 번은 "여호와

의 말씀, 명한 대로" 한 것이 아니라 자기 좋을 대로, 자기 뜻대로 행한 것이었습니다. 그러므로 13장에서는 "모세가 여호와의 말씀을 따라 명한 대로" 라는 말을 찾아볼 수가 없는 것입니다.

ⓒ 둘째로 다른 점은 첫 번에는 없었던, "수송아지 일곱과 수양 일곱으로 제사를 드렸더라"(26) 하는 점입니다. 구약시대에 하나님이 명하신 제사제도란, 신약시대에 이르러 그리스도께서 단 번에 드려주실 구속사역에 대한 예표라는 점에서만 의미가 있는 것입니다. 이를 떠난 제사란 우상숭배나 다름이 없는(사 66:3) 것입니다. 그러므로 수송아지와 수양으로 제사를 드렸다는 점을 구속사의 맥락으로 보면, "메시아언약"을 고백한 것이요, 또한 "그리스도의 구속"을 의지하여 법궤를 운반했다는 것이 되는 것입니다.

ⓓ 그러므로 셋째로 다른 점은, "노래하는 자도 다 세마포 겉옷을 입었으며 다윗은 또 베 에봇을 입었다"(27)는 말씀입니다. 1차 운반 때에도 이렇게 했을는지도 모릅니다. 그러나 중요한 점은 13장에서는 침묵한 체 언급하고 있지 않던 복장(服裝)에 대해서 15장에서는 언급하고 있다는 점입니다. 이는 첫 번 때에는 "자기 의(義)와, 공로"를 내세웠으나 각성한 후에는 오직 그리스도의 의만을 의지했다는 점을 암시해주고 있다 하겠습니다.

ⓔ 이상 말씀드린, 첫째는 "하나님의 말씀"대로, 둘째는 오직 예수 그리스도의 구속으로 말미암아, 셋째는 "하나님의 의"를 힘입을 것뿐이라는 점은, 1차 때에는 빠져있었고 깨달음을 얻은 후에 붙잡게 된 진리로써, 다윗 당시만이 아니라 현대교회에 더욱 절실히 요청되는 불변의 진리입니다.

첫째 단원(1-15) 명하신 대로 궤를 메니라

① "다윗이 다윗성에서 자기를 위하여 궁궐을 세우고 또 하나님의 궤를 위하여 처소를 예비하고 위하여 장막을 치고"(1),

㉠ 14:1절에서, "두로 왕 히람이, 궁궐을 건축하게 하였더라"는 말씀을 대한 바 있습니다. 다윗은 이와 함께 "하나님의 궤를 위하여 처소를 예비"하였던 것입니다. 그리고 "가로되 레위 사람 외에는 하나님의 궤를 멜 수 없나니 이는 여호와께서 저희를 택하사 하나님의 궤를 메고 영원히 저를 섬기게 하셨음이니라"(2) 하고 말합니다. 이점이 실패를 통하여 "깨달음"(14:2)을 얻은 자의 말입니다. 그리하여 "이스라엘 온 무리를 예루살렘으로 모으고 여호와의 궤를 그 예비한 곳으로 메어 올리고자 하여"(3),

② "아론 자손과 레위 사람을 모으니"(4) 합니다. 첫 번 때에도 "제사장과 레위 사람을 모이게"(13:2) 하였으나,

㉠ "그핫 자손 중에 족장 우리엘과 그 형제 일백 이십 인이요 므라리 자손 중에 족장 아사야와 그 형제 이백 이십 인이요 게르솜 자손 중에 족장 요엘과 그 형제 일백 삼십 인이요"(5-7) 하고, 아론의 세 아들 "고핫, 므라리, 게르솜" 자손들의 수를 말씀한 그런 언급은 없었습니다. 그러니까 첫 번은 "다윗 왕"이 정치적인 논리에 의하여 주도(主導)했다면 깨달음을 얻은 후에는, "레위 사람 외에는 (왕이라도) 하나님의 궤를 멜 수 없나니 이는 여호와께서 저희를 택하사 하나님의 궤를 메고 영원히 저를 섬기게 하셨음이니라"(2) 하고, 하나님이 명하신 대로 "레위 사람"이 주도(主導)하게 했다는 점이 다른 것입니다.

③ "다윗이 제사장 사독과 아비아달을 부르고", "사독과, 아비아달"은 대제사장들인데, 다윗 당시는 대제사장이 2명(삼하 15:24)이 있었습니다.

ⓒ 그 이유에 대해서는 16:39절을 강해할 때에 언급하기로 하고 여기서는, "사독"은 아론의 후임으로 대제사장이 된 엘르아살의 후손이고, "아비아달"은 아론의 다른 아들 이다말의 후손이라는 점만 말씀드리기로 하겠습니다. 이런 맥락에서 "사독"은 6장의 대제사장 족보에 올라 있으나, 아비아달의 이름은 등록이 되어 있지 아니합니다. 다윗이 죽은 후에 아비아달은 아도니야를 왕으로 삼으려고 모의하다가(왕상 1:7) 솔로몬에 의하여 대제사장에서 파직을 당하게 됩니다.

ⓛ "저희에게 이르되 너희는 레위 사람의 족장이니 너희와 너희 형제는 몸을 성결케 하고 내가 예비한 곳으로 이스라엘 하나님 여호와의 궤를 메어 올리라"(12) 합니다. 법궤 운반과 관련하여 사람이 행해야할 점은 "몸을 성결"하게 하는 일입니다. 이점이 14절에서도 강조되어 있습니다. "그러므로 누구든지 이런 것에서 자기를 깨끗하게 하면 귀히 쓰는 그릇이 되어 거룩하고 주인의 쓰심에 합당하며 모든 선한 일에 예비함이 되리라"(딤후 2:21) 하십니다.

④ "전에는 너희가 메지 아니하였으므로 우리 하나님 여호와께서 우리를 충돌하셨나니 이는 우리가 규례대로 저에게 구하지 아니 하였음이니라"(13) 합니다.

ⓒ "전에는 너희가 메지 아니하였으므로" 하는 것은 책임을 전가하는 말이 아닙니다. 이점이 이어서 말하기를, "우리가 규례대로 저에게 구하지 아니 하였음이니라" 한 "우리"라는 말에 나타납니다. 그러니까 "마땅히 고라 자손이 메어야 했는데 소로 끌게 하였기 때문"이라는 것입니다. 이는 실패의 원인(原因)이 어디에 있는가를 정확하게 인식하는 중요한 깨달음인 것입니다. "이에 제사장들과 레위 사람들이 이스라엘 하나님 여호와의 궤를 메고 올라가려 하여 몸을 성결케 하고"(14),

⑤ "모세가 여호와의 말씀을 따라 명한대로 레위 자손이 채로 하나님의 궤를 꿰어 어깨에 메니라"(15) 합니다.

㉠ "여호와의 말씀을 따라",

㉡ "명한대로" 어깨에 메니라.

㉢ 우리는 앞에서 "사무엘로 전하신 말씀대로 되었더라(11:3), 여호와께서 이스라엘에 대하여 이르신 말씀대로 함이었더라(11:10), 여호와의 말씀대로 사울의 나라를 저에게 돌리고자 하였으니"(12:23) 하고 "여호와의 말씀"이 최종적인 권위임을 상고한 바입니다. 사울은 인간의 뜻대로 된 왕이었으니까 궤 앞에서 묻지 않았다 해도, "말씀대로" 왕이 된 자라면, 말씀대로 준행해야 마땅한 것입니다. "말씀대로" 하느냐 여부에 "참과, 거짓"(딤후 2:15)이 구별이 되는 것입니다. 그런데 오늘날은 "꿩 잡는 것이 매"라는 식으로 성장(成長)에 올인하고 있는 실정입니다.

㉢ 성막과 그 안의 성물들은 모세의 마음대로 만든 것이 아닙니다. 출애굽기 39장은, "모세가 그 필한 모든 것을 본즉 여호와께서 명하신 대로 되었으므로 그들에게 축복하였더라"(출 39:43) 하고 마치고 있고, 40장은 "명하신 대로" 성막이 세워지니, "그 후에 구름이 회막에 덮이고 여호와의 영광이 성막에 충만하매 모세가 회막에 들어갈 수 없었다"(출 40:34-35) 하고 말씀합니다. 말씀대로 성막을 세우지 않았다 해도 영광이 충만했겠는가?

㉣ 모형으로 주어졌던 성막은 그리스도께서 성육신하심으로 성취가 되었고, 구속으로 말미암아 "너희가 하나님의 성전인 것과 하나님의 성령이 너희 안에 거하시는 것을 알지 못하느뇨"(고전 3:16) 하고, 교회로 적용이 된 것입니다. 이런 맥락에서 "이 집은 살아계신 하나님의 교회요 진리의 기둥과 터이니라"(딤전 3:15) 합니다. 오늘날도 살아계신 하나님의 교회를 "여호와의 말씀을 따라, 명한대로" 섬기기만 한다면, "하나님의 모든 충만하신 것으로 너희에게 충만하게"(엡 3:19) 하시리라는 확신입니다.

둘째 단원(16-24) **나팔 불고 찬양함**

둘째 단원은 법궤를 운반하면서 장엄한 찬양을 하는 내용입니다.

⑥ "다윗이 레위 사람의 어른들에게 명하여 그 형제 노래하는 자를 세우고 비파와 수금과 제금 등의 악기를 울려서 즐거운 소리를 크게 내라"(16) 하고 명합니다.

㉠ 첫 번 시도했을 때에도 "하나님 앞에서 힘을 다하여 뛰놀며 노래하며 수금과 비파와 소고와 제금과 나팔로 주악 하니라"(13:8) 합니다. 그러나 극단적으로 말하면 "제멋에 겨워서 흥" 한 셈입니다. 왜냐하면 이를 하나님께서 기쁘게 받지 않으셨기 때문입니다. 그래서 소는 뛰고 법궤는 떨어질 지경이 되고 웃사는 죽었던 것입니다.

㉡ 그러나 본장의 "노래하는 자를 세우고 비파와 수금과 제금 등의 악기를 울려서 즐거운 소리를 크게 내라"(16) 한 것은 기쁘게 받으셨음이 분명합니다. 어떤 차이인가? "모세가 여호와의 말씀을 따라 명한대로"(15) 했기 때문입니다. 다시 강조해야만 하겠습니다. 구약의 제사의식(儀式)에다가 찬양을 도입한 사람은 다윗입니다. 출애굽기 15장에서, "이때에 모세와 이스라엘 자손이 이 노래로 여호와께 노래하니 일렀으되 내가 여호와를 찬송하리니 그는 높고 영화로우심이여 말과 그 탄 자를 바다에 던지셨음이로다"(출 15:1-2) 하고 찬양하며, 미리암과 여인들도 소고를 잡고 춤을 추며 찬양하는 것을 봅니다. 그런데 이는 홍해를 육지같이 건넌 후에 홍해 바닷가에서 행한 경우였습니다. 그러나 다윗은, "또 찬송하는 자가 있으니 곧 레위 족장이라 저희가 골방에 거하여 주야로 자기 직분에 골몰하므로 다른 일은 하지 아니 하였더라"(9:33) 하고, 전문적인 찬양대를 도입했던 것입니다.

㉢ 다윗이 어떤 동기에서 옛 언약에 속한 의식에다가 마치 새 언약 시대의 예배처럼 개혁할 수가 있었던가? 이에 빛을 비춰주는 말씀이 시

편 40편입니다. 다윗은 "나를 기가 막힐 웅덩이와 수렁에서 끌어올리시고" 한데서 알 수가 있듯이 큰 환난에서 구원을 얻고는 감사제를 드리려했습니다. 그런데 "주께서 나의 귀를 통(通)하여 들리시기를 제사와 예물을 기뻐 아니 하시며 번제와 속죄제를 요구치 아니 하신다 하신지라"(시 40:2, 6) 합니다. 그래서 다윗은 깨닫기를, "그 때에 내가 말하기를 내가 왔나이다" 하고 자신을 드립니다. 무슨 뜻인가? 하나님은 짐승으로 드리는 제사가 아니라 다윗 자신을 원하셨던 것입니다. 그리고 다윗의 깨달음은 여기서 멈추는 것이 아니라 하나님이 명하신 제사제도가, "이 뜻을 좇아 예수 그리스도의 몸을 단 번에 드려주실"(히 10:5-10) 것에 대한 예표임을 깨달았던 것입니다.

㉣ 오순절 성령의 감동을 받은 베드로는, "그는(다윗) 선지자(先知者)라 하나님이 이미 맹세하사 그 자손 중에서 한 사람을 그 위에 앉게 하리라 하심을 알고 미리 보는 고로"(행 2:30-31), 그리스도를 증거했다고 말씀합니다. 이를 깨달은 자라면 "비파와 수금과 제금 등의 악기를 울려서 즐거운 소리"(16)로 찬양하지 않을 수가 없었을 것입니다. 이 말씀은 복음에 대한 기쁨과 감사와 열정을 잃어버리고 점차 의식적(儀式的)이 되어가는 오늘의 예배를 점검하게 합니다.

⑦ "제사장 스바냐와 요사밧과 느다넬과 아미새와 스가랴와 브나야와 엘리에셀은 하나님의 궤 앞에서 나팔을 부는 자요"(24상) 합니다.

㉠ 여호수아 6장에 의하면 여리고 성을 정복하기 위하여 언약궤를 메고 성을 돌 때에도, "제사장 일곱이 일곱 양각 나팔을 불고 여호와의 언약궤는 그 뒤를 따르며"(수 6:8) 하고 말씀합니다. 이는 하나님의 행차하심을 알리는 선포였던 것입니다. 하나님 보좌 우편에 앉아계시는 우리 주님이 행차(行次)하시는 날에도, "주께서 호령과 천사장의 소리와 하나님의 나팔로 친히 하늘로 좇아 강림"(살전 4:16)하시게 될 것입니다.

셋째 단원(25-29) 송아지와 양으로 제사함

"이에 다윗과 이스라엘 장로들과 천부장들이 가서 여호와의 언약궤를 즐거이 메고 오벧에돔의 집에서 올라왔는데"(25),

⑧ "하나님이 여호와의 언약궤를 멘 레위 사람을 도우셨으므로 무리가 수송아지 일곱과 수양 일곱으로 제사를 드렸더라"(26) 합니다.

㉠ 여기 또다시 1차 때와 다른 점이 나타나는데 그것은 "수송아지 일곱과 수양 일곱으로 제사를 드렸다"는 점입니다. 이 "제사"에는 "속죄제, 화목제, 번제"를 포괄하는 것으로 보아야만 합니다. 왜냐하면 이것이 하나님과 바른 관계를 유지하기 위한 바른 순서이기 때문입니다. 이 점에서 다시 한 번 구약에 나타난 "제사"의 의미에 대해서 말씀드려야만 하겠습니다.

㉡ 성경에 처음으로 등장하는 제사는 창세기 4장에 나오는 가인과 아벨이 드린 제사입니다. 그런데 신약성경은 해설해주기를, "믿음으로 아벨은 가인보다 더 나은 제사를 하나님께 드림으로 의로운 자라 하시는 증거를 얻었다"(히 11:4) 하고 말씀합니다. 여기 두 가지 요점을 말씀하는데 그것은 "믿음과, 칭의"입니다. 아벨은 무엇을 믿었으며, 어떻게 해서 의롭다함을 얻었다고 말씀하는가? "의롭다함"을 얻는 방도는 신구약시대를 막론하고 그리스도의 구속을 통해서뿐입니다. 아벨은 원복음을 믿음으로 의롭다함을 얻을 수가 있었던 것입니다. 그러므로 구약에 등장하는 제사란 그리스도께서 단번에 드려주실 구속사역에 대한 예표였던 것입니다.

⑨ 이점이 "다윗과 궤를 멘 레위 사람과 노래하는 자와 그 두목 그나냐와 모든 노래하는 자도 다 세마포 겉옷을 입었으며 다윗은 또 베 에봇을 입었고"(27) 한 말씀을 통해서도 나타납니다.

㉠ 여기 1차 때에는 언급이 없던 "세마포 겉옷을 입었다, 베 에봇을

입었다"는 말이 등장합니다. 1차 때에는 어떤 복장을 했을 것인가? 중
요한 점은 1차 때에는 언급도 없고 관심하지 않았던 복장문제를 2차 때
에야 말씀을 하는 의도가 무엇이냐에 있는 것입니다. 이는 무심한 일이
아니고 1차 때에는 없었던 "제사를 드렸더라"와 결부되는 것입니다. 레
위기 16장에 의하면, "아론이 성소에 들어오려면 수송아지로 속죄제물
을 삼고 수양으로 번제물을 삼고 거룩한 세마포 속옷을 입으며 세마포
고의를 살에 입고 세마포 띠를 띠며 세마포 관을 쓸지니 이것들은 거룩
한 옷이라 물로 몸을 씻고 입을 것이며"(레 16:3-4) 하고 명하셨습니다.
이는 "칭의"가 아니면 하나님 앞에 나아갈 자가 없음을 나타냅니다.

ⓛ 본문에서도 "제사드림과, 세마포"가 결부되어 있는데, 이때의 세
마포는 회개를 상징하는 것이 아니라 속죄를 통한 의롭다함에 대한 상
징이었던 것입니다. 이점을 복음이 밝히 드러난 신약성경에서는, "그러
면 이제 우리가 그 피를 인하여 의롭다하심을 얻었은즉 더욱 그로 말미
암아 진노하심에서 구원을 얻을 것이니"(롬 5:9) 하고 말씀합니다. 이점
을 본문에서는 "레위 사람을 도우셨음으로"(26) 라고 말씀하고 있는 것
입니다.

ⓒ 그러므로 여호와의 궤를 다윗 성으로 영접해드리는 것을 가능케
한 것은 공로나 자격이 있어서가 아니라, 첫째는 ㉮ "여호와의 말씀을
따라"(15) 한 "말씀"에 근거하고, 둘째는 ㉯ "수송아지 일곱과 수양 일
곱으로 제사를 드리고"(26) 한 "구속"과, 셋째는 ㉰ "다 세마포 겉옷을
입었으며"(27) 한 "칭의"로 말미암아 가능하여진 것이라고 요약할 수가
있는 것입니다. 여기에는 복음의 요소가 다 들어있으며, 신약의 성도들
도 이 원리(原理)에 의해서만이 하나님께 나아가는 것이 가능하여진다
는 점에 확고해야만 하는 것입니다.

ⓔ "이스라엘 무리는 크게 부르며 각(角)과 나팔을 불며 제금을 치
며 비파와 수금을 힘있게 타며 여호와의 언약궤를 메어 올렸더라"(28).

그러나 함께 기뻐하지 못한 자가 있었으니, "여호와의 언약궤가 다윗성으로 들어 올 때에 사울의 딸 미갈이 창으로 내어다보다가 다윗왕의 춤추며 뛰노는 것을 보고 심중에 업신여겼더라"(29), 누가 그랬는가? "사울의 딸 미갈"입니다. 얼마나 불행한 일인가? 얼마나 불쌍한가? 이상 말씀드린 것이 "여호와의 말씀과 규례대로 궤를 메어옴"입니다.

⑩ 묵상해보겠습니다.

㉠ "여호와의 말씀에 따라"에 대해서,

㉡ "제사를 드림과, 세마포 옷"에 대해서,

㉢ "의문"에 악기, 찬양, 춤을 도입한 것에 대해서.

역대상 16:1-22절 개관도표
주제 : 언약하시고 이루시는 하나님 찬양

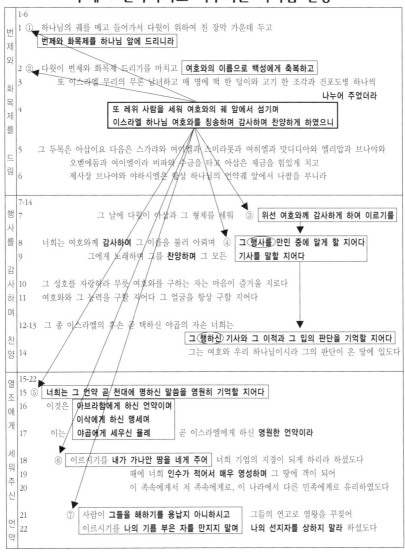

번제와 화목제를 드림 (1-6)

1 ① 하나님의 궤를 메고 들어가서 다윗이 위하여 친 장막 가운데 두고
번제와 화목제를 하나님 앞에 드리니라

2 ② 다윗이 번제와 화목제 드리기를 마치고 여호와의 이름으로 백성에게 축복하고
3 또 이스라엘 무리의 무론 남녀하고 매 명에 떡 한 덩이와 고기 한 조각과 건포도병 하나씩
나누어 주었더라
4 또 레위 사람을 세워 여호와의 궤 앞에서 섬기며
이스라엘 하나님 여호와를 칭송하며 감사하며 찬양하게 하였으니

5 그 두목은 아삽이요 다음은 스가랴와 여이엘과 스미라못과 여히엘과 맛디디아와 엘리압과 브나야와
오벧에돔과 여이엘이라 비파와 수금을 타고 아삽은 제금을 힘있게 치고
6 제사장 브나야와 야하시엘은 항상 하나님의 언약궤 앞에서 나팔을 부니라

행사를 감사하며 찬양 (7-14)

7 그 날에 다윗이 아삽과 그 형제를 세워 ③ 위선 여호와께 감사하게 하여 이르기를
8 너희는 여호와께 감사하며 그 이름을 불러 아뢰며 ④ 그 행사를 만민 중에 알게 할 지어다
9 그에게 노래하며 그를 찬양하며 그 모든 기사를 말할 지어다

10 그 성호를 자랑하라 무릇 여호와를 구하는 자는 마음이 즐거울 지로다
11 여호와와 그 능력을 구할 지어다 그 얼굴을 항상 구할 지어다

12-13 그 종 이스라엘의 후손 곧 택하신 야곱의 자손 너희는
그 행하신 기사와 그 이적과 그 입의 판단을 기억할 지어다
14 그는 여호와 우리 하나님이시라 그의 판단이 온 땅에 있도다

열조에게 세워주신 언약 (15-22)

15 ⑤ 너희는 그 언약 곧 천대에 명하신 말씀을 영원히 기억할 지어다
16 이것은 아브라함에게 하신 언약이며
이삭에게 하신 맹세며
17 이는 야곱에게 세우신 율례 곧 이스라엘에게 하신 영원한 언약이라

18 ⑥ 이르시기를 내가 가나안 땅을 네게 주어 너희 기업의 지경이 되게 하리라 하셨도다
19 때에 너희 인수가 적어서 매우 영성하며 그 땅에 객이 되어
20 이 족속에게서 저 족속에게로, 이 나라에서 다른 민족에게로 유리하였도다

21 ⑦ 사람이 그들을 해하기를 용납지 아니하시고 그들의 연고로 열왕을 꾸짖어
22 이르시기를 나의 기름 부은 자를 만지지 말며 나의 선지자를 상하지 말라 하셨도다

16:1-22절

언약하시고 이루시는 하나님 찬양

⁸너희는 여호와께 감사하며 그 이름을 불러 아뢰며 그 행
사를 만민 중에 알게 할지어다.

16장은 법궤를 운반해서 안치한 후에 번제와 화목제를 드리고, 감사
와 찬양을 하는 내용입니다. 분량 상 두 문단(1-22, 23-43)으로 나누어
상고하겠는데, 앞 문단의 주제는 〈이스라엘에게 향하신 하나님〉을 찬
양하는 내용이고, 뒤 문단의 주제는 〈만민을 구원하실 하나님〉을 찬양
하는 내용으로 되어 있습니다. 이점을 유념하시기를 바랍니다.

먼저 앞 문단의 도표를 보시면 "여호와를 칭송하며 감사하며 찬양하
게 하였으니"를 중심으로 첫째 단원은, ① 법궤를 안치한 후에 "번제와
화목제를 드리고", ② "백성을 축복하고, 떡과 고기를 나누어 주었더라"
합니다. 둘째 단원은, ③ "우선 여호와께 감사하게 하여 이르기를", ④
"그 행사를 만민 중에 알게 할 지어다" 합니다. 셋째 단원은, ⑤ "그 언

약을 영원히 기억하라" 하면서, ⑥ "가나안 땅을 기업으로 주리라" 하시고, ⑦ "나의 기름 부은 자를 상하지 말라 하셨도다" 하고 찬양합니다. 이것이 "이스라엘에게 향하신 하나님 찬양"입니다.

첫째 단원(1-6) **번제와 화목제를 드림**
둘째 단원(7-14) **여호와의 행사를 감사하며 찬양**
셋째 단원(15-22) **열조에게 세워주신 언약**

주제(主題) : 언약하시고 이루시는 하나님 찬양

㉠ 여기까지의 문맥을 요약을 하면, 10장에서 사울이 죽은 후, 11장에서 온 이스라엘의 왕위에 오른 다윗은 먼저 예루살렘을 정복하여 수도(首都)로 삼고, 13장에서 우선적으로 법궤를 운반하려다가 실패한 후에, 14장에서 깨달음을 얻고, 15장에서 법궤(法櫃)를 메어다가 예루살렘에 안치하고, 본장에서 감사와 찬양을 드리는 문맥입니다. 그러면 "사울 때에는 우리가 궤 앞에서 묻지 아니하였다"(13:3) 한, "하나님의 궤"를 메어왔다는 것이 어떤 의미가 있는가? 이점을 다윗은 시편 24편을 통해서 말씀해주고 있습니다.

문들아 너희 머리를 들지어다
영원한 문들아 들릴 지어다
영광의 왕(王)이 들어가시리로다
영광의 왕이 뉘시뇨
만군의 여호와께서 곧 영광의 왕이시로다 (셀라).

㉡ 다윗은 자신이 왕위에 올랐으나 진정한 왕은 "만군의 여호와"이

심을 고백하고 있는 것입니다. 이스라엘 장로들이 "열방과 같이 우리에게 왕을 세워 우리를 다스리게 하소서" 하고 왕을 구했을 때에 하나님은, "나를 버려 자기들의 왕이 되지 못하게 함이니라"(삼상 8:5, 7) 하셨습니다. 그렇게 해서 세움 받은 왕이 사울이었고 그를 가리켜서 "너희의 구한 왕, 너희의 택한 왕"(삼상12:13)이라 하십니다. 그런데 다윗은 왕의 주권(主權)을 하나님께 돌리고 있는 것입니다. 그러므로 31절은 "여호와께서 통치하신다 할지어다" 하고 선언합니다.

ⓒ 하나님의 임재를 상징하는 법궤를 예비한 곳에 안치한 후에 무엇을 했는가? ㉮ "번제"를 드렸습니다. 번제는 "너희는 너희의 것이 아니라 값으로 산 것이 되었으니 그런즉 너희 몸으로 하나님께 영광을 돌리라"(고전 6:19-20) 한 헌신을 의미합니다. ㉯ "화목제"를 드렸습니다. 이는 하나님과 화목의 관계가 이루어지게 됨을 감사하는 예배입니다. 즉 "내가 그에게로 들어가 그로 더불어 먹고 그는 나로 더불어 먹으리라"(계 3:20) 하신 교제와 교통을 나타냅니다.

ⓓ 이점이 "번제와 화목제 드리기를 마치고 여호와의 이름으로 백성에게 축복하고 또 이스라엘 무리의 무론 남녀하고 매 명에 떡 한 덩이와 고기 한 조각과 건포도병 하나씩 나누어 주었더라"(3) 한 말씀에 나타납니다. "이러한 백성은 복이 있나니 여호와를 자기 하나님으로 삼는 백성은 복이 있도다"(시 144:15).

ⓔ 다윗이 아삽에게 주어, "위선 여호와께 감사하게 한"(7) 본문은 시편 105:1-15절에도 수록되어 있는데, 두 가지 주제로 요약을 할 수가 있는데 "감사하며, 선포하라"는 것입니다. 그리고 "감사하라는 것과, 선포하라"는 두 주제는 자기 아들을 통해서 이루어주신 구속의 행사(行事)를 감사하고, 찬양하고, 선포하고, 전해주어 알게 하라는 "복음"으로 귀결이 되는 것입니다. 이점이 이스라엘에게는 바로의 노예에서 유월절 양의 피로 구속하여주신 그림자로 주어졌고, 신약의 성도들에게는 실체

(實體)이신 그리스도의 구속으로 성취하여주신 것입니다.

ⓑ 이런 맥락에서 모든 사람들의 기도가 "하나님 감사합니다" 하는 감사(感謝)로 시작하고 있다는 것은 합당한 순서입니다. 문제는 무엇에 대한 감사인가를 알고 하는 말인가 하는 점입니다. 성경은 부피가 많다 하여도 "하나님께서 행해주신 하나님의 행사(行事)와 인간이 행해야할 일", 두 가지로 되어 있습니다. 하나님의 첫 번 행사는 창조사역이고, 두 번째 행사는 구속사역입니다. 창조사역은 "말씀"만으로 가능하였으나, 구속사역은 자기 아들의 대속을 통해서만이 가능하여진 것입니다.

ⓢ 그러므로 "이스라엘", 즉 믿는 자를 향해서 말씀하는 앞 문단(7-22)에는 하나님의 행사를 잊지 않도록 "기억(記憶)하라"(12, 15)가 강조되어 있고, 불신자들인 "만방"을 향해서 하는 다음 문단(23-36)에는 "선포(宣布)할 지어다"(23, 24) 하는 말이 강조가 되어 있습니다. 왜냐하면 이방인들은 아직 복음을 듣지 못한 사람들이기 때문입니다.

ⓞ 그런데 하나님은 이 구속사역을 임기응변식으로 이루시는 것이 아니라, "주 여호와께서는 자기의 비밀을 그 종 선지자들에게 보이지 아니하시고는 결코 행하심이 없으시리라"(암 3:7) 한 대로, 언약하시고 예언하신 후에 행해주신다는 점입니다. 그러므로 본문에는 아브라함, 이삭, 야곱에게 세워주신 "언약"(言約)이 강조되어 있습니다. 하나님과의 관계는 언약의 관계요, 언약의 관계란 언약을 믿는 믿음의 관계라는 뜻이기도 합니다. 그러므로 언약을 세워주시지 않는다면 하나님과의 관계도, 믿음도 성립이 되지 않는 것입니다. 이처럼 다윗이 가사(歌詞)를 쓰고, 아삽의 부른 찬양은 "감사와, 선포"로 되어 있습니다.

첫째 단원(1-6) 번제와 화목제를 드림

① "하나님의 궤를 메고 들어가서 다윗이 위하여 친 장막 가운데 두고 번제와 화목제를 하나님 앞에 드리니라".

㉠ 번제는 전부를 불살라 드리는 헌신을 상징하고, 화목제는 하나님과 화목의 관계를 이루어주심에 대한 감사제입니다. 다시 힘주어 강조합니다만 구약성경에 등장하는 제사란 그리스도를 통해서 이루어주실 구속사역에 대한 그림자로 주어진 것이라는 점입니다. 이를 떠나서라면 이는 하나님께 영광을 돌리는 것이 되기는커녕 도리어 모독을 하는 처사인 것입니다. 생각해보십시오. 천지만물을 창조하시고 주관하시는 하나님께 우상에게 하듯이 짐승을 잡아 제사를 한다는 것이 합당(合當)한 일인가를! 그러므로 신약성경은 주님께서, "첫 언약 때에 범한 죄를 속하려고 죽으셨다"(히 9:15) 하고 말씀하는 것입니다.

㉡ 그러므로 짐승이 죽임을 당하는 제사가 등장하게 된 것은, "네가 먹는 날에는 정녕 죽으리라"(창 2:17) 하신, 하나님의 금령(禁令)을 범한 이후에 아벨이 드린 제사에서부터입니다. 하나님은 인류의 시조가 타락한 현장에서 "여자의 후손"을 통하여 구원하여주실 "원복음"(창 3:15)을 세워주셨고, 아벨은 이를 믿음으로 제사를 드린 것입니다. 이런 맥락에서 방주에서 나온 노아가 최우선적으로 한 일도, "노아가 여호와를 위하여 단을 쌓고 모든 정결한 짐승 중에서와 모든 정결한 새 중에서 취하여 번제로 단에 드렸더니"(창 8:20) 한, "번제"입니다. "아벨, 노아, 아브라함" 등이 드린 제사는 시내산에서 율법을 명하시기 이전이었음을 유념하시기 바랍니다.

㉢ 이점을 가장 명백하게 드러내고 있는 것이 어린양이 죽임을 당한 유월절(逾越節)입니다. 애굽의 장자들을 심판하시는 그 밤에 이스라엘 집에서도 죽음은 있었습니다. 다만 어린양이 대신 죽었다는 것이 다

롭니다. 이 예민함을 보십시오. 다른 재앙, 즉 우박 재앙이 임할 때에는, "이스라엘 자손이 거하는 고센 땅에는 우박이 없었더라(출 9:26), 이스라엘 자손이 거하는 곳에는 광명이 있었더라"(출 10:23) 합니다.

ⓔ 그런데 어찌하여 유월절의 밤에만은 이스라엘 집에서도 죽음이 있어야만 했는가? 다른 재앙은 "내 백성을 보내라" 한 것을 거부한데 따른 "징벌"(懲罰)이었으나 유월절의 밤은 "구속하여 내 백성을 삼고"(출 6:6) 하신, "구속"(救贖)과 결부되어 있기 때문입니다. 이스라엘 백성들도 하나님 앞에서는 구속을 받아야할 죄인(罪人)들이라는 점에서는 애굽 사람이나 다를 바가 없었기 때문입니다. 이 "유월절의 어린양"이 확대되어서 제사제도로 나타났다는 점에 확고해야만 합니다.

② "다윗이 번제와 화목제 드리기를 마치고 여호와의 이름으로 백성에게 축복하고"(2),

㉠ "또 이스라엘 무리의 무론 남녀하고 매 명에 떡 한 덩이와 고기 한 조각과 건포도병 하나씩 나누어 주었더라"(3) 합니다. "번제를 드리고…나누어 주었더라" 하는 구조(構造)입니다. "화목제"는 중요한 일부만을 불살라 드리고 나머지는 나누어 먹으라 하셨기 때문입니다. 법궤를 중심으로 하나님과는 화목의 교제가 이루어지고, 백성들 상호간에는 사랑의 교제가 이루어졌던 것입니다. 이것이 예배입니다.

㉡ 그리고 "또 레위 사람을 세워 여호와의 궤 앞에서 섬기며 이스라엘 하나님 여호와를 칭송하며 감사하며 찬양하게 하였으니"(4) 합니다. 그러면 무엇에 대한 "칭송, 감사, 찬양"인가? 이점을 둘째 단원에서 보게 될 것입니다.

둘째 단원(7-14) **여호와의 행사를 감사하며 찬양**

둘째 단원은 다윗이 쓴 시(詩), 즉 가사(歌詞)를 찬양대 대장인 아삽(5)에게 주어 노래하게 한 것으로, 시편 105편에도 실려 있는 내용입니다.

③ "그 날에 다윗이 아삽과 그 형제를 세워 위선 여호와께 감사(感謝)하게 하여 이르기를"(7),

㉠ 16장 안에는 "감사"라는 말이 5번(4, 7, 8, 34, 35), "찬양"을 뜻하는 말이 6번(4, 4, 9, 35, 36, 36)이나 나옵니다. 여기서 중요한 점은 다윗은 무엇에 대하여 "감사와, 찬양"을 하고 있는가 하는 점인데 여호와의 "행사(行事), 그 행하신 기사(奇事)와 이적"(8, 12)에 대해서입니다.

④ 그래서 "너희는 여호와께 감사하며 그 이름을 불러 아뢰며 그 행사(行事)를 만민 중에 알게 할 지어다"(8) 하는 것입니다.

㉠ 9절에서도, "그에게 노래하며 그를 찬양하며 그 모든 기사를 말할 지어다" 합니다. 12-13절에서도, "그 종 이스라엘의 후손 곧 택하신 야곱의 자손 너희는 그 행하신 기사와 그 이적과 그 입의 판단을 기억할 지어다" 합니다. "기사"(奇事)란 기이(奇異)한 행사(行事)의 준말입니다. 하나님께서 인간에게 행해주신 일은 모두가 "기이(奇異)한 행사"(行事)뿐입니다.

㉡ 그런데 하나님의 행사는 크게 두 방면으로 나타나는데 첫째는, "여호와는 하늘을 창조하신 하나님이시며 땅도 조성하시고 견고케 하시되 헛되이 창조치 아니하시고 사람으로 거하게 지으신 자시니라"(사 45:18) 한 창조(創造)사역입니다. 이점을 다윗은, "주의 손가락으로 만드신 주의 하늘과 주의 베풀어 두신 달과 별들을 내가 보니 사람이 무엇이 관대 주께서 저를 생각하시며 인자가 무엇이 관대 주께서 저를 권

고하시나이까"(시 8:3-4) 하고 감격해 하고 있습니다.

ⓒ 둘째는, "그 날에 너희가 또 말하기를 여호와께 감사하라 그 이름을 부르며 그 행하심을 만국 중에 선포하며 그 이름이 높다하라 여호와를 찬송할 것은 극(極)히 아름다운 일을 하셨음이니 온 세계에 알게 할 지어다"(사 12:4-5) 한 "극히 아름다운 일"입니다. 그러면 "극히 아름다운 일, 최대한으로 기이한 일"이란 무엇인가? "의인을 위하여 죽는 자가 쉽지 않고 선인을 위하여 용감히 죽는 자가 혹 있거니와 우리가 아직 죄인 되었을 때에 그리스도께서 우리를 위하여 죽으심으로 하나님께서 우리에게 대한 자기 사랑을 확증(確證)하셨느니라, 곧 원수 되었을 때에 그 아들의 죽으심으로 말미암아 하나님으로 더불어 화목 되었은 즉"(롬 5:7-8, 10) 한 구속사역입니다.

ⓓ 죄인을 위하여, 원수를 위하여 자기 아들을 대신 죽음에 내어주셨다는 것보다 더한 기이한 일은 없습니다. 이는 "극히 아름다운 일"인 것입니다. 그렇다면 우리에게 만개의 입이 있다하여도 그 입 다 가지고 "감사하고, 찬양하고, 선포"해야 할 일은 "극히 아름다운 일"인 오직 복음뿐인 것입니다. 이처럼 성경은 하나님께서 죄인들을 구원하시기 위해서 어떻게 일해 오셨는가를 말씀하는 내용입니다.

ⓔ 이점이 본문에서는, "그 종 이스라엘의 후손 곧 택하신 야곱의 자손"(12)이라는 표현 중에 나타납니다. 에서와 야곱은 한 아버지, 한 어머니를 통해서, 그것도 쌍둥이로 잉태되었습니다. 그런데 성경은, "그 자식들이 아직 나지도 아니하고 무슨 선이나 악을 행하지 아니한 때에 택하심을 따라 되는 하나님의 뜻이 행위로 말미암지 않고 오직 부르시는 이에게로 말미암아 서게 하사 리브가에게 이르시되 큰 자가 어린 자를 섬기리라 하셨나니 기록된바 내가 야곱은 사랑하고 에서는 미워하였다 하심과 같으니라"(롬 9:11-13) 하고 말씀합니다.

ⓕ 하나님은 야곱을 택하셔서 "이스라엘이 네 이름이 되리라"(창 35

:10) 하셨습니다. 그런데 "택하심"이 끝이 아니라는 점입니다. 택하신 자들을 자기 아들에게 주셔서 "구속하게"(엡 1:4, 7) 하셨던 것입니다. 그래서 본문은 "그 종 이스라엘의 후손 곧 택하신 야곱의 자손 너희는 그 행하신 기사와 그 이적과 그 입의 판단을 기억할 지어다 그는 여호와 우리 하나님이시라 그의 판단이 온 땅에 있도다"(12-14) 하는 것입니다. 이보다 기이하고 놀라운 일은 달리는 없습니다. 이점을 셋째 단원에서 더욱 확신하게 될 것입니다.

셋째 단원(15-22) 열조에게 세워주신 언약

다윗의 찬양은 계속됩니다. 무엇을 찬양하고 있는가? 셋째 단원의 핵심어는 "언약"입니다. 하나님은 구원행사를 즉흥적(卽興的)으로 하시는 것이 아니라, 먼저 열조에게 언약(言約)을 세워주시고, 선지자들을 통해서 예언(豫言)케 하시고 성취하시는 것입니다. 그러므로 언약과 예언, 곧 하나님의 말씀은 우리 믿음의 근거요 구원에 대한 최종적인 보증이 되는 것입니다.

⑤ 그래서 "너희는 그 언약(言約) 곧 천대에 명하신 말씀을 영원히 기억(記憶)할 지어다" 하는 것입니다. 교회 내에서 일어나는 모든 문제는 하나님의 언약과 행사를 잊어버리고 기억하지 못하기 때문에 기인(起因)하게 되는 것입니다. 예루살렘이 멸망을 당한 것도 이를 망각하고 우상을 숭배했기 때문입니다.

㉠ "이것은 아브라함에게 하신 언약이며 이삭에게 하신 맹세며 이는 야곱에게 세우신 율례 곧 이스라엘에게 하신 영원한 언약이라"(16-17) 합니다. 하나님은 출애굽 당시 모세에게 나타나셔서, "나는 아브라함의 하나님, 이삭의 하나님, 야곱의 하나님"이라 하셨습니다. 이는 아

브라함, 이삭, 야곱에게 언약하신 언약의 하나님이라는 뜻입니다. 또한 "네 자손이 이방에서 객이 되어 그들을 섬기겠고 그들은 사백 년 동안 네 자손을 괴롭게 하리니, 네 자손이 4대 만에 이 땅으로 돌아오리라" (창 15:13, 16) 하신 약속을 지켜주기 위해서 나타나셨다는 뜻이기도 합니다.

ⓛ 다윗은 "이것은 모세에게 하신 율법(律法)이며" 하고 찬양하고 있는 것이 아니라, "아브라함에게 하신 언약이며 이삭에게 하신 맹세며" 합니다. "아브라함, 이삭, 야곱"에게 세워주신 메시아언약에는 율법에는 없는 "맹세"가 있습니다. 다윗에게 세워주신 언약도, "내가 나의 거룩함으로 한 번 맹세하였은즉 다윗에게 거짓을 아니할 것이라"(시 89:35) 하십니다. 이는 일방적인 언약이요, 폐하여질 수 없는 은혜언약이었던 것입니다. 그러므로 히브리서에서는 "약속과 맹세"를 두 가지 변치 못할 사실(히 6:18)이라고 말씀합니다. 다윗은 천지는 변하여도 변하지 않는 "언약을 세워주신 하나님"을 찬양하고 있는 것입니다.

⑥ "이르시기를 내가 가나안 땅을 네게 주어 너희 기업의 지경이 되게 하리라 하셨도다"(18) 합니다.

㉠ 아브라함에게 세워주신 언약은, ㉮ 자손을 주리라, ㉯ 땅을 주리라, ㉰ 네 자손을 인하여 천하 만민이 복을 받으리라 하신 세 가지입니다. 이점이 1차적으로는 아브라함에게 이삭을 주서서 번성케 하시고, 가나안 땅을 주심으로 성취가 되었으나, "네 자손(子孫)을 인하여 천하 만민(萬民)이 복을 받으리라" 하신 궁극적인 성취는 아브라함의 자손으로 그리스도를 보내셔서 천하 만민을 구원하시려는 계획이었던 것입니다. 그러므로 신약성경은, "아브라함에게 복음(福音)을 전하되 모든 이방이 너를 인하여 복을 받으리라"(갈 3:8) 하셨다고 말씀하는 것입니다. 다윗은 이를 찬양하고 있는 것입니다.

ⓛ "때에 너희 인수가 적어서 매우 영성하며 그 땅에 객이 되어 이

족속에게서 저 족속에게로, 이 나라에서 다른 민족에게로 유리하였도
다"(19-20) 합니다. 무슨 뜻인가? 예나 이제나 언약 백성들에게 있어서
가장 큰 위험은 그 정체성(正體性)을 지키지 못하고 혼잡(混雜)이 되어
세속화되는 일입니다. 그리하여 하나님은 야곱의 가족을 애굽으로 내려
보내셨을 때에도 섞이지 않도록 구별된 고센 땅에 살게 하셨던 것입니
다.

⑦ 그리고 "사람이 그들을 해하기를 용납지 아니하시고 그들의 연고
로 열왕을 꾸짖어 이르시기를",

㉠ "나의 기름 부은 자를 만지지 말며 나의 선지자를 상하지 말라"
(21-22) 하셨다는 것입니다. 이처럼 특별 경호(警護)를 해주셨기 때문에
선민(選民)의 정체를 지키며 언약을 계승(繼承)시켜 나갈 수가 있었던
것입니다. 예를 들면, ㉮ 아내 사라를 바로에게 빼앗길 위기에서도, "여
호와께서 아브람의 아내 사래의 연고로 바로와 그 집에 큰 재앙을 내리
신지라"(창 12:17) 합니다. ㉯ 또한 그랄 왕 아비멜렉에게 빼앗길 위기
에서도, "그는 선지자(先知者)라 그가 너를 위하여 기도하리니 네가 살
려니와 네가 돌려보내지 않으면 너와 네게 속한 자가 다 정녕 죽을 줄
알지니라"(창 20:7) 하고, 지켜주셨던 것입니다.

㉡ 하나님은 택하신 야곱이 형의 낯을 피하여 하란으로 내려갈 때
에도 그에게 나타나셔서, "내가 너와 함께 있어 네가 어디로 가든지 너
를 지키며 너를 이끌어 이 땅으로 돌아오게 할지라 내가 네게 허락한
것을 다 이루기까지 너를 떠나지 아니하리라"(창 28:15) 하셨습니다. 그
래서 바로도, 아비멜렉도, 라반도, 에서도, 하나님의 택하신 아브라함이
나 야곱을 "만지지 못하고, 상하지 못했던" 것입니다. 이를 생각할 때에
어찌 감사하고 찬양하지 않을 수가 있단 말인가?

㉢ 성도들이 은혜 받기를 원하십니까? "은혜"란 무가치한 자들에게
값없이 베푸시는 하나님의 호의(好意)입니다. 하나님께서 나 같은 죄인

을 위하여 행해주신 "여호와의 기이한 행사"(行事)를 먼저, 그리고 더욱
많이, 자주 자주 전해주시기를 바랍니다. 이를 듣고 믿으면 은혜를 받
는 것입니다. 그래서 36절은, "모든 백성이 아멘 하고 여호와를 찬양하
였더라"(36하) 하는 것입니다.

㉣ 분열왕국이 된 후 남쪽 유다와 북쪽 이스라엘 간에는 자주 싸움
이 있었습니다. 역대하 13장에도 싸우는 장면이 나오는데 북쪽은 10지
파가 속한지라 병력면에서는 80만 대 40만으로 중과부적이었습니다.
이때 유다 왕 아비야는 남쪽 유다와 북쪽 이스라엘이 무엇이 다른가를
조목조목 들어 말합니다.

㉮ "우리에게는 여호와께서 우리 하나님"이 되시는데(10), 너희에
게는 "금송아지가 너희와 함께 있도다"(8).

㉯ 우리에게는 "소금 언약"(5)이 있는데, 너희는 이 언약을 "배반"
(6)한 자들이요,

㉰ 우리에게는 "아론의 자손 된 여호와의 제사장"(9)이 있는데, 너
희는 뇌물을 바치기만 하면 아무나 제사장을 삼는다(9)고 말합니다.
"그 때에 이스라엘 자손이 항복하고 유다 자손이 이기었으니 이는 저희
가 그 열조의 하나님 여호와를 의지하였음이라"(대하 13:18) 합니다.

㉱ 16절에는 "언약과, 맹세"가 있습니다. 하나님은 언약하신 바를
맹세로 보증하여주셨던 것입니다. 이 언약이 "내 피로 세우는 새 언약
이니"(눅 22:20) 하고 예수 그리스도의 구속으로 성취가 된 것입니다.
그리고 "죽으실 뿐 아니라 다시 살아나신 이는 그리스도 예수시니 그는
하나님 우편에 계신 자요 우리를 위하여 간구하시는 자"(롬 8:34)이십
니다. 그러므로 "이제 하는 말에 중요한 것은 이러한 대제사장(大祭司
長)이 우리에게 있다"(히 8:1)는 사실입니다. 이것이 여호와께서 이 죄
인들을 위하여 자기 아들을 통해서 행해주신 기이한 행사입니다. 어찌
감사하고, 찬양하고, 기억하지 않을 수가 있단 말인가! 이것이 "언약하

시고 이루시는 하나님" 찬양입니다. 다윗의 찬양은 다음 문단으로 이어
지고 있습니다.

⑧ 묵상해보겠습니다.

㉠ "제사를 드리고, 나누어 주었더라"는 의미에 대해서,

㉡ 무엇에 대한 감사와 찬양인가에 대해서,

㉢ 열조에게 세워주신 세 가지 언약에 대해서.

역대상 16:23-43절 개관도표
주제 : 만방의 족속들아 구원을 날마다 선포하라

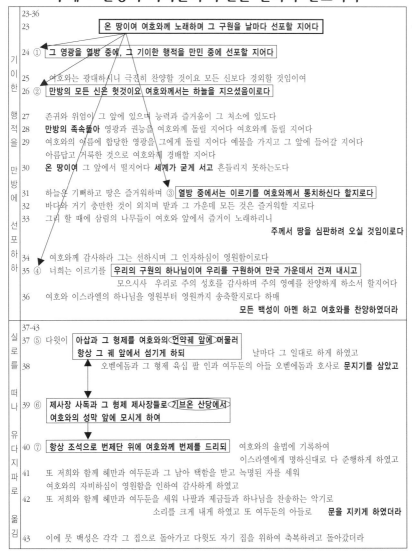

	23-36	
기	23	온 땅이여 여호와께 노래하며 그 구원을 날마다 선포할 지어다
이	24 ①	그 영광을 열방 중에, 그 기이한 행적을 만민 중에 선포할 지어다
한	25	여호와는 광대하시니 극진히 찬양할 것이요 모든 신보다 경외할 것임이여
	26 ②	만방의 모든 신은 헛것이요 여호와께서는 하늘을 지으셨음이로다
행	27	존귀와 위엄이 그 앞에 있으며 능력과 즐거움이 그 처소에 있도다
적	28	만방의 족속들아 영광과 권능을 여호와께 돌릴 지어다 여호와께 돌릴 지어다
을	29	여호와의 이름에 합당한 영광을 그에게 돌릴 지어다 예물을 가지고 그 앞에 들어갈 지어다
		아름답고 거룩한 것으로 여호와께 경배할 지어다
만	30	온 땅이여 그 앞에서 떨지어다 세계가 굳게 서고 흔들리지 못하는도다
방	31	하늘은 기뻐하고 땅은 즐거워하며 ③ 열방 중에서는 이르기를 여호와께서 통치하신다 할지로다
에	32	바다와 거기 충만한 것이 외치며 밭과 그 가운데 모든 것은 즐거워할 지로다
선	33	그리 할 때에 삼림의 나무들이 여호와 앞에서 즐거이 노래하리니
포		주께서 땅을 심판하려 오실 것임이로다
하	34	여호와께 감사하라 그는 선하시며 그 인자하심이 영원함이로다
하	35 ④	너희는 이르기를 우리의 구원의 하나님이여 우리를 구원하여 만국 가운데서 건져 내시고
		모으시사 우리로 주의 성호를 감사하며 주의 영예를 찬양하게 하소서 지어다
	36	여호와 이스라엘의 하나님을 영원부터 영원까지 송축할지로다 하매
		모든 백성이 아멘 하고 여호와를 찬양하였더라
실	37-43	
로	37 ⑤	다윗이 아삽과 그 형제를 여호와의 언약궤 앞에 머물러
를		항상 그 궤 앞에서 섬기게 하되 날마다 그 일대로 하게 하였고
	38	오벧에돔과 그 형제 육십 팔 인과 여두둔의 아들 오벧에돔과 호사로 문지기를 삼았고
떠		
나	39 ⑥	제사장 사독과 그 형제 제사장들로 기브온 산당에서
		여호와의 성막 앞에 모시게 하여
유	40 ⑦	항상 조석으로 번제단 위에 여호와께 번제를 드리되 여호와의 율법에 기록하여
다		이스라엘에게 명하신대로 다 준행하게 하였고
지	41	또 저희와 함께 헤만과 여두둔과 그 남아 택함을 받고 녹명된 자를 세워
파		여호와의 자비하심이 영원함을 인하여 감사하게 하였고
로	42	또 저희와 함께 헤만과 여두둔을 세워 나팔과 제금들과 하나님을 찬송하는 악기로
		소리를 크게 내게 하였고 또 여두둔의 아들로 문을 지키게 하였더라
옮	43	이에 뭇 백성은 각각 그 집으로 돌아가고 다윗도 자기 집을 위하여 축복하려고 돌아갔더라
김		

16:23-43절

만방의 족속들아 구원을 날마다 선포하라

²³온 땅이여 여호와께 노래하며 그 구원을 날마다 선포할 지어다.

16장 둘째 문단(23-43)도 감사와 찬양을 하는 다윗의 시(詩)의 계속입니다. 다른 점은 앞 문단(7-22)의 대상(對象)이, "야곱의 자손 너희는"(12) 하고, 이스라엘 백성들에게 감사와 찬양을 촉구한 것인 반면, 뒤 문단(23-36)은, "만방(萬邦)의 족속들아 영광과 권능을 여호와께 돌릴 지어다"(28) 하고, 이방인들을 염두에 두고 있다는 것이 다른 점입니다. 그래서 "만방(萬邦)과, 선포(宣布)하라"(23, 24, 26, 28), 즉 온 세계에 전하라는 말이 강조되어 있습니다.

도표를 보시면 "온 땅이여, 구원을 날마다 선포할 지어다"를 중심으로 첫째 단원은, ① "그 영광을 열방에 기이한 행적을 만민 중에 선포하라", ② "만방의 신은 헛것이요, 여호와는 하늘을 지으셨도다" 하면서,

③ "여호와께서 통치(統治)하신다", ④ "우리의 구원의 하나님이여" 합니다. 둘째 단원은, ⑤ "아삽을 (예루살렘에 있는) 여호와의 언약궤 앞에 머물러 섬기게" 하고, ⑥ "제사장 사독은 (번제단이 있는) 기브온 산당"에서, ⑦ "조석으로 번제를 드리게" 했다고 말씀합니다. 이는 언약궤는 예루살렘에 있고, 번제단은 "기브온"에 있었기 때문입니다. 여기에는 하나님의 참으로 기이한 섭리가 있는 것입니다.

첫째 단원(23-36) **기이한 행적을 만방에 선포하라**
둘째 단원(37-43) **실로를 떠나 유다 지파로 옮김**

주제(主題) : 만방의 족속들아 구원을 날마다 선포하라

㉠ 역대상의 1차적인 기록목적은 포로에서 귀환한 자들에게 족보를 찾아줌으로 정체성을 확립해주고, 다윗 왕국의 정통성(正統性)과 언약의 불변성을 강조함으로 격려와 용기를 주려는데 있습니다. 그래서 "이스라엘의 후손 곧 택하신 야곱의 자손 너희는 그 행하신 기사와 그 이적과 그 입의 판단을 기억할 지어다"(12-13) 하는 것입니다.

㉡ 그런데 후반부에서는, "온 땅이여 여호와께 노래하며 그 구원(救援)을 날마다 선포할 지어다" 하고, 이스라엘이라는 민족을 뛰어넘어 만방(萬邦)을 구원에 초청하고 있는 것입니다. 그러므로 둘째 문단에는 "온 땅(23, 30), 열방(24, 31), 만민(24), 만방"(26, 28)이라는 말이 계속적으로 등장합니다. 이는 무엇을 말해주고 있느냐 하면 역대기의 궁극적인 기록목적이 만방의 구주되시는 그리스도를 증거하는데 있음을 나타냅니다.

㉢ 이점이 "아브라함, 이삭, 야곱에게 세워주신 언약"이라 한 16절을 통해서도 나타나는데 이는 이스라엘만의 구원이 아니라, "네 씨로

말미암아 천하 만민이 복을 얻으리니"(창 22:18) 하신 온 인류의 구원이기 때문입니다. 이런 맥락에서 "야곱의 자손"(12)을 향하여, "말할 지어다(9), 기억할 지어다"(12-13) 한, "여호와의 행사"와, "만방의 족속들"(28)을 향하여 "그 구원을 날마다 선포할 지어다(23), 그 기이한 행적을 만민 중에 선포할 지어다"(24) 한 "여호와의 행사"에는 "그림자와 실체, 예표와 성취"라는 구분이 있다는 점에 유의해야만 합니다. 만방에 선포해야 할 소식은 출애굽이 아니라 "영적 출애굽"인 구원이기 때문입니다.

㉣ 바로의 종 되었던 야곱의 자손들을 유월절 양의 피로 구속하여 하나님의 백성으로 삼으시고, 홍해를 육지 같이 건너게 하시고, 만나로 먹이시며, 구름 기둥 불기둥으로 인도하여 주신 일은, 감사하고 찬양해야할 기이한 하나님의 행사입니다. 그런데 "온 땅이여 여호와께 노래하며 그 구원을 날마다 선포할 지어다 그 영광을 열방 중에 그 기이한 행적을 만민 중에 선포할 지어다"(23-24) 한 "구원과, 행적"은 이러한 출애굽의 행적이 아닙니다. "출애굽"을 예표로 하여 영적 출애굽을 계시하신 복음이기 때문입니다. 그러므로 "그 구원을 날마다 선포할 지어다"(23) 한 말씀은 복음인 것입니다.

㉤ 그러므로 본문 23-33절이 실려 있는 시편 96편에서는, "새 노래로 여호와께 노래하라"(시 96:1) 하는 것입니다. "새 노래"란 마음에 새 언약이 기록(렘 31:33, 히 8:10)된 자들이 부르는 찬양인 것입니다. 하나님의 기이한 행사를 본문을 관찰할 때에 더욱 깨닫게 될 것입니다.

첫째 단원(23-36) 기이한 행적을 만방에 선포하라

"온 땅이여 여호와께 노래하며 그 구원을 날마다 선포할 지어다"(23)

합니다. 먼저 계시의 진전(進展)을 볼 수 있어야만 합니다. 첫 문단의 "야곱의 자손 너희"(12)가 둘째 문단에서는 "온 땅이여, 만방의 족속들아"(23, 28)로 발전이 되고, "행하신 기사와 이적"(12)이 "구원"(23)으로 구체화(具體化)하고 있는 것입니다.

① "그 영광을 열방 중에, 그 기이한 행적을 만민 중에 선포할 지어다"(24) 합니다.

㉠ 그러면 만민에게 선포해야할 "그 기이한 행적"이 무엇인가? 그 답이 23절인데, 만민에게 선포해야할 여호와의 "기이한 행적"은 자기 아들의 대속을 통해서 이루어주신 "구원"입니다. 날마다 선포해야할 메시지는 "온 백성에게 미칠 큰 기쁨의 좋은 소식"(눅 2:10) 곧 복음입니다. "우리가 죄인 되었을 때에, 곧 우리가 원수 되었을 때에 그 아들의 죽으심으로 말미암아 하나님으로 더불어 화목하게"(롬 5:10) 하신 행사보다 더욱 기이(奇異)란 일이란 천상천하에 달리는 없는 것입니다.

㉡ 시편 107편에는, "여호와의 인자하심과 인생에게 행하신 기이(奇異)한 일을 인하여 그를 찬송할지로다" 하는 후렴구가 4번(8, 15, 21, 31)이나 강조되어 있는데, 그 중 하나를 인용을 하면,

> 흑암과 사망의 그늘에서 인도하여 내시고
> 그 얽은 줄을 끊으셨도다
> 여호와의 인자하심과 인생에게 행하신
> 기이한 일을 인하여 그를 찬송할지로다
> 저가 놋 문을 깨뜨리시며
> 쇠 빗장을 꺾으셨음이로다 (시 107:14-16) 합니다.

㉢ "그 구원을 〈날마다〉 선포할 지어다"(23) 하고 말씀하는데 시편 71편을 보십시오.

㉮ "내가 측량할 수 없는 주의 의와 구원을 내 입으로 〈종일〉(終日) 전하리이다"(15),

㉯ "내가 주 여호와의 능하신 행적(行蹟)을 가지고 오겠사오며 주의 의 곧 주의 〈의만〉 진술(陳述)하겠나이다"(16),

㉰ "하나님이여 주께서 〈대사〉(大事)를 행하셨사오니 누가 주와 같으리이까"(19),

㉱ "내 혀로 〈종일〉(終日)토록 주의 의를 말씀하오리니"(23) 합니다. 그러면 이처럼 전하기를 열망하고 있는 "주의 의"란 무엇인가? "내가 주를 찬양할 때에 내 입술이 기뻐 외치며 주께서 구속하신 내 영혼이 즐거워하리이다"(시 71:23) 한 구속(救贖)입니다. 이 "의"를 개정역에서는 "공의"(公義)로 번역하고 있다는 것은 시정이 되어야 마땅합니다. 만일 "주의 의"가 공의라면 이처럼 감사하고 감격해하지 않았을 것입니다. 왜냐하면 공의가 나타나는 곳에는 심판이 시행이 되기 때문입니다.

② "여호와는 광대하시니 극진히 찬양할 것이요 모든 신보다 경외할 것임이여 만방의 모든 신은 헛것이요 여호와께서는 하늘을 지으셨음이로다"(25-26) 하고 찬양합니다.

㉠ 하나님이 행해주신 기이한 행사가 무엇인가? ㉮ 먼저 "구원을 날마다 선포할 지어다" 하고 "구속사역"을 증거한 후에, 25-26절에서는 ㉯ "여호와께서는 하늘을 지으셨음이로다"(26) 하고 창조사역을 증거합니다. 이처럼 창조사역을 증거하는 의도가 무엇인가? 첫째는, "만방의 모든 신은 헛것이요" 한 우상(偶像)의 허망함을 말해주기 위해서입니다. 우상을 숭배하는 자들에게 하늘을 가리키면서, "하늘의 해와 달과 별들을 너희가 섬기는 우상이 만들었단 말이냐?" 하고 묻고 있는 셈입니다.

㉡ 둘째는, "하늘을 지으신" 창조주 하나님께서, 구속사역을 이루어

주셨음을 증거하기 위해서입니다. 답변은, "만방의 모든 신은 헛것이요" (26상), 찬양받으실 하나님만이 "존귀와 위엄이 그 앞에 있으며 능력과 즐거움이 그 처소에 있도다 만방의 족속들아 영광과 권능을 여호와께 돌릴 지어다 여호와께 돌릴 지어다 여호와의 이름에 합당한 영광을 그에게 돌릴 지어다 예물을 가지고 그 앞에 들어갈 지어다 아름답고 거룩한 것으로 여호와께 경배할 지어다"(27-29) 합니다.

ⓒ 이점을 신약성경에서도, "창세로부터 그의 보이지 아니하는 것들 곧 그의 영원한 능력과 신성이 그 만드신 만물에 분명히 보여 알게 되나니 그러므로 저희가 핑계치 못할 지니라 하나님을 알되 하나님으로 영화롭게도 아니하며 감사치도 아니하고 오히려 그 생각이 허망하여지며 미련한 마음이 어두워졌나니, 썩어지지 아니하는 하나님의 영광을 썩어질 사람과 금수와 버러지 형상의 우상으로 바꾸었느니라"(롬 1:20-23) 하고 책망합니다.

③ 찬양이 이에 이르게 되면 도달하게 되는 지점은, "온 땅이여 그 앞에서 떨지어다"(30상)하는 경외(敬畏)입니다. 29-32절 안에는, "떨지어다, 기뻐하고, 즐거워할 지로다"가 함께 있습니다. 이것이 하나님 경외입니다.

㉠ 다윗은 지금 법궤를 예루살렘으로 운반해놓고 "감사하며 찬양"하고 있는 것입니다. 그런데 촉구하기를, "야곱의 자손 너희"(12)를 뛰어넘어 "온 땅이여, 만방의 족속들아" 하고 외치고 있습니다. 내용에서도 "가나안 땅을 네게 주어"(18)에서, "구원을 날마다 선포할 지어다"(23)한 "구원과, 심판"으로 확대하고 있는 것입니다. 그리고 도달하게 되는 결론은, "열방 중에서는 이르기를 여호와께서 통치하신다 할지로다"(30-31) 하는, "여호와의 통치"(統治)입니다.

㉡ 그러면 법궤를 예루살렘에 안치함으로 열방을 통치하심이 가능하여진다는 말인가? 아닙니다. "나라가 임하옵시며 뜻이 하늘에서 이룬

것같이 땅에서도 이루어지는 날"에 성취될 말씀입니다. 신약성경에서 "할렐루야"가 울려 퍼지게 되는 것은, "할렐루야 주 우리 하나님 곧 전능하신 이가 통치하시도다"(계 19:6) 하고, "통치"와 함께 울려 퍼집니다. 그리고 통치하시는 그 날은 "우리가 즐거워하고 크게 기뻐하여 그에게 영광을 돌리세 어린양의 혼인기약이 이르렀고 그 아내가 예비하였으니"(계 19:7) 한, 어린양의 혼인이 이루어지는 날인 것입니다.

④ 그 날은, "바다와 거기 충만한 것이 외치며 밭과 그 가운데 모든 것은 즐거워할 지로다 그리할 때에 삼림의 나무들이 여호와 앞에서 즐거이 노래하리니 주께서 땅을 심판(審判)하려 오실 것임이로다"(32-33) 한 심판의 날이기도 한 것입니다.

㉠ 다윗은 찬양의 결구를, "여호와께 감사하라 그는 선하시며 그 인자하심이 영원함이로다"(34) 하고, 여호와의 "선하심과 인자하심"을 상기시키면서, "여호와 이스라엘의 하나님을 영원부터 영원까지 송축할지로다" 하고 마칩니다. "모든 백성이 아멘 하고 여호와를 찬양하였더라" (36) 합니다.

㉡ 첫째 단원을 마치기 전에 명심해야할 점이 있습니다. 저는 역대상을 상고하면서 하나님께서 자기 아들을 통해서 행해주신 "여호와의 기이한 행사"에 강조점을 두고 말씀을 드렸습니다. 그러면 이 은혜를 입은 우리가 해야 할 일은 무엇인가 하는 점입니다.

㉮ 찬양하는 일입니다.

㉯ 감사하는 일입니다.

㉰ 자랑하고 선포하는 일입니다.

㉱ 그 나라와 그의 의를 구하는(10-11) 일입니다.

둘째 단원(37-43) 실로를 떠나 유다 지파로 옮김

둘째 단원은 통찰력을 가지고 상고해야만 하나님의 기이한 행사를 깨달을 수가 있는 말씀입니다.

⑤ "다윗이 아삽과 그 형제를 여호와의 언약궤 앞에 머물러 항상 그 궤 앞에서 섬기게 하되 날마다 그 일대로 하게 하였고"(37),

㉠ 그리고 찬양할 자들로, "오벧에돔과 그 형제 육십 팔 인과 여두둔의 아들 오벧에돔과 호사로 문지기를 삼았고"(38) 합니다.

⑥ 그런데 문제는, "제사장 사독과 그 형제 제사장들로 기브온 산당(山堂)에서 여호와의 성막 앞에 모시게 하여"(39),

㉠ "항상 조석(朝夕)으로 번제단 위에 여호와께 번제를 드리되 여호와의 율법에 기록하여 이스라엘에게 명하신대로 다 준행하게 하였고"(40) 한 말씀에 있습니다. 그러니까 법궤는 예루살렘에 있고, 상번제는 "기브온"에서 드렸다는 것입니다. 왜 그래야만 했는가? 모세가 만든 번제단이 기브온에 있었기 때문입니다. 그렇다면 어찌하여 "법궤와, 번제단"이 함께 있지 않고 떨어지게 되었는가?

㉡ 16:1절은 "하나님의 궤를 메고 들어가서 다윗이 위하여 친 장막 가운데 두고 번제와 화목제를 하나님 앞에 드리니라" 하고 시작이 됩니다. 그리하여 이제부터는 하나님의 법궤가 있는 예루살렘에서만 하나님을 섬기게 된 것으로 알고 있었는데 대제사장 사독으로 하여금 "기브온 산당에서, 조석으로 여호와께 번제를 드리게" 하였다는 말을 듣게 될 때에 이해할 수가 없는 것입니다. 여기에는 여호와의 궤를 "새 수레"로 옮기려다가 "충돌하였다"는 그런 갈등이 있었기 때문입니다.

㉢ 가나안 땅을 정복한 후에 처음으로 성막이 세워진 곳은 "실로"(수 18:1)였습니다. 그리하여 사무엘 당시까지 하나님의 법궤는 실로에 있었습니다. 그런 중에 블레셋과의 싸움에서 패하자 "여호와의 언약궤

를 실로에서 우리에게로 가져다가 그것으로 구원하게 하자"(삼상 4:3)
했다가 법궤를 블레셋에게 빼앗기고 말았던 것입니다. 그런데 법궤가
돌아올 때에는 실로로 돌아온 것이 아니라, "암소가 벧세메스 길로 바
로 행하여"(삼상 6:12) 하고, 벧세메스로 돌아왔던 것입니다. 이점을 구
속사라는 맥락에서 보면 "실로에서, 벧세메스"로 바뀌었다는 단순한 장
소(場所)의 변경(變更)이 아니라 엄청난 의미가 있었던 것입니다. 이점
을 시편 78편은 노래하기를,

> 실로의 성막 곧 인간에 세우신 성막을 떠나시고,
> 또 요셉의 장막을 싫어버리시며
> 에브라임 지파를 택하지 아니하시고
> 오직 유다 지파와 그 사랑하시는 시온산을 택하시고,
> 또 그 종 다윗을 택하시되 양의 우리에서 취하시며(시 78:60, 67-
70) 합니다.

ㄹ) 설명을 가한다면 처음으로 성막이 세워진 "실로"는 요셉의 아들
에브라임 지파에 분배된 곳이었습니다. 그런데 하나님은 그곳을 "떠나
시고" 합니다. 이는 법궤를 수레로 운반할 때에 소들이 뛰었다는 것과
같은 "충돌"이었던 것입니다. 왜냐하면 성막계시는 그리스도에 대한 모
형(模型)인데, 그리스도는 에브라임 지파가 아니라 유다 지파를 통해서
나시게 될 것이 이미 창세기에서 작정(창 49:10)이 되었기 때문입니다.
그리하여 빼앗겼던 법궤가 돌아온 "벧세메스"는 유다 지파의 지경이었
던 것입니다. 이점을 시편에서는, "또 요셉의 장막을 싫어버리시며 에
브라임 지파를 택하지 아니하시고 오직 유다 지파와 그 사랑하시는 시
온산을 택하시고" 라고 말씀하는 것입니다.

ㅁ) 그런데 "옛적에 모세가 광야에서 지은 여호와의 장막과 번제단

(법궤는 아니고)이 기브온 산당에 있으나"(21:29, 대하 1:3) 한 것을 보면 실로에 있던 성막이 "기브온"으로 옮겨지게 된 것을 알 수가 있습니다. 예레미야 7:12절에 의하면 죄악으로 인하여 "실로"를 심판하신 것을 알 수가 있는데 그 후로 성막이 "기브온"으로 옮겨지게 된 것으로 여겨집니다. 기브온은 베냐민 지파에 분배된 지역인데 아론 자손들의 거주지로(수 21:17) 준 곳입니다. 이를 정리하면 다윗이 법궤를 옮겨오기 전까지는 성막과 번제단은 "기브온"에 있었고, 법궤는 "기럇여아림에 있었던 것입니다.

ⓗ 이점에서 명백히 드러난 것은 사람들은 그리스도의 모형인 성막을 "실로, 기브온"에 두려하였으나 하나님은 "아니다 난 택해놓은 유다 지파와 다윗에게로 간다" 하고 옮겨오셨다는 점입니다. 그 뜻을 받들어 다윗은 법궤를 기브온이 아닌 시온산으로 옮겨왔고, 그리하여 다윗 때에는 과도기적으로 대제사장이 "사독과, 아비아달" 두 사람이 있게 된 것입니다. 그랬다가 솔로몬이 성전을 건축하여 분리되어 있던 "법궤와, 번제단"은 제 자리를 찾게 되었고, 대제사장도 사독 한 사람으로 세워지게 되었던 것입니다.

⑦ 부언할 점은 대제사장 사독을 기브온 산당으로 보내어 조석으로 번제를 드리게 하고, "아삽과 그 형제를 여호와의 언약궤 앞에 머물러 항상 그 궤 앞에서 섬기게"(37, 39) 했다는 대조(對照)입니다. 기브온 산당에서는 조석으로 상번제가 드려지고 있었습니다. 그러면 법궤가 있는 예루살렘에서는 예배를 드리지 않았단 말인가? 언약궤 앞에서 항상 섬기게 한 "아삽과 그 형제"는 누군가? 4-5절을 보십시오. "여호와의 궤 앞에서 섬기며, 여호와를 칭송하며 감사하며 찬양하게 하였으니 그 두목은 아삽이요" 합니다. 그렇다면 언약궤가 있는 시온산에서는 "우리가 입술로 수송아지를 대신하여 주께 드리리이다"(호 14:2) 한, "찬미의 제사"(히 13:15), 곧 새 언약의 제사를 드렸다는 것이 됩니다. 이것이 "만

방의 족속들아 구원을 날마다 선포하라" 한 복음인 것입니다.

　⑧ 묵상해보겠습니다.

　　㉠ 야곱의 자손에서, "만방의 족속들아" 하고 전진한데 대해서,

　　㉡ 열방이 "날마다 선포해야할 구원"에 대해서,

　　㉢ 실로에 있던 법궤가 시온으로 옮겨오게 된 구속사적 의미에 대해서.

　　㉣ 형제가 날마다 선포해야 할 메시지가 무엇인가에 대해서.

역대상 17장 개관도표
주제 : 여호와가 너를 위하여 영원한 집을 세워 주리라

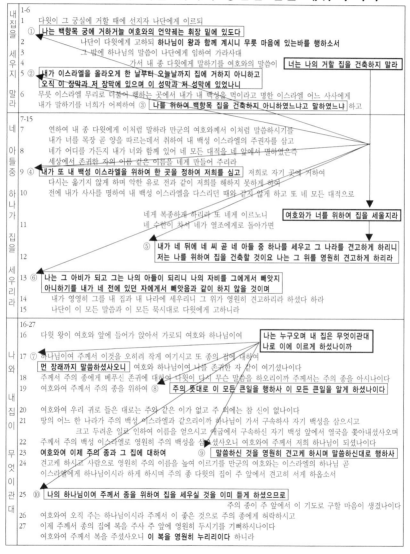

내 집을 세우지 말라 (1-6)

1 다윗이 그 궁실에 거할 때에 선지자 나단에게 이르되
① 나는 백향목 궁에 거하거늘 여호와의 언약궤는 휘장 밑에 있도다
2 나단이 다윗에게 고하되 하나님이 왕과 함께 계시니 무릇 마음에 있는바를 행하소서
3 그 밤에 하나님의 말씀이 나단에게 임하여 가라사대
4 가서 내 종 다윗에게 말하기를 여호와의 말씀이 ｜ **너는 나의 거할 집을 건축하지 말라**
② 내가 이스라엘을 올라오게 한 날부터 오늘날까지 집에 거하지 아니하고
5 오직 이 장막과 저 장막에 있으며 이 성막과 저 성막에 있었나니
6 무릇 이스라엘 무리로 더불어 행하는 곳에서 내가 내 백성을 먹이라고 명한 이스라엘 어느 사사에게
내가 말하기를 너희가 어찌하여 ③ **나를 위하여 백향목 집을 건축하지 아니하였느냐고 말하였느냐** 하고

네 아들 중 하나가 집을 세우리라 (7-15)

7 연하여 내 종 다윗에게 이처럼 말하라 만군의 여호와께서 이처럼 말씀하시기를
내가 너를 목장 곧 양을 따르는데서 취하여 내 백성 이스라엘의 주권자를 삼고
8 네가 어디를 가든지 내가 너와 함께 있어 네 모든 대적을 네 앞에서 멸하였은즉
세상에서 존귀한 자의 이름 같은 이름을 네게 만들어 주리라
9 ④ **내가 또 내 백성 이스라엘을 위하여 한 곳을 정하여 저희를 심고** 저희로 자기 곳에 거하여
다시는 옮기지 않게 하며 악한 유로 전과 같이 저희를 해하지 못하게 하여
10 전에 내가 사사를 명하여 내 백성 이스라엘을 다스리던 때와 같지 않게 하고 또 네 모든 대적으로
네게 복종하게 하리라 또 네게 이르노니 ｜ **여호와가 너를 위하여 집을 세울지라**
11 네 수한이 차서 네가 열조에게로 돌아가면
⑤ **내가 네 뒤에 네 씨 곧 네 아들 중 하나를 세우고 그 나라를 견고하게 하리니**
12 **저는 나를 위하여 집을 건축할 것이요 나는 그 위를 영원히 견고하게 하리라**
13 ⑥ **나는 그 아비가 되고 그는 나의 아들이 되리니 나의 자비를 그에게서 빼앗지**
아니하기를 내가 네 전에 있던 자에게서 빼앗음과 같이 하지 않을 것이며
14 내가 영영히 그를 내 집과 내 나라에 세우리니 그 위가 영원히 견고하리라 하셨다 하라
15 나단이 이 모든 말씀과 이 모든 묵시대로 다윗에게 고하니라

나와 내 집이 무엇이관대 (16-27)

16 다윗 왕이 여호와 앞에 들어가 앉아서 가로되 여호와 하나님이여 ｜ **나는 누구오며 내 집은 무엇이관대 나로 이에 이르게 하셨나이까**
17 ⑦ 하나님이여 주께서 이것을 오히려 작게 여기시고 또 종의 집에 대하여
먼 장래까지 말씀하셨사오니 여호와 하나님이여 나를 존귀한 자 같이 여기셨나이다
18 주께서 주의 종에게 베푸신 존귀에 대하여 다윗이 다시 무슨 말을 하오리이까 주께서는 주의 종을 아시나이다
19 여호와여 주께서 주의 종을 위하여 ⑧ **주의 뜻대로 이 모든 큰일을 행하사 이 모든 큰일을 알게 하셨나이다**
20 여호와여 우리 귀로 들은 대로는 주와 같은 이가 없고 주 외에는 참 신이 없나이다
21 땅의 어느 한 나라가 주의 백성 이스라엘과 같으리이까 하나님이 가서 구속하사 자기 백성을 삼으시고
크고 두려운 일로 인하여 이름을 얻으시고 애굽에서 구속하신 자기 백성 앞에서 열국을 쫓아내셨사오며
22 주께서 주의 백성 이스라엘로 영원히 주의 백성을 삼으셨사오니 여호와여 주께서 저희 하나님이 되셨나이다
23 여호와여 이제 주의 종과 그 집에 대하여 ⑨ **말씀하신 것을 영원히 견고케 하시며 말씀하신대로 행하사**
24 견고케 하시고 사람으로 영원히 주의 이름을 높여 이르기를 만군의 여호와는 이스라엘의 하나님 곧
이스라엘에게 하나님이시라 하게 하시며 주의 종 다윗의 집이 주 앞에서 견고히 서게 하옵소서
25 ⑩ **나의 하나님이여 주께서 종을 위하여 집을 세우실 것을 이미 듣게 하셨으므로**
주의 종이 주 앞에서 이 기도로 구할 마음이 생겼나이다
26 여호와여 오직 주는 하나님이시라 주께서 이 좋은 것으로 주의 종에게 허락하시고
27 이제 주께서 종의 집에 복을 주사 주 앞에 영원히 두시기를 기뻐하시나이다
여호와여 주께서 복을 주셨사오니 **이 복을 영원히 누리이다** 하니라

여호와가 너를 위하여 영원한 집을 세워 주리라

> [11]네 수한이 차서 네가 열조에게로 돌아가면 내가 네 뒤에
> 네 씨 곧 네 아들 중 하나를 세우고 그 나라를 견고하게 하
> 리니.

15장, 16장, 17장이 역대상에 있어서 중심부(中心部)라 말씀드렸습니다. 그 중에서도 핵심(核心) 장은 17장입니다. 그리고 17장 중에서도 핵심은, "너는 나의 집을 건축하지 말라, 여호와가 너를 위하여 집을 세워주겠다"는 "언약"에 있습니다. 다윗은 생각하기를 자신은 왕궁에 거하는데 "여호와의 언약궤는 휘장 밑에 있도다", 즉 송구한 마음이 들어서 성전을 건축하려는 소원을 말한 것입니다. 그런 다윗에게 하나님은 도리어, "여호와가 너를 위하여 집을 세워주겠다" 하십니다. 이는 "하나님의 나라건설은 네가 하는 것이 아니라 내가 한다"는 계시인 것입니다.

도표를 보시면 "너는 나의 집을 건축하지 말라, 여호와가 너를 위하여 집을 세워주겠다"를 중심으로 첫째 단원은, ① "나는 백향목 궁에 거

하거늘 여호와의 언약궤는 회장 밑에 있도다" 하는 다윗에게 너는 나의
거할 집을 건축하지 말라 하시면서, ② "오늘까지 집에 거하지 않고 이
장막과 저 장막에 있으면서", ③ 어찌하여 "집을 건축하지 아니하였느
냐" 하고 말한 적이 있느냐 하십니다. 둘째 단원은, ④ "내가 한 곳을
정하여 저희를 심고, 여호와가 너를 위하여 집을 세울지라" 하시면서,
⑤ "내가 네 씨 하나를 세워 나라를 견고케 하리니", ⑥ "나는 그 아비
가 되고 그는 내 아들이 되리니" 하십니다. 셋째 단원은 하나님의 말씀
을 들은 다윗의 감사기도인데 "나는 누구오며 내 집은 무엇이 관대"를
중심으로, ⑦ "먼 장래까지 말씀하셨사오니", ⑧ "주의 뜻대로 큰일을
행하사", ⑨ "말씀하신 대로 행하사" 하면서, ⑩ "집을 세우실 것을 이
미 듣게 하셨으므로" 언약을 붙잡고 기도한다고 말씀합니다.

첫째 단원(1-6) **너는 나의 거할 집을 건축하지 말라**
둘째 단원(7-15) **네 아들 중 하나가 집을 세우리라**
셋째 단원(16-27) **나는 누구오며 내 집은 무엇이 관대**

주제(主題) : 여호와가 너를 위하여 영원한 집을 세워 주리라

㉠ 신약성경은, "아브라함과 다윗의 자손 예수 그리스도의 세계라"
(마 1:1) 하고 시작이 됩니다. 이는 "예수"는 하나님께서 아브라함과 다
윗에게 언약하신 "그리스도시다" 라는 뜻입니다. 그리고 이를 증명하기
위해서 족보를 제시하고 있는 것입니다. 그러므로 아브라함에게 세워주
신 언약과, 다윗에게 세워주신 언약은 구속사라는 산맥(山脈)에 우뚝
솟은 두 봉우리와 같은 중추적인 말씀인 것입니다. 우리는 지금 그 언
약을 상고하고 있는 중입니다.

㉡ 우선적으로 강조해야할 점은 미련한 인간은, 자신이 하나님의

집을 세워드리는 양 착각하고 있다는 점입니다. 하나님은 "여호와가 너를 위하여 집을 세워주시겠다" 말씀하십니다. "내가 이 반석위에 내 교회를 세우리니"(마 16:18) 하신 교회는, 하나님이 자기 아들의 구속을 통해서 세우시는 것입니다. "너희 몸이, 성령의 전(殿)인 줄을 알지 못하느냐" 하십니다. 마귀의 소굴이었던 우리의 몸이 성령을 모신 "성전"이 될 수 있었던 것은 하나님이 지어주신 것입니다. "이루었도다 나는 알파와 오메가요 처음과 나중이라"(계 21:6) 하고, 하나님의 나라건설은 하나님이 시작하시고 완성하시는 것입니다. 이를 알았기에 솔로몬은, "여호와께서 집을 세우지 아니하시면 세우는 자의 수고가 헛되며 여호와께서 성을 지키지 아니하시면 파수군의 경성함이 허사로다"(시 127:1) 하고 고백했던 것입니다.

ⓒ 이점에서 명심해야할 점이 있는데, "내가 네 뒤에 네 씨 곧 네 아들 중 하나를 세우고 그 나라를 견고하게 하리니 저는 나를 위하여 집을 건축할 것이요"(11-12) 하신, "씨 곧 한 아들"이 누구를 가리키는가 하는 점입니다. 이 말씀에는 복합적(複合的)인 의미가 있습니다. "네 아들 중 하나"라는 말씀이 1차적으로는 솔로몬을 가리키지만 궁극적으로는 "다윗의 자손 예수여" 한, 그리스도를 가리키는 말씀인 것입니다.

ⓓ 이점을 오순절 성령의 감동을 입은 베드로는 명백하게 증거하고 있는데 다윗을 가리켜, "그는 선지자라 하나님이 이미 맹세하사 그 자손 중에서 한 사람을 그 위에 앉게 하리라 하심을 알고 미리 보는 고로 그리스도"(행 2:30-31)를 증거했다고 말씀합니다. 천사장 미가엘도 마리아에게 수태고지를 하면서, "주 하나님께서 그 조상 다윗의 위를 저에게 주시리니 영원히 야곱의 집에 왕 노릇하실 것이며 그 나라가 무궁하리라"(눅 1:32-33) 하고 증거한 바입니다.

ⓔ 이를 종합하면, "여호와가 너를 위하여 집을 세울지라" 하신 하나님의 나라건설은 자기 아들의 구속을 통해서 세우신다는 말씀이 되는

것입니다. 왜냐하면 첫 창조는 말씀만으로 가능하였으나, 재창조는 범한 죄에 대한 대속(代贖)이 필요하기 때문입니다. 그러므로 "네 씨 곧 네 아들"(11중)이라 하심은 아브라함에게, "네 씨로 말미암아 천하 만민이 복을 얻으리니"(창 22:18) 하신 말씀과 맥을 같이 하는 언약인 것입니다.

ⓑ 이런 맥락에서 "저는 나를 위하여 집을 건축할 것이요"(12상) 한 말씀은 이해되어야만 합니다. "하나님이 거하실 집"이 무엇인가? 그것은 물질로 건축하는 것이 아니라, "너희도 성령 안에서 하나님의 거하실 처소가 되기 위하여 예수 안에서 함께 지어져 가느니라"(엡 2:22) 한, "구속하여 내 백성을 삼으신", 자기 백성들 가운데 거하시는 것입니다. 그러므로 하나님의 거하실 집은 네가 건축하는 것이 아니라, 네 자손으로 오시게 될 그리스도의 구속으로 말미암아 세워지게 된다는 것입니다. 이 "한 아들", 즉 다윗의 자손으로 오실 그리스도를 예표케 하기 위해서 아들 솔로몬으로 하여금 성전을 건축하도록 하신 것입니다.

ⓢ 그러므로 11-14절 안에는, "영원히(12, 14, 14), 견고케 하리라"(11, 12, 14)는 말씀이 강조되어 있는 것입니다. 다니엘서의 계시를 통해서도, "이 열왕의 때에 하늘의 하나님이 한 나라를 세우시리니 이것은 영원히 망하지도 아니할 것이요 그 국권이 다른 백성에게로 돌아가지도 아니할 것이요, 영원히 설 것이라"(단 2:44) 하십니다. 세상 나라는 "영원히 견고"한 나라는 한 나라도 없습니다. "영원"이란 오직 하나님과 결부되어지는 표현인 것입니다.

ⓞ 아브라함이나 다윗에게 하신 언약은 개인에게 세워주신 언약이 아닙니다. 또한 이스라엘이라는 한 민족에게 세워주신 언약도 아닙니다. 왜냐하면 유대인과 이방인들이 그리스도의 구속을 믿음으로 말미암아 동일하게 언약의 백성들이 될 것이 약속되어 있기 때문입니다. 그렇다면 우리는 하나님 앞에 나아가 무엇이라 아뢰어야 마땅한가? "하나님

이여 나는 누구오며 내 집은 무엇이 관대 나로 이에 이르게 하셨나이까"(16) 하는 감사와 감격뿐입니다.

첫째 단원(1-6) 너는 나의 거할 집을 건축하지 말라

첫째 단원은 어찌하여 "너는 나의 거할 집을 건축하지 말라" 하시는가? 그 첫 번째 이유인데, 하나님은 집에서 안식(安息)하고 계시는 분이 아니라 장막에서 일을 하시는 분이기 때문이라는 것입니다.

① "다윗이 그 궁실에 거할 때에 선지자 나단에게 이르되 나는 백향목 궁에 거하거늘 여호와의 언약궤는 휘장 밑에 있도다"(1) 하고, 송구하여 마음이 편치 못함을 표합니다.

㉠ "나단이 다윗에게 고하되 하나님이 왕과 함께 계시니 무릇 마음에 있는 바를 행하소서"(2) 합니다. 이는 하나님의 말씀을 대언한 것이 아니라, 신정왕국이 세워진 이제 성전을 건축한다는 것은 너무나 합당한 것으로 여긴 자신의 의견을 말한 것입니다. "그 밤에 하나님의 말씀이 나단에게 임하여 가라사대"(3),

② "가서 내 종 다윗에게 말하기를 여호와의 말씀이 너는 나의 거할 집을 건축하지 말라"(4) 하고 전하라 하십니다.

㉠ 왜 건축하지 말라 하시는가? 5-6절은 그 이유를 말씀하는 내용인데 이 말씀은 하나님의 구속사역을 이해하는데 중요한 요점이 됩니다.

㉮ "내가 이스라엘을 올라오게 한 날부터 오늘날까지"(5상), 즉 출애굽 때부터 다윗 때까지,

㉯ "집에 거하지 아니하고 오직 이 장막(帳幕)과 저 장막에 있으며 이 성막과 저 성막에 있었나니"(5하) 하십니다.

㉡ 여기 "집과, 장막"이 대조(對照)되어 있는데 어떻게 다른 것인가?

㉮ "집"은 부동산(不動産)을 가리키고, 장막, 즉 천막은 쉽게 옮길 수 있다는 점이 다릅니다. ㉯ 그러므로 "집"은 정적(靜的)인 안식(安息)의 개념이 있지만, 장막이란 동적(動的)인 야전군 사령관과 같은 전투적인 개념이 있는 것입니다. 이는 사변적인 말이 아니라 실제로 하나님은 "내가…하리니" 하고 원복음을 말씀하신 이후로 전투하시는 하나님으로 계시되어 있는 것입니다.

㉢ 앞에는 홍해가 가로막고, 뒤에서는 바로의 군사들이 추격해 오는 진퇴양난의 상황에서 모세는, "여호와께서 너희를 위하여 싸우시리니 너희는 가만히 있을 지니라"(출 14:14) 하고 안심을 시켰습니다. 여호수아는 죽기 전에 행한 마지막 설교에서, "너의 하나님 여호와 그는 너희를 위하여 싸우신 자시니라, 너희를 위하여 싸우심이라"(수 23:3, 10) 하고 말씀합니다.

㉣ 주님은 안식일을 범한다고 비난하는 자들을 향해서, "내 아버지께서 이제까지 일하시니 나도 일한다"(요 5:17) 하고 응수하셨습니다. "이스라엘을 올라오게 한 날부터 오늘까지", 하나님은 모세라는 장막, 여호수아라는 장막, 사무엘이라는 장막, 그리고 다윗이라는 장막에 거하시면서 "행하셨고, 싸워주셨던" 것입니다. 그리고 그 하나님은 베드로, 바울의 장막에 거하시면서 싸우셨고, 이제도 형제라는 장막에 거하시면서 구속사역을 이루시기 위해서 선한 싸움을 싸우고 계시는 것입니다.

③ 그런 하나님을 "건물"(建物)이라는 집에 가두려하느냐? 그래서 "무릇 이스라엘 무리로 더불어 행하는 곳에서 내가 내 백성을 먹이라고 명한 이스라엘 어느 사사에게 내가 말하기를 너희가 어찌하여 나를 위하여 백향목 집을 건축하지 아니하였느냐고 말하였느냐"(6) 하고, 반문(反問)하시는 것입니다.

㉠ 첫째 단원을 마치기 전에, "한국교회의 하나님"은 예배당 건물에

계시는 하나님으로 착각하고 있는 것은 아닌지 반성해봅니다. 사도 바울이 "너희 몸은 너희가 하나님께로부터 받은바 성령의 전인 줄을 알지 못하느냐"(고전 6:19) 한, 성도 한 사람의 귀중성은 망각한 체 건물 치장에만 열중하고 있기 때문입니다. 예배당 건물은 돈으로 세우는 것이지만, 한 사람의 영혼구원은 하나님의 아들의 죽으심으로 말미암은 것입니다. 하나님께서는 한국교회를 향해서, "너는 나의 거할 집을 건축하지 말라" 하고 말씀하신다 하면 무엇이라 말할 것인가?

둘째 단원(7-15) 네 아들 중 하나가 집을 세우리라

둘째 단원은 어찌하여 "너는 나의 거할 집을 건축하지 말라"(4) 하시는가? 그 두 번째 이유라 할 수가 있는데, 그것은 "네 아들 중 하나가 나를 위하여 집을 건축할 것"(12)이기 때문이라는 것입니다. "연하여 내 종 다윗에게 이처럼 말하라",

㉠ "만군의 여호와께서 이처럼 말씀하시기를 내가 너를 목장 곧 양을 따르는데서 취하여 내 백성 이스라엘의 주권자를 삼고 네가 어디를 가든지 내가 너와 함께 있어 네 모든 대적을 네 앞에서 멸하였은즉 세상에서 존귀한 자의 이름 같은 이름을 네게 만들어 주리라"(7-8) 하십니다. 둘째 단원에서 주목해야할 점은 "내가, 또는 나"라 하신 하나님의 주권(主權)입니다. 하나님의 나라건설은, 그리고 우리의 구원은 하나님의 주권적인 행사(行事)인 것입니다.

④ "내가 또 내 백성 이스라엘을 위하여 한 곳을 정(定)하여 저희를 심고"(9상) 하시는데 무슨 뜻인가?

㉠ "한 곳"이란 이미 주신 가나안 땅을 주시겠다는 뜻이 아닙니다. 이를 "네 아들 중 하나"가 성전을 세우리라는 본문의 문맥과, 역대상의

문맥, 나아가 구속사의 넓은 지평으로 바라본다면 심오한 뜻이 있는 것입니다. 다윗에게 맡겨진 과업이 어디까지인가? 오르난의 타작마당을 사서, "거기서 여호와를 위하여 단을 쌓고 번제와 화목제를 드리고, 다윗이 가로되 이는 여호와 하나님의 전이요 이는 이스라엘의 번제단이라"(21:26, 22:1) 한, 성전 "터"를 마련하는 데까지입니다. 그 후에 그의 아들 솔로몬이 성전을 건축하게 되는데, "오르난의 타작마당에 다윗이 정한 곳이라"(대하 3:1) 하고, 그 터에 세우게 되는 것입니다.

ⓛ 그런데 그 터가 다름이 아닌 "모리아 산"(대하 3:1), 곧 하나님께서 아브라함에게, "네 아들 네 사랑하는 독자 이삭을 데리고 모리아 땅으로 가서 내가 네게 지시(指示)하는 한 산 거기서 그를 번제로 드리라"(창 22:2) 하고, 하나님이 정해주신 터였던 것입니다. 그러므로 모세도 죽기 전에 당부하기를 유월절 제사를 각 성에서 드리지 말고, "오직 네 하나님 여호와께서 그 이름을 두시려고 택하신 곳에서 드리라"(신 16:5-7) 하고 명했던 것입니다.

ⓒ "내 백성 이스라엘을 위하여 한 곳을 정하여 저희를 심고" 하신 뜻이 이를 의미하는 것이 아니면 무엇이겠는가? "한 곳에 심고" 하신 메시아언약 안에서 살아가게 될 때에, "저희로 자기 곳에 거하여 다시는 옮기지 않게 하며 악한 유로 전과 같이 저희를 해하지 못하게 하여 전에 내가 사사를 명하여 내 백성 이스라엘을 다스리던 때와 같지 않게 하고 또 네 모든 대적으로 네게 복종하게 하리라"(9하-10상) 하십니다.

ⓔ 그리고 중심주제인, "또 네게 이르노니 여호와가 너를 위하여 집을 세울지라"(10하) 하십니다. 이는 다윗의 자손으로 그리스도를 보내셔서, "주 하나님께서 그 조상 다윗의 위를 저에게 주시리니 영원히 야곱의 집에 왕 노릇하실 것이며 그 나라가 무궁"(눅 1:32-33)하게 될 것을 가리킵니다.

⑤ 그래서 "네 수한이 차서 네가 열조에게로 돌아가면 내가 네 뒤에

네 씨 곧 네 아들 중 하나를 세우고 그 나라를 견고하게 하리니"(11) 하시는 것입니다.

㉠ "네 씨 곧 네 아들 중 하나를 세워주시겠다"는 말씀이 중요합니다. 오순절 성령강림으로 충만하여진 베드로는, "그는 선지자라 하나님이 이미 맹세하사 그 자손 중에서 한 사람을 그 위에 앉게 하리라 하심을 알고 미리 보는 고로"(행 2:30-31), 즉 다윗이 "알고 미리 보았다" 증거하고 있는데 본문이 바로 그 근거(根據)가 되는 말씀입니다.

㉡ "저는 나를 위하여 집을 건축할 것이요"(12상) 하십니다. 다시 강조합니다만 하나님이 거하실 "하나님 나라건설"은 하나님께서 다윗의 자손으로 보내실 그리스도께서 건설하신다는 점입니다. 명심해야할 점은 "아들"이시라도 자기 마음대로 세우는 것이 아니라, "나의 원대로 마옵시고 아버지의 원대로 하옵소서"(마 26:39) 하고, 아버지의 식양(式樣)을 따라 세우신다는 점입니다.

㉢ 이점을 히브리서에서는, "그 후에 말씀하시기를 보시옵소서 내가 하나님의 뜻을 행하러 왔나이다 하셨으니 그 첫 것을 폐하심은 둘째 것을 세우려 하심이라 이 뜻을 좇아 예수 그리스도의 몸을 단번에 드리심으로 말미암아 우리가 거룩함을 얻었노라"(히 10:9-10) 합니다. 다윗은 임종머리에서 성전 "식양"을 아들 솔로몬에게 주면서, "성신의 가르치신 모든 식양, 이 모든 것의 식양을 여호와의 손이 내게 임하여 그려 나로 알게 하셨느니라"(28:12, 19) 하고 말하는 것을 보게 됩니다. 주 성령께서 다윗에게 "성전 식양"을 언제 어떤 방도로 알게 하여주셨을까? 추측컨대 네 아들 중 하나가, "나를 위하여 집을 건축할 것이요"(12) 하신 언약을 세워주셨을 때로 여겨집니다.

⑥ 그리하여 "나는 그 아비가 되고 그는 나의 아들이 되리니 나의 자비를 그에게서 빼앗지 아니하기를 내가 네 전에 있던 자에게서 빼앗음과 같이 하지 않을 것이며"(13) 하십니다.

㉠ 이 말씀은 두 마디로 되어 있는데 첫째는, "나의 자비를 그에게서 빼앗지 아니하리라"는 말씀입니다. 즉 다윗의 자손들이 죄를 범한다 해도, 전에 사울에게서 빼앗은 것같이 빼앗지 않겠다, 다시 말하면 다윗에게 세워주신 언약은 폐하여지지 않는다는 말씀입니다. 말씀하신 대로 솔로몬이 타락하여 나라를 빼앗으실 때에도, "나의 종 다윗과 나의 뺀 예루살렘을 위하여 한 지파를 네 아들에게 주리라"(왕상 11:13) 하셨는데, 그 한 지파가 그리스도께서 탄생하실 유다 지파였던 것입니다.

> 만일 그 자손이 내 법을 버리며 내 규례대로 행치 아니하며
> 내 율례를 파하며 내 계명을 지키지 아니하면
> 내가 지팡이로 저희 범과를 다스리며
> 채찍으로 저희 죄악을 징책하리로다
>
> 그러나 나의 인자함을 그에게서 다 거두지 아니하며
> 나의 성실함도 폐하지 아니하며 내 언약을 파하지 아니하며
> 내 입술에서 낸 것도 변치 아니 하리로다
> 내가 나의 거룩함으로 한번 맹세하였은즉
> 다윗에게 거짓을 아니할 것이라 (시 89:30-35).

㉡ 13절의 둘째 요점은, "나는 그 아비가 되고 그는 내 아들이 되리니"(13상) 하신 말씀입니다. 이는 다윗 언약의 정점(頂點)이라 할 수가 있는데, "아버지와, 아들"이라 함은 궁극적으로는 하나님과 그리스도를 가리키는 말입니다. 시편 2편은 메시아예언으로 유명한 장인데, "여호와께서 내게 이르시되 너는 내 아들이라 오늘날 내가 너를 낳았도다"(시 2:7) 하십니다. 신약성경에서는 이를 인용하여, "하나님께서 어느 때에 천사 중 누구에게 네가 내 아들이라 오늘날 내가 너를 낳았도다"

(히 1:5) 하셨느냐 하고, 그리스도의 본질을 말씀합니다.

ⓒ 그런데 여기서 멈춰서는 아니 됩니다. " 한 아들이 한 알의 밀"이 되어 대속제물이 되게 하신 것은, "이는 그로 많은 형제 중에서 맏아들이 되게 하려 하심이니라"(롬 8:29), 즉 많은 사람이 하나님의 자녀가 되는 것이 가능하여졌다고 말씀하기 때문입니다. 그러므로 성경의 마지막 책, 마지막 부분에서는, "이기는 자는 이것들을 유업으로 얻으리라 나는 저의 하나님이 되고 그는 내 아들이 되리라"(계 21:7) 하시는 것입니다. 여기가 구속사의 종점이요, 완성입니다.

ⓓ 이는 "나의 자비를 빼앗지 아니하리라" 하신 하나님의 주권적이고 일방적인 은혜언약으로만이 가능하여 지는 것입니다. 만일 주권적인 은혜언약이 아니라, 쌍방적인 행위언약을 세워주셨다면 구원계획은 깨어진 돌비처럼 벌써 중단이 되고 실패로 끝나고 말았을 것입니다. "내가 영영히 그를 내 집과 내 나라에 세우리니 그 위가 영원히 견고하리라 하셨다 하라 나단이 이 모든 말씀과 이 모든 묵시대로 다윗에게 고하니라"(14-15). 둘째 단원에는 "영원히, 견고하리라"는 말씀이 반복적으로 강조되어 있는데, 세상 나라들은 영원하지 못합니다. 견고하지 못합니다.

셋째 단원(16-27) 나는 누구 오며 내 집은 무엇이 관대

셋째 단원은 하나님께서 주권적으로 이루어주시겠다는 언약의 말씀을 들은 다윗의 감사기도입니다. "다윗 왕이 여호와 앞에 들어가 앉아서 가로되 여호와 하나님이여 나는 누구 오며 내 집은 무엇이 관대 나로 이에 이르게 하셨나이까"(16) 합니다.

ⓐ 이는 감사하고 감격해서 하는 말인데, "나는 누구 오며 내 집은

무엇이 관대” 한 것은, 자신의 이전(以前) 처지를 말한 것이고, “나로 이에 이르게 하셨나이까” 하는 것은 변화된 지금의 신분(身分)과 지위(地位)를 가리키는 말입니다. 우리도 무엇을 달라고만 구할 것이 아니라, “이전의 자신과, 지금의 나”를 생각하면서, “여호와 하나님이여 나는 누구 오며 내 집은 무엇이 관대 나로 이에 이르게 하셨나이까” 하는 감사를 자주 드려야 마땅합니다. 때로는 허물과 죄로 죽었던 이전 상태를 상기(想起)한다는 것도 신앙생활에 청량제(淸凉劑)가 되는 것입니다.

ⓛ “그러므로 생각하라 너희는 그 때에 육체로 이방인이요 손으로 육체에 행한 할례당이라 칭하는 자들에게 무할례당이라 칭함을 받은 자들이라 그 때에 너희는 그리스도 밖에 있었고 이스라엘 나라 밖의 사람이라 약속의 언약들에 대하여 외인이요 세상에서 소망이 없고 하나님도 없는 자이더니 이제는 전에 멀리 있던 너희가 그리스도 예수 안에서 그리스도의 피로 가까워졌느니라”(엡 2:11-13) 합니다. 가까워진 것만이 아니라, “그러므로 이제부터 너희가 외인(外人)도 아니요 손님도 아니요 오직 성도들과 동일한 시민이요 하나님의 권속이라”(엡 2:19) 합니다.

⑦ “하나님이여 주께서 이것을 오히려 작게 여기시고 또 종의 집에 대하여 먼 장래(將來)까지 말씀하셨사오니 여호와 하나님이여 나를 존귀한 자 같이 여기셨나이다”(17) 합니다.

㉠ 이는 두 마디로 되어 있습니다. ㉮ 첫째는, “오히려 이것을 작게 여기시고” 한 말인데, “이것”이 무엇인가? 목동(牧童)인 자신을 왕위에 오르게 하신 자신의 가문(家門)에 주신 축복입니다. ㉯ 둘째는, “먼 장래까지 말씀하셨사오니” 한 말인데, “먼 장래까지”란 무엇인가? 메시아 왕국의 비전입니다.

㉡ 다윗의 감사를 관찰해보면, ㉮ “먼 장래까지 말씀하셨사오니”(17), ㉯ “큰일을”, ㉰ “알게 하셨나이다”(19) 합니다. 이로 보건대 다윗은 베드로가 증거한 대로 그리스도의 죽으시고 다시 사심을 통하여 이

루실 하나님의 구원계획에 대해서, "알고 미리 본"(행 2:30-31) 것이 분명합니다. 그렇다면, "너희 조상 다윗도 나의 때 볼 것을 즐거워하다가 보고 기뻐하였느니라"(요 8:56) 하고 말하는 것도 가능한 것입니다.

⑧ 그러므로 "주께서 주의 종에게 베푸신 존귀에 대하여 다윗이 다시 무슨 말씀을 하오리이까"(18상) 합니다. 그렇습니다. 우리는 불평, 불만은 커녕, 요구할 것도 없는 그야말로 아무 말도 할 것이 없는 사람들입니다.

㉠ 그래서 "주께서는 주의 종을 아시나이다"(18하) 하는 것입니다. 이것으로 족한 것이요, 이 모습 이대로 주 앞에 내어놓을 뿐입니다. "여호와여 우리 귀로 들은 대로는 주와 같은 이가 없고 주 외에는 참 신이 없나이다 땅의 어느 한 나라가 주의 백성 이스라엘과 같으리이까 하나님이 가서 구속(救贖)하사 자기 백성(百姓)을 삼으시고 크고 두려운 일로 인하여 이름을 얻으시고 애굽에서 구속하신 자기 백성 앞에서 열국을 쫓아내셨사오며 주께서 주의 백성 이스라엘로 영원히 주의 백성을 삼으셨사오니 여호와여 주께서 저희 하나님이 되셨나이다"(20-22) 합니다.

㉡ 이 말씀 속에는 "구속"이라는 말이 2번, "주의 백성, 자기 백성"이라는 말이 5번이나 나옵니다. 그렇습니다. 죄 값에 팔린 아담의 후예들이 하나님의 백성이 되는 길은 죄 값을 대신 지불하는 "구속"외에 다른 방도는 없는 것입니다.

㉢ 그러므로 "너희를 구속하여 너희로 내 백성을 삼고 나는 너희 하나님이 되리니"(출 6:6-7) 하신 말씀과, "그가 우리를 대신하여 자신을 주심은 모든 불법에서 우리를 구속하시고 우리를 깨끗하게 하사 선한 일에 열심 하는 친 백성이 되게 하려 하심이니라"(딛 2:14)는 말씀은 불변의 진리인 것입니다.

⑨ "여호와여 이제 주의 종과 그 집에 대하여 말씀하신 것을 영원히

견고케 하시며 말씀하신대로 행하사"(23),

㉠ "견고케 하시고 사람으로 영원히 주의 이름을 높여 이르기를 만군의 여호와는 이스라엘의 하나님 곧 이스라엘에게 하나님이시라 하게 하시며 주의 종 다윗의 집이 주 앞에서 견고히 서게 하옵소서"(24) 합니다. 23-24절 안에는 "견고케" 라는 말이 세 번이나 강조되어 있습니다. 우리는 뒤에 가서 다윗이 나라를 "견고"(堅固)케 하기 위해서 얼마나 심혈을 기울이고 있는가를 보게 될 것입니다.

㉡ 그런데 명심해야할 점은 이처럼 "견고"를 강조하고 있다는 것은, 무너뜨리려는 세력이 있음을 전제한다는 점입니다. 그러므로 이 말은, "이 반석 위에 내 교회를 세우리니 음부의 권세가 이기지 못하리라"(마 16:18) 하신 주님의 말씀과 상응합니다. 다윗 왕국이, 그리고 피로 사신 주님의 몸 된 교회가 음부의 권세에 의하여 삼킨바 된 듯한 위기가 있었으나 결단코 "이길 수는" 없었던 것입니다.

⑩ "나의 하나님이여 주께서 종을 위하여 집을 세우실 것을 이미 듣게 하셨으므로 주의 종이 주 앞에서 이 기도로 구할 마음이 생겼나이다"(24-25) 합니다. 여기에는 기도의 중요한 요점이 나타납니다.

㉠ 첫째로, 다윗은 자기 뜻대로 구하고 있는 것이 아니라, "말씀하신 것을, 말씀하신대로 행하사"(23) 하고, 언약의 말씀을 붙잡고 이루어 주시기를 기도하고 있는 것입니다. 하나님은 말씀하십니다. "여호와가 말하였으니 이루리라 나 주 여호와가 말하노라 그래도 이스라엘 족속이 이와 같이 자기들에게 이루어주기를 내게 구하여야 할지라"(겔 36:36-37) 하십니다.

㉡ 둘째는, "주의 이름을 높여"(24)입니다. 기도는 우리의 유익과 명예를 위해서 청구서를 제출하듯 하는 것이 아닙니다. "하늘에 계신 우리 아버지여, 아버지의 이름이 거룩히 여김을 받으시오며", 이것이 그의 나라와 그의 의를 위하여 구하는 기도입니다.

ⓒ 아브라함과 다윗에게 언약하신 대로 하나님은 자기 아들을 보내 주셨고, 우리에게는 "이 잔은 내 피로 세우는 새 언약이니"(눅 22:20) 하신, "새 언약"과, "가서 너희를 위하여 처소를 예비하면 내가 다시 와서 너희를 내게로 영접하여 나 있는 곳에 너희도 있게 하리라"(요 14:3) 하신 약속이 있습니다. 이를 붙잡고, "나라가 임하시오며 뜻이 하늘에서 이루어진 것같이 땅에서도 이루어지이다" 하고 구하지 않으시렵니까?

⑪ 묵상해보겠습니다.

ⓐ "나의 거할 집을 건축하지 말라" 하신 첫째 이유에 대해서,

ⓑ "네 아들 중 하나가 집을 세우리라" 하신 의미에 대해서,

ⓒ "나는 누구 오며 내 집은 무엇이 관대" 한 이전과 지금의 변화된 신분에 대해서,

ⓓ "말씀하신대로 행하사" 한 기도의 우선순위에 대해서.

역대상 18장 개관도표
주제 : 이스라엘을 압제하던 자들을 이기게 하심

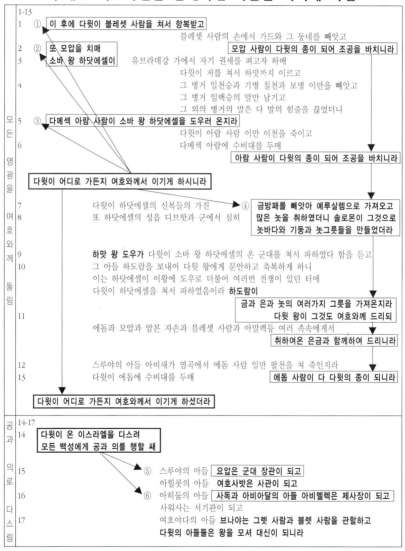

	1-13	
	1	① 이 후에 다윗이 블레셋 사람을 쳐서 항복받고
		블레셋 사람의 손에서 가드와 그 동네를 빼앗고
	2	② 또 모압을 치매 모압 사람이 다윗의 종이 되어 조공을 바치니라
	3	소바 왕 하닷에셀이 유브라데강 가에서 자기 권세를 펴고자 하매
		다윗이 저를 쳐서 하맛까지 이르고
	4	그 병거 일천승과 기병 칠천과 보병 이만을 빼앗고
		그 병거 일백승의 말만 남기고
		그 외의 병거의 말은 다 발의 힘줄을 끊었더니
모	5	③ 다메섹 아람 사람이 소바 왕 하닷에셀을 도우러 온지라
든		다윗이 아람 사람 이만 이천을 죽이고
영	6	다메섹 아람에 수비대를 두매
광		아람 사람이 다윗의 종이 되어 조공을 바치니라
을		**다윗이 어디로 가든지 여호와께서 이기게 하시니라**
여	7	다윗이 하닷에셀의 신복들의 가진 ④ 금방패를 빼앗아 예루살렘으로 가져오고
호	8	또 하닷에셀의 성읍 디브핫과 군에서 심히 많은 놋을 취하였더니 솔로몬이 그것으로 놋바다와 기둥과 놋그릇들을 만들었더라
와	9	**하맛 왕 도우가** 다윗이 소바 왕 하닷에셀의 온 군대를 쳐서 파하였다 함을 듣고
께	10	그 아들 하도람을 보내어 다윗 왕에게 문안하고 축복하게 하니
돌		이는 하닷에셀이 이왕에 도우로 더불어 여러번 전쟁이 있던 터에
림		다윗이 하닷에셀을 쳐서 파하였음이라 **하도람이** 금과 은과 놋의 여러가지 그릇을 가져온지라 다윗 왕이 그것도 여호와께 드리되
	11	에돔과 모압과 암몬 자손과 블레셋 사람과 아말렉등 여러 족속에게서 취하여온 은금과 함께하여 드리니라
	12	스루야의 아들 아비새가 염곡에서 에돔 사람 일만 팔천을 쳐 죽인지라
	13	다윗이 에돔에 수비대를 두매 에돔 사람이 다 다윗의 종이 되니라
		다윗이 어디로 가든지 여호와께서 이기게 하셨더라
공	14-17	
과	14	다윗이 온 이스라엘을 다스려 모든 백성에게 공과 의를 행할 새
의	15	⑤ 스루야의 아들 요압은 군대 장관이 되고
로		아힐룻의 아들 여호사밧은 사관이 되고
다	16	⑥ 아히둡의 아들 사독과 아비아달의 아들 아비멜렉은 제사장이 되고
스		사워사는 서기관이 되고
림	17	여호야다의 아들 브나야는 그렛 사람과 블렛 사람을 관할하고
		다윗의 아들들은 왕을 모셔 대신이 되니라

이스라엘을 압제하던 자들을 이기게 하심

⁶다메섹 아람에 수비대를 두매 아람 사람이 다윗의 종이
되어 조공을 바치니라 다윗이 어디로 가든지 여호와께서
이기게 하시니라.

    18장-20장은 전에 이스라엘을 침략하고 압제하던 열방들을, 다윗의
수하에 굴복시키는 내용입니다. 다윗이 쳐서 항복받은 나라들은 이스라
엘의 주변 국가들로써 기회 있을 때마다 하나님의 백성 이스라엘을 괴
롭히던 나라들입니다. 중심적인 주제는 두 번이나 강조되어 있는, "다
윗이 어디로 가든지 여호와께서 이기게 하셨더라"(6, 13)는 말씀입니다:
이는 현대교회에도 적실성이 있는 말씀입니다. 왜냐하면 다윗이나 우리
는 동일한 구속사의 선상에서, 동일한 "여호와의 전쟁"을 싸우고 있기
때문입니다.

    도표를 보시면 "다윗이 어디로 가든지 여호와께서 이기게 하셨더라"
를 중심으로 첫째 단원은, ① 제일 먼저 "블레셋 사람을 쳐서 항복받고", ② "또 모압을 쳐서 조공을 바치게 하고", ③ 대적 소바 왕을 도우러 온 "다메섹 아람 사람"을 격파하고, ④ 전리품을 "예루살렘으로 가져다가" 여호와께 드립니다. 둘째 단원에서는 "모든 백성을 공과 의로 다스렸다"를 중심으로, ⑤ "요압을 군대장관"으로 임명하고, ⑥ "사독과, 아비멜렉이 제사장"이 되었다 함으로 다윗 왕국이 영육 간에 견고하여짐을 말씀합니다.

첫째 단원(1-13) **모든 영광을 여호와께 돌림**
둘째 단원(14-17) **나라를 공과 의로 다스림**

주제(主題) : 이스라엘을 압제하던 자들을 이기게 하심

㉠ 상론에 들어가기 전에 "다윗 왕국과, 솔로몬 왕국"의 상징성을 인식해야만 합니다. 다윗이 왕위에 있는 동안은 하나님의 임재를 상징하는 "법궤"는 성전(聖殿)이라는 건물에 있었던 것이 아니라 천막(天幕) 가운데 있었습니다. 이는 무엇을 의미하느냐 하면 "다윗 왕국"은 전투하는 왕국임을 가리킵니다. "오직 하나님이 내게 이르시되 너는 군인(軍人)이라 피를 흘렸으니 내 이름을 위하여 전을 건축하지 못하리라"(28:3) 하신 것은, 나쁜 뜻으로 하신 말씀이 아니라, 다윗의 사명(使命)을 지적하는 말씀이었던 것입니다.

㉡ 다윗의 사명을 구속사라는 지평으로 보면, "하늘에 있는 자들과 땅에 있는 자들과 땅 아래 있는 자들로 모든 무릎을 예수의 이름에 꿇게 하시고 모든 입으로 예수 그리스도를 주라 시인하여 하나님 아버지께 영광을 돌리게 하셨느니라"(빌 2:10-11) 하는, "복종"시킬 것에 대한 예표의 인물이라는 점입니다. 한마디로 다윗은, "울지 말라 유대 지파의 사자 다윗의 뿌리가 이기었으니"(계 5:5) 한, "승리하신 그리스도"를

예표하고 있다는 말씀입니다.

ⓒ 그런데 솔로몬에게 성전을 건축하게 하시고 법궤를 성막이 아닌 "성전"(聖殿)에 안치토록 하락하셨다는 것은 솔로몬의 왕국이 안식(安息)하는 왕국, 평화(平和)의 왕국임을 나타냅니다. "한 아들이 네게서 나리니 저는 평강의 사람이라 내가 저로 사면 모든 대적에게서 평강하게 하리라 그 이름을 솔로몬이라 하리니 이는 내가 저의 생전에 평안과 안정을 이스라엘에게 줄 것임이니라"(22:9) 하십니다. "솔로몬"이라는 이름 자체가 "평화"입니다.

ⓓ 좀 더 말씀을 드린다면 다윗과 솔로몬은 다 같이 그리스도를 예표하는 인물들입니다. 그런데 그 예표하는 면은 다른 것입니다. 다윗이, "내가 세상에 화평을 주러 온 줄로 생각하지 말라 화평이 아니요 검을 주러 왔노라"(마 10:34) 하신, 전투적(戰鬪的)인 그리스도의 예표인 반면 솔로몬은 "이리와 어린양이 함께 먹을 것이며 사자가 소처럼 짚을 먹을 것이며 뱀은 흙으로 식물을 삼을 것이니 나의 성산에서는 해함도 없겠고 상함도 없으리라"(사 65:25) 하신 평강의 왕을 예표하고 있는 것입니다. 다윗이 승리할 수 있었던 원동력이 무엇인가? "다윗이 어디로 가든지 여호와께서 이기게 하셨더라" 한 여호와께서 함께 하셨기 때문입니다.

ⓔ 이상에서 말씀드린 것을 교회에다가 적용을 시킨다면, 다윗은 주님의 초림으로부터 재림까지의 전투적인 교회를 예표하고, 솔로몬은 그리스도께서 재림하신 후에 영광에 참여하게 될 교회를 예표한다고 말할 수가 있습니다. 본문을 관찰해보면 다윗은 싸우고 또 싸우고, 이기고 또 이깁니다. 그리고 모든 전리품들을 자신이 취하는 것이 아니라, 장래의 성전건축(영광)을 위하여 하나님께 드리는 것을 보게 됩니다. 그러므로 "선한 싸움"을 싸우는 전사(戰士)들은, "우리가 그와 함께 영광을 받기 위하여 고난도 함께 받아야 될 것이니라"(롬 8:17)는 말씀을

기억해야만 합니다.

ⓑ 그러므로 사도 바울은, "내가 선한 싸움을 싸우고 나의 달려갈 길을 마치고 믿음을 지켰으니 이제 후로는 나를 위하여 의의 면류관이 예비되었으므로 주 곧 의로우신 재판장이 그 날에 내게 주실 것이니 내게만 아니라 주의 나타나심을 사모하는 모든 자에게니라"(딤후 4:7-8) 하고 말씀했던 것입니다.

첫째 단원(1-13) 모든 영광을 여호와께 돌림

① "이 후에 다윗이 블레셋 사람을 쳐서 항복받고 블레셋 사람의 손에서 가드와 그 동네를 빼앗고"(1) 합니다.

㉠ "블레셋"을 제일 먼저 언급하는 것이 무심한 일로 여겨지지 않습니다. 블레셋은 사사 삼손을 궤계로 잡은 자요, 하나님의 법궤를 탈취하여 다곤의 신당에 바친 자요, 또한 사울의 목을 다곤의 신당에 바치고 자신들이 섬기는 신이 "여호와"를 이겼다고 하던, 적그리스도의 상징과 같은 나라이기 때문입니다. 골리앗과 다윗의 싸움이 그러합니다. 그래서 제일 먼저 "다윗이 블레셋 사람을 쳐서 항복받고" 하는 것입니다.

㉡ 또한 "가드와 그 동네를 빼앗았다"(1)고 말씀하는데 이를 삼상 7:14절과 결부시켜 보시기 바랍니다. 사무엘 당시 "에벤에셀"의 역사로 말미암아, "블레셋 사람이 이스라엘에게서 빼앗았던, 에그론부터 가드까지 회복"하였다고 말씀합니다. 그런데 다윗이 "블레셋 사람의 손에서 가드와 그 동네를 빼앗았다"(1) 하고 말씀한다면 사울 때에 또다시 빼앗겼었다는 것이 되는 것입니다. 이는 무엇을 말해주느냐 하면 하나님과의 관계가 바르게 되면 나라가 평안하고 흥왕하나 하나님과의 관계가

잘못되면 쇠퇴하게 됨을 말해줍니다.

② "또 모압을 치매 모압 사람이 다윗의 종이 되어 조공을 바치니라"(2) 합니다.

㉠ "종이 되고, 조공을 바쳤다"는 뜻을 영적으로 생각하면, 하나님을 대적하던 교만이 낮아져서 굴복하게 되었다는 뜻입니다. 그런데 "소바 왕 하닷에셀이 유브라데강 가에서 자기 권세를 펴고자 하매", 즉 세력을 확장하여 이스라엘을 대적하려 하자, "다윗이 저를 쳐서 하맛까지 이르고 그 병거 일천승과 기병 칠천과 보병 이만을 빼앗고 그 병거 일백승의 말만 남기고 그 외의 병거의 말은 다 발의 힘줄을 끊었더니"(3-4) 합니다. 빼앗은 말을 활용하지 않고 "발의 힘줄을 끊었다"는 것은, "혹은 병거 혹은 말을 의지하나 우리는 여호와 우리 하나님의 이름을 자랑하리로다"(시 20:7) 하는 고백을 행동으로 보여준 것이라 하겠습니다.

③ "다메섹 아람 사람이 소바 왕 하닷에셀을 도우러 온지라 다윗이 아람 사람 이만 이천을 죽이고"(5), 즉 하나님 편에 속하려 하지 않고 대적 편에 합세하려다가 멸망을 당한 것입니다.

㉠ 그리하여 다시는 반역하지 못하도록, "다메섹 아람에 수비대를 두매 아람 사람이 다윗의 종이 되어 조공을 바치니라 다윗이 어디로 가든지 여호와께서 이기게 하시니라"(6) 합니다. 이는 "네가 철장으로 저희를 깨뜨림이여 질그릇같이 부수리로다"(시 2:9) 한 메시아의 권세를 예표합니다.

㉡ 그러므로 이 기사들을 우리와 무관한 것으로 여겨서는 아니 됩니다. 왜냐하면 부활하신 주님은 지상의 모든 교회를 상징하는 일곱 교회를 향해서, "이기는 자는, 이기는 자는" 하고 일곱 번이나 독려하시면서, "이기는 자와 끝까지 내 일을 지키는 그에게 만국을 다스리는 권세를 주리니 그가 철장을 가지고 저희를 다스려 질그릇 깨뜨리는 것과 같

이 하리라 나도 내 아버지께 받은 것이 이러 하니라"(계 2:26-27) 하고 약속하고 계시기 때문입니다. 그러므로 전투하는 지상의 교회도 이와 같이 승리할 수가 있는 것입니다.

④ "다윗이 하닷에셀의 신복들의 가진 금방패를 빼앗아 예루살렘으로 가져오고"(7),

㉠ "또 하닷에셀의 성읍 디브핫과 군에서 심히 많은 놋을 취하였더니 솔로몬이 그것으로 놋바다와 기둥과 놋그릇들을 만들었더라"(8) 합니다. "하도람이 금과 은과 놋의 여러 가지 그릇을 가져온지라 다윗 왕이 그것도 여호와께 드리되 에돔과 모압과 암몬 자손과 블레셋 사람과 아말렉등 여러 족속에게서 취하여온 은금과 함께하여 드리니라"(10하-11) 합니다.

㉡ 이상 말씀드린 것을 요약을 하면, 서쪽 블레셋을 위시하여 동쪽 암몬과, 남쪽 모압과, 북쪽 다메섹 아람에 이르기까지, 동서남북 사방의 대적을 정복하여, 종을 삼고, 조공을 바치게 했다는 것입니다. 이것이 신약의 성도들에게는, "우리의 싸우는 병기는 육체에 속한 것이 아니요 오직 하나님 앞에서 견고한 진을 파하는 강력이라"(고후 10:3), 즉 우상숭배, 인본주의, 비진리와 싸워서, "하늘에 있는 자들과 땅에 있는 자들과 땅 아래 있는 자들로 모든 무릎을 예수의 이름에 꿇게 하시고 모든 입으로 예수 그리스도를 주라 시인하여 하나님 아버지께 영광을 돌리려 하셨느니라"(빌 2:10-11)로 적용이 되는 것입니다. 우리는 지금 이 싸움을 싸우고 있는 것입니다.

㉢ 그리고 첫째 단원은, "다윗이 어디로 가든지 여호와께서 이기게 하셨더라"(13) 하고 마치고 있습니다. 다윗과 함께 하셨던 하나님이 형제와 함께 하심을 믿으시기 바랍니다. 여기 한 가지 조건이 있는데, "저희 행실의 종말을 주의하여 보고 저희 믿음을 본받으라"(히 13:7) 한, 다윗의 믿음, 사도 바울의 "믿음"을 본받는 일입니다.

둘째 단원(14-17) 나라를 공과 의로 다스림

첫째 단원이 대적을 정복한 외치(外治)라면, 둘째 단원은 백성을 다스린 내치(內治)입니다.

⑤ "다윗이 온 이스라엘을 다스려 모든 백성에게 공과 의를 행할 쌔"(14),

㉠ "스루야의 아들 요압은 군대 장관이 되고 아힐룻의 아들 여호사밧은 사관이 되고"(15),

⑥ "아히둡의 아들 사독과 아비아달의 아들 아비멜렉은 제사장이 되고"(16) 합니다.

㉠ 다윗 왕국은 밖으로는 대대로 괴롭히던 대적들을 굴복시킴으로 나라를 견고히 하고, 안으로는 백성들을 "공과 의"로 다스림으로 메시아왕국을 예표하였던 것입니다. 다윗은 이렇게 노래합니다.

> 내 눈이 이 땅의 충성된 자를 살펴 나와 함께 거하게
> 하리니 완전한 길에 행하는 자가 나를 수종하리로다
> 거짓 행하는 자가 내 집 안에 거하지 못하며
> 거짓말하는 자가 내 목전에 서지 못하리로다
> 아침마다 내가 이 땅의 모든 악인을 멸하리니
> 죄악 행하는 자는 여호와의 성에서 다 끊어지리로다 (시 101:6-8).

⑦ 묵상해보겠습니다.
㉠ 다윗왕국과 솔로몬왕국의 구속사적 상징성에 대해서,
㉡ 대적을 정복하여 종으로 삼았다는 적용에 대해서,
㉢ "백성에게 공과 의를 행했다"는 모범에 대해서.

역대상 19-20장 개관도표
주제 : 은혜를 배척하고 대적한 자와 화친한 자

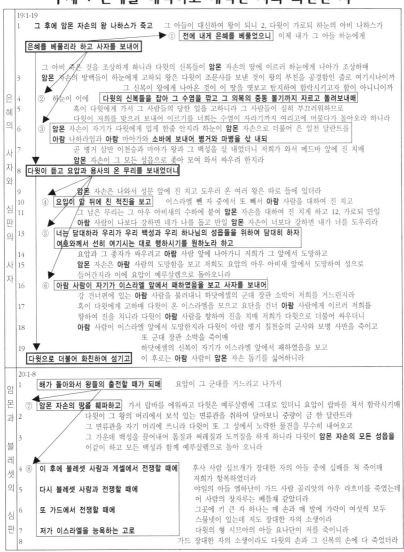

19:1-19

1　그 후에 암몬 자손의 왕 나하스가 죽고　그 아들이 대신하여 왕이 되니 2, 다윗이 가로되 하눈의 아비 나하스가
　　① 전에 내게 은혜를 베풀었으니　이제 내가 그 아들 하눈에게

은혜를 베풀리라 하고 사자를 보내어

그 아비 죽은 것을 조상하게 하니라 다윗의 신복들이 암몬 자손의 땅에 이르러 하눈에게 나아가 조상하매
3　암몬 자손의 방백들이 하눈에게 고하되 왕은 다윗이 조문사를 보낸 것이 왕의 부친을 공경함인 줄로 여기시나이까
　　그 신복이 왕에게 나아온 것이 이 땅을 엿보고 탐지하여 함락시키고자 함이 아니니이까
4　② 하눈이 이에　다윗의 신복들을 잡아 그 수염을 깎고 그 의복의 중동 볼기까지 자르고 돌려보내매
5　혹이 다윗에게 가서 그 사람들의 당한 일을 고하니라 그 사람들이 심히 부끄러워하므로
　　다윗이 저희를 맞으러 보내어 이르기를 너희는 수염이 자라기까지 여리고에 머물다가 돌아오라 하니라
6　③ 암몬 자손이 자기가 다윗에게 밉게 한줄 안지라 하눈이 암몬 자손으로 더불어 은 일천 달란트를
　　아람 나하라임과 아람 마아가와 소바에 보내어 병거와 마병을 삯 내되
7　곧 병거 삼만 이천승과 마아가 왕과 그 백성을 삯 내었더니 저희가 와서 메드바 앞에 진 치매
　　암몬 자손이 그 모든 성읍으로 좇아 모여 와서 싸우려 한지라
8　다윗이 듣고 요압과 용사의 온 무리를 보내었더니
9　암몬 자손은 나와서 성문 앞에 진 치고 도우러 온 여러 왕은 따로 들에 있더라
10　④ 요압이 앞 뒤에 친 적진을 보고　이스라엘 뺀 자 중에서 또 빼서 아람 사람을 대하여 진 치고
11　그 남은 무리는 그 아우 아비새의 수하에 붙여 암몬 자손을 대하여 진 치게 하고 12, 가로되 만일
　　아람 사람이 나보다 강하면 네가 나를 돕고 만일 암몬 자손이 너보다 강하면 내가 너를 도우리라
13　⑤ 너는 담대하라 우리가 우리 백성과 우리 하나님의 성읍들을 위하여 담대히 하자
　　여호와께서 선히 여기시는 대로 행하시기를 원하노라 하고
14　요압과 그 종자가 싸우려고 아람 사람 앞에 나아가니 저희가 그 앞에서 도망하고
15　암몬 자손은 아람 사람의 도망함을 보고 저희도 요압의 아우 아비새 앞에서 도망하여 성으로
　　들어간지라 이에 요압이 예루살렘으로 돌아오니라
16　⑥ 아람 사람이 자기가 이스라엘 앞에서 패하였음을 보고 사자를 보내어
　　강 건너편에 있는 아람 사람을 불러내니 하닷에셀의 군대 장관 소박이 저희를 거느린지라
17　혹이 다윗에게 고하매 다윗이 온 이스라엘을 모으고 요단을 건너 아람 사람에게 이르러 저희를
　　향하여 진을 치니라 다윗이 아람 사람을 향하여 진을 치매 저희가 다윗으로 더불어 싸우더니
18　아람 사람이 이스라엘 앞에서 도망한지라 다윗이 아람 병거 칠천승의 군사와 보병 사만을 죽이고
　　또 군대 장관 소박을 죽이매
19　하닷에셀의 신복이 자기가 이스라엘 앞에서 패하였음을 보고
　　다윗으로 더불어 화친하여 섬기고　이 후로는 아람 사람이 암몬 자손 돕기를 싫어하니라

20:1-8

1　해가 돌아와서 왕들의 출전할 때가 되매　요압이 그 군대를 거느리고 나가서
　　⑦ 암몬 자손의 땅을 훼파하고　가서 랍바를 에워싸고 다윗은 예루살렘에 그대로 있더니 요압이 랍바를 쳐서 함락시키매
2　다윗이 그 왕의 머리에서 보석 있는 면류관을 취하여 달아보니 중량이 금 한 달란트라
　　그 면류관을 자기 머리에 쓰니라 다윗이 또 그 성에서 노략한 물건을 무수히 내어오고
3　그 가운데 백성을 끌어내어 톱질과 써레질과 도끼질을 하게 하니라 다윗이 암몬 자손의 모든 성읍을
　　이같이 하고 모든 백성과 함께 예루살렘으로 돌아 오니라
4　⑧ 이 후에 블레셋 사람과 게셀에서 전쟁할 때에　후사 사람 십브개가 장대한 자의 아들 중에 십배를 쳐 죽이매
　　저희가 항복하였더라
5　다시 블레셋 사람과 전쟁할 때에　야일의 아들 엘하난이 가드 사람 골리앗의 아우 라흐미를 죽였는데
　　이 사람의 창자루는 베틀채 같았더라
6　또 가드에서 전쟁할 때에　그곳에 키 큰 자 하나는 매 손과 매 발에 가락이 여섯씩 모두
　　스물넷이 있는데 저도 장대한 자의 소생이라
7　저가 이스라엘을 능욕하는 고로　다윗의 형 시므아의 아들 요나단이 저를 죽이니라
8　가드 장대한 자의 소생이라도 다윗의 손과 그 신복의 손에 다 죽었더라

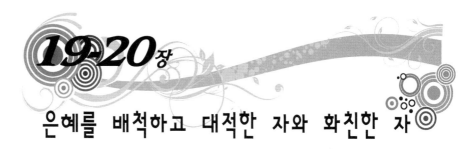

19·20장

은혜를 배척하고 대적한 자와 화친한 자

^{19:19}하닷에셀의 신복이 자기가 이스라엘 앞에서 패하였음을 보고 다윗으로 더불어 화친하여 섬기고 이 후로는 아람 사람이 암몬 자손 돕기를 싫어하니라.

19장-20장의 내용도, 다윗이 대적을 굴복시키는 18장의 계속인데 역대상에 나타난 마지막 싸움입니다. 그런데 19장에는 2가지 다른 점이 있습니다. 18장은 곧바로, "이 후에 다윗이 블레셋 사람을 쳐서 항복받고"(18:1) 하고 시작이 되는데, 19장은 먼저 "은혜를 베풀리라"(2) 하고 사자를 보내는 것으로 시작이 된다는 점입니다. 그런데 은혜의 사신을 영접치 아니하고 도리어 모욕을 함으로, 심판의 사자를 보내게 된다는 점이 첫째로 다른 점이고, 둘째로 다른 점은 "다윗과 화친하여 섬긴 자"(19)가 있다는 점입니다. 그리하여 화친한 자는 살고 끝까지 대적하는 자는 멸망을 당하게 된다는 점입니다. 그러므로 본 문단을 해석하는 열쇠는 도표에 표시된 대로, "은혜를 베풀기 위해 보낸 사자(2중)와, 심판

하기 위해 보낸 용사"(8)를 인식하는데 있습니다.

도표를 보시면 19장은, "은혜를 베풀기 위해 보낸 사자"를 중심으로,
① 암몬 왕 나하스가 죽자, 다윗이 어려운 때에 "은혜 베푼" 일을 생각
하여 조문사절을 보내었으나, ② 사신들을 배척하고, ③ 도리어 "아람
군대"를 용병하여 대적해 옵니다. 그래서 이번에는 "다윗이 요압과 용
사의 온 무리를 보내었더니"를 중심으로, ④ 암몬과 아람이 협공해오는
것을, ⑤ "여호와를 의지하여" 격퇴합니다. ⑥ 그러자 아람 군이 더욱
증강된 병력으로 대적하다가 패하자 19장은 아람 군이, "다윗으로 더불
어 화친하여 섬기니라" 하고 마칩니다. 20장에는, ⑦ "암몬을 훼파하
고", ⑧ "블레셋"을 정복하는 내용인데 이는 다윗과 화친하기를 거부하
고 끝까지 대항했기 때문인 것입니다.

첫째 단원(19:1-19) **은혜의 사신과 심판의 사자**
둘째 단원(20:1-8) **암몬과 블레셋의 심판**

주제(主題) : 은혜를 배척하고 대적한 자와 화친한 자

㉠ 19장의 내용은 "이스라엘 대 암몬+아람"의 싸움입니다. 그런데
다윗은 호전(好戰)주의자가 아닙니다. 암몬 왕 나아스가 죽었다는 말을
듣고, "은혜를 베풀기" 위해서 조문사절을 보낸 것입니다. 그런데 저들
이 모욕을 하고 배척했기 때문에 전쟁을 하게 된 것입니다. 저들 암몬
은 이스라엘을 대적하기 위해서 돈을 주고 아람의 "병거 삼만 이천 승
과 군대"(6)를 용병(傭兵)을 한 것입니다.

㉡ 그리하여 "이스라엘 대 암몬+아람 연합군"의 싸움이 된 것입니
다. 여기 두 가지 반응으로 나타나는 점을 주목해야만 합니다. "아람"은
패하자 "다윗으로 더불어 화친(和親)하여 섬겼으나"(19), 암몬은 끝까지

대항을 하다가 멸망을 당한다는 점입니다. 20장의 내용도 항복하여 화친하려 하지 않고 끝까지 대적하는 블레셋을 심판하는 내용입니다.

ⓒ 그렇다면 다윗이 싸운 싸움이 어떤 의미가 있으며 우리에게 어떻게 적용이 되는가? 다윗이 싸운 첫 싸움은 블레셋 군의 대표자 골리앗과의 싸움입니다. 골리앗은 하나님의 군대를 모욕을 하면서, "너희는 한 사람을 택하여 내게로 내려 보내라"(삼상 17:8), 즉 대표자끼리 1:1로 결판을 내자는 것입니다. 그러나 이스라엘 진영에서는 "이 말을 듣고 놀라 크게 두려워"할 뿐 나설 "한 사람"이 없었던 것입니다. 다윗은 이런 상황에서 이스라엘을 대표한 "한 사람"으로 등장합니다.

ⓔ 다윗은, "전쟁은 여호와께 속한 것인즉 그가 너희를 우리 손에 붙이시리라" 하고 선언합니다. 이는 일반적인 전쟁을 가리키는 것이 아니라, 하나님의 백성이요 군대인 선민 이스라엘이 싸우는 전쟁에는 여호와 하나님의 이름과 명예가 걸려있다는 뜻입니다. 그러므로 "너는 칼과 창과 단창으로 내게 오거니와 나는 만군의 여호와의 이름 곧 네가 모욕하는 이스라엘 군대의 하나님의 이름으로 네게 가노라" 합니다. 골리앗을 물리쳤을 때에 다윗의 손에는 "칼이 없었더라"(삼상 17:50) 한 것은, 여호와의 이름으로 승리했음을 드러내는 대목입니다. 골리앗이 땅에 엎드러지자 기세등등하던 블레셋 군은 도망을 하고, 두려워 떨던 이스라엘 군대는 "일어나서 소리를 지르며" 추격을 했습니다. 저들은 다윗이 이겨놓은 싸움을 싸운 것입니다. 이것은 하나의 예표인 것입니다.

ⓜ 그리스도는 어떤 상황에서 구속사에 등장하시는가? "또 죽기를 무서워하므로 일생에 매여 종노릇 하고" 있을 때입니다. 그 누구도 사망의 세력을 잡은 자 사탄을 대적할 자도 없고 더욱 사망을 이길 자는 아무도 없는 상황에서입니다. 주님께서 육신을 입은 것은, "그도 또한 한 모양으로 혈육에 함께 속하심은 사망으로 말미암아 사망의 세력을

잡은 자 곧 마귀를 없이 하고 또 죽기를 무서워하므로 일생에 매여 종
노릇 하는 모든 자들을 놓아주려 하심"(히 2:14-15)이라고 말씀합니다.
주님은, "곧 산 자라 내가 전에 죽었었노라 볼지어다 이제 세세토록 살
아있어 사망과 음부의 열쇠를 가졌노니"(계 1:18) 하고 말씀하십니다.
주님은 대표자 간의 싸움에서 이기신 것이요, 우리는 주님이 이겨놓으
신 싸움을 싸우고 있는 것입니다.

　ⓑ 이처럼 승리하신 주님은 계시록에서 야전군사령관으로 묘사되어
있습니다. 1장에서는, "그의 발은 풀무에 단련한 빛난 주석 같고", 즉
군화(軍靴)를 신고, "그 입에서 좌우에 날선 검"이 나오고(1:15, 16), 2-3
장에서는 "오른 손에 일곱별을 붙잡고 일곱 금 촛대 사이에 다니시면
서", 일곱 번이나 "이기는 자는, 이기는 자는" 하고 격려를 하십니다. 그
리고 "저희가 어린양으로 더불어 싸우려니와 어린양은 만주의 주시오
만왕의 왕이시므로 저희를 이기실 터이요 또 그와 함께 있는 자들 곧
부르심을 입고 빼내심을 얻고 진실한 자들은 이기리로다"(계 17:14) 하
고, 선두(先頭)에서 싸우시는 분으로 등장합니다. 다윗은 이러한 그리
스도를 예표하고 있는 것입니다.

　ⓐ 왜 멸망을 다하게 되는가? "다만 네 고집과 회개치 아니한 마음
을 따라 진노의 날 곧 하나님의 의로우신 판단이 나타나는 그 날에 임
할 진노를 네게 쌓는도다"(롬 2:5) 하고 말씀합니다. 시편 2편은 메시아
예언인데 이에 대해 이렇게 말씀하십니다.

> 그런즉 군왕들아 너희는 지혜를 얻으며
> 세상의 관원들아 교훈을 받을 지어다
> 여호와를 경외함으로 섬기고 떨며 즐거워할 지어다
> 그 아들에게 입 맞추라 (화친하라)
> 그렇지 아니하면 진노하심으로

너희가 길에서 망하리니 그 진노가 급하심이라

여호와를 의지하는 자는 다 복이 있도다 (시 2:10-12).

첫째 단원(19:1-19) **은혜의 사신과 심판의 사자**

① "그 후에 암몬 자손의 왕 나하스가 죽고 그 아들이 대신하여 왕이 되니"(1),

㉠ 19장을 해석하는 요점은 세 가지 주제(主題)를 인식하는 일인데, ㉮ 첫째는 "다윗이 가로되 하눈의 아비 나하스가 전에 내게 은혜를 베풀었으니 이제 내가 그 아들 하눈에게 은혜를 베풀리라 하고 사자를 보내어"(2상) 한, "은혜의 사자"(使者)입니다. 왕의 명령을 받고 "다윗의 신복들이 암몬 자손의 땅에 이르러 하눈에게 나아가 조상하매"(2하) 합니다.

② 그런데 저들은 어떻게 대접을 했는가? "암몬 자손의 방백들이 하눈에게 고하되 왕은 다윗이 조문 사를 보낸 것이 왕의 부친을 공경함인 줄로 여기시나이까 그 신복이 왕에게 나아온 것이 이 땅을 엿보고 탐지하여 함락시키고자 함이 아니니이까 하눈이 이에 다윗의 신복들을 잡아 그 수염을 깎고 그 의복의 중동 볼기까지 자르고 돌려보냈다"(3-4)한, ㉯ 은혜의 사자를 "배척했다"는 것이 두 번째 요점입니다.

㉠ 그냥 박대만 한 것이 아닙니다. "수염을 깎고 그 의복의 중동 볼기까지 잘랐다"는 것은, 5절을 보십시오, 죽음보다 더한 모욕이었던 것입니다. 사신들을 모욕한 것은 그를 보낸 다윗 왕을 모욕한 것이요, 이를 구속사라는 맥락으로 보면 그리스도를 배척한 것이 되는 것입니다.

③ 암몬은 거기서 끝인 것이 아니라, "암몬 자손이 자기가 다윗에게 밉게 한줄 안지라 하눈이 암몬 자손으로 더불어 은 일천 달란트를 아람

나하라임과 아람마아가와 소바에 보내어 병거와 마병을 삯 내되 곧 병거 삼만 이천승과 마아가 왕과 그 백성을 삯 내었더니 저희가 와서 메드바 앞에 진 치매 암몬 자손이 그 모든 성읍으로 좇아 모여 와서 싸우려 한지라"(6-7) 하고, 공격을 해온 것입니다.

　　㉠ "병거와 마병을 삯 내되 곧 병거 삼만 이천승과 마아가 왕과 그 백성을 삯 내었다"는 표현에서 저들의 적개심을 짐작할 수가 있습니다. 다윗이 어떻게 해야 마땅한가? 그러므로 19장을 인식하는 세 번째 요점은, ㉫ "다윗이 듣고 요압과 용사의 온 무리를 보내었더니"(8) 한 말씀입니다. "은혜의 사신"을 배척한 그들에게, "심판의 사자"를 보낸 것입니다. 이 세 가지 요점은 오늘날에도 적실성이 있는 것입니다. 하나님은 먼저 "은혜의 사신"을 보내십니다. 그러나 배척하는 자에게는 심판의 사자가 보냄을 받게 되는 것입니다.

　④ "요압이 앞뒤에 친 적진을 보고"(10상), 즉 "암몬과, 아람"이 이스라엘 군대를 앞뒤에서 협공을 했다는 것입니다.

　　㉠ 그리하여 "아람"은 요압이 맞고, "암몬"은 아우 아비새에게 맡기면서, "만일 아람 사람이 나보다 강하면 네가 나를 돕고 만일 암몬 자손이 너보다 강하면 내가 너를 도우리라"(12) 하고 작전을 세웁니다.

　⑤ 그리고 중요한 것은, "너는 담대하라 우리가 우리 백성과 우리 하나님의 성읍들을 위하여 담대히 하자 여호와께서 선히 여기시는 대로 행하시기를 원하노라"(13) 하고 격려한 말입니다.

　　㉠ "요압과 그 종자가 싸우려고 아람 사람 앞에 나아가니 저희가 그 앞에서 도망하고 암몬 자손은 아람 사람의 도망함을 보고 저희도 요압의 아우 아비새 앞에서 도망하였다"(14-15) 하고, 하나님의 군대의 승리로 끝났습니다.

　　㉡ 거금을 받고 용병으로 온 "아람 사람이 자기가 이스라엘 앞에서 패하였음을 보고 사자를 보내어 강 건너편에 있는 아람 사람을 불러내

니"(16), 즉 증강된 군사력으로 재차 공격해 옵니다. 이번에는, "다윗이 온 이스라엘을 모으고 요단을 건너 아람 사람에게 이르러 저희를 향하여 진을 치니라 다윗이 아람 사람을 향하여 진을 치매 저희가 다윗으로 더불어 싸우더니 아람 사람이 이스라엘 앞에서 도망한지라 다윗이 아람 병거 칠천승의 군사와 보병 사만을 죽이고 또 군대 장관 소박을 죽였다"(17-18) 합니다. "병거 7천승과, 보병 4만의 전사"에서 전쟁의 규모와 얼마나 치열했는가를 짐작하게 합니다.

　ⓒ "은혜의 사신"을 모욕하고 배척한 것이 이처럼 큰 화를 자초한 것입니다. "은혜와 진노, 구원과 멸망"은 동전 앞뒤와 같은 것입니다. 하나님은 먼저 "은혜와 구원"의 사신들을 보내십니다. 주님은 천국잔치 비유에서 종들을 보내시면서, "소와 살진 짐승을 잡고 모든 것을 갖추었으니 혼인 잔치에 오소서" 하고 초대하십니다. 그러나 저들이 "종들을 잡아 능욕하고 죽이니", 임금이 노하여 군대를 보내어 "그 살인한 자들을 진멸하고 그 동리를 불사르라"(마 22:4, 6-7) 하고, 심판이 따르게 되는 것입니다. "인류의 시조가 범죄한 현장에서 선언하신 것은, "여자의 후손"이라는 원복음입니다. 하나님은 모세를 통하여 율법을 주시기 이전에 아브라함을 통해서 복음(갈 3:8)을 주셨습니다.

　⑥ 그런데 19장은 어떻게 끝나고 있는가? "하닷에셀의 신복이 자기가 이스라엘 앞에서 패하였음을 보고 다윗으로 더불어 화친하여 섬기고 이 후로는 아람 사람이 암몬 자손 돕기를 싫어하니라"(19) 합니다.

　㉠ "아람"은 "암몬"을 도와서 이스라엘을 대적하여 두 번까지는 싸웠습니다. 그러나 끝까지 〈고집〉한 것이 아니라, "다윗으로 더불어 화친(和親)하여 섬겼다"고 말씀합니다. 죽고 사는 문제가 여기에 달려 있는 것입니다. 가나안 일곱 족속 중에서도 "히위 족속들은 여호수아와 화친"(수 9:15)하여 생명을 보존할 수가 있었던 것입니다. 왜 멸망을 당하게 되는가? "다만 네 고집과 회개치 아니한 마음을 따라 진노의 날

곧 하나님의 의로우신 판단이 나타나는 그 날에 임할 진노를 네게 쌓는도다" 하고 말씀합니다. 그런데 "암몬"은 그 고집을 꺾지 않고 끝까지 대항했던 것입니다. 이점을 20장에서 보게 될 것입니다.

둘째 단원(20:1-8) **암몬과 블레셋의 심판**

20장의 내용은 "암몬과, 블레셋"을 정복하는 내용입니다.

⑦ "해가 돌아와서 왕들의 출전할 때가 되매 요압이 그 군대를 거느리고 나가서 암몬 자손의 땅을 훼파하고 가서 랍바를 에워싸고 다윗은 예루살렘에 그대로 있더니 요압이 랍바를 쳐서 함락시키매"(1) 합니다.

㉠ 19장에서 시작된 "암몬"의 이야기가 계속되고 있습니다. 왜냐하면 용병으로 왔던 아람은 "다윗으로 더불어 화친을 하여 섬겼으나"(19:19), "암몬 자손은 도망하여 (랍바) 성으로 들어가"(19:15) 버티고 있었기 때문입니다. 그 때는 우기(雨期)가 되어서 그냥 예루살렘으로 돌아왔지만, "해가 돌아와서 출전할 때가 되매, 요압이 랍바를 쳐서 함락시켰다"(1) 하고 말씀하는 것입니다. 다시 상기시킵니다만 연합군 중 아람은, "다윗으로 더불어 화친하여 섬긴" 반면, 암몬은 끝까지 버티다가 멸망을 당하고 말았다는 점입니다. 이처럼 구원과 멸망도 갈라지게 되는 것입니다.

㉡ 여기서 집고 넘어가야할 점은, "왕들의 출전할 때가 되매, 다윗은 예루살렘에 그대로 있더니" 한 1절은, 사무엘하 11:1절과 병행하는 구절이라는 점입니다. 사무엘하에서는 "예루살렘에 그냥 있던 다윗"이 우리아의 아내 밧세바를 범하는 기사가 나오는데, 역대상 본문은 이를 침묵하고 있는 것입니다. 왜냐하면 기록목적이 포로에서 귀환한 자들에게 용기와 소망을 주려는 것이기 때문입니다. 그래서 본문은 드러내지

않고 암시할 뿐이지만, "출전할 때가 되매", 즉 선한 싸움을 싸워야할 때에 싸우지 않고 나태하게 되면 시험에 들게 된다는 점을 명심해야할 것입니다.

ⓒ "다윗이 그 왕의 머리에서 보석 있는 면류관을 취하여 달아보니 중량이 금 한 달란트라 그 면류관을 자기 머리에 쓰니라"(2상) 합니다. 탐이 났단 말인가? 아니면 이제부터는 자신이 암몬의 통치자라는 의미인가? 아무튼 이런 일은 다윗이 지금까지는 취하지 않던 행동임에는 분명합니다. 출전할 때가 돌아왔는데도 "다윗은 예루살렘에 그대로 있더니" 한 1절의 말씀과, 노략한 면류관을 달아보고 "자기 머리에 쓰니라" 한 처사가 마음에 걸리는 것은 다음 장에서 "괘심 죄"를 범하는 것을 보게 되기 때문입니다.

⑧ "이 후에 블레셋 사람과 게셀에서 전쟁할 때에(4상), 또 가드에서 전쟁할 때에"(6상) 하고, "블레셋과, 가드"가 또다시 등장을 합니다.

ⓐ 이는 "이후에 다윗이 블레셋 사람을 쳐서 항복받고 블레셋 사람의 손에서 가드와 그 동리를 빼앗고" 한 18:1절과 결부되는 내용입니다. 그런데 어찌하여 또다시 멸망을 당하게 되었는가?

ⓑ "저가 이스라엘을 능욕하는 고로"(7상) 보응을 받게 된 것입니다. 그러니까 거짓 항복이었다는 것이 됩니다. "암몬"이 멸망을 당한 원인도 "은혜의 사신들"의 수염을 깎고 의복을 볼기까지 자르고 돌려보낸 모욕을 했기 때문입니다. 이를 다윗 왕이 묵과할 수가 있단 말인가? 성경은 말씀합니다. "옛적부터 항상 계신 자가 와서 지극히 높으신 자의 성도를 위하여 신원(伸寃)하셨고 때가 이르매 성도가 나라를 얻었더라" (단 7:22). 20장은, "가드 장대한 자의 소생이라도 다윗의 손과 그 신복의 손에 다 죽었더라"(8) 하고 마치고 있는데, 이것이 역대상에 기록된 다윗의 마지막 싸움입니다. 화친하는 자는 살고, 대적하는 자의 마지막은 사망임을 보여주고 있습니다.

⑨ 묵상해보겠습니다.

㉠ 은혜의 사신을 배척하게 되면 심판의 사자가 보냄을 받게 된다는 점에 대해서,

㉡ 용병되었던 아람 사람이 살아남을 수 있었던 방도가 무엇인지,

㉢ 20장에서 암몬과 블레셋이 또다시 거론되는 이유에 대해서.

역대상 21:1-14절 개관도표
주제 : 죄를 범한 다윗, 하나님의 긍휼을 의지함

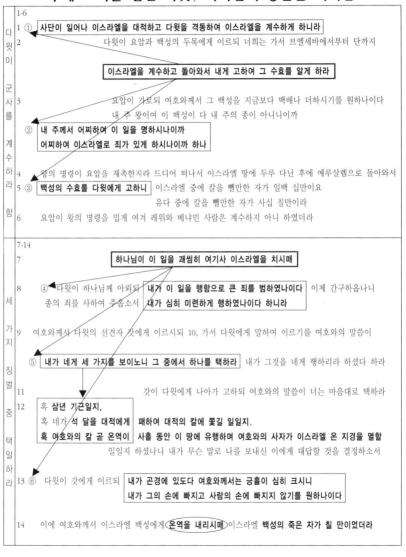

1-6

다윗이 군사를 계수하라 함

1 ① 사단이 일어나 이스라엘을 대적하고 다윗을 격동하여 이스라엘을 계수하게 하니라

2 다윗이 요압과 백성의 두목에게 이르되 너희는 가서 브엘세바에서부터 단까지

이스라엘을 계수하고 돌아와서 내게 고하여 그 수효를 알게 하라

3 요압이 가로되 여호와께서 그 백성을 지금보다 백배나 더하시기를 원하나이다
내 주 왕이여 이 백성이 다 내 주의 종이 아니니이까

② 내 주께서 어찌하여 이 일을 명하시나이까
어찌하여 이스라엘로 죄 있게 하시나이까 하나

4 왕의 명령이 요압을 재촉한지라 드디어 떠나서 이스라엘 땅에 두루 다닌 후에 예루살렘으로 돌아와서

5 ③ 백성의 수효를 다윗에게 고하니 이스라엘 중에 칼을 뺄만한 자가 일백 십만이요
유다 중에 칼을 뺄만한 자가 사십 칠만이라

6 요압이 왕의 명령을 밉게 여겨 레위와 베냐민 사람은 계수하지 아니 하였더라

7-14

세 가지 징벌 중 택일하라

7 하나님이 이 일을 괘씸히 여기사 이스라엘을 치시매

8 ④ 다윗이 하나님께 아뢰되 내가 이 일을 행함으로 큰 죄를 범하였나이다 이제 간구하옵나니
종의 죄를 사하여 주옵소서 내가 심히 미련하게 행하였나이다 하니라

9 여호와께서 다윗의 선견자 갓에게 이르시되 10, 가서 다윗에게 말하여 이르기를 여호와의 말씀이

⑤ 내가 네게 세 가지를 보이노니 그 중에서 하나를 택하라 내가 그것을 네게 행하리라 하셨다 하라

11 갓이 다윗에게 나아가 고하되 여호와의 말씀이 너는 마음대로 택하라

12 혹 삼년 기근일지,
혹 네가 석 달을 대적에게 패하여 대적의 칼에 쫓길 일일지,
혹 여호와의 칼 곧 온역이 사흘 동안 이 땅에 유행하며 여호와의 사자가 이스라엘 온 지경을 멸할
일일지 하셨나니 내가 무슨 말로 나를 보내신 이에게 대답할 것을 결정하소서

13 ⑥ 다윗이 갓에게 이르되 내가 곤경에 있도다 여호와께서는 긍휼이 심히 크시니
내가 그의 손에 빠지고 사람의 손에 빠지지 않기를 원하나이다

14 이에 여호와께서 이스라엘 백성에게 온역을 내리시매 이스라엘 백성의 죽은 자가 칠 만이었더라

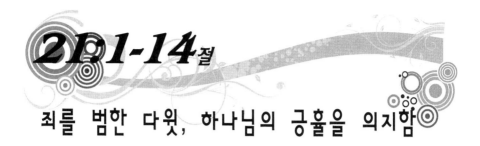

죄를 범한 다윗, 하나님의 긍휼을 의지함

> [13]다윗이 갓에게 이르되 내가 곤경에 있도다 여호와께서는 긍휼이 심히 크시니 내가 그의 손에 빠지고 사람의 손에 빠지지 않기를 원하나이다.

21장은 다윗이 인구조사를 명했다가 징벌을 당하는 내용입니다. 그런데 이를 기록케 한 의도는 다윗의 잘못을 고발하기 위해서가 아니라 첫째는, 이를 통해서 "크신 여호와의 긍휼"(13)을 드러내기 위해서요, 둘째는 성전 터를 지정해주시기 위해서입니다. 이점을 본문관찰에서 깨닫게 될 것입니다. 21장은 두 문단(1-14, 15-30)으로 나누어 상고하고자 하는데, 첫째 문단은 "다윗의 잘못과 이에 대한 하나님의 징벌"이고, 둘째 문단은 "악을 선으로 바꾸시어" 성전 터를 계시하시는 내용입니다.

먼저 첫째 문단인데 도표를 보시면 첫째 단원은 "이스라엘을 계수하여 보고하라"는 다윗의 명령을 중심으로, ① 다윗의 명령은, "사단의 격동"에 의해서요, ② 그래서 요압이 "어찌하여 이스라엘로 죄가 있게 하시나이까" 하고 진언하나 받아드려지지 않고, ③ "칼을 뺄만한 자"의 합이 157만이라 합니다. 둘째 단원은 "하나님이 괘씸히 겨기사 이스라엘을 치시니"를 중심으로, ④ 다윗이 "내가 심히 미련하게 행하였나이다" 하고 인정을 하고, ⑤ 하나님은 "세 가지 징벌 중에 하나를 택하라" 하시니, ⑥ 다윗은 "내가 긍휼이 심이 크신 하나님의 손에 빠지리라" 하고 말하는데, 그러면 다윗은 어느 징벌을 택한 것이 되며, 이점을 구속사의 맥락에서 보면 어떤 의미가 되는가?

첫째 단원(1-6) 다윗이 군사를 계수하라함
둘째 단원(7-14) 세 가지 징벌 중 택일하라

주제(主題) : 죄를 범한 다윗, 하나님의 긍휼을 의지함

㉠ 병행구절인 사무엘하 24:1절에서는, "여호와께서 다시 이스라엘을 향하여 진노하사 저희를 치시려고 다윗을 감동"시키셔서 인구조사를 하게 하셨다 말하고, 본문에서는 "사단이 격동"하였다고 말하고 있습니다. 이를 어떻게 조화시킬 수가 있는가? 우리는 20장에서, "왕들이 출전할 때가 되었는데, 다윗은 예루살렘에 그대로 있더라"(1) 한 말과, "그 면류관을 자기 머리에 쓰니라"(2) 한 묘사에서 불길(不吉)한 징조를 감지했던 것입니다.

㉡ 다윗은 너무 높아졌고 교만해지려 하고 있는 것입니다. 사탄이 이를 놓칠 리가 있겠는가? 그리하여 "사단이 격동" 한 것을, 하나님은 다윗의 교만을 시정해주기 위해서 허용하셨다는 것이 됩니다. 하나님이 하시는 방도는 "악을 선으로 바꾸시는" 역사입니다. 다윗이 하나님만을 의뢰하지 않고 군사력을 과시하려 한 것은 그의 자백대로 "심히 미련하게 행한" "악한 일"임이 분명합니다. 그런데 하나님을 이를 선으로 바꾸

사 만민을 구원하시려는 구원계획을 계시하시려는 것입니다.

ⓒ 집고 넘어가야할 점은, "이스라엘을 향하여 진노하사 저희를 치시려고"(삼하 24:1) 한 점입니다. 무엇에 대한 진노인가? "반역하는 일이 커 가매 압살롬에게로 돌아오는 백성이 많아지니라"(삼하 15:12) 한 것과, "이에 온 이스라엘 사람들이 다윗 쫓기를 그치고, 세바를 좇으니"(삼하 20:2) 한, 반역에 가담한 일을 꼽을 수가 있을 것입니다. 윤리적인 죄에 대해서는 징벌(懲罰)하시지만, 반역에 대해서는 "진노"(震怒)하시기 때문입니다.

ⓡ 21장을 바르게 해석하는 열쇠는, "여호와께서는 긍휼이 심히 크시니 내가 그의 손에 빠지고 사람의 손에 빠지지 않기를 원하나이다"(13) 한, "여호와의 크신 긍휼"을 깨닫는데 있습니다. 이 말은 하나님께서, ㉮ "삼년 기근, ㉯ 석 달 대적에게 패함, ㉰ 사흘 동안의 온역" 중 하나를 택하라 하신데 대한 다윗의 선택입니다. 그러면 다윗은 셋 중 어느 것을 택한다는 말인가? 성경은 "이에 여호와께서 이스라엘 백성에게 온역을 내리시매"(14) 하고, 다윗이 "온역"을 선택한 것으로 여기고 있습니다. "온역과, 여호와의 긍휼"이 어떤 상관관계가 있는가?

ⓜ 이는 "네가 이스라엘 자손의 수효를 따라 조사할 때에 조사 받은 각 사람은 그 생명의 속전(贖錢)을 여호와께 드릴지니 이는 그 계수할 때에 그들 중에 온역이 없게 하려 함이라" 하신 출애굽기 30:12절에 근거한 선택이기 때문입니다. "속전과, 온역"이 결부가 되어 있는데 죄 값에 팔린 우리는 "속전"을 지불함이 없이는 온역(심판)을 면할 길이 없다는 것입니다.

ⓗ 그런데 다윗이 "여호와께서는 긍휼이 심히 크시니"(13) 한 것은, 하나님께서 자기 아들을 통해서 우리 대신 "속전"을 지불해주실 것이라는 복음을 알았다는 것이 됩니다. 그렇습니다. 다윗은 17장에서 세워주신 "언약"을 통해서, 하나님께서 다윗의 자손으로 그리스도를 보내셔서

죽으시고 다시 사심을 통해서 우리의 속전이 되어주실 것을 "알고 미리
보았다"(행 2:30-31) 하고 말씀합니다. 이점이 다윗이 "온역"이라는 말
을 하지 않고 "여호와께서는 긍휼이 심이 크시니 내가 그의 손에 빠지
리라"(13) 하고, "긍휼"만 의지했을 뿐인데도 다윗이 온역을 선택한 것
으로 여기셨다는 데서 드러납니다.

　Ⓐ 그러므로 "악을 선으로 바꾸시는 하나님"은 이 사건을 통해서 하
나님의 진노를 멈추게 하는 방도는 "속전"(贖錢)에 있음을 계시하시려
는 것입니다. 하나님의 진노로 발하여진 "온역"이 어떻게 해서 멈추게
되었는가? ㉮ 여호와의 사자는 "오르난의 타작마당에서 여호와를 위하
여 단을 쌓으라"(18) 명하고, ㉯ 다윗은 "내가 여호와를 위하여 여기 한
단을 쌓으리니 그리하면 온역이 백성 중에서 그치리라"(22) 말하고, ㉰
"다윗이 거기서 여호와를 위하여 단을 쌓고 번제와 화목제를 드려 여호
와께 아뢰었더니 여호와께서 하늘에서부터 번제단 위에 불을 내려 응답
하시고 사자를 명하시매 저가 칼을 집에 꽂았더라"(26), 즉 온역이 그치
게 되었다는 것입니다.

　Ⓞ 역대하 3:1절에 의하면 여호와의 사자가 지시한 "오르난의 타작
마당"은, 하나님께서 아브라함에게 "내가 네게 지시하는 한 산 거기서
그를 번제로 드리라"(창 22:2) 하신 모리아 산이요, 바로 그 터에 솔로
몬이 성전을 건축한 자리임을 알 수가 있습니다. 핵심은 지정하신 터에
있는 것이 아니라, "거기서 번제를 드리라" 하신, "번제"에 있다는 점입
니다. 그렇다면 계시는 밝히 드러난 것입니다. 하나님의 진노를 멈추게
하는 방도는 그리스도께서 우리의 대속제물이 되셔서 속전(贖錢)을 지
불하시는데 있다는 점입니다.

　Ⓩ 그러므로 21장의 중심점은 "사단의 격동, 인구조사, 여호와의 진
노, 온역"에 있는 것이 아니라, "여호와를 위하여 단을 쌓으라(18), 여호
와를 위하여 한 단을 쌓으리니(22), 거기서 여호와를 위하여 단을 쌓고

번제와 화목제를 드렸더니"(26) 한 "번제단", 곧 갈보리 십자가에 있는
것입니다. 이는 오직 "긍휼에 풍성하신 하나님의 사랑"인 것입니다. 그
래서 다윗은 "여호와께서는 긍휼히 심히 크시니 내가 그의 손에 빠지리
라" 한 것입니다.

첫째 단원(1-6) 다윗이 군사를 계수하라함

① "사단이 일어나 이스라엘을 대적하고 다윗을 격동하여 이스라엘
을 계수하게 하니라"(1).

㉠ "사단이 일어나" 합니다. 사탄은 "죄가 기회를 타서 계명으로 말
미암아 나를 속이고 그것으로 나를 죽였는지라"(롬 7:11) 한 대로 호시
탐탐 기회(機會)를 엿보는 자입니다. 사탄은 교만하여진 다윗의 마음에
"인구조사"를 하라는 마음을 집어넣어주었던 것입니다. 이것이 "사탄이
다윗을 격동했다"는 의미입니다. 사탄에게 속아서(딛 3:3) 그의 하수인
노릇을 했던 바울은 "마귀로 틈을 타지 못하게 하라, 우리로 사단에게
속지 않게 하려 함이라 우리가 그 궤계를 알지 못하는 바가 아니로라"
(엡 4:26, 고후 2:11) 하고 경고합니다.

㉡ "다윗이 요압과 백성의 두목에게 이르되 너희는 가서 브엘세바
에서부터 단까지 이스라엘을 계수하고 돌아와서 내게 고하여 그 수효를
알게 하라"(2) 합니다. 인구조사를 하라고 명한 의도가 무엇일까? 군대
장관 "요압"에게 명했다는 점과, "이스라엘 중에 칼을 뺄만한 자가 일백
십만이요, 유다 중에 칼을 뺄만한 자가 사십 칠만이라"(5) 한 것을 보면
그 목적이 군사력을 과시하기 위함임이 드러납니다. 그렇다면 이는 변
명의 여지가 없는 교만입니다. 훗날 히스기야가 죽을병에 걸렸다가 하
나님의 은혜로 낳은 후에 문병 차 온 바벨론의 사신들에게 과시하기 위

해서, "자기 보물과, 군기고와, 나라 창고"들을 다 보여줍니다. 이로 인하여 하나님으로부터 이 모든 것이, "바벨론으로 옮겨지게 되리라"(왕하 21:17)는 선고를 받게 됩니다. 죽을병이 들었을 때와 낳은 후의 마음이 이처럼 달라지는 것이 간사한 인간의 마음입니다.

② "요압이 가로되 여호와께서 그 백성을 지금보다 백배나 더하시기를 원하나이다 내 주 왕이여 이 백성이 다 내 주의 종이 아니니이까 내 주께서 어찌하여 이 일을 명하시나이까 어찌하여 이스라엘로 죄가 있게 하시나이까"(3) 하고, 바른 말을 합니다.

㉠ 다윗이 우리아의 아내를 범했을 때에 하나님은, "내가 너로 이스라엘 왕을 삼기 위하여 네게 기름을 붓고 너를 사울의 손에서 구원하고 네 주인의 집을 네게 주고…만일 이것이 부족(不足)하였을 것 같으면 내가 네게 이것저것을 더 주었으리라 그러한데 어찌하여 네가 여호와의 말씀을 업신여기고 나 보기에 악을 행하였느뇨"(삼하 12:7-9) 하고 책망하셨습니다. 사탄이 그 때는 "음란"으로, 이제는 "교만"으로 꺾으려는 것입니다.

㉡ 그러나 이미 사탄에 의하여 판단력이 흐려진 다윗은, "왕의 명령이 요압을 재촉한지라 드디어 떠나서 이스라엘 땅에 두루 다닌 후에 예루살렘으로 돌아와서"(4), 즉 왕의 권세로 부하의 바른 말을 묵살해버린 것입니다.

③ "백성의 수효를 다윗에게 고하니 이스라엘 중에 칼을 뺄만한 자가 일백 십만이요 유다 중에 칼을 뺄만한 자가 사십 칠만이라"(5), 오늘의 기준으로 생각해도 엄청난 군사력입니다. 하나님께서 이처럼 창대하게 하셨고 견고하게 세워주셨던 것입니다.

㉠ "요압이 왕의 명령을 밉게 여겨 레위와 베냐민 사람은 계수하지 아니 하였더라"(6) 한다면, 하나님은 얼마나 밉게 보셨을 것인가?

둘째 단원(7-14) 세 가지 징벌 중 택일하라

둘째 단원은 "괘씸 죄"에 대한 하나님의 징벌입니다. 하나님은 다윗에게 메시아언약을 세워주시면서, "저가 만일 죄를 범하면 내가 사람 막대기와 인생 채찍으로 징계하려니와 내가 네 앞에서 폐한 사울에게서 내 은총을 빼앗은 것같이 그에게서는 빼앗지 아니하리라"(삼하 7:14-15) 하셨습니다. "음행과, 교만"은 왕위를 폐해야 마땅한 죄였으나 하나님은 "징계"하시나 폐하시지 않으셨습니다. 왜냐하면 다윗에게 세워주신 언약은 일방적인 은혜언약이었기 때문입니다. "하나님이 이 일을 괘씸히 여기사 이스라엘을 치시매"(7) 합니다.

④ "다윗이 하나님께 아뢰되 내가 이 일을 행함으로 큰 죄를 범하였나이다 이제 간구하옵나니 종의 죄를 사하여 주옵소서 내가 심히 미련하게 행하였나이다"(8) 하고, 즉각적으로 자신의 죄를 인정하고 자백을 합니다. 이점이 사울과 다른 점입니다.

㉠ 집고 넘어가야할 점이 있습니다. 그것은 "다윗"이 잘못했는데 어찌하여 "이스라엘을 치시는가" 하는 점입니다. 이점에서 "대표성"(代表性)을 인식한다는 점이 중요합니다. 아담의 범죄가 인류전체의 "원죄"가 된 것이나, 그리스도의 죽으심이 믿는 자의 대속이 될 수 있는 것은 "대표성" 때문입니다. 다윗은 개인이 아니라 이스라엘을 대표하는 "왕"인 것입니다. 이점이 레위기 4장에 나오는 "속죄제 규례"에 계시되어 있는데, "평민의 범죄와, 제사장의 범죄"가 미치는 죄얼이 다른 것을 볼 수가 있습니다. 평민의 범죄는 자신에게 한정이 되어 번제단에서 처리하면 되지만, 제사장의 죄얼은 온 백성에게 미치게 됨으로, "속죄피를 가지고 회막 안에 들어가서"(레 4:5, 30) 처리하라 말씀하십니다.

⑤ "여호와께서 다윗의 선견자 갓에게 이르시되 가서 다윗에게 말하여 이르기를 여호와의 말씀이 내가 네게 세 가지를 보이노니 그 중에서

하나를 택하라 내가 그것을 네게 행하리라 하셨다 하라"(9-10) 하십니다.

㉠ 바로 징벌하시지 않고 어찌하여 "세 가지 징벌" 중 하나를 택하라 하시는가? 첫째는 ㉮ 다윗의 회개가 진실한 것인가를 테스트 하는 의미가 있을 것입니다. 둘째는 ㉯ 이를 통해서 계시하시려는 바가 있기 때문에 우리의 관심(關心)을 여기로 집중하게 하기 위해서입니다. 전에도 이런 예가 있었는데, 그것은 "유월절 어린양의 피"입니다. 바로를 굴복시키는데 10가지 재앙이 다 필요했던 것은 아닙니다. 그런데 하나님은 이스라엘이 바로의 압제로부터 해방될 수 있었던 것은 오직 유월절 어린양의 피에 있다는 점을 드러내기 위해서 우리의 관심을 그 한 점으로 집중(集中)시키셨던 것입니다.

㉡ "갓이 다윗에게 나아가 고하되 여호와의 말씀이 너는 마음대로 택하라 혹 삼년 기근일지, 혹 네가 석달을 대적에게 패하여 대적의 칼에 쫓길 일일지, 혹 여호와의 칼 곧 온역이 사흘 동안 이 땅에 유행하며 여호와의 사자가 이스라엘 온 지경을 멸할 일일지 하셨나니 내가 무슨 말로 나를 보내신 이에게 대답할 것을 결정(決定)하소서"(11-12) 합니다.

⑥ "다윗이 갓에게 이르되 내가 곤경에 있도다"(13상) 합니다.

㉠ 죄에는 "책임"(責任)이 따르기 마련인데, 그러므로 피할 수는 없고 택하자니 "내가 곤경에 있도다" 하고 말하지 않을 수가 없었을 것입니다. 형제가 다윗이라면 무엇을 택했을 것입니까? "여호와께서는 긍휼이 심히 크시니 내가 그의 손에 빠지고 사람의 손에 빠지지 않기를 원하나이다"(13하) 합니다. 다윗은 "여호와의 긍휼"을 택한다고 말하는데 이것이 몇 번을 택한다는 말인가?

㉡ "이에 여호와께서 이스라엘 백성에게 온역을 내리시매 이스라엘 백성의 죽은 자가 칠만이었더라"(14) 합니다. 다윗은 온역이라는 말은

언급함이 없이 다만, "여호와는 긍휼이 심히 크시니 내가 그의 손에 빠지겠다" 하고 말했을 뿐인데, 이것이 어찌하여 "온역"을 택한 것이 되는가? 이를 구속사라는 맥락에서 보지 않고는 이해할 수가 없는 것입니다. 이점을 "주제 해설"에서 말씀드렸습니다만, 다음 문단에서 좀 더 자세하게 상고할 것입니다. 이는 우리들에게도 심각하게 적실성이 있는 문제입니다. 왜냐하면 우리도 다윗보도 더한 "괘씸죄"를 범하기 때문입니다.

⑦ 묵상해보겠습니다.

㉠ 인구조사를 명한 잘못이 어디에 있는가에 대해서,

㉡ 세 가지 징벌 중 택일하라 하시는 의도에 대해서,

㉢ 자신은 어느 것을 택할 것인가에 대해서.

역대상 21:15-22:1절 개관도표
주제 : 거기 단을 쌓고 화목제를 드리니 재앙이 끝임

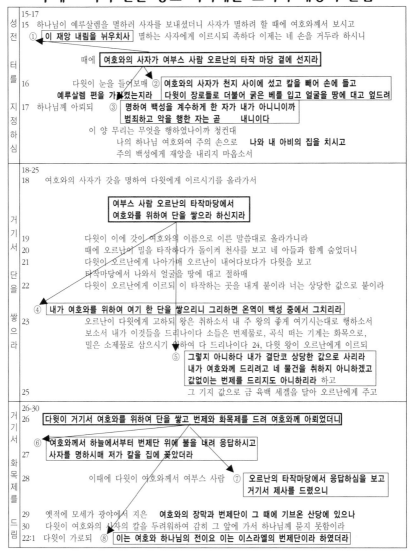

	15-17	
성 전 터 를 지 정 하 심	15	하나님이 예루살렘을 멸하러 사자를 보내셨더니 사자가 멸하려 할 때에 여호와께서 보시고 ① 이 재앙 내림을 뉘우치사 멸하는 사자에게 이르시되 족하다 이제는 네 손을 거두라 하시니 때에 여호와의 사자가 여부스 사람 오르난의 타작 마당 곁에 선지라
	16	다윗이 눈을 들어보매 ② 여호와의 사자가 천지 사이에 섰고 칼을 빼어 손에 들고 예루살렘 편을 가리켰는지라 다윗이 장로들로 더불어 굵은 베를 입고 얼굴을 땅에 대고 엎드려
	17	하나님께 아뢰되 ③ 명하여 백성을 계수하게 한 자가 내가 아니니이까 범죄하고 악을 행한 자는 곧 내니이다 이 양 무리는 무엇을 행하였나이까 청컨대 나의 하나님 여호와여 주의 손으로 나와 내 아비의 집을 치시고 주의 백성에게 재앙을 내리지 마옵소서
	18-25	
거 기 서 단 을 쌓 으 라	18	여호와의 사자가 갓을 명하여 다윗에게 이르시기를 올라가서 여부스 사람 오르난의 타작마당에서 여호와를 위하여 단을 쌓으라 하신지라
	19 20 21 22	다윗이 이에 갓이 여호와의 이름으로 이른 말씀대로 올라가니라 때에 오르난이 밀을 타작하다가 돌이켜 천사를 보고 네 아들과 함께 숨었더니 다윗이 오르난에게 나아가매 오르난이 내어다보다가 다윗을 보고 타작마당에서 나와서 얼굴을 땅에 대고 절하매 다윗이 오르난에게 이르되 이 타작하는 곳을 내게 붙이라 너는 상당한 값으로 붙이라
	23	④ 내가 여호와를 위하여 여기 한 단을 쌓으리니 그리하면 온역이 백성 중에서 그치리라 오르난이 다윗에게 고하되 왕은 취하소서 내 주 왕의 좋게 여기시는대로 행하소서 보소서 내가 이것들을 드리나이다 소들은 번제물로, 곡식 떠는 기계는 화목으로, 밀은 소제물로 삼으시기 위하여 다 드리나이다 24. 다윗 왕이 오르난에게 이르되
	25	⑤ 그렇지 아니하다 내가 결코 상당한 값으로 사리라 내가 여호와께 드리려고 네 물건을 취하지 아니하겠고 값없이 번제를 드리지도 아니하리라 하고 그 기지 값으로 금 육백 세겔을 달아 오르난에게 주고
	26-30	
거 기 서 화 목 제 를 드 림	26	다윗이 거기서 여호와를 위하여 단을 쌓고 번제와 화목제를 드려 여호와께 아뢰었더니
	27	⑥ 여호와께서 하늘에서부터 번제단 위에 불을 내려 응답하시고 사자를 명하시매 저가 칼을 집에 꽂았더라
	28	이때에 다윗이 여호와께서 여부스 사람 ⑦ 오르난의 타작마당에서 응답하심을 보고 거기서 제사를 드렸으니
	29 30	옛적에 모세가 광야에서 지은 여호와의 장막과 번제단이 그 때에 기브온 산당에 있으나 다윗이 여호와의 사자의 칼을 두려워하여 감히 그 앞에 가서 하나님께 묻지 못함이라
	22:1	다윗이 가로되 ⑧ 이는 여호와 하나님의 전이요 이는 이스라엘의 번제단이라 하였더라

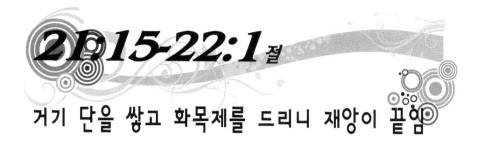

거기 단을 쌓고 화목제를 드리니 재앙이 끝임

²⁶다윗이 거기서 여호와를 위하여 단을 쌓고 번제와 화목제를 드려 여호와께 아뢰었더니 여호와께서 하늘에서부터 번제단 위에 불을 내려 응답하시고

21장의 앞 문단(1-14)이, "범죄와, 징벌"이라면, 뒤 문단(15-30)은 "긍휼과, 치료"라 할 수가 있습니다. "재앙 내림을 뉘우치사"(15)라는 말은 긍휼히 여겨셨음을 나타내고, "저가 칼을 집에 꽂았더라"(27) 하는 말은 재앙이 그쳤음을 의미합니다. 하나님의 "진노"는 폭군과 같은 것이 아니라 하나님의 공의(公義)의 발로입니다. 그러므로 "진노와, 재앙"이 그쳤다는 것은 하나님의 공의가 만족히 여김을 받으셨다는 뜻이 됩니다. 이것이 어떻게 해서 가능하여졌는가?

도표를 보시면 첫째 단원은, "여호와의 사자가 타작마당에 선지라"를 중심으로, ① "재앙 내림을 뉘우치사" 하면서, 여호와의 사자가 오르난의 타작마당 곁에 섰더라 합니다. ② "여호와의 사자가 칼을 빼어 예루살렘 편을 가리켰는지라", ③ 다윗이 "계수하라 한 자가 내가 아니니이까" 하고 참회기도를 합니다. 둘째 단원은 "오르난의 타작마당에 단을 쌓으라" 하는 말을 중심으로, ④ 다윗은, "여기 한 단을 쌓으리니 그리하면 온역이 그치리라" 말하면서, ⑤ "값없이는 번제를 드리지 아니하리라" 하고 값을 주고 터를 삽니다. 셋째 단원은 "거기 단을 쌓고 화목제를 드렸더니"를 중심으로, ⑥ "번제단 위에 불을 내려 응답하시고, 사자를 명하시매 칼을 집에 꽂았더라", ⑦ 다윗이 "응답하심을 보고 거기서 제사를 드리고", ⑧ "이는 여호와의 전이요, 이스라엘의 번제단이라" 하고 말씀합니다.

첫째 단원(15-17) **성전 터를 지정하심**
둘째 단원(18-25) **거기서 단을 쌓으라**
셋째 단원(26-22:1) **거기서 화목제를 드림**

주제(主題) : 거기 단을 쌓고 화목제를 드리니 재앙이 끝임

㉠ 21장의 첫째 문단의 주제는, "범죄와, 징벌"이고, 둘째 문단의 주제는 "긍휼과, 용서"입니다. 그런데 하나님은 "긍휼과, 용서"를 하시는 사랑의 하나님만이 아니라, "먹는 날에는 정녕 죽으리라" 하신 금령(禁令)을 철회하실 수 없는 공의(公義)의 하나님도 되신다는 점입니다.

㉡ 그러므로 본 문단, 나아가 21장 전체를 바르게 해석하는 비결은 세 가지 요점을 파악하는데 있다 하겠습니다. 첫째는 두 번 등장하는 "거기"(26, 28)를 파악하는 일인데, "거기"란 "여호와의 사자가 여부스 사람 오르난의 타작마당에 선지라"(15하) 한, 오르난의 타작마당입니다. 18절에서는 직접으로 "오르난의 타작마당에서 단을 쌓으라" 하고 명합니다. 본문에는 "오르난의 타작마당"이라는 말이 4번(15, 18, 22, 28)이

나 등장하여 강조적인데 거기가 어떤 의미가 있는가?

　ⓒ 두 번째로 파악해야할 요점은, "번제단"입니다. 본 문단에는 "단"(壇)이라는 말이 5번(18, 22, 26, 26, 29)이나 강조되어있는데, 하나님께서 지정(指定)해주신 "거기"는 "번제단"을 쌓아야할 곳이라는 말씀입니다.

　ⓔ 세 번째로 파악해야할 요점은, "번제와 화목제, 또는 제사를 드리니라"는 의미입니다. ㉮ 거기라는 "터"나, 그 터에 쌓는 "단"의 존재의 미는, 거기 그 단에서 하나님께 번제(燔祭)를 드리기 위해서인 것입니다. 그러므로 하나님은 아브라함에게도, "내가 네게 지시하는 한 산 거기서 그를 번제로 드리라"(창 22:2) 하시고, 모세도 "유월절 제사를 각 성에서 드리지 말고 오직 네 하나님 여호와께서 그 이름을 두시려고 택하신 곳에서 드리라"(신 16:5-6) 명하였던 것입니다. 그러므로 본문에서 다윗도, "거기서 여호와를 위하여 단을 쌓고 번제와 화목제를 드렸다"(26) 말씀하고, 심지어 포로에서 귀환한 후에도 "단을 〈그 터〉에 세우고 그 위에 조석으로 여호와께 번제를 드렸다"(스 3:3) 하고 말씀하는 것입니다.

　ⓜ 그렇다면 본문을 통해서 말씀하시려는 계시는 분명해진 것입니다. "단을 쌓은 거기"는 갈보리 십자가요, 드려진 "번제와 화목제물"은 우리의 "속전(딤전 2:6), 대속제물"이 되셔서 단 번에 드려주실 그리스도를 예표한다는 점입니다. 다윗이 의지한 하나님의 긍휼은 그리스도의 구속을 통해서 나타났고, 이 대속만이 "하나님의 진노와 온역과 심판"을 면케 하는 유일한 방도라는 점입니다. 이를 계시하기 위해서 사탄이 다윗을 격동하는 것을 허용하셨고, 다윗에게는 세 가지 중 택일하라는 특이한 징계방법을 제시하셨던 것입니다. 이제 분명합니까?

첫째 단원(15-17) 성전 터를 지정하심

첫째 단원은 세 가지 요점 중 "성전 터를 지정"하시는데 있습니다.

① "하나님이 예루살렘을 멸하러 사자를 보내셨더니 사자가 멸하려 할 때에 여호와께서 보시고 이 재앙 내림을 뉘우치사 멸하는 사자에게 이르시되 족하다 이제는 네 손을 거두라 하시니"(15상),

㉠ "재앙 내림을 뉘우치사" 라는 말은 내리신 재앙이 부당(不當)한 처사라는 말이 아닙니다. 그것은 너무나 합당한 것이었습니다. 이는 "진노 중에도 긍휼"이 여기셨다는 의미입니다. 그리하여 "이르시되 족하다 이제는 네 손을 거두라" 하심은 재앙의 날을, "감하셨다"(마 24:22)는 뜻이 됩니다. 만일 하나님이 긍휼히 여기셔서 그 날들을 감하시지 않는다면 살아남을 자가 없을 것임을 암시해주고 있습니다.

㉡ "때에 여호와의 사자가 여부스 사람 오르난의 타작마당 곁에 선지라"(15하) 합니다. ㉮ "때에" 란 "네 손을 거두라" 하신 때를 가리키고, ㉯ "오르난의 타작마당 곁에 선지라" 한 것은 "네 손을 거두라", 즉 재앙을 철회(撤回)하심이 어떻게 해서 가능하여지는가를 암시해주고 있는 것입니다.

㉢ "다윗이 눈을 들어보매 여호와의 사자가 천지 사이에 섰고 칼을 빼어 손에 들고 예루살렘 편을 가리켰는지라"(16상) 합니다. 이는 예루살렘이 심판을 당할 절체절명의 위기상황임을 나타냅니다. 민수기 16장에 보면 백성들의 원망에 대한 징벌로 염병이 시작되자 모세는 아론에게, "급(急)히 회중에게로 가서 그들을 위하여 속죄하라"(민 16:46) 합니다. 영혼구원의 문제는 미룰 수 없는 화급한 일입니다.

② 그러므로 "다윗이 장로들로 더불어 굵은 베를 입고 얼굴을 땅에 대고 엎드려"(16하),

㉠ "하나님께 아뢰되 명하여 백성을 계수하게 한 자가 내가 아니니

이까 범죄하고 악을 행한 자는 곧 내니이다 이 양 무리는 무엇을 행하였나이까"(17상) 하고, 통회자복을 합니다. 다윗은 재앙을 거두어 달라고 구하고 있지 아니합니다. 왜냐하면 하나님의 의로우심이 자신이 당하는 고난보다 우선(優先)함을 알기 때문입니다. 그러므로 예루살렘이 심판을 당한 폐허 위에서 선지자 예레미야는, "여호와는 의로우시도다"(애 1:18) 하고 고백하고, 다니엘도 예루살렘의 심판이 "공의(公義)는 주께로 돌아가고 수욕(羞辱)은 우리 얼굴로 돌아온"(단 9:7) 사건이라고 고백하였던 것입니다.

③ 그러므로 "청컨대 나의 하나님 여호와여 주의 손으로 나와 내 아비의 집을 치시고 주의 백성에게 재앙을 내리지 마옵소서"(17하) 하는 것입니다.

㉠ 이것이 우리와 다른 점입니다. 우리는 하나님의 "거룩하심, 의로우심, 큰 이름, 영예" 등은 생각하지 않고 너무나 자기중심적입니다. 다시 상기시킵니다만 첫째 단원의 중심점은 심판의 시행자인, "여호와의 사자가 여부스 사람 오르난의 타작마당 곁에 선지라"(15), 즉 "여기다" 하고 터를 지정(指定)해주신데 있다는 점입니다. "속전(贖錢)을 드려야, 온역이 없다" 하신 출애굽기 30:12절에 의거하여 말씀을 드린다면 하나님은 우리가 받아야할 "진노, 재앙"을 면케 하기 위해서, "거기서" 자기 아들을 "속전(贖錢)으로" 드려주시려는 것입니다.

둘째 단원(18-25) 거기서 단을 쌓으라

둘째 단원의 중심점은 첫째 단원에서 지정해준 "거기서 단을 쌓으라"는데 있습니다. 이것이 우리가 파악해야할 두 번째 요점입니다. "여호와의 사자"가 15절에서는, "오르난의 타작마당에 선지라" 하고, 18절에서는 "오르난의 타작마당에서 단을 쌓으라" 하고 명하는 것입니다.

④ "다윗이 이에 갓이 여호와의 이름으로 이른 말씀대로 올라 가니라 때에 오르난이 밀을 타작하다가 돌이켜 천사를 보고 네 아들과 함께 숨었더니 다윗이 오르난에게 나아가매 오르난이 내어다보다가 다윗을 보고 타작마당에서 나와서 얼굴을 땅에 대고 절하매"(19-21),

㉠ "다윗이 오르난에게 이르되 이 타작하는 곳을 내게 붙이라 너는 상당한 값으로 붙이라"(22상), 즉 시가보다 후한 값을 주겠다는 것입니다. 무엇을 위해서인가? "내가 여호와를 위하여 여기 한 단을 쌓으리니 그리하면 온역이 백성 중에서 그치리라"(22하) 합니다. 우리는 물어야만 합니다. "여기 한 단을 쌓으면" 어째서 온역이 백성 중에서 그치게 된다는 말인가? 어찌하여 놋으로 만든 불뱀 "그것을 보면 살리라"(민 21:8) 하시는가? 바로 그 자리가 하나님이 아브라함에게 정하여주신 터, 곧 그리스도께서 우리를 위한 속전을 드려주실 것에 대한 모형인 성전이 세워질 터이기 때문입니다.

㉡ "오르난이 다윗에게 고하되 왕은 취(取)하소서 내 주 왕의 좋게 여기시는대로 행하소서 보소서 내가 이것들을 드리나이다 소들은 번제 물로, 곡식 떠는 기계는 화목으로, 밀은 소제물로 삼으시기 위하여 다 드리나이다"(23) 합니다. 오르난의 제의도 당연한 말일 수가 있습니다. 그러나 만일 다윗이 오르난의 제의를 받아드려 "값"을 지불함이 없이 그 곳에 단을 쌓았다면 그곳은 오르난의 소유이지 역대하 3:1절에서 말씀하는바, "그 곳은 전에 여호와께서 그 아비 다윗에게 나타나신 곳이요 여부스 사람 오르난의 타작마당에 다윗이 정(定)한 곳이라"고 말할 수는 없는 것입니다.

⑤ "다윗 왕이 오르난에게 이르되 그렇지 아니하다 내가 결단코 상당한 값으로 사리라 내가 여호와께 드리려고 네 물건을 취하지 아니하겠고 값없이는 번제를 드리지도 아니하리라"(24) 합니다. 오르난의 타작

마당이 번제를 드리기 위한 일회용이었다면 값을 주고 살 필요가 있었겠는가?

ㄱ 그리하여 "그 기지 값으로 금 육백 세겔을 달아 오르난에게 주었다"(25)고 말씀합니다. 이점을 시편에서는 "그 기지(基址)가 성산에 있음이여 여호와께서 야곱의 모든 거처보다 시온의 문들을 사랑하시는도다"(시 87:1-2) 합니다. 이렇게 해서 여호와의 사자가 지정해준 그 터에 "여호와를 위한 번제단"을 쌓을 수가 있게 된 것입니다.

셋째 단원(26-30) 거기서 화목제를 드림

셋째 단원의 중심점은 21장을 통해서 파악해야할 세 번째 요점인, "거기서 번제와 화목제를 드렸다"는데 있습니다.

⑥ "다윗이 거기서 여호와를 위하여 단을 쌓고 번제와 화목제를 드려 여호와께 아뢰었더니"(26상) 합니다.

ㄱ "거기"란 아브라함에게 지시하신 곳이요, 다윗에게 정해주신 곳입니다. 만일 "거기"에 이런 의미가 없다면 어찌하여 "오르난의 타작마당에서 단을 쌓으라" 하신단 말인가? "거기서 여호와를 위하여 단을 쌓고 번제와 화목제"를 드렸다는 것입니다. "화목제"를 드렸다는 것은, "속죄제"가 전제(前提)되는 것입니다. 왜냐하면 속죄제(贖罪祭)를 드림이 없이 하나님과 화목(和睦)한다는 것은 불가능하기 때문입니다. 그런 후에 "너희 몸을 하나님이 기뻐하시는 거룩한 산 제사로 드리라"(롬 12:1) 한, 번제가 따르게 되는 것입니다. 속죄제 → 화목제 → 번제, 이것이 바른 순서입니다. 성령께서는 이것쯤은 인식하리라 여기시기 때문에 요약하고 있는 것입니다.

ㄴ "여호와께서 하늘에서부터 번제단 위에 불을 내려 응답하시고"

(26하) 합니다. "응답하셨다"는 것은 기쁘게 열납하셨다는 뜻입니다. 달리 말하면 하나님의 공의가 손상됨이 없이, "사자를 명하시매 저가 칼을 집에 꽂았더라"(27)가 가능해졌음을 나타냅니다. "칼을 빼어 손에 들고 예루살렘 편을 가리켰는지라"(16) 한 말은 심판을 의미하고, "저가 칼을 집에 꽂았더라" 하는 것은 심판이 그치게 되었음을 가리킵니다. 그런데 이것이 그냥 된 것이 아니라는 점입니다. 그러므로 명심해야할 점은 "번제, 화목제"를 드리기 위해서는 정결한 생축이 죽임을 당해야만 했다는 점입니다. 대신 죽임을 당함으로만이, 하나님의 공의가 손상이 됨이 없이 칼을 집에 꽂는 것이 가능했던 것입니다.

　⑦ "이 때에 다윗이 여호와께서 여부스 사람 오르난의 타작마당에서 응답하심을 보고 거기서 제사를 드렸으니"(28) 합니다.

　　㉠ "옛적에 모세가 광야에서 지은 여호와의 장막과 번제단이 그 때에 기브온 산당에 있으나 다윗이 여호와의 사자의 칼을 두려워하여 감히 그 앞에 가서 하나님께 묻지 못함이라"(29-30) 하고, 21장은 끝나고 있습니다. 무슨 뜻인가? ㉮ 기브온 번제단에 가서 드려야 하느냐? 아니면 여호와의 사자가 정해준, ㉯ 오르난의 타작마당에서 드려야 하느냐? 여기 갈등이 있게 된 것입니다.

　　㉡ 다윗도 "기브온의 산당"을 중요시한 것으로 여겨집니다. 왜냐하면 그곳에 번제단이 있었기 때문이요, 이것을 정통(正統)으로 여겼기 때문일 것입니다. 그런데 하나님은 오르난의 타작마당에서 응답하시는 것이 아닌가? 그러므로 기브온 산당에 가서 제사를 드리면 여호와의 사자가 집에 꽂았던 칼을 다시 빼게 될 것이 아닌가 하는 염려가 있었다는 것입니다.

　　㉢ 여기에는 계시의 진전(進展)이 있습니다. 한 때 여호와의 성막은 실로(에브라임 지파)에 있었고, 다윗 당시는 번제단이 "기브온"(베냐민 지파)에 있었습니다. 그런데 하나님은 "오직 유다 지파와 그 사랑하는

시온산을 택하시고, 또 그 종 다윗을 택하셨다"(시 78:68, 70) 하고 말
씀합니다. 이 뜻을 좇아 언약궤도 예루살렘으로 옮겨왔고, 기브온에 있
던 "터"도 "오르난의 타작마당", 즉 옛적에 아브라함에게 지시하신 곳으
로 옮겨지게 된 것입니다.

　ⓒ 그리고 이 계시는 주님께서 사마리아 여인에게, "내 말을 믿으라
이 산에서도 말고 예루살렘에서도 말고, 아버지께 참으로 예배하는 자
들은 신령과 진정으로 예배할 때가 오나니 곧 이때라 아버지께서는 이
렇게 자기에게 예배하는 자들을 찾으시느니라"(요 4:21, 23) 하고 전진
을 하게 되는 것입니다. 무슨 말이냐 하면 신약의 성도들이 예루살렘
"거기" 가서 예배를 드려야하는 것은 아니라는 말씀입니다. 이상 말씀
드린 것을 종합을 하면, 첫째 단원에서 준비한 "터"와, 둘째 단원에서
쌓은 "단"과, 셋째 단원에서 드려진 "번제와 화목제"가 하나로 결합이
되어서, 한 분 그리스도에게서 성취될 구속사역을 계시하셨던 것입니
다. 그리고 "하늘에서부터 번제단 위에 불을 내려 응답"(26) 하심으로,
"천하 인간에 구원을 얻을 만한 다른 이름이 없다"는 점을 확증을 하신
것입니다.

　⑧ 그러므로 "다윗이 가로되 이는 여호와 하나님의 전(殿)이요, 이는
이스라엘의 번제단이라"(22:1) 하고 고백하기에 이르렀던 것입니다.

　㉠ 이는 놀라운 깨달음이라 할 수가 있는데, ㉮ 성전이 세워지기 전
에 "이는 여호와의 전(殿)이요" 했다는 것은, 성전의 참 의미를 깨달았
다는 것이 되고, ㉯ 번제단이 기브온에 있었음에도 불구하고 오르난의
타작마당을, "이는 이스라엘의 번제단이라" 한 것은 다윗도 아브라함처
럼, "나의 때 볼 것을 즐거워하다가 보고 기뻐하였다"(요 8:56)는 뜻이
되기 때문입니다.

　㉡ 이 말씀이 1차적으로는, "저는 나를 위하여 집을 건축할 것이요"
(17:12) 하신, 솔로몬이 건축할 성전 터를 지정해주는 것이요, 궁극적으

로는 온 인류의 구원이 어느 터에서 드려질 번제로 말미암아 가능하여
지는가를 증거하는 것입니다. 하나님은 다윗이 범한 인구조사라는 악을
선으로 바꾸시어 인류를 구원하실 복음을 계시하여 주셨던 것입니다.
이것이 "거기 단을 쌓고 화목제를 드리니 재앙이 그쳤다"는 당위성입니
다. 그러므로 그가 새 언약의 일꾼이요, 그리스도의 증인이라면, 21장
을 통해서 그리스도를 만나고 복음을 증거해야 마땅한 것입니다.

  ⑨ 묵상해보겠습니다.

  ㉠ "성전 터를 지정하심"에 대해서,

  ㉡ "거기서 단을 쌓으라" 하심에 대해서,

  ㉢ "거기서 화목제를 드리라" 하심에 대해서,

  ㉣ 다윗의 결론적인 고백(22:1)에 대해서.

역대상 22:2-19절 개관도표
주제 : 다윗은 준비하고 아들이 건축하리라

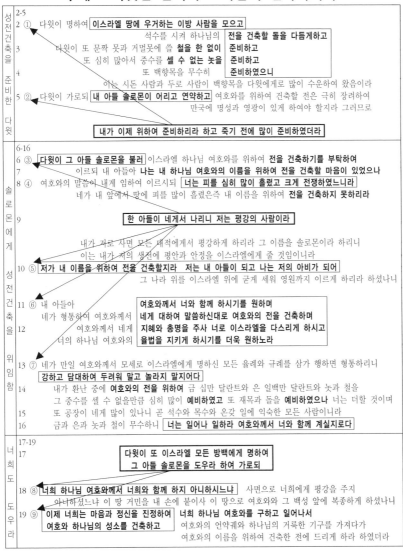

	2-5	
성전건축을 준비한 다윗	2 ① 다윗이 명하여	이스라엘 땅에 우거하는 이방 사람을 모으고
	석수를 시켜 하나님의	전을 건축할 돌을 다듬게하고
	3 다윗이 또 문짝 못과 거멀못에 쓸 철을 한 없이	준비하고
	또 심히 많아서 중수를 **셀 수 없는 놋을**	준비하고
	4 또 백향목을 무수히	준비하였으니

이는 시돈 사람과 두로 사람이 백향목을 다윗에게로 많이 수운하여 왔음이라

5 ② 다윗이 가로되 내 아들 솔로몬이 어리고 연약하고 여호와를 위하여 건축할 전은 극히 장려하여
만국에 명성과 영광이 있게 하여야 할지라 그러므로

내가 이제 위하여 준비하리라 하고 죽기 전에 많이 준비하였더라

솔로몬에게 성전 건축을 위임함	6-16

6 ③ 다윗이 그 아들 솔로몬을 불러 이스라엘 하나님 여호와를 위하여 **전을 건축하기를 부탁하여**
7 이르되 내 아들아 나는 내 하나님 여호와의 이름을 위하여 전을 건축할 마음이 있었으나
8 ④ 여호와의 말씀이 내게 임하여 이르시되 너는 피를 심히 많이 흘렸고 크게 전쟁하였느니라
네가 내 앞에서 땅에 피를 많이 흘렸은즉 내 이름을 위하여 전을 건축하지 못하리라

한 아들이 네게서 나리니 저는 평강의 사람이라

9 내가 저로 사면 모든 대적에게서 평강하게 하리라 그 이름을 솔로몬이라 하리니
이는 내가 저의 생전에 평안과 안정을 이스라엘에게 줄 것임이니라
10 ⑤ 저가 내 이름을 위하여 전을 건축할지라 저는 내 아들이 되고 나는 저의 아비가 되어
그 나라 위를 이스라엘 위에 굳게 세워 영원까지 이르게 하리라 하셨나니

11 ⑥ 내 아들아 여호와께서 너와 함께 하시기를 원하며
네게 대하여 말씀하신대로 여호와의 전을 건축하며
12 여호와께서 네게 지혜와 총명을 주사 너로 이스라엘을 다스리게 하시고
너의 하나님 여호와의 율법을 지키게 하시기를 더욱 원하노라

13 ⑦ 네가 만일 여호와께서 모세로 이스라엘에게 명하신 모든 율례와 규례를 삼가 행하면 형통하리니
강하고 담대하여 두려워 말고 놀라지 말지어다
14 내가 환난 중에 여호와의 전을 위하여 금 십만 달란트와 은 일백만 달란트와 놋과 철을
그 중수를 셀 수 없을만큼 심히 많이 예비하였고 또 재목과 돌을 예비하였으나 너는 더할 것이며
15 또 공장이 네게 많이 있나니 곧 석수와 목수와 온갖 일에 익숙한 모든 사람이니라
16 금과 은과 놋과 철이 무수하니 너는 일어나 일하라 여호와께서 너와 함께 계실지로다

너희도 도우라	17-19

17 다윗이 또 이스라엘 모든 방백에게 명하여
그 아들 솔로몬을 도우라 하여 가로되

18 ⑧ 너희 하나님 여호와께서 너희와 함께 하지 아니하시느냐 사면으로 너희에게 평강을 주지
아니하셨느냐 이 땅 거민을 내 손에 붙이사 이 땅으로 여호와와 그 백성 앞에 복종하게 하셨나니
19 ⑨ 이제 너희는 마음과 정신을 진정하여 너희 하나님 여호와를 구하라 일어나서
여호와 하나님의 성소를 건축하고 여호와의 언약궤와 하나님의 거룩한 기구를 가져다가
여호와의 이름을 위하여 건축한 전에 드리게 하라 하였더라

22:2-19절
다윗은 준비하고 아들이 건축하리라

> [9]한 아들이 네게서 나리니 저는 평강의 사람이라 내가 저로 사면 모든 대적에게서 평강하게 하리라 그 이름을 솔로몬이라 하리니 이는 내가 저의 생전에 평안과 안정을 이스라엘에게 줄 것임이니라.

　　22장의 문맥은, 21장에서 지정하여주신 "그 기지"(基址 21:25), 즉 오르난의 타작마당에 성전을 건축할 준비를 하는 내용입니다. 도표를 보시면 첫째 단원은, "죽기 전에 많이 준비하였더라"를 중심으로, ① "다윗이 이스라엘에 거하는 이방인을 모아, 전을 건축할 돌을 다듬게 하고", ② "솔로몬은 어리고 연약하여, 내가 준비하리라" 합니다. 둘째 단원은 "한 아들이 네게서 나리니"를 중심으로, ③ "솔로몬을 불러 성전건축을 위임하면서", ④ 하나님이 "너는 피를 많이 흘려 전을 건축하지 못하고, 한 아들이 네게 나리니", ⑤ "저가 내 이름을 위하여 전을 건축하리라" 하셨다고 말하고, ⑥ "여호와께서 너와 함께 하시기를 원하노라"

하면서, ⑦ "강하고 담대하라" 하고 격려합니다. 셋째 단원은 "이스라엘 모든 방백에게 솔로몬을 도우라"를 중심으로, ⑧ "하나님이 너희와 함께 하신다" 하면서, ⑨ "마음과 정신을 다하여, 성소를 건축하라" 하고 권면합니다.

첫째 단원(2-5) **성전건축을 준비한 다윗**
둘째 단원(6-16) **솔로몬에게 성전건축을 위임함**
셋째 단원(17-19) **방백들에게 도우라함**

주제(主題) : 다윗은 준비하고 아들이 건축하리라

㉠ 22장 이하는 다윗시대를 마감하고, 솔로몬시대를 맞이하기 위한 준비(準備)라 할 수가 있습니다. 이를 문맥적으로 보면, 21장에서 성전 터를 마련하고, 본장에서는 성전건축을 준비하는 내용입니다. 우리는 솔로몬이 성전을 건축했다 말하지만 본문을 상고해보면 다윗의 헌신적인 준비가 있었기 때문임을 깨닫게 됩니다.

㉡ 그러면 이처럼 성전건축을 열망한 다윗에게는 어찌하여 성전건축이 허락이 되지 않았는가? 이점을 그토록 약속의 땅 가나안에 들어가기를 갈망한 모세에게 어찌하여 허락이 되지 않았는가를 들어서 설명함이 도움이 될 것입니다. 표면적인 이유는 하나님의 말씀을 불신하고 "반석을 두 번 쳤기"(민 20:11) 때문으로 되어 있습니다. 그런데 이를 구속사라는 맥락에서 보면 모세는 율법의 대명사요, "율법"은 백성들을 약속의 땅으로 인도할 수가 없고 율법의 기능은, "우리를 그리스도에게로 인도하는 몽학선생"(갈 3:24)이라고 말씀합니다.

㉢ 다윗에게 성전건축이 허락이 되지 않은 표면적인 이유는, "전쟁을 하여 피를 많이 흘렸기"(8) 때문이라는 것입니다. 그런데 이를 구속

사라는 맥락으로 보면, "한 아들이 네게서 나리니 저가 전을 건축하리라"(9-10) 하신, "한 아들"을 드러내기 위함임을 깨달아야만 하는 것입니다. 성경은 그리스도를 "다윗의 아들"이라 말씀하고, 주님은 "내가 이 반석 위에 내 교회를 세우리라"(마 16:18) 하고 선언하심으로 성취가 되는 것입니다.

ⓐ 어찌하여 다윗의 "한 아들" 그리스도가 세운다 하시는가? 하나님이 거하실 성전은 "돌, 금, 놋"과 같은 물질을 가지고 사람의 손으로 지은 것이 아니라, 구속하여 하나님의 백성을 삼은 성도들로 세워지기 때문입니다. 이를 드러내기 위해서 "한 아들"이라 하시고, 이사야 선지자는 "이는 한 아기가 우리에게 났고 한 아들을 우리에게 주신바 되었는데"(사 9:6) 하고 예언하고 있는 것입니다. 그런데 하나님은 무조건 "너는 안 된다" 하시는 것이 아니라, 유기적으로 역사하시어 이에 합당한 이유를 말씀하시는 것입니다. 모세도 그러했고, 다윗도 그러한 것입니다. 이를 알았기에 다윗은 전심전력으로 준비를 하는 것으로 만족하고 있는 것입니다.

첫째 단원(2-5) 성전건축을 준비한 다윗

① "다윗이 명하여 이스라엘 땅에 우거하는 이방 사람을 모으고 석수를 시켜 하나님의 전을 건축할 돌을 다듬게 하고"(2),

㉠ "다윗이 또 문짝 못과 거멀못에 쓸 철을 한 없이 준비하고 또 심히 많아서 중수를 셀 수 없는 놋을 준비하고 또 백향목을 무수히 준비하였으니 이는 시돈 사람과 두로 사람이 백향목을 다윗에게로 많이 수운하여 왔음이라"(3-4) 합니다.

② "다윗이 가로되 내 아들 솔로몬이 어리고 연약하고 여호와를 위하여 건축할 전은 극히 장려하여 만국에 명성과 영광이 있게 하여야 할지

라"(5상) 합니다.

ㄱ 솔로몬을 "어리고 연약하다" 하는데, 이는 나이가 어리고 신체적으로 연약하다는 뜻이기보다는, "평강의 사람이라"(9) 한 말이 상징하듯이 전투적이었던 다윗과 대조적인 면에서 하는 말입니다. "그러므로 내가 이제 위하여 준비하리라 하고 죽기 전에 많이 준비하였더라"(5하) 합니다.

ㄴ 이 말씀을 구속사라는 관점으로 본다면 모든 그리스도인들이 "죽기 전"에 힘써야할 사명은 "하나님의 나라건설"을 위한 준비라 할 수가 있습니다. 무엇으로 준비하는가? 복음을 전해줌으로 잃어버린 자를 한 사람이라도 찾으면 그만큼 준비하는 것이 됩니다. 왜냐하면 하나님의 나라건설은, "연결하여 주 안에서 성전이 되어가는"(엡 2:21) 것이기 때문입니다. 또한 제자훈련을 통해서 준비할 수가 있습니다. 왜냐하면 "이는 성도를 온전케 하며 봉사의 일을 하게 그리스도의 몸을 세우려 하심이라"(엡 4:12) 하고 말씀하기 때문입니다.

ㄷ 한 가지 명심해야할 점은 "여호와를 위하여 건축할 전은 극히 장려하여 만국에 명성과 영광이 있게" 건축해야한다는 점입니다. 그러므로 "어떻게 그 위에 세우기를 조심"해야 한다는 점입니다. "만일 누구든지 금이나 은이나 보석이나 나무나 풀이나 짚으로 이 터 위에 세우면, 불이 각 사람의 공력이 어떠한 것을 시험할 것임이니라"(고전 3:10, 12-13) 합니다. 형제가 준비하고 있는 자재는 "금, 은, 보석"입니까? 아니면 불에 타서 없어질 "나무나 풀이나 짚"입니까?

둘째 단원(6-16) 솔로몬에게 성전건축을 위임함

③ "다윗이 그 아들 솔로몬을 불러 이스라엘 하나님 여호와를 위하여

전을 건축하기를 부탁하여"(6),

㉠ "이르되 내 아들아 나는 내 하나님 여호와의 이름을 위하여 전을 건축할 마음이 있었으나"(7),

④ "여호와의 말씀이 내게 임하여 이르시되 너는 피를 심히 많이 흘렸고 크게 전쟁하였느니라 네가 내 앞에서 땅에 피를 많이 흘렸은즉 내 이름을 위하여 전을 건축하지 못하리라"(8) 하시면서,

㉠ "한 아들이 네게서 나리니 저는 평강의 사람이라 내가 저로 사면 모든 대적에게서 평강하게 하리라 그 이름을 솔로몬이라 하리니 이는 내가 저의 생전에 평안과 안정을 이스라엘에게 줄 것임이니라"(9),

⑤ "저가 내 이름을 위하여 전을 건축 할지라 저는 내 아들이 되고 나는 저의 아비가 되어 그 나라 위를 이스라엘 위에 굳게 세워 영원까지 이르게 하리라 하셨다"(10) 하고 말해줍니다. 이 말이 솔로몬에게 얼마나 큰 격려가 되었을 것인가?

㉠ 여러 번 말씀드렸습니다만, 이 말씀은 1차적으로는 솔로몬을 가리키는 것이지만 궁극적으로는 그리스도에게서 성취될 예언이었던 것입니다. 이점이 "한 아들"이라 하심과, "저는 내 아들이 되고 나는 저의 아비가 되어" 라는 말씀에 나타나고, "그 나라 위를 이스라엘 위에 굳게 세워 영원까지 이르게 하리라" 하신, "영원까지"라는 말씀이 강력하게 증거합니다.

⑥ 그러므로 "내 아들아 여호와께서 너와 함께 하시기를 원하며 네가 형통하여 여호와께서 네게 대하여 말씀하신대로 여호와의 전을 건축하며"(11),

㉠ "여호와께서 네게 지혜와 총명을 주사 너로 이스라엘을 다스리게 하시고 너의 하나님 여호와의 율법을 지키게 하시기를 더욱 원하노라"(12).

⑦ "네가 만일 여호와께서 모세로 이스라엘에게 명하신 모든 율례와

규례를 삼가 행하면 형통하리니 강하고 담대하여 두려워 말고 놀라지 말지어다"(13) 하고, 축복과 훈계를 합니다.

　　㉠ 이를 요약을 하면,

　　　㉮ 여호와께서 너와 함께 하시기를 원한다.

　　　㉯ 말씀하신 대로 성전을 건축하게 되기를 바란다.

　　　㉰ 네게 지혜와 총명을 주사 백성들을 다스리기를 원한다.

　　　㉱ 여호와의 율례와 규례를 지키게 하시기를 원한다.

　　　㉲ 강하고 담대하여 두려워 말고 놀라지 말라는 말씀입니다.

　　㉡ "내가 환난 중에 여호와의 전을 위하여 금 십만 달란트와 은 일백만 달란트와 놋과 철을 그 중수를 셀 수 없을 만큼 심히 많이 예비하였고 또 재목과 돌을 예비하였으나 너는 더할 것이며 또 공장이 네게 많이 있나니 곧 석수와 목수와 온갖 일에 익숙한 모든 사람이니라 금과 은과 놋과 철이 무수하니 너는 일어나 일하라 여호와께서 너와 함께 계실지로다"(14-16) 합니다.

　　㉢ 다윗은 골리앗을 이긴 것을 시작으로 평생을 전쟁을 한 사람이라 할 수가 있습니다. 그러나 다윗이 수행한 전쟁은, "여호와의 싸움을 싸운"(삼상 25:28), 즉 선한 싸움을 싸운 것입니다. 이점을 "환난 중에"라고 표현하고 있습니다. 다윗의 결론의 말은 감동적입니다. "너는 일어나 일하라, 여호와께서 너와 함께 계실지로다"!

셋째 단원(17-19) 방백들에게 도우라함

　셋째 단원은, "다윗이 또 이스라엘 모든 방백에게 명하여 그 아들 솔로몬을 도우라"(17) 하는 말입니다.

　　⑧ "너희 하나님 여호와께서 너희와 함께 하지 아니하시느냐 사면으

로 너희에게 평강을 주지 아니하셨느냐 이 땅 거민을 내 손에 붙이사
이 땅으로 여호와와 그 백성 앞에 복종하게 하셨나니"(18),

　㉠ 이를 요약을 하면,

　　㉮ 하나님이 너희와 함께 하신다.

　　㉯ 사면으로 평강을 주셨다.

　　㉰ 이 땅 거민을 복종하게 하셨나니,

　⑨ "이제 너희는 마음과 정신을 진정하여 너희 하나님 여호와를 구하
고 일어나서 여호와 하나님의 성소를 건축하고 여호와의 언약궤와 하나
님의 거룩한 기구를 가져다가 여호와의 이름을 위하여 건축한 전에 드
리게 하라"(19)는 말씀입니다.

　㉠ 역사서에 등장하는 왕들을 보면 혹 선한 왕이 있습니다. 그런데
공통점이 있는데 시작은 하나님께 합당하게 행하였으나 마지막이 나쁘
다는 점입니다. 다윗은 마지막이 더욱 아름답습니다. 다윗은 "세상에서
는 너희가 환난을 당하나 담대하라 내가 세상을 이기었노라"(요 16:33)
하신, 승리하신 그리스도를 예표합니다. 반면 솔로몬은 "평강의 사람이
라, 평안과 안정을 이스라엘에게 줄 것임이니라"(9) 하신, 고난 후에 영
광을 받으실 그리스도를 예표합니다. 그러므로 다윗이 솔로몬과 모든
방백들에게 한 권면과 훈계는, 떠나시려는 주님께서 제자들에게 하시는
말씀으로 다가오는 것입니다.

　⑩ 묵상해보겠습니다.

　㉠ 성전을 "한 아들"이 건축하리라는 구속사적 의미에 대해서,

　㉡ 솔로몬에게 행한 축복과 훈계에 대해서,

　㉢ 방백들에게 행한 권면에 대해서.

역대상 23장 개관도표
주제 : 제사장을 수종들 레위인 반차와 직무

레위인 족속의 반열	1-23	
	1	다윗이 나이 많아 늙으매 아들 솔로몬으로 이스라엘 왕을 삼고
	2	이스라엘 모든 방백과 제사장과 레위 사람을 모았더라
	3 ①	레위 사람은 삼십 세 이상으로 계수하였으니 모든 남자의 명수가 삼만 팔천인데
	4	그 중에 이만 사천은 여호와의 전 사무를 보살피는 자요 육천은 유사와 재판관이요
	5	사천은 문지기요 사천은 다윗의 찬송하기 위하여 지은 악기로 여호와를 찬송하는 자라
	6 ②	다윗이 레위의 아들 게르손과 그핫과 므라리의 각 족속을 따라 그 반열을 나누었더라
	7	게르손 자손은 라단과 시므이라 8, 라단의 아들들은 족장 여히엘과 또 세담과 요엘 세 사람이요
	9	시므이의 아들들은 슬로밋과 하시엘과 하란 세 사람이니 이는 라단의 족장들이며
	10	또 시므이의 아들들은 야핫과 시나와 여우스와 브리아니 이 네 사람도 시므이의 아들이라
	11	그 족장은 야핫이요 그 다음은 시사며 여우스와 브리아는 아들이 많지 아니하므로
		저희와 한 족속으로 계수되었더라
	12	그핫의 아들들은 아므람과 이스할과 헤브론과 웃시엘 네 사람이라
	13	아므람의 아들들은 아론과 모세니 아론은 그 자손들과 함께 구별되어 몸을 성결케 하여
		영원토록 지극히 거룩한 자가 되어 여호와 앞에 분향하며 섬기며
		영원토록 그 이름을 받들어 축복하게 되었으며
	14	하나님의 사람 모세의 아들들은 레위 지파 중에 기록되었으니
	15	모세의 아들은 게르솜과 엘리에셀이라 16, 게르솜의 아들 중에 스브엘이 족장이 되었고
	17	엘리에셀의 아들은 족장 르하뱌라 엘리에셀이 이 외에는 다른 아들이 없고
		르하뱌의 아들은 심히 많았으며 18, 이스할의 아들은 족장 슬로밋이요
	19	헤브론의 아들들은 족장 여리야와 둘째 아마랴와 셋째 야하시엘과 넷째 여가므암이며
	20	웃시엘의 아들은 족장 미가와 그 다음 잇시야더라
	21	므라리의 아들들은 마흘리와 무시요 마흘리의 아들들은 엘르아살과 기스라
	22	엘르아살이 아들이 없이 죽고 딸만 있더니 그 형제 기스의 아들이 저에게 장가 들었으며
	23	무시의 아들들은 마흘리와 에델과 여레못 세 사람이더라
레위인의 직무 분담	24-32	
	24	이는 다 레위 자손이니 그 종가를 따라 계수함을 입어 이름이 기록되고
		여호와의 전에서 섬기는 일을 하는 이십 세 이상 된 족장들이라
	25	다윗이 이르기를 이스라엘 하나님 여호와께서 평강을 그 백성에게 주시고 예루살렘에 영원히 거하시나니
	26 ③	레위 사람이 다시는 성막과 그 가운데서 쓰는 모든 기구를 멜 것이 없다 한지라
	27	다윗의 유언대로 레위 자손이 이십 세 이상으로 계수되었으니
	28 ④	그 직분은 아론의 자손에게 수종들어 여호와의 전과 뜰과 골방에서 섬기고 또 모든 성물을
		정결케 하는 일 곧 하나님의 전에서 섬기는 일과 29, 또 진설병과 고운 가루의 소제물 곧
		무교전병이나 남비에 지지는 것이나 반죽하는 것이나 또 모든 저울과 자를 맡고
	30	새벽과 저녁마다 서서 여호와께 축사하며 찬송하며 31, 또 안식일과 초하루와 절기에 모든 번제를
		여호와께 드리되 그 명하신 규례의 정한 수효대로 항상 여호와 앞에 드리며 32, 또 회막의 직무와
		성소의 직무와 그 형제 아론 자손의 직무를 지켜 여호와의 전에서 수종드는 것이더라

제사장을 수종들 레위인 반차와 직무

[4-5]그 중에 이만 사천은 여호와의 전 사무를 보살피는 자요
육천은 유사와 재판관이요 사천은 문지기요 사천은 다윗의
찬송하기 위하여 지은 악기로 여호와를 찬송하는 자라.

　　23장은 "제사장을 수종들 레위인 반차와 직무분담"입니다. 이를 문맥
적으로 보면, 21장에서는 성전 터를 준비하고, 22장에서는 성전을 건축
할 자재를 준비한 다음에, 23장에서는 건축될 성전에서 제사장을 수종
들 레위인들을 계수하여 반차를 정하고 직무를 분담시키는 문맥입니다.
이렇게 하고 있는 것도 "성전건축 준비"의 일환이라는 점을 유념해야만
합니다.
　　도표를 보시면 첫째 단원은 "다윗이 늙으매 솔로몬으로 왕을 삼고,
방백, 제사장, 레위인을 모았더라"를 중심으로, ① "레위 사람을 30세
이상으로 계수하니 3만 8천명인데", ② "레위의 세 아들 게르손, 그핫,
므라리의 각 족속을 따라 반열을 나누었더라" 합니다. 둘째 단원은 "여

호와의 전에서 섬길 20세 이상 레위족장들"을 중심으로, ③ 성막을 메는 일이 없게 되었으므로 "20세 이상"으로 계수하여, ④ 수종들 여러 가지 직무를 분담시킵니다.

첫째 단원(1-23) **레위인 족속의 반열**
둘째 단원(24-32) **레위인의 직무분담**

주제(主題) : 제사장을 수종들 레위인 반차와 직무

㉠ 집만 있다고 가정(家庭)이 아니듯이 성전건물만 세워진다고 해서 "하나님의 교회"는 아닌 것입니다. 중요한 것은 그 안에서 섬길 사람입니다. 그러니까 22장이 성전건축의 하드웨어를 준비하는 것이라면, 23장-27장까지는 소프트웨어를 준비하는 셈입니다. 준비한 그릇에 채우는 작업을 하고 있는 것입니다.

㉡ 30세 이상으로 계수함을 받은 자의 수가 3만 8천명이라 합니다. 민수기에서 계수할 때에는 8,580명이었는데(민 4:48) 4배 이상 증가한 것입니다. 이들을 크게 네 부류로 나누었는데,

㉮ 2만 4천명은 여호와의 전 사무를 보살피게 하고,

㉯ 6천명은 유사와 재판관이요,

㉰ 4천명은 문지기요,

㉱ 4천명은 찬송하는 자라(3-5) 합니다. 이 비율이 시사해주는 의미를 음미해보아야 할 것입니다.

첫째 단원(1-23) 레위인 족속의 반열

"다윗이 나이 많아 늙으매 아들 솔로몬으로 이스라엘 왕을 삼고, 이스라엘 모든 방백과 제사장과 레위 사람을 모았더라"(1) 한 말은 포괄적인 표현입니다. 왜냐하면 역대기에서는 침묵하고 있지만, 열왕기상에 의하면 늙은 다윗 왕의 후계를 놓고 음모가 있었음을 보게 됩니다. 이런 배경에서 "방백, 제사장, 레위인"을 소집하고, "솔로몬으로 왕을 삼고" 하는 말은, 후계구도를 확고하게 했다는 의미가 되기 때문입니다.

① 그런 후에 우선적으로, "레위 사람은 삼십 세 이상으로 계수하였으니 모든 남자의 명수가 삼만 팔천인데"(3) 하고 말씀하는 것은 매우 의미심장한 말씀입니다.

㉠ 왜냐하면 다윗의 "하나님중심, 예배중심"의 사상이 나타나기 때문입니다. 신정왕국에도 정치(政治)는 있습니다. 그러나 다윗은 우선순위를 정치논리에 두고 있는 것이 아니라, 성전에서 하나님께 바른 예배가 드려짐으로 해서 하나님과의 바른 관계가 유지되기를 우선시하는 예배중심임을 말해주고 있습니다.

㉡ "모든 남자의 명수가 3만 8천인데, 그 중에 24,000은 여호와의 전 사무를 보살피는 자요"4상) 합니다. 이들은 제사 드리는, 즉 하나님께 예배하는 일을 수종든 예배위원이라 할 수가 있습니다. 2만4천명을 24반열로 편성했다면 한 반열에 1,000명이 속하게 되고, 1년을 50주로 친다면 1년에 2주(週) 정도의 봉사차례가 돌아오게 된다는 계산이 됩니다. 이 2주를 위해서 1년을 준비한다면 얼마나 전심전력을 다했을 것인가?

㉢ 6,000은 유사와 재판관이요, 4,000은 문지기요, 4,000은 다윗의 찬송하기 위하여 지은 악기로 여호와를 찬송하는 자라"(4-5) 합니다.

② 이들은 "다윗이 레위의 아들 게르손과 그핫과 므라리의 각 족속을

따라 그 반열을 나누었더라"(6) 합니다.

㉠ 7-11절은 "게르손 자손", 12-20절까지는 "그핫 자손", 21-23절은 "므라리 자손"의 반차에 속한 자들의 명단입니다. 주목하게 되는 점은 "그핫"(고핫)의 자손 중, "아므람의 아들들은 아론과 모세니"(13상) 한 말씀입니다. 여기 "모세와, 아론"이 등장하는데 "모세"는 왕적인 영도자 요, "아론"은 대제사장이 되어 하나님과 백성 사이를 중보한 자입니다.

㉡ 그러므로 "아론은 그 자손들과 함께,

㋐ 구별(區別)되어,

㋑ 몸을 성결(聖潔)케 하여,

㋒ 영원(永遠)토록 지극히 거룩한 자가 되어,

㋓ 여호와 앞에 분향(焚香)하며 섬기며,

㋔ 영원토록 그 이름을 받들어 축복(祝福)하게 되었으며"(13) 한, 영광스러운 직분이 주어진 것입니다. 이들의 직무에는 두 방면이 있는 데 첫째는, "여호와 앞에 분향하며 섬기는" 직무요, 둘째는 "그 이름을 받들어 (백성들을) 축복하는" 직무입니다.

㉢ 이 "아론의 반차"에 대한 상론은, 다음 24장에서 확대하여 보여 주는데 이렇게 하고 있는 것은 그 직무가 영광스럽고 책임이 막중하기 때문입니다. 이에 관심을 기울이게 되는 것은 신약성경이, "너희도 산 돌같이 신령한 집으로 세워지고 예수 그리스도로 말미암아 하나님이 기 쁘게 받으실 신령한 제사를 드릴 거룩한 제사장이 될지니라"(벧전 2:5) 하고 말씀하기 때문입니다. 신약의 성도들은 모두가 다 "왕 같은 제사 장들"입니다. 그렇다면 ㋐ 구별(區別)되어, ㋑ 몸을 성결(聖潔)케 하여, ㋒ 영원(永遠)토록 지극히 거룩한 자가 되어, ㋓ 여호와 앞에 분향(焚香)하며 섬기며, ㋔ 영원토록 그 이름을 받들어 축복(祝福)하게 되었으며"(13) 한 제사장적인 임무를 명심해야만 마땅합니다.

둘째 단원(24-32) 레위인의 직무분담

둘째 단원은 "레위인의 직무분담"인데, "이는 다 레위 자손이니 그 종가를 따라 계수함을 입어 이름이 기록되고 여호와의 전에서 섬기는 일을 하는 이십 세 이상 된 족장들이라"(24) 합니다.

③ 3절에서는 "30세 이상"이라 말씀하고, 24절에서는 어찌하여 "20세 이상"이라 말씀하는가? "다윗이 이르기를 이스라엘 하나님 여호와께서 평강을 그 백성에게 주시고 예루살렘에 영원히 거하시나니 레위 사람이 다시는 성막과 그 가운데서 쓰는 모든 기구를 멜 것이 없다 한지라"(25-26),

㉠ 즉 광야교회 당시는 무거운 성막의 기구들을 운반해야 하기 때문에 30-50세로 규정하였으나, 성전이 세워진 후에는 이런 중노동을 할 일이 없음으로, "다윗의 유언대로 레위 자손이 이십 세 이상으로 계수되었다"(27)는 것입니다.

④ "그 직분은 아론의 자손에게 수종들어 여호와의 전과 뜰과 골방에서 섬기고 또 모든 성물을 정결케 하는 일 곧 하나님의 전에서 섬기는 일과"(28),

㉠ "또 진설병과 고운 가루의 소제물 곧 무교전병이나 냄비에 지지는 것이나 반죽하는 것이나 또 모든 저울과 자를 맡고"(29),

㉡ "새벽과 저녁마다 서서 여호와께 축사하며 찬송하며 또 안식일과 초하루와 절기에 모든 번제를 여호와께 드리되 그 명하신 규례의 정한 수효대로 항상 여호와 앞에 드리며 또 회막의 직무와 성소의 직무와 그 형제 아론 자손의 직무를 지켜 여호와의 전에서 수종드는 것이더라"(30-32) 합니다. 다윗은 죽기 전에 예배 질서를 확립해 놓았던 것입니다. 이는 다윗이 임의로 한 것이 아니라 "성신의 가르치심"(28:12)을 따른 것으로 보아야만 합니다. "하나님은 어지러움의 하나님이 아니시오

오직 화평의 하나님"(고전 14:33)이십니다.

　ⓒ 이상 23장에 나타난 레위인들의 직무 중에는, "냄비에 지지는 일, 반죽하는 일, 저울과 자를 관리하는 일, 감사기도(축사)하는 일, 찬송하는 일"(29-30) 등이 있습니다. 이 말씀은 포로에서 귀환한 자들에게, ㉮ 자신의 소속(所屬)과, ㉯ 위치(位置)와, ㉰ 직무(職務)가 무엇인가를 인식하는데 중요한 길잡이가 되고 격려가 되었을 것이 분명합니다.

　⑤ 묵상해보겠습니다.

　㉠ 23장의 문맥적인 의미에 대해서,

　㉡ "레위 자손"을 우선시 하는 다윗의 예배중심에 대해서,

　㉢ 하나님의 교회에 있어서 자신의 위치와 직무에 대해서.

역대상 24장 개관도표
주제 : 제사장을 24반차로 편성하여 섬기게 함

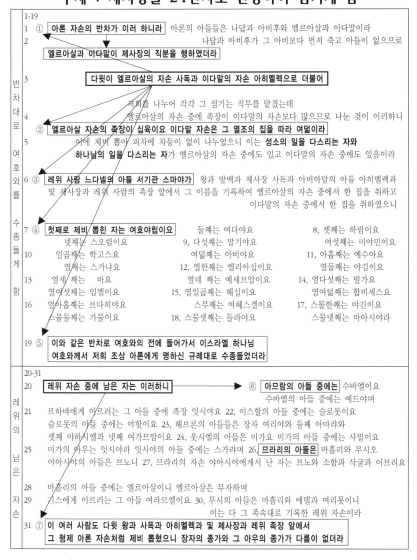

반
차
대
로

여
호
와
를

수
종
들
게

함

1-19

1 ① 아론 자손의 반차가 이러 하니라 │ 아론의 아들들은 나답과 아비후와 엘르아살과 이다말이라
2 나답과 아비후가 그 아비보다 먼저 죽고 아들이 없으므로
엘르아살과 이다말이 제사장의 직분을 행하였더라

3 다윗이 엘르아살의 자손 사독과 이다말의 자손 아히멜렉으로 더불어
저희를 나누어 각각 그 섬기는 직무를 맡겼는데
엘르아살의 자손 중에 족장이 이다말의 자손보다 많으므로 나눈 것이 이러하니
4 ② 엘르아살 자손의 족장이 십육이요 이다말 자손은 그 열조의 집을 따라 여덟이라
5 이에 제비 뽑아 피차에 차등이 없이 나누었으니 이는 성소의 일을 다스리는 자와
하나님의 일을 다스리는 자가 엘르아살의 자손 중에도 있고 이다말의 자손 중에도 있음이라
6 ③ 레위 사람 느다넬의 아들 서기관 스마야가 │ 왕과 방백과 제사장 사독과 아비아달의 아들 아히멜렉과
및 제사장과 레위 사람의 족장 앞에서 그 이름을 기록하여 엘르아살의 자손 중에서 한 집을 취하고
이다말의 자손 중에서 한 집을 취하였으니

7 ④ 첫째로 제비 뽑힌 자는 여호야립이요 │ 둘째는 여다야요 │ 8, 셋째는 하림이요
넷째는 스오림이요 │ 9, 다섯째는 말기야요 │ 여섯째는 미야민이요
10 일곱째는 학고스요 │ 여덟째는 아비야요 │ 11, 아홉째는 예수아요
열째는 스가냐요 │ 12, 열한째는 엘리아십이요 │ 열둘째는 야김이요
13 열세 째는 바요 │ 열네 째는 예세브압이요 │ 14, 열다섯째는 빌가요
열여섯째는 임멜이요 │ 15, 열일곱째는 헤실이요 │ 열여덟째는 합비세스요
16 열아홉째는 브다히야요 │ 스무째는 여헤스겔이요 │ 17, 스물한째는 야긴이요
스물둘째는 가물이요 │ 18, 스물셋째는 들라야요 │ 스물넷째는 마아시야요

19 ⑤ 이와 같은 반차로 여호와의 전에 들어가서 이스라엘 하나님
여호와께서 저희 조상 아론에게 명하신 규례대로 수종들었더라

레
위
의

남
은

자
손

20-31

20 레위 자손 중에 남은 자는 이러하니 ⟶ ⑥ 아므람의 아들 중에는 수바엘이요
수바엘의 아들 중에는 예드야며
21 르하뱌에게 이르러는 그 아들 중에 족장 잇시야요 22, 이스할의 아들 중에는 슬로못이요
슬로못의 아들 중에는 야핫이요 23, 헤브론의 아들들은 장자 여리야와 둘째 아마랴와
셋째 야하시엘과 넷째 여가므암이요 24, 웃시엘의 아들은 미가요 미가의 아들 중에는 사밀이요
25 미가의 아우는 잇시야라 잇시야의 아들 중에는 스가랴요 26, 므라리의 아들은 마흘리와 무시오
야아시야의 아들은 브노니 27, 므라리의 자손 야아시야에게서 난 자는 브노와 소함과 삭굴과 이브리요
28 마흘리의 아들 중에는 엘르아살이니 엘르아살은 무자하며
29 기스에게 이르러는 그 아들 여라므엘이요 30, 무시의 아들은 마흘리와 에델과 여리못이니
이는 다 그 족속대로 기록한 레위 자손이라
31 ⑦ 이 여러 사람도 다윗 왕과 사독과 아히멜렉과 및 제사장과 레위 족장 앞에서
그 형제 아론 자손처럼 제비 뽑혔으니 장자의 종가와 그 아우의 종가가 다름이 없더라

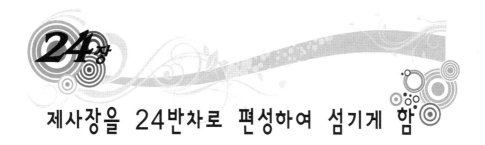

제사장을 24반차로 편성하여 섬기게 함

> ⁴엘르아살의 자손 중에 족장이 이다말의 자손보다 많으므
> 로 나눈 것이 이러하니 엘르아살 자손의 족장이 십육이요
> 이다말 자손은 그 열조의 집을 따라 여덟이라.

24장은 "아론 자손의 반차", 즉 제사장들을 24반차로 편성하여 섬기게 한 내용입니다. 아론의 아들은 "나답, 아비후, 엘르아살, 이다말" 네 명이었으나 "나답과 아비후"가 명하지 않은 불로 드리다가 자식이 없이 죽었기 때문에 "엘르아살과 이다말" 두 족속이 제사장 직무를 담당하게 된 것입니다.

도표를 보시면 첫째 단원은 "엘르아살의 자손 사독과, 이다말의 자손 아히멜렉으로 더불어"를 중심으로, ① "아론의 반차가 이러하니라, 엘르아살과 이다말이 제사장 직분을 행하였더라", 그래서 두 직계인 "사독과 아히멜렉"과 더불어 의론하여 인원수의 비율을 따라, ② 엘르아살 계통에 16반차, 이다말 계통에 8반차를 할당하여, ③ "서기관 스마야가

왕과 방백 제사장들 앞에서" 제비를 뽑아, ④ 24반차를 정하였는데, ⑤
"이와 같은 반차로 여호와의 전에 들어가 수종들었더라" 합니다. 둘째
단원은 "레위 자손 중 남은 자"를 중심으로, ⑥ "아므람의 아들 중에는,
므라리의 아들은" 하고 말씀하면서, ⑦ "이 사람들도 왕과 제사장 앞에
서 제비 뽑힌 자들이라" 합니다.

　첫째 단원(1-19) **반차대로 여호와를 수종들게 함**
　둘째 단원(20-31) **레위의 남은 자손**

주제(主題) : 제사장을 24반차로 편성하여 섬기게 함

　㉠ 23장에서는 제사장을 수종들 레위인들을 24반열로 편성하고, 24
장에서는 제사장들을 24반열로 편성을 하고, 25장에서는 찬양대를 편성
하고, 26장에서는 문지기 등 여러 직무를 분담케 하고, 27장에서는 천
부장, 백부장, 유사 등의 반차를 나누는 것을 보게 됩니다. 이렇게 하는
의도가 무엇인가? 다윗은 말하기를, "내 아들 솔로몬은 어리고 연약하
고 여호와를 위하여 건축할 전은 극히 장려(壯麗)하여 만국에 명성과
영광이 있게 하여야 할지라 그러므로 내가 이제 위하여 준비하리라"(22
:5) 했습니다.

　㉡ 다윗은 성전을 건축할 자재(資材)만을 준비한 것이 아니라, 그
안에서 여호와를 섬길 내적(內的)인 질서까지를 준비하고 있는 것입니
다. 그러므로 조직을 확고하게 하므로 자신이 떠난 후 어린 솔로몬이
왕위에 오르게 되었을 때에 일어날 수 있는 혼란을 사전에 방지하기 위
해서인 것입니다. 만에 하나라도 시기와 분쟁이 일어난다면 "만국에 명
성(名聲)과 영광(榮光)이 있게 해야 할" 하나님의 교회가 손상을 입게
될 것이기 때문입니다.

ⓒ 다윗이 확립해놓은 제사장 반열의 기틀이 예수님 당시까지도 이어져 내려온 것을 보게 되는데, "유대 왕 헤롯 때에 아비야 반열에 제사장 하나가 있으니 이름은 사가랴요" 합니다. 세례 요한의 아버지인 사가랴는 본문 10절에서, "일곱째는 학고스요 여덟째는 아비야요" 한 "아비야 반열"의 제사장이었음이 드러나고 있는 것입니다. "마침 사가랴가 그 반열의 차례대로 제사장의 직무를 하나님 앞에 행할 쌔 제사장의 전례를 따라 제비를 뽑아 주의 성소에 들어가 분향하고"(눅 1:5, 8-9) 합니다.

ⓓ 이런 맥락에서 지금 상고하고 있는 말씀들이 우리와 무관한 것이 아니라, "너로 하나님의 집에서 어떻게 행하여야 할 것을 알게 하려 함이니 이 집은 살아계신 하나님의 교회요 진리의 기둥과 터이니라"(딤전 3:15)로 적용이 되는 적실성이 있는 말씀인 것입니다. 그러므로 신약성경은, "몸 가운데서 분쟁이 없고 오직 여러 지체가 서로 같이 하여 돌아보게 하셨으니, 모든 것을 적당하게 하고 질서대로 하라"(고전 12:25, 14:40) 하고 말씀합니다.

첫째 단원(1-19) **반차대로 여호와를 수종들게 함**

① "아론 자손의 반차가 이러 하니라 아론의 아들들은 나답과 아비후와 엘르아살과 이다말이라"(1).

㉠ "나답과 아비후가 그 아비보다 먼저 죽고 아들이 없으므로 엘르아살과 이다말이 제사장의 직분을 행하였더라 다윗이 엘르아살의 자손 사독과 이다말의 자손 아히멜렉으로 더불어 저희를 나누어 각각 그 섬기는 직무를 맡겼는데"(2-3) 합니다. 다윗 당시는 엘르아살의 계통으로는 "사독"과, 이다말의 계통으로는 "아비아달"이 대제사장으로 있었는

데, 그래서 다윗이 두 계열의 대제사장들과 의론하여 24반열을 정했다는 말씀입니다.

② 그런데 "엘르아살의 자손 중에 족장이 이다말의 자손보다 많으므로 나눈 것이 이러하니 엘르아살 자손의 족장이 십육이요 이다말 자손은 그 열조의 집을 따라 여덟이라"(4),

㉠ 즉 인원수의 비율을 따라 24반열을 16대 8로, "이에 제비 뽑아 피차에 차등(差等)이 없이 나누었으니 이는 성소의 일을 다스리는 자와 하나님의 일을 다스리는 자가 엘르아살의 자손 중에도 있고 이다말의 자손 중에도 있음이라"(5) 합니다.

③ 제비뽑기를 담당한 사람은, "레위 사람 느다넬의 아들 서기관 스마야가 왕과 방백과 제사장 사독과 아비아달의 아들 아히멜렉과 및 제사장과 레위 사람의 족장 앞에서 그 이름을 기록하여 엘르아살의 자손 중에서 한 집을 취하고 이다말의 자손 중에서 한 집을 취하였으니"(6) 합니다.

㉠ 다윗은 사(私)가 틈탈 여지가 없도록, "왕과 방백과 제사장과 레위 사람의 족장 앞에서"(6) 공개적으로 공명정대하게 행하는 것을 봅니다. 이점을 목회서신에서는 한걸음 더 나아가, "하나님과 그리스도 예수와 택하심을 받은 천사들 앞에서 내가 엄히 명하노니 너는 편견(偏見)이 없이 이것들을 지켜 아무 일도 편벽(偏僻)되이 하지 말며"(딤전 5:21) 하고 엄명을 합니다.

④ 이렇게 해서, "첫째로 제비 뽑힌 자는 여호야립이요 둘째는 여다야요 셋째는 하림이요 넷째는 스오림이요"(7-8) 하고, 24반열을 편성했다고 말씀합니다.

⑤ 그리고 첫째 단원은, "이와 같은 반차로 여호와의 전에 들어가서 이스라엘 하나님 여호와께서 저희 조상 아론에게 명하신 규례대로 수종들었더라"(19) 하고 마치고 있습니다.

㉠ 이렇게 해서, "몸 가운데서 분쟁이 없고 오직 여러 지체가 서로 같이 하여 돌아보게 하셨고, 모든 일을 질서대로 수행하게"(고전 12:25, 14:40) 되었던 것입니다. 하드웨어인 건물만이 아름답고 장대하면 하나님께 "명성과 영광"을 돌리는 것은 아닙니다. 소프트웨어인 그 안에서 예배하는 자들이, "금이나 은이나 보석"(고전 3:12)같이, 아름다워야 한다는 점을 명심하십시다.

둘째 단원(20-31) **레위의 남은 자손**

둘째 단원의 "레위 자손"은, 23:12-23절에도 나오는데 이에 대한 보충으로 여겨집니다. 그래서,

⑥ "레위 자손 중에 남은 자는 이러하니 아므람의 아들 중에는 수바엘이요 수바엘의 아들 중에는 예드야며" 합니다.

㉠ 이런 이름들을 꼼꼼히 살펴볼 인내심 많은 분들이 많지 아니할 것입니다만, 중요한 점은 이들의 이름이 성경에 기록이 되었다는 것은 하나님의 나라 백성으로써 하나님의 "명성과 영광"에 누가 되지 않도록 책임 있는 삶을 살았다는 점과, 이름이 그 명부에 등록이 되었다는 점을 자손들이 얼마나 영광스럽게 여겼을 것인가 하는 점을 간과해서는 아니 될 것입니다. 왜냐하면 이를 대수롭게 여기지 않는다면, "복음에 나와 함께 힘쓰던 저 부녀들을 돕고, 그 외에 나의 동역자들을 도우라 그 이름들이 생명책에 있느니라"(빌 4:3) 한 말씀도 대수롭지 않게 여이게 될 것이기 때문입니다.

⑦ 여기에 기록된 명단들은,

㉠ "다 그 족속대로 기록한 레위 자손이요"(30),

㉡ "이 여러 사람도 다윗 왕과 사독과 아히멜렉과 및 제사장과 레위

족장 앞에서 그 형제 아론 자손처럼 제비 뽑혔으니",

ⓒ "장자의 종가와 그 아우의 종가가 다름이 없더라"(31) 한, 하나님의 권속들인 것입니다.

ⓔ 명심해야할 점은, 24장이 "다름이 없더라" 하고 마치고 있는데, 차별(差別)이 없다는 뜻입니다. 그들 중에는 "냄비에 지지는 것, 반죽하는 것"(23:29)과 같은 보잘 것 없어 보이는 일을 담당하는 자들도 있었습니다만, 그것은 사람이 보는 관점이고 하나님 앞에는 차별이 없는, 자들이라고 말씀합니다. 형제의 이름도 말입니다.

⑧ 묵상해보겠습니다.

㉠ 주 성령께서 다윗을 감동하사 반열을 정하게 하신 의도에 대해서,

㉡ "너는 편견(偏見)이 없이, 편벽(偏僻)되이 하지 말며"(딤전 5:21)에 대해서,

㉢ "그 이름이 생명책에 있느니라"에 대해서.

역대상 25장 개관도표
주제 : 찬양대로 선견자를 삼아 신령한 노래를 하게 함

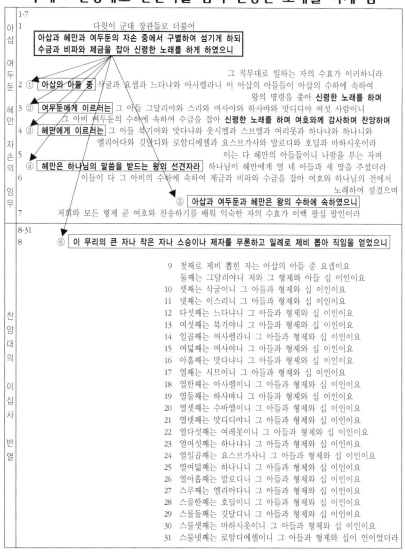

	1-7	
아삽 여두둔 헤만 자손의 임무	1	다윗이 군대 장관들로 더불어 **아삽과 헤만과 여두둔의 자손 중에서 구별하여 섬기게 하되** **수금과 비파와 제금을 잡아 신령한 노래를 하게 하였으니**
		그 직무대로 일하는 자의 수효가 이러하니라
	2	① **아삽의 아들 중** 삭굴과 요셉과 느다냐와 아사렐라니 이 아삽의 아들들이 아삽의 수하에 속하여 왕의 명령을 좇아 **신령한 노래를 하며**
	3	② **여두둔에게 이르러는** 그 아들 그달리야와 스리와 여사야와 하사뱌와 맛디디야 여섯 사람이니 그 아비 여두둔의 수하에 속하여 수금을 잡아 **신령한 노래를 하며 여호와께 감사하며 찬양하며**
	4	③ **헤만에게 이르러는** 그 아들 북기야와 맛다냐와 웃시엘과 스브엘과 여리못과 하나냐와 엘리아다와 깃달디와 로암디에셀과 요스브가사와 말로디와 호딜과 마하시옷이라
	5	이는 다 헤만의 아들들이니 나팔을 부는 자며 ④ **헤만은 하나님의 말씀을 받드는 왕의 선견자라** 하나님이 헤만에게 열 네 아들과 세 딸을 주셨더라
	6	이들이 다 그 아비의 수하에 속하여 제금과 비파와 수금을 잡아 여호와 하나님의 전에서 노래하여 섬겼으며
		⑤ **아삽과 여두둔과 헤만은 왕의 수하에 속하였으니**
	7	저희와 모든 형제 곧 여호와 찬송하기를 배워 익숙한 자의 수효가 이백 팔십 팔인이라
찬양대의 이십사 반열	8-31	
	8	⑥ **이 무리의 큰 자나 작은 자나 스승이나 제자를 무론하고 일례로 제비 뽑아 직임을 얻었으니**
	9	첫째로 제비 뽑힌 자는 아삽의 아들 중 요셉이요 둘째는 그달리야니 저와 그 형제와 아들 십 이인이요
	10	셋째는 삭굴이니 그 아들과 형제와 십 이인이요
	11	넷째는 이스리니 그 아들과 형제와 십 이인이요
	12	다섯째는 느다냐니 그 아들과 형제와 십 이인이요
	13	여섯째는 북기야니 그 아들과 형제와 십 이인이요
	14	일곱째는 여사렐라니 그 아들과 형제와 십 이인이요
	15	여덟째는 여사야니 그 아들과 형제와 십 이인이요
	16	아홉째는 맛다냐니 그 아들과 형제와 십 이인이요
	17	열째는 시므이니 그 아들과 형제와 십 이인이요
	18	열한째는 아사렐이니 그 아들과 형제와 십 이인이요
	19	열둘째는 하사뱌니 그 아들과 형제와 십 이인이요
	20	열셋째는 수바엘이니 그 아들과 형제와 십 이인이요
	21	열넷째는 맛디디야니 그 아들과 형제와 십 이인이요
	22	열다섯째는 여레못이니 그 아들과 형제와 십 이인이요
	23	열여섯째는 하나냐니 그 아들과 형제와 십 이인이요
	24	열일곱째는 요스브가사니 그 아들과 형제와 십 이인이요
	25	열여덟째는 하나니니 그 아들과 형제와 십 이인이요
	26	열아홉째는 말로디니 그 아들과 형제와 십 이인이요
	27	스무째는 엘리아다니 그 아들과 형제와 십 이인이요
	28	스물한째는 호딜이니 그 아들과 형제와 십 이인이요
	29	스물둘째는 깃달디니 그 아들과 형제와 십 이인이요
	30	스물셋째는 마하시옷이니 그 아들과 형제와 십 이인이요
	31	스물넷째는 로암디에셀이니 그 아들과 형제와 십이 인이었더라

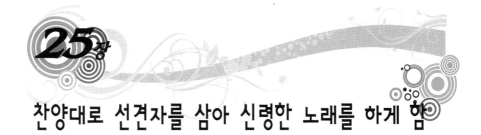

찬양대로 선견자를 삼아 신령한 노래를 하게 함

[1]다윗이 군대 장관들로 더불어 아삽과 헤만과 여두둔의 자손 중에서 구별하여 섬기게 하되 수금과 비파와 제금을 잡아 신령한 노래를 하게 하였으니 그 직무대로 일하는 자의 수효가 이러하니라.

25장은 찬양하는 임무를 맡은 "아삽, 헤만, 여두둔"의 자손들을 24반 열로 편성하여 섬기게 하는 내용입니다. 도표를 보시면 "아삽, 헤만, 여두둔의 자손 중에서 구별하여, 신령한 노래를 하게 하였으니"를 중심으로, ① "아삽의 아들 중", ② "여두둔에게 이르러는", ③ "헤만에게 이르러는" 하고, 찬양대 세 대장에 속한 사람들과, ④ "헤만은 하나님의 말씀을 받드는 왕의 선견자라" 하면서, ⑤ "아삽과 여두둔과 헤만은 왕의 수하에 속하였으니" 합니다. 그러면 찬양대장을, "선견자"라 하는 이유가 무엇인가?

첫째 단원(1-7) **아삽, 헤만, 여두둔 자손의 임무**
둘째 단원(8-31) **찬양대의 24반열**

주제(主題) : 찬양대로 선견자를 삼아 신령한 노래를 하게 함

㉠ 찬양하는 임무를 맡은 자들에 대한 기사는 6:31-48절에도 언급을 했는데, 중앙(中央)의 지휘자는 헤만이요(33), 헤만의 우편(右便)에서 직무를 행하는 자는 아삽이요(39), 좌편(左便)에서 직무를 행하는 자는 에단이라(44) 했습니다. 그러니까 "헤만, 아삽, 에단"은 레위의 세 아들인, "고핫, 므라리, 게르손" 족속을 대표하는 찬양대장들입니다. 그 중에 "에단"이 25장과 16:41절 등에서는 "여두둔"이라고 하는데, 여두둔은 "찬양하는 사람"이라는 뜻으로 나중에 개명(改名)을 한 것으로 여겨집니다. 그런데 6장에서는 찬양대원들의 족보에 중점을 두었고, 본문에서는 그들을 24반열로 편성한 것과, 찬양대의 임무를 말씀하고 있는데, 이점은 신약의 성도들에게도 대단히 중요한 것입니다.

㉡ 제사장의 임무인 "번제, 화목제" 등의 제사드림과, 찬양대의 찬양은 예배에 있어서 떼어놓을 수 없는 두 요소로, 신약교회에서는 "말씀과, 찬양"으로 적용이 되는 것입니다. 제사장이 "번제, 속죄제" 등 제물을 하나님께 "드리지만", 이를 구속사라는 관점에서 본다면 하나님께서 자기 아들을 우리의 화목제물로 내어주실 것을 예표하는, "하나님이 행해주실 일"인 것입니다. 그렇다면 이 은혜를 입은 우리들이 해야 할 일은 무엇인가?

㉢ 여기에 찬송가의 내용(內容) 두 가지 요소가 있는데, "선포하며, 감사"하는 일입니다. 먼저 "선포하는" 일인데, "그 행사(行事)를 만민 중에 알게 하고, 모든 기사(奇事)를 말할 지어다" 합니다. 이는 설교인 것입니다. 그러니까 찬양을 통해서 하나님께서 행해주신 일을 백성들에게

선포했다는 것입니다. 시편 49편은 "고라 자손의 시", 즉 찬송가 가사인데, "만민들아 이를 들으라 세상의 거민들아 귀를 기울이라 귀천빈부를 물론하고 다 들을 지어다 내 입은 지혜를 말하겠고 내 마음은 명철을 묵상하리로다 내가 비유에 내 귀를 기울이고 수금으로 나의 오묘한 말을 풀리로다"(시 49:1-4) 하고, 노래로 설교를 하고 있는 것입니다.

ㄹ) 그래서 본문 5절에서는, "헤만은 하나님의 말씀을 받드는 왕의 선견자라" 하는 것입니다. 왜 "선견자"(先見者)라 하는가? 하나님의 행사를 증거하고 있기 때문입니다. 그런데 역대하 29:30절에서는, "아삽"을 선견자라 하고, 35:15절에서는 "여두둔"을 선견자라 말씀합니다. 그러니까 찬양대장은 선지자와 같은 성령의 감동이 있었다는 말씀입니다. 그래서 하나님의 행사를 선포할 수가 있었던 것입니다.

ㅁ) 그리고 찬양의 두 번째 요소는 하나님이 행해주신 행사에 대한 "감사와 찬양"을 하는 것입니다. 하나님은 말씀하십니다. "이 백성은 내가 나를 위하여 지었나니 나의 찬송을 부르게 하려 함이니라"(사 43:21). 그러므로 우리를 구속하신 목적이, "이는 그의 사랑하시는 자 안에서 우리에게 거저 주시는 바 그의 은혜의 영광을 찬미(讚美)하게 하려는 것이라"(엡 1:6) 하고 말씀합니다. 찬양은 곡조 있는 기도요, 설교요, 감사인 것입니다. 그러므로 찬양대원들의 반열을 편성할 때는 선지자적인 영감에 충만한 자들을 세웠을 것입니다.

ㅂ) 이점을 신약성경에서는, "오직 성령의 충만함을 받으라 시와 찬미와 신령한 노래들로 서로 화답하며 너희의 마음으로 주께 노래하며 찬송하며 범사에 우리 주 예수 그리스도의 이름으로 항상 아버지 하나님께 감사하며"(엡 5:18-20) 하고 말씀합니다. 오늘날은 세속문화의 홍수 속에 살아가기 때문에 그리스도인들의 영감이 소멸이 되고 매 말라 있는 것이 사실입니다. 그러므로 찬양의 두 가지 요소인 "하나님의 행사"를 묵상하면서, 심령 깊은데서 우러나오는 "감사를 드려야"한다는 점

을 명심하여 신령한 찬양을 회복해야만 하겠습니다.

첫째 단원(1-7) **아삽, 헤만, 여두둔 자손의 임무**

"다윗이 군대 장관들로 더불어 아삽과 헤만과 여두둔의 자손 중에서 구별하여 섬기게 하되 수금과 비파와 제금을 잡아 신령한 노래를 하게 하였으니 그 직무대로 일하는 자의 수효가 이러 하니라"(1) 하면서,

① 먼저 "아삽의 아들 중 삭굴과 요셉과 느다냐와 아사렐라니 이 아삽의 아들들이 아삽의 수하에 속하여 왕의 명령을 좇아 신령한 노래를 하며"(2) 하고, "아삽" 계열을 언급하고,

② 다음으로 "여두둔에게 이르러는 그 아들 그달리야와 스리와 여사야와 하사뱌와 맛디디야 여섯 사람이니 그 아비 여두둔의 수하에 속하여 수금을 잡아 신령한 노래를 하며 여호와께 감사하며 찬양하며"(3) 하고, "여두둔"의 계열과,

③ "헤만에게 이르러는 그 아들 북기야와 맛다냐와 웃시엘과 스브엘과 여리못과 하나냐와 하나니와 엘리아다와 깃달디와 로암디에셀과 요스브가사와 말로디와 호딜과 마하시옷이라"(4) 하고, "헤만"의 계열을 언급합니다.

④ 그런데 "이는 다 헤만의 아들들이니 나팔을 부는 자며 헤만은 하나님의 말씀을 받드는 왕의 선견자(先見者)라"(5상) 하는 놀라운 말씀을 대하게 됩니다.

㉠ 찬양대장을 "선견자"라 하는데서 깨닫게 되는 점은 첫째가 영감(靈感)입니다. 설교만이 아니라 찬양도 성령의 감동하심으로 불러야 한다는 점입니다. 9:33절은, "또 찬송하는 자가 있으니 곧 레위 족장이라 저희가 골방에 거하여 주야로 자기 직분에 골몰하므로 다른 일은 하지

않았더라" 합니다. 이처럼 준비된 자들이 부르는 찬양은 얼마나 영감이
넘쳤을 것인가!

ⓛ 둘째는 찬양하는 가사(歌詞)가 성경에 부합해야하고, 찬양하는
곡(曲)이 거룩하신 하나님께 합당(合當)해야만 한다는 점입니다. "하나
님이 헤만에게 열 네 아들과 세 딸을 주셨더라 이들이 다 그 아비의 수
하에 속하여 제금과 비파와 수금을 잡아 여호와 하나님의 전에서 노래
하여 섬겼으며"(5하-6상),

⑤ "아삽과 여두둔과 헤만은 왕의 수하(手下)에 속하였으니"(6하), 즉
왕의 직속(直屬)으로 두었다는 것입니다. 이는 하나님께 예배를 드리는
일에 찬양대 역할의 중요성을 높이 인식했기 때문입니다.

㉠ "저희와 모든 형제 곧 여호와 찬송하기를 배워 익숙한 자의 수효
가 이백 팔십팔 인이라"(7) 합니다. 23:5절에서는 "4천은 다윗이 찬송하
기 위하여 지은 악기로 여호와를 찬송하는 자라" 말씀했는데, 본문의
288인은 누구인가? 24×12=288입니다. "익숙한 자의 수효가 288인이라"
한 것을 보면, 24반열에 각각 12명의 지도자들이 있었던 것으로 여겨집
니다.

ⓛ 이점에서 주목하게 되는 것은 1절과, 4절에서 "신령한 노래를 하
게 하였다"는 말씀입니다. "신령"(神靈)이란 말은 의문(儀文)과 대조되
는 복음과 결부되는 표현입니다. 그래서 사도 바울은, "신령에 있고 의
문에 있지 아니한 것이라"(롬 2:29) 하고, 율법을 의문으로, 복음을 신
령한 것으로 말씀했던 것입니다.

㉢ 그렇다면 의문 하에 있던 구약의 성도들이 어떻게 신령한 노래
를 부를 수가 있었는가? 신약성경은, "그(다윗)는 선지자라 하나님이 이
미 맹세하사 그 자손 중에서 한 사람을 그 위에 앉게 하리라 하심을 알
고 미리 보는 고로 그리스도"(행 2:30-31)의 죽으시고 다시 살아나실 것
을 증거했다고 말씀합니다. 다윗은 그리스도(복음)를 증거하기 위해서,

㉮ 시(가사)를 썼습니다.

㉯ 악기를 만들었습니다.

㉰ 그리고 찬양으로 이를 선포(宣布)하고 감사(感謝)할 찬양대를 조직하여 부르게 했습니다.

㉱ 시편에는 다윗의 시만이 있는 것이 아니라 선견자라 한 "아삽"의 시도 12편(50, 73-83)이나 수록이 되어 있고, 표제에는 "아삽의 시, 영장으로 어두둔의 법칙에 의지하여 한 노래"(77편)라는 설명까지 있습니다. 그 중에서 78편을 읽어보시기를 바랍니다. 여호와의 행사를 이처럼 깊이 있게 선포하고 있는 설교자가 우리 중에 있는가? 앞에서 인용했던, "요셉의 장막을 싫어버리시며 에브라임 지파를 택하지 아니하시고 오직 유다 지파와 그 사랑하는 시온산을 택하셨다"(시 78:67-68) 하고 증거하고 있는 것이 아삽입니다.

㉲ 그러므로 이들의 찬양을 "신령한 노래"라고 말할 수가 있었던 것입니다. 이는 사도 바울이, "시(詩)와 찬미와 신령한 노래들로 서로 화답하며 너희의 마음으로 주께 노래하며 찬송하며 범사에 우리 주 예수 그리스도의 이름으로 항상 아버지 하나님께 감사하며"(엡 5:19-20) 한 말씀과 꼭 들어맞는 것입니다. 우리는 얼마나 이에 미치지 못하고 있는 것인가?

너희 의인들아 여호와를 즐거워하라
찬송은 정직한 자의 마땅히 할 바로다
수금으로 여호와께 감사하고
열 줄 비파로 찬송할 지어다
새 노래로 그를 노래하며
즐거운 소리로 공교히 연주할 지어다 (시 33;1-3).

둘째 단원(8-31) 찬양대의 24반열

⑥ "이 무리의 큰 자나 작은 자나 스승이나 제자를 무론하고 일례로 제비 뽑아 직임을 얻었으니"(8) 합니다.

㉠ 찬양대에서 맡은 임무는 달라도 왕과 제사장과 방백들이 배석한 앞에서, "제비 뽑아 직임을 얻은" 것은 동일하다는 것입니다. 이는 "은 사는 여러 가지나 성령은 같고, 직임은 여러 가지나 주는 같으며, 또 역사는 여러 가지나 모든 것을 모든 사람 가운데서 역사하시는 하나님은 같으니, 몸은 하나인데 많은 지체가 있고 몸의 지체가 많으나 한 몸임과 같이 그리스도도 그러 하니라"(고전 12:4-6, 12) 함과 같은 것입니다.

㉡ "첫째로 제비 뽑힌 자는 아삽의 아들 중 요셉이요 둘째는 그달리야니 저와 그 형제와 아들 십이 인이요"(9) 하고, 24반열을 열거하는데, "스물넷째는 로암디에셀이니 그 아들과 형제와 십이 인이었더라"(31) 합니다.

㉢ 그런데 신약의 성도들은 모두가 "하나님의 자녀요, 제사장이요, 찬양대원이요", 한걸음 나아가 "왕들"이라 말씀하시니 이는 감당치 못할 축복입니다. 이는 오직 그리스도의 구속으로 말미암아 주어진 신분이요, 지위요, 사명인 것입니다. 그래서 신약성경은, "이는 하나님이 우리를 위하여 더 좋은 것을 예비하셨은즉 우리가 아니면 저희로 온전함을 이루지 못하게 하려 하심이니라"(히 11:40) 합니다. 얼마나 영광스러운가? 얼마나 책임이 막중한가!

⑦ 묵상해보겠습니다.

㉠ "선견자라 함과, 왕의 수하에 두었다"는 의미에 대해서,

㉡ 저들의 찬양을 "신령한 노래"라 할 수 있었던 것은?

㉢ 찬양해야할 내용의 두 가지 요소에 대해서.

역대상 26장 개관도표
주제 : 문지기의 반차와, 유사와 재판관 편성

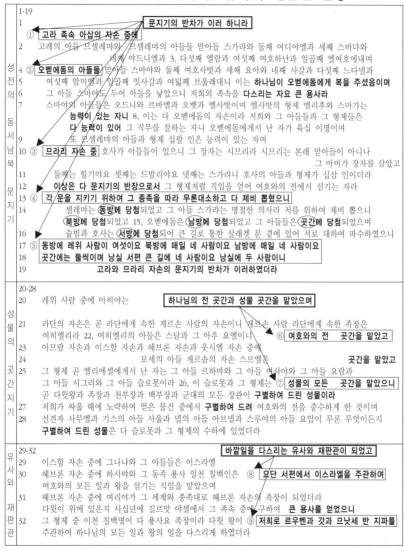

1-19

1 문지기의 반차가 이러 하니라

① 고라 족속 아삽의 자손 중에

2 고레의 아들 므셀레먀와 므셀레먀의 아들들 맏아들 스가랴와 둘째 여디야엘과 세째 스바댜와
   네째 야드니엘과 3, 다섯째 엘람과 여섯째 여호하난과 일곱째 엘여호에내며

성전의 동서남북 문지기

4 ② 오벧에돔의 아들들 맏아들 스마야와 둘째 여호사밧과 세째 요아와 네째 사갈과 다섯째 느다넬과
5 여섯째 암미엘과 일곱째 잇사갈과 여덟째 브울래대니 이는 하나님이 오벧에돔에게 복을 주셨으며
6 그 아들 스마야도 두어 아들을 낳았으니 저희의 족속을 다스리는 자요 큰 용사라
7 스마야의 아들들은 오드니와 르바엘과 오벳과 엘사밧이며 엘사밧의 형제 엘리후와 스마갸는
   능력이 있는 자니 8, 이는 다 오벧에돔의 자손이라 저희와 그 아들들과 그 형제들은
   다 능력이 있어 그 직무를 잘하는 자니 오벧에돔에게서 난 자가 육십 이명이며
9 또 므셀레먀의 아들과 형제 십팔 인은 능력이 있는 자며
10 ③ 므라리 자손 중 호사가 아들들이 있으니 그 장자는 시므리라 시므리는 본래 맏아들이 아니나
                                                        그 아비가 장자를 삼았고
11 둘째는 힐기야요 셋째는 드발랴요 넷째는 스가랴니 호사의 아들과 형제가 십삼 인이더라
12 이상은 다 문지기의 반장으로서 그 형제처럼 직임을 얻어 여호와의 전에서 섬기는 자라
13 ④ 각 문을 지키기 위하여 그 종족을 따라 무론대소하고 다 제비 뽑았으니
14 셸레먀는 동방에 당첨되고 그 아들 스가랴는 명철한 의사라 위하여 제비 뽑으니
   북방에 당첨되었고 15, 오벧에돔은 남방에 당첨되었고 그 아들들은 곳간에 당첨되었으며
16 숩빔과 호사는 서방에 당첨되어 큰 길로 통한 살래겟 문 곁에 있어 서로 대하여 파수하였으니
17 ⑤ 동방에 레위 사람이 여섯이요 북방에 매일 네 사람이요 남방에 매일 네 사람이요
18 곳간에는 둘씩이며 낭실 서편 큰 길에 네 사람이요 낭실에 두 사람이니
19 고라와 므라리 자손의 문지기의 반차가 이러하였더라

20-28

성물의 곳간지기

20 레위 사람 중에 아히야는 하나님의 전 곳간과 성물 곳간을 맡았으며
21 라단의 자손은 곧 라단에게 속한 게르손 사람의 자손과 게르손 사람 라단에게 속한 족장은
   여히엘리라 22, 여히엘리의 아들은 스담과 그 아우 요엘이니 ⑥ 여호와의 전 곳간을 맡았고
23 아므람 자손과 이스할 자손과 헤브론 자손과 웃시엘 자손 중에
24 모세의 아들 게르솜의 자손 스브엘은 곳간을 맡았고
25 그 형제 곧 엘리에셀에게서 난 자는 그 아들 르하뱌와 그 아들 여사야와 그 아들 요람과
   그 아들 시그리와 그 아들 슬로못이라 26, 이 슬로못과 그 형제는 ⑦ 성물의 모든 곳간을 맡았으니
   곧 다윗왕과 족장과 천부장과 백부장과 군대의 모든 장관이 구별하여 드린 성물이라
27 저희가 싸울 때에 노략하여 얻은 물건 중에서 구별하여 드려 여호와의 전을 중수하게 한 것이며
28 선견자 사무엘과 기스의 아들 사울과 넬의 아들 아브넬과 스루야의 아들 요압이 무론 무엇이든지
   구별하여 드린 성물은 다 슬로못과 그 형제의 수하에 있었더라

29-32

유사와 재판관

29 이스할 자손 중에 그나냐와 그 아들들은 이스라엘 바깥일을 다스리는 유사와 재판관이 되었고
30 헤브론 자손 중에 하사뱌와 그 동족 용사 일천 칠백인은 ⑧ 요단 서편에서 이스라엘을 주관하여
   여호와의 모든 일과 왕을 섬기는 직임을 맡았으며
31 헤브론 자손 중에 여리야가 그 세계와 종족대로 헤브론 자손의 족장이 되었더라
   다윗이 위에 있은지 사십년에 길르앗 야셀에서 그 족중 구하여 큰 용사를 얻었으니
32 그 형제 중 이천 칠백명이 다 용사요 족장이라 다윗 왕이 ⑨ 저희로 르우벤과 갓과 므낫세 반 지파를
   주관하여 하나님의 모든 일과 왕의 일을 다스리게 하였더라

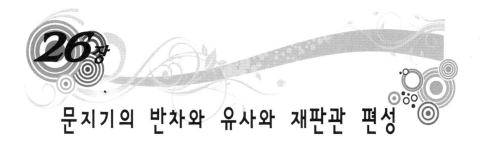

문지기의 반차와 유사와 재판관 편성

¹⁷⁻¹⁸동방에 레위 사람이 여섯이요 북방에 매일 네 사람이
요 남방에 매일 네 사람이요 곳간에는 둘씩이며 낭실 서편
큰 길에 네 사람이요 낭실에 두 사람이니.

　26장은 주로 "성전문지기와 곳간지기"에 대한 편성입니다. 이를 문맥
적으로 보면, 21장에서 성전의 터가 정해지고, 22장에서 성전을 건축할
자재를 준비한 후에, 23장에서는 성전에서 수종들 레위인에게 직무를
분담시키고, 24장에서는 제사장을 24반열로 편성을 하고, 25장에서는
찬양대를 편성한 후에, 본장에서는 "성전문지기와 곳간지기"를 편성하
는 내용입니다. 이는 마치 집을 지은 후에 담을 쌓고 문을 달고 방비하
는 것과 같은 문맥입니다.
　도표를 보시면 첫째 단원은, "문지기의 반차가 이러 하니라"를 중심
으로 먼저, ① "고라 족속"과, ② "오벤에돔의 아들들"을 언급하는데 이
들은 "고핫" 자손이고, ③ 다음으로 "므라리 자손"을 말씀하고는, ④ "무

론대소하고 다 제비 뽑힌 자들"이라 하면서, ⑤ 이들이 배치된 "동서남북"의 위치를 말씀합니다. 둘째 단원은 "하나님의 전 곳간과 성물 곳간"을 중심으로, ⑥ "여호와의 곳간"을 맡을 자와, ⑦ "성물의 곳간"을 맡을 자로 분담이 되고, 셋째 단원은 "유사와 재판관"을 중심으로 ⑧ "요단 서편과", ⑨ 요단 동편을 관할하게 합니다.

첫째 단원(1-19) **성전의 동서남북 문지기**
둘째 단원(20-28) **성전곳간과 성물 곳간지기**
셋째 단원(29-32) **유사와 재판관**

주제(主題) : 문지기의 반차와 유사와 재판관 편성

㉠ 우리는 "문지기" 하면, 말단 임무같이 여기는 경향이 있는데, 성경은 "문지기"의 임무를 대단이 중요하게 다루고 있습니다. 9:17-27절에는 문지기의 족보가 나오고 15:23절에도 문지기에 대한 언급이 있고, 23:5절에서는 "4천은 문지기요, 4천은 찬송하는 자요" 하고, 찬송하는 자보다 먼저 언급할 정도로 중요시 하고 있는 것입니다.

㉡ 26장은 "문지기의 반차가 이러 하니라" 하면서 첫 마디가, "고라 족속 아삽의 자손"(1)을 언급하고 있는데, 아삽자손의 시(詩)라는 표제가 있는 시편 84편에서는, "주의 궁전에서 한 날이 다른 곳에서 천 날보다 나은즉 악인의 장막에 거함보다 내 하나님 문지기로 있는 것이 좋사오니"(시 84:10) 하고, "문지기"에 대해서 큰 자부심을 갖고 있는 것을 보게 됩니다. 그러면 문지기의 직무가 어찌하여 이처럼 중요한가?

㉢ 그 중요성을 말씀하는 순서를 통해서 깨달을 수가 있는데, 예루살렘을 정복하여 "법궤"를 운반해오는 것으로 시작해서, 성전을 건축할 자재를 비축하고, 성전에서 수종드는 레위인, 섬기는 제사장, 찬양대 등

을 언급한 후에 마지막 부분에 이르러서 "문지기의 반차"를 말씀하고 있다는 것입니다. 이는 "문지기"의 임무가 이를 안전(安全)하게 지키는 임무이기 때문입니다. 그래서 다음 장에서는 더욱 강화하여 열두 반열의 수비대(守備隊) 조직을 말씀하는 것입니다.

ㄹ 이점을 신약성경에서는, "종말로 너희가 주 안에서와 그 힘의 능력으로 강건하여지고 마귀의 궤계를 능히 대적하기 위하여 하나님의 전신갑주를 입으라"(엡 6:10-11) 하고 말씀합니다. 이를 에베소서의 문맥으로 보면, "교회(1-3장), 가정(5장), 직장"(6장) 등에 대해서 말씀한 다음에 "종말"(終末)로, 즉 마지막으로 말한다 하면서 "마귀의 궤계를 능히 대적하기 위하여 하나님의 전신갑주를 입으라" 하는 문맥입니다. 이는 대적이 침입하지 못하도록 성을 쌓고 파수병을 세우는 것과 같은 말씀인 것입니다.

ㅁ 그런데 현대교회가 처한 상황이 어떠한가? 종교다원주의자들의 주장이 무엇인가를 생각해보시기를 바랍니다. 그들은 예루살렘 성벽을 허물어버리고, 십자가 군병들의 무장을 해제시켜야 한다는 것입니다. 성경은 말씀합니다. "속지 말라 악한 동무들은 선한 행실을 더럽히나니 깨어 의를 행하고 죄를 짓지 말라 하나님을 알지 못하는 자가 있기로 내가 너희를 부끄럽게 하기 위하여 말하노라"(고전 15:33-34).

첫째 단원(1-19) 성전의 동서남북 문지기

① "문지기의 반차가 이러 하니라"(1상).

ㄱ "고라 족속 아삽의 자손 중에 고레의 아들 므셀레먀와"(1하) 하고 "고라 족속"을 언급하는데, 이들은 레위의 둘째 아들 "고핫"의 후손들입니다. "므셀레먀의 아들들 맏아들 스가랴와 둘째 여디야엘과 셋째

스바댜와 넷째 야드니엘과 다섯째 엘람과 여섯째 여호하난과 일곱째 엘여호에내며"(2-3) 합니다.

② 그리고 "오벧에돔의 아들들"(4상)을 말씀하는데 특별히 자세하게 언급하는 것은 그 집에 법궤를 석 달 동안 안치함으로 인하여, "하나님이 오벧에돔에게 복을"(5하) 주셨기 때문입니다. 그런데 이들도 문지기의 반차에 속한 것입니다.

㉠ 자녀들이 번성하는 복을 주셨는데, "오벧에돔에게서 난 자가 62명"(8하)이라 하면서, "큰 용사라(6), 능력이 있는 자니(7), 그 형제들은 다 능력이 있어(8), 아들과 형제 18인은 능력이 있는 자며"(9) 합니다. 이처럼 능력(能力)이 있어 큰 용사(勇士)들인 자들에게 "문지기" 임무를 맡긴 것입니다.

③ 다음은 "므라리 자손 중 호사가 아들들이 있으니 그 장자는 시므리라 시므리는 본래 맏아들이 아니나 그 아비가 장자를 삼았고"(10) 하고, 레위의 셋째아들 "므라리" 자손들을 언급합니다.

㉠ 그런 후에 "이상은 다 문지기의 반장으로서 그 형제처럼 직임을 얻어 여호와의 전에서 섬기는 자라"(12) 합니다. "반장"(班長)이라 한 것을 보면, "4천명이나 되는 문지기"(23:5)의 책임자들이라는 것입니다.

④ "각 문을 지키기 위하여 그 종족을 따라 무론대소하고 다 제비 뽑혔으니"(13) 합니다.

㉠ 형제가 "제비 뽑혔다"고 생각해보십시오, 이는 영광스러움을 나타냅니다. 제비 뽑힌 자들에게 위치(位置)를 정해주었는데, "셀레먀는 동방(東方)에 당첨되었고 그 아들 스가랴는 명철한 의사라 저를 위하여 제비 뽑으니 북방(北方)에 당첨되었고 오벧에돔은 남방(南方)에 당첨되었고 그 아들들은 곳간에 당첨되었으며 숩빔과 호사는 서방(西方)에 당첨되어 큰 길로 통한 살래겟 문 곁에 있어 서로 대하여 파수하였으니"(14-16),

⑤ "동방에 레위 사람이 여섯이요 북방에 매일 네 사람이요 남방에 매일 네 사람이요 곳간에는 둘씩이며 낭실 서편 큰 길에 네 사람이요 낭실에 두 사람이니 고라와 므라리 자손의 문지기의 반차(班次)가 이러하였더라"(17-19) 합니다. 이들은 정신을 차리고 제 위치에서 자기에게 맡겨진 임무를 수행했을 것입니다.

둘째 단원(20-28) 성전곳간과 성물 곳간지기

본 단원에는 "곳간"이라는 말이 5번(20, 20, 22, 24, 26) 등장하는데, 15절과 17절까지 합하면 7번이나 됩니다. 그런데 "문지기"의 임무는 성전(聖殿)만 지킨 것이 아니라, "레위 사람 중에 아히야는 하나님의 전 곳간과 성물 곳간을 맡았으며"(20) 합니다.

⑥ 그러니까 곳간에는 도표에 표시된 대로 "여호와의 전(殿) 곳간"(22)과,

⑦ "성물(聖物) 곳간"(26)이 있었음을 봅니다. 20절에서도 "하나님의 전 곳간과 성물 곳간"을 구별해서 말씀합니다.

㉠ "하나님의 전 곳간"은 제사와 관계되는 성물이 있는 곳이고, "성물의 곳간"은, "이 슬로못과 그 형제는 성물의 모든 곳간을 맡았으니 곧 다윗 왕과 족장과 천부장과 백부장과 군대의 모든 장관이 구별하여 드린 성물이라 저희가 싸울 때에 노략하여 얻은 물건 중에서 구별하여 드려 여호와의 전을 중수하게 한 것이며"(26-27) 한, 성전건축을 위한 성물들이 있는 곳간입니다.

㉡ 그러면 지켜야할 "여호와의 전 곳간과, 성물 곳간"이 신약교회에는 어떻게 적용이 되는가? 제사(祭祀)와 결부되는 "여호와의 전 곳간"의 모든 것들은 그리스도의 구속으로 말미암아 단 번에 성취가 된 것입니

다. 그러므로 "여호와의 전의 곳간"은 주님께서 "다 이루었도다" 선언하
심으로 이루어주신 복음진리를 보수(保守)하는 것으로 적용이 되는 것
입니다. 그러므로 바울은 목회서신에서, "너는 그리스도 예수 안에 있
는 믿음과 사랑으로써 내게 들은바 바른 말을 본받아 지키고 우리 안에
거하시는 성령으로 말미암아 네게 부탁한 아름다운 것을 지키라"(딤전
1:14) 하고 명했던 것입니다.

ⓒ 그러면 "성물의 곳간"은 어떻게 적용이 되는가? 하나님의 성물은
피로 값을 주고 사셔서 소유된 백성으로 삼으신 "성도들"이 성물(聖物)
인 것입니다. 그러므로 성물 곳간을 지킨다는 것은, "오직 너희를 부르
신 거룩한 자처럼 너희도 모든 행실에 거룩한 자가 되라 기록하였으되
내가 거룩하니 너희도 거룩할 지어다 하셨느니라"(벧전 1:15-16) 한 성
별된 삶이라고 말할 수가 있습니다. 요약을 하면 복음을 보수하고, 교
회의 구성원인 성도 개개인의 성화를 지키는 일이라 하겠습니다.

셋째 단원(29-32) **유사와 재판관**

"이스할 자손 중에 그나냐와 그 아들들은 이스라엘 바깥일을 다스리
는 유사(有司)와 재판관(裁判官)이 되었고"(29) 합니다. 이를 현대적인
용어로 표현한다면 행정과 사법업무를 담당케 했다는 것입니다.

⑧ 그리하여 "헤브론 자손 중에 하사뱌와 그 동족 용사 일천 칠백인
은 요단 서편(西便)에서 이스라엘을 주관하여 여호와의 모든 일과 왕을
섬기는 직임을 맡았으며"(30) 합니다. "요단 서편"이란 가나안 본토를
가리킵니다.

㉠ "다윗이 위에 있은 지 사십년에 길르앗 야셀에서 그 족속 중에
구하여 큰 용사를 얻었으니"(31) 합니다. "길르앗"은 르우벤, 갓, 므낫세

반 지파가 기업으로 받은 요단 동편을 가리킵니다. 거기서 "큰 용사"를 얻었다는 것입니다. 이를 신약적으로 말하면 "충성된 사람들"(딤후 2:2)을 얻었다는 뜻입니다. 목회자에게 있어서 복 중에 첫째 되는 복은 "충성스러운 동역자"를 만나는 일입니다.

⑨ 다윗은 "큰 용사"와 함께, "이천 칠백 명"의 용사를 얻은 것입니다. 그리하여 "다윗 왕이 저희로 르우벤과 갓과 므낫세 반 지파를 주관하여 하나님의 모든 일과 왕의 일을 다스리게 하였더라"(32) 하고, 26장은 마치고 있습니다. 이처럼 다윗 왕국이 견고해 질 수 있었던 것은 하나님께서 다윗에게 "여호와가 너를 위하여 집을 세울지라"(17:10) 하고 언약하신 은혜로 말미암은 것입니다.

⑩ 묵상해보겠습니다.

㉠ "문지기" 임무의 중요성에 대해서,

㉡ 우리가 지켜야할 "여호와의 전의 곳간과, 성물 곳간"에 대해서,

㉢ 본문에 나타난 "문지기"의 자격에 대해서.

역대상 27장 개관도표
주제 : 다윗 왕국의 상비군과 참모들

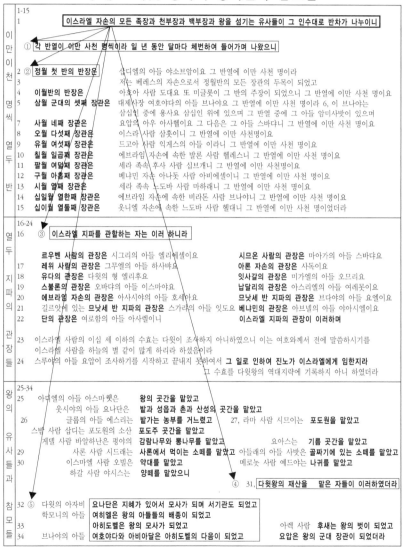

	1-15		
이 만 이 천 명 씩 열 두 반	1	① 이스라엘 자손의 모든 족장과 천부장과 백부장과 왕을 섬기는 유사들이 그 인수대로 반차가 나누이니	
		① 각 반열이 이만 사천 명씩이라 일 년 동안 달마다 체번하여 들어가며 나왔으니	
	2	② 정월 첫 반의 반장은	삽디엘의 아들 야소브암이요 그 반열에 이만 사천 명이라
	3		저는 베레스의 자손으로서 정월반의 모든 장관의 두목이 되었고
	4	이월반의 반장은	아호아 사람 도대요 또 미글롯이 그 반의 주장이 되었으니 그 반열에 이만 사천 명이요
	5	삼월 군대의 셋째 장관은	대제사장 여호야다의 아들 브나야요 그 반열에 이만 사천 명이라 6, 이 브나야는
	6		삼십인 중에 용사요 삼십인 위에 있으며 그 반열 중에 그 아들 암미사밧이 있으며
	7	사월 네째 장관은	요압의 아우 아사헬이요 그 다음은 그 아들 스바댜니 그 반열에 이만 사천 명이요
	8	오월 다섯째 장관은	이스라 사람 삼훗이니 그 반열에 이만 사천명이요
	9	유월 여섯째 장관은	드고아 사람 익게스의 아들 이라니 그 반열에 이만 사천 명이요
	10	칠월 일곱째 장관은	에브라임 자손에 속한 발론 사람 헬레스니 그 반열에 이만 사천 명이요
	11	팔월 여덟째 장관은	세라 족속 후사 사람 십브개니 그 반열에 이만 사천명이요
	12	구월 아홉째 장관은	베냐민 자손 아나돗 사람 아비에셀이니 그 반열에 이만 사천 명이요
	13	시월 열째 장관은	세라 족속 느도바 사람 마하래니 그 반열에 이만 사천 명이요
	14	십일월 열한째 장관은	에브라임 자손에 속한 비라돈 사람 브나야니 그 반열에 이만 사천 명이요
	15	십이월 열둘째 장관은	옷니엘 자손에 속한 느도바 사람 헬대니 그 반열에 이만 사천 명이었더라
열 두 지 파 의 관 장 들	16-24		
	16	③ 이스라엘 지파를 관할하는 자는 이러 하니라	
		르우벤 사람의 관장은 시그리의 아들 엘리에셀이요	시므온 사람의 관장은 마아가의 아들 스바댜요
	17	레위 사람의 관장은 그무엘의 아들 하사뱌요	아론 자손의 관장은 사독이요
	18	유다의 관장은 다윗의 형 엘리후요	잇사갈의 관장은 미가엘의 아들 오므리요
	19	스불론의 관장은 오바댜의 아들 이스마야요	납달리의 관장은 아스리엘의 아들 여레못이요
	20	에브라임 자손의 관장은 아사시야의 아들 호세아요	므낫세 반 지파의 관장은 브다야의 아들 요엘이요
	21	길르앗에 있는 므낫세 반 지파의 관장은 스가랴의 아들 잇도요	베냐민의 관장은 아브넬의 아들 야아시엘이요
	22	단의 관장은 여로함의 아들 아사렐이니	이스라엘 지파의 관장이 이러하며
	23	이스라엘 사람의 이십 세 이하의 수효는 다윗이 조사하지 아니하였으니 이는 여호와께서 전에 말씀하시기를 이스라엘 사람을 하늘의 별 같이 많게 하리라 하셨음이라	
	24	스루야의 아들 요압이 조사하기를 시작하고 끝내지 못하여서 그 일로 인하여 진노가 이스라엘에게 임한지라 그 수효를 다윗왕의 역대지략에 기록하지 아니 하였더라	
왕 의 유 사 들 과 참 모 들	25-34		
	25	아디엘의 아들 아스마웻은	왕의 곳간을 맡았고
		웃시야의 아들 요나단은	밭과 성읍과 촌과 산성의 곳간을 맡았고
	26	글룹의 아들 에스리는	밭가는 농부를 거느렸고 27, 라마 사람 시므이는 포도원을 맡았고
		스밤 사람 삽디는 포도원의 소산	포도주 곳간을 맡았고
		게델 사람 바알하난은 평야의	감람나무와 뽕나무를 맡았고 요아스는 기름 곳간을 맡았고
	29	사론 사람 시드래는	사론에서 먹이는 소떼를 맡았고 아들애의 아들 사밧은 골짜기에 있는 소떼를 맡았고
	30	이스마엘 사람 오빌은	약대를 맡았고 메로놋 사람 예드야는 나귀를 맡았고
		하갈 사람 야시스는	양떼를 맡았으니
			④ 31, 다윗왕의 재산을 맡은 자들이 이러하였더라
	32	⑤ 다윗의 아자비	요나단은 지혜가 있어서 모사가 되며 서기관도 되었고
		학모니의 아들	여히엘은 왕의 아들들의 배종이 되었고
	33		아히도벨은 왕의 모사가 되었고 아렉 사람 후새는 왕의 벗이 되었고
	34	브나야의 아들	여호야다와 아비아달은 아히도벨의 다음이 되었고 요압은 왕의 군대 장관이 되었더라

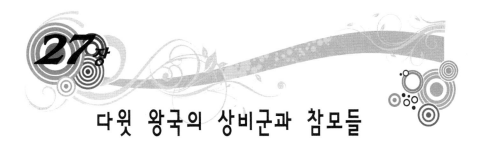

다윗 왕국의 상비군과 참모들

¹이스라엘 자손의 모든 족장과 천부장과 백부장과 왕을 섬기는 유사들이 그 인수대로 반차가 나누이니 각 반열이 이만 사천 명씩이라 1년 동안 달마다 체번하여 들어가며 나왔으니.

27장은 다윗의 사후(死後)를 대비한 여러 방면의 조직을 강화하는 중 마지막을 장식하는 장입니다. 그 마지막 조직(組織)은 외침으로부터 나라를 지킬 "상비군(常備軍)과, 왕의 참모"입니다. 도표를 보시면 "천부장과 백부장과 왕을 섬기는 유사들"을 중심으로 첫째 단원은, ① 군사들을 12반으로 편성을 했는데, "각 반열이 2만 4천 명씩이라" 하고, ② "정월 반"으로부터 시작하여, "12월 반"까지 편성하고, 둘째 단원은, ③ "이스라엘 지파를 관할하는 자는 이러 하니라" 하면서 "르우벤 사람의 관장"으로 시작하여, "단의 관장"까지 세웁니다. 셋째 단원은 왕의 참모들이라 할 수가 있는데 ④ "다윗 왕의 재산을 맡은 자들과", ⑤ 마지막으로 왕의 "모사, 서기관, 벗, 군대장관" 등 참모들을 세움으로 마치고 있습니다.

첫째 단원(1-15) **2만 4천 명씩 열두 반으로 편성함**
둘째 단원(16-24) **열두 지파의 관장들**
셋째 단원(25-34) **왕의 유사들과 참모들**

주제(主題) : 다윗 왕국의 상비군과 참모들

㉠ 다윗 왕국은 하나님이 택하여 세우신 "신정왕국"입니다. 그리하여 다윗이 왕위에 오르자 예루살렘을 정복하여 수도로 삼고 최우선적으로 하나님의 임재를 상징하는 "여호와의 궤"를 메어다가 안치한 일입니다. 이는 자신이 왕이 아니라 하나님이 왕이시오, 하나님이 친히 다스리신다는 고백이었던 것입니다. 이런 맥락에서 신정왕국은 메시아왕국의 예표요, 지금 상고하고 있는 여러 기구와 조직과 직임 등은 하나님의 교회의 모델이 될 수가 있는 것입니다.

㉡ 그러므로 이는 다윗 당시나 솔로몬만을 위한 조직 체제가 아니라, "네 집과 네 나라가 네 앞에서 영원히 보존되고 네 위가 영원히 견고하리라"(삼하 7:16) 하신대로, 나라를 "영원히 보존(保存)하고, 영원히 견고(堅固)하게" 하기 위한 기초(基礎)를 마련하고 있는 것입니다. 하나님의 성전은 하나님이 정해주신 "그 터" 위에, 하나님이 명하신 식양대로 세우고, 24반열의 제사장, 레위인, 찬양대들이 하나님의 말씀을 따라 섬기게 되면 하나님은 복을 주시고 백성들은 평안하며 나라는 견고한 것입니다. 다윗의 위를 계승해나갈 역대(歷代) 왕들이 이 기초 위에 나라를 건설해나가면 되는 것입니다.

㉢ 그러면 다윗이 마지막으로 견고히 하는 것이 무엇인가? "상비군

(常備軍)과, 왕의 참모들"입니다. 군대는 한 반에 24,000명씩 12반으로
편성하여 한 달씩 체번하여 근무토록 했습니다. 군대의 지휘관들은 하
나님의 뜻을 받들어 다윗을 왕위에 오르게 하기 위하여 목숨을 걸고 충
성을 한 개국공신들입니다. 그리고 행정조직은 12지파에 장관을 세워
관할하게 하고, 마지막으로 "왕의 모사, 서기관, 대제사장, 군대장관" 등
참모진을 세움으로 마치고 있습니다.

첫째 단원(1-15) **2만 4천 명씩 열두 반으로 편성함**

"이스라엘 자손의 모든 족장과 천부장과 백부장과 왕을 섬기는 유사
들이 그 인수대로 반차가 나누이니"(1상),

① "각 반열이 이만 사천 명씩이라 일년 동안 달마다 체번하여 들어
가며 나왔으니"(1하) 합니다. 그러니까 한 부대를 2만 4천 명씩 12대로
편성하여, 한 달간씩 근무하도록 했다는 것입니다.

② 그리하여 "정월 첫 반의 반장은 삽디엘의 아들 야소브암이요 그
반열에 이만 사천 명이라"(2) 합니다.

㉠ 그렇다면 총병력은, 24,000×12=288,000명이 됩니다. 21:5절에서,
"이스라엘 중 칼을 뺄만한 자가 일백 십만이요 유다 중에 사십 칠만이
라" 한 것으로 볼 때에 이는 정예군이요, 예루살렘을 중심으로 한 상비
군이라 할 수가 있습니다. 이점이 "체번(替番)하여 (성 안으로) 들어가
며 나왔다"는 표현이 뒷받침합니다. 상비군들도 1년에 한 달만 근무를
하고 열한 달은 예비군으로 있은 셈입니다.

㉡ 그리하여 "정월 반"으로부터 시작하여, "십이월 반"(15)까지 편성
을 합니다. 여기 등장하는 각 반의 장관들은 대부분이 11:11절에서, "다
윗에게 있는 용사의 수효가 이러 하니라" 하고 소개하고 있는 용사들입

니다. 그러니까 하나님의 뜻을 받들어 다윗 왕국을 건설하는데 헌신한 충신들입니다.

ⓒ 이와 같이 상비군을 12반으로 편성하여 교대로 근무하게 한 의도는, ㉮ 군비(軍費)를 줄임으로 백성들의 세금을 경감시킬 수가 있고, ㉯ 병력의무를 최소화함으로 백성들을 평안케 하기 위함이요, ㉰ 그러면서도 국방력은 극대화하기 위해서로 여겨집니다.

둘째 단원(16-24) **열두 지파의 관장들**

③ "이스라엘 지파를 관할하는 자는 이러 하니라 르우벤 사람의 관장은 시그리의 아들 엘리에셀이요 시므온 사람의 관장은 마아가의 아들 스바댜요"(16) 합니다.

㉠ 이는 12지파를 근간으로 한 행정조직인데, 12대로 편성한 군대조직과 대칭(對稱)을 이루고 있습니다. 첫 절에 "족장, 천부장, 백부장"이라는 말이 나오는데 이는, 군대조직이면서 동시에 행정조직이었던 것입니다. 그러니까 하나님의 교회 지도자들은 "시장, 도지사"와 같은 행정관이면서 동시에, "사단장, 연대장"과 같은 군 지휘관도 된다는 말씀입니다. 왜냐하면 교회 내적(內的)으로는 각종 섬기는 직무를 담당해야 하고, 교회 외적(外的)으로는 선한 싸움을 싸우는 일을 겸하고 있기 때문입니다.

㉡ 이 제도는 출애굽 당시에, "온 백성 가운데서 재덕이 겸전한 자 곧 하나님을 두려워하며 진실 무망하며 불의한 이를 미워하는 자를 빼서 백성 위에 세워 천부장과 백부장과 오십부장과 십부장을 삼아"(출 18:21) 관할하게 한데서 비롯되었던 것입니다. 이 제도가 오늘날 "지역, 구역, 셀" 조직 등으로 나타난 것입니다.

셋째 단원(25-34) **왕의 유사들과 참모들**

셋째 단원은 "왕의 재산을 관리하는 자들"과, 가장 측근인 참모진입니다.

④ "다윗 왕의 재산을 맡은 자들이 이러 하였더라"(31) 하는데 그 내용을 보면,

㉠ "아디엘의 아들 아스마웻은 왕의 곳간을 맡았고 웃시야의 아들 요나단은 밭과 성읍과 촌과 산성의 곳간을 맡았고(25), 밭가는 농부를 거느렸고(26), 포도원을 맡았고, 포도원의 소산 포도주 곳간을 맡았고(27), 평야의 감람나무와 뽕나무를 맡았고, 기름 곳간을 맡았고(28), 사론에서 먹이는 소떼를 맡았고, 골짜기에 있는 소떼를 맡았고(29), 약대를 맡았고, 나귀를 맡았고, 양떼를 맡았으니"(30) 합니다.

㉡ 다음 장은 다윗이 나라의 중직들을 소집하고 마지막 유언을 하는 장면인데 그 중에 "왕자의 산업과 생축의 감독"(1중)도 참여하고 있는 것을 보게 됩니다. 중직들이 모인 자리에 "생축의 감독"도 참여하다니! 이를 통해서 깨닫게 되는 것은 메시아왕국을 건설하는 일에는 "냉수 한 그릇" 대접한 것까지 중요하지 않은 것이 없다는 점입니다.

⑤ 그리고 마지막으로 "다윗의 아자비 요나단은 지혜가 있어서 모사가 되며 서기관도 되었고 학모니의 아들 여히엘은 왕의 아들들의 배종이 되었고"(32), 즉 왕자들을 가르치는 일을 담당하고,

㉠ "아히도벨은 왕의 모사가 되었고 아렉 사람 후새는 왕의 벗이 되었고 브나야의 아들 여호야다와 아비아달은 아히도벨의 다음이 되었고 요압은 왕의 군대 장관이 되었더라"(33-34) 합니다.

㉮ "아이도벨"은 다윗에게 있어서, "아이도벨"이 베푸는 모략은 "하나님께 물어 받은 말씀과 일반이라"(삼하 16:23) 할 정도로 신임을 한 사람입니다. 그런 사람이 압살롬의 반역에 가담하였다가 가룟 유다처럼

자살로 종말을 고한 사람이요,

　　㉯ 군대장관 "요압"과 대제사장 "아비아달"은 아도니야의 반역음모에 가담했다가, 요압은 처형을 당하고, 아비아달은 파직을 당하게 됩니다.

　　㉰ 반면 "후세"는 형통할 때나 어려운 때나 시종일관 충성을 바친 (삼하 15:32) 왕의 친구였고,

　　㉱ "브나야"는 요압이 처형을 당한 후에 그의 후임으로 군대장관이 된 충신입니다. 이처럼 갈라지게 될 두 세력이 다윗의 최측근인 참모진에 포진하고 있다는 것은 경각심을 갖게 합니다. 이것이 "다윗 왕국의 상비군과 참모들" 입니다.

　⑥ 묵상해보겠습니다.

　　㉠ 군대를 12반으로 편성하여 체번토록 한 의도에 대해서,

　　㉡ 군대의 12반과, 12지파의 2중적인 조직에 대해서,

　　㉢ 참모진들 속에 내재한 사탄의 궤계와 인간의 거짓됨에 대해서.

역대상 28장 개관도표
주제 : 여호와의 계명을 지키고 성전을 건축하라

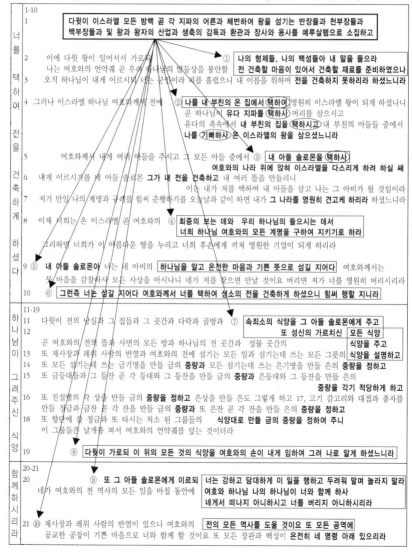

1-10

1 다윗이 이스라엘 모든 방백 곧 각 지파의 어른과 체번하여 왕을 섬기는 반장들과 천부장들과 백부장들과 및 왕과 왕자의 산업과 생축의 감독과 환관과 장사와 용사를 예루살렘으로 소집하고

2 이에 다윗 왕이 일어서서 가로되 나는 여호와의 언약궤 곧 우리 하나님의 발등상을 봉안할 ① 나의 형제들, 나의 백성들아 내 말을 들으라 전 건축할 마음이 있어서 건축할 재료를 준비하였으나

3 오직 하나님이 내게 이르시되 너는 군인이라 피를 흘렸으니 내 이름을 위하여 전을 건축하지 못하리라 하셨느니라

4 그러나 이스라엘 하나님 여호와께서 전에 ② 나를 내 부친의 온 집에서 택하여 영원히 이스라엘 왕이 되게 하셨나니 곧 하나님이 유다 지파를 택하사 머리를 삼으시고 유다의 족속에서 내 부친의 집을 택하시고 내 부친의 아들들 중에서 나를 기뻐하사 온 이스라엘의 왕을 삼으셨느니라

5 여호와께서 내게 여러 아들을 주시고 내 모든 아들 중에서 ③ 내 아들 솔로몬을 택하사 여호와의 나라 위에 앉혀 이스라엘을 다스리게 하려 하실 쌔

6 내게 이르시기를 네 아들 솔로몬 그가 내 전을 건축하고 내 여러 뜰을 만들리니 이는 내가 저를 택하여 내 아들을 삼고 나는 그 아비가 될 것임이라

7 저가 만일 나의 계명과 규례를 힘써 준행하기를 오늘날과 같이 하면 내가 그 나라를 영원히 견고케 하리라 하셨느니라

8 이제 너희는 온 이스라엘 곧 여호와의 ④ 회중의 보는 데와 우리 하나님의 들으시는 데서 너희 하나님 여호와의 모든 계명을 구하여 지키기로 하라 그리하면 너희가 이 아름다운 땅을 누리고 너희 후손에게 끼쳐 영원한 기업이 되게 하리라

9 ⑤ 내 아들 솔로몬아 너는 네 아비의 하나님을 알고 온전한 마음과 기쁜 뜻으로 섬길 지어다 여호와께서는 뭇 마음을 감찰하사 모든 사상을 아시나니 네가 저를 찾으면 만날 것이요 버리면 저가 너를 영원히 버리시리라

10 ⑥ 그런즉 너는 삼갈 지어다 여호와께서 너를 택하여 성소의 전을 건축하게 하셨으니 힘써 행할 지니라

11-19

11 다윗이 전의 낭실과 그 집들과 그 곳간과 다락과 골방과 ⑦ 속죄소의 식양을 그 아들 솔로몬에게 주고

12 또 성신의 가르치신 모든 식양 곧 여호와의 전의 뜰과 사면의 모든 방과 하나님의 전 곳간과 성물 곳간의 식양을 주고

13 또 제사장과 레위 사람의 반열과 여호와의 전에 섬기는 모든 일과 섬기는데 쓰는 모든 그릇의 식양을 설명하고

14 또 모든 섬기는데 쓰는 금기명을 만들 금의 중량과 모든 섬기는데 쓰는 은기명을 만들 은의 중량을 정하고

15 또 금등대들과 그 등잔 곧 각 등대와 그 등잔을 만들 금의 중량과 은등대와 그 등잔을 만들 은의 중량을 각기 적당하게 하고

16 또 진설병의 각 상을 만들 금의 중량을 정하고 은상을 만들 은도 그렇게 하고 17, 고기 갈고리와 대접과 종자를 만들 정금과 금잔 곧 각 잔을 만들 금의 중량과 또 은잔 곧 각 잔을 만들 은의 중량을 정하고

18 또 향단에 쓸 정금과 또 타시는 처소 된 그룹들의 식양대로 만들 금의 중량을 정하여 주니 이 그룹들은 날개를 펴서 여호와의 언약궤를 덮는 것이더라

19 ⑧ 다윗이 가로되 이 위의 모든 것의 식양을 여호와의 손이 내게 임하여 그려 나로 알게 하셨느니라

20-21

20 ⑨ 또 그 아들 솔로몬에게 이르되 너는 강하고 담대하게 이 일을 행하고 두려워 말며 놀라지 말라 네가 여호와의 전 역사의 모든 일을 마칠 동안에 여호와 하나님 나의 하나님이 너와 함께 하사 네게서 떠나지 아니하시고 너를 버리지 아니하시리라

21 ⑩ 제사장과 레위 사람의 반열이 있으니 여호와의 전의 모든 역사를 도울 것이요 또 모든 공역에 공교한 공장이 기쁜 마음으로 너와 함께 할 것이요 또 모든 장관과 백성이 온전히 네 명령 아래 있으리라

(좌측 세로) 너를 택하여 전을 건축하게 하셨다 / 하나님이 그려주신 식양 / 함께 하시리라

여호와의 계명을 지키고 성전을 건축하라

¹⁰그런즉 너는 삼갈 지어다 여호와께서 너를 택하여 성소
의 전을 건축하게 하셨으니 힘써 행할 지니라.

28장은 다윗의 마지막 유언(遺言)입니다. 도표를 보시면 "다윗이 이
스라엘 모든 방백과 천부장들과 백부장들과 용사를 예루살렘으로 소집
하고"를 중심으로 첫째 단원은, "나의 형제들, 나의 백성들아 내 말을
들으라" 하면서, ① 자신에게 성전건축 할 마음이 있었으나 하나님이
허락지 않으셨다, ② 하나님께서 "유다 족속을 택하시고, 유다 족속 중
에 부친의 집을 택하시고, 부친의 온 집에서 나를 택하셔서" 왕을 삼으
셨다. ③ 그리고 "모든 아들 중에서 솔로몬을 택하셨다"고 말하면서, ④
"이제 너희는 여호와의 회중과 하나님이 들으시는 데서 여호와의 모든
계명을 지킬 것"을 다짐하라 하고, ⑤ "내 아들 솔로몬아 너는 네 아비
의 하나님을 알고 온전한 마음과 기쁜 뜻으로 섬기라", ⑥ "여호와께서

너를 택하사 성전을 건축하게 하셨으니 힘써 행할 지니라" 합니다. 둘째 단원은, ⑦ 성전 "식양(式樣)을 아들 솔로몬에게 주고, 각양 기구들의 중량(重量)을 정해" 주면서, ⑧ "모든 것의 식양을 여호와의 손이 그려 알게 하셨느니라" 합니다. 셋째 단원은, ⑨ 아들 솔로몬에게, "강하고 담대하라, 하나님이 너와 함께 하신다" 하면서, ⑩ "제사장과 레위 사람이 모든 역사를 도울 것"이라고 격려하고 마칩니다.

첫째 단원(1-10) **너를 택하여 전을 건축하게 하셨다**
둘째 단원(11-19) **하나님이 그려주신 식양을 줌**
셋째 단원(20-21) **하나님이 너와 함께 하신다**

주제(主題) : 여호와의 계명을 지키고 성전을 건축하라

㉠ 28장은 다윗의 마지막 유언(遺言)입니다. 성경은, "믿음으로 야곱은 죽을 때에 요셉의 각 아들에게 축복하고 그 지팡이 머리에 의지하여 경배하였다"(히 11:20-21) 하고 말씀하는데, 성경에 등장하는 인물 중에 "임종"을 가장 자상하게 묘사하고 있는 것은 야곱과 다윗입니다. 그런데 야곱은 선지자의 영에 의한 예언적인 유언이기 때문에, 가장 아름답게 마무리하고 있는 사람은 다윗이라 할 수가 있습니다. 그러므로 다윗의 유언은 우리에게 모범이 될 수가 있습니다.

㉡ 다윗의 유언을 요약을 하면 두 마디로 압축을 할 수가 있는데 첫째는, "여호와의 모든 계명을 지키라"(8)는 것이고, 둘째는 "너를 택하여 성전을 건축하게 하셨으니 힘써 행하라"(10)는 것입니다. 만일 우리의 관찰이 여기서 멈춘다면 의문(儀文)만을 보고 신령한 의미는 놓치는 것이 되고 말 것입니다. 그러므로 우리는 마땅히 물어야만 합니다. "모든 계명을 지키라" 한 모든 계명이란, 구체적으로 무엇을 가리키는가?

그리고 "성전"은 왜 건축하라 하는가? 하나님이 건물에 거하시는 분이란 말인가?

ⓒ 먼저 어찌하여 성전을 건축하라 하는가부터 생각해보겠는데, 이해를 돕기 위해서 부정적인 말씀부터 드려야만 하겠습니다. 스데반 집사는 대제사장 앞에서 증거하기를, "그러나 지극히 높으신 이는 손으로 지은 곳에 계시지 아니 하신다"(행 7:48) 하고 선언합니다. 바울도 아테네에 이르러 웅장한 신전(神殿)들을 보고는, "우주와 그 가운데 있는 만유를 지으신 신께서는 천지의 주재(主宰)시니 손으로 지은 전에 계시지 아니 하신다"(행 17:24) 하고 증거했습니다. 스데반의 설교는 대제사장을 화가 나게 만들었던 것입니다. 왜냐하면 예루살렘 성전의 신성을 모독한 것이 되고, 대제사장을 무력화시킨 것이 되기 때문입니다. 스데반은 무엇을 말하려는 것인가?

ⓔ 그러므로 스데반 집사는 한걸음 더 나아가, "이제 너희는 그 의인(義人)을 잡아준 자요 살인한 자가 되나니"(행 7:52) 하고 책망합니다. 이런 뜻입니다. "구약시대의 성전은 그리스도에 대한 모형이다. 이제 성전의 실체(實體)가 오셨는데 너희는 그를 십자가에 못을 박아 죽였다." 그런데 중요한 것은 "죽으심"이 끝이 아니라는 점입니다. "보라 하늘이 열리고 인자가 하나님 우편에 서신 것을 보노라"(행 7:56) 하고, 그리스도의 부활과, 승천과, 하나님 우편 재위(在位)를 외침으로 그가 참 성전이요 그리스도이심을 증거했던 것입니다. 얼마나 영광스러운가? 얼마나 통쾌한가? 그런데 스데반 집사는 이 설교 때문에 죽임을 당한 것입니다.

ⓜ 이제 성전건축의 당위성을 말씀드려야하겠습니다. 다윗은 무조건 성전을 건축하라는 것이 아닙니다. "속죄소의 식양을 그 아들 솔로몬에게 주고 또 성신(聖神)의 가르치신 모든 식양"(11-12)을 주면서, "이 위의 모든 것의 식양(式樣)을 여호와의 손이 내게 임하여 그려 나

로 알게 하셨느니라"(19) 합니다. 그러니까 이 식양대로 건축해야 한다는 것입니다. 이는 여기가 처음이 아닙니다. 하나님은 친히 모세에게, "내가 그들 중에 거할 성소를 짓되, 내가 네게 보이는 대로 장막의 식양(式樣)과 그 기구의 식양을 따라 지을 지니라"(출 25:8-9) 하고 명하셨던 것입니다.

ⓗ 왜 그런가? "성막, 번제단, 물두멍, 속죄소, 진설병, 등대, 향단" 등이 참 것에 대한 모형이었기 때문입니다. 보십시오. 하나님의 임재를 상징하는 지성소를 가로막고 있던 휘장이 주님께서 십자가상에서 "다 이루었다" 하고 선언하시자 찢어졌다는 사실을! 그리고 성령께서는 이를 들어 증거하시기를, "그러므로 형제들아 우리가 예수의 피를 힘입어 성소에 들어갈 담력을 얻었나니 그 길은 우리를 위하여 휘장 가운데로 열어 놓으신 새롭고 산 길이요 휘장은 곧 저의 육체니라"(히 10:19-20) 하십니다. 그러므로 "식양" 하나하나에 말씀하시려는 계시가 있었던 것입니다.

ⓢ 이제 성전을 지으라 하는 의도는 분명해진 것입니다. 성전이라는 "모형"(히 8:5)과, 그곳에서 드려질 제사라는 그림자를 통해서, 실체(實體)가 오셔서 그 몸을 단번에 드려주심으로 말미암아 하나님께 나아가는 길을 가로막고 있는 죄의 담(휘장)을 제거해주시기를 대망(待望)케 하기 위해서였던 것입니다. 그러므로 포로에서 귀환한 자들이 재건(再建)한 제2의 성전건물의 초라함을 인하여 대성통곡하는 자들을 향해서 하나님은, "은도 내 것이요 금도 내 것이라", 즉 은이나 금으로 지으면 내가 기뻐할 줄 아느냐? 아니다. "이 전(殿)의 나중 영광이 이전(以前) 영광보다 크리라"(학 2:8-9) 하고, 실체가 오시기 될 것을 말씀하셨던 것입니다.

ⓞ 다음은 "여호와의 모든 계명을 구하여 지키기로 하라"(8)는 사활(死活)적인 의미에 대해서 상고해보겠습니다. 왜 사활적인 의미라 하는

가? 이 계명을 윤리로만 생각하기 때문입니다. 본문은, "네가 저를 찾으면 만날 것이요 버리면 저가 너를 영원히 버리시리라"(9하) 하고 말씀하고 있습니다. 이는 윤리가 아니라 신학적인 교리문제인 것입니다.

ⓩ 출애굽 당시 시내산에서 첫 언약을 체결할 때에 저들은 말하기를, "여호와의 명하신 모든 말씀을 우리가 준행하리이다"(출 24:3, 7) 하였습니다. 그런데 불과 며칠 후 바로 그 자리에서 "금송아지" 형상의 우상을 만들어 놓고, "이는 너희를 애굽 땅에서 인도하여 낸 너희 신이로다"(출 32:4) 하고 숭배했습니다. 이는 윤리가 아니라 하나님을 배반한 교리적인 죄입니다. 그리하여 십계명의 돌판은 깨어지고 말았던 것입니다. 이는 무엇을 말해주고 있는가? "율법의 행위로 (계명을 지킴으로) 그의 앞에 의롭다 하심을 얻을 육체가 없다"(롬 3:20)는 자력구원의 불가능성입니다.

ⓒ 전적타락, 전적무능의 자력구원의 불가능성을 인식하는 자라면 십계명(十誡命)의 돌비만이 아니라, 성막의 식양(式樣)도 주신 하나님을 찬양해야만 합니다. 왜냐하면 (율)법을 범했을 때에 어떻게 해결함을 받을 수가 있는가? 흠 없는 양을 잡아 번제단에서 "속죄한 즉 그가 사함을 얻으리라"(레위기 4:20, 26, 31, 35) 하고 해결책을 마련해주신 것이 성막계시였기 때문입니다. "율법의 행위"로 의롭다함을 얻을 수 없다는 점을 우리보다 하나님이 더 잘 아십니다. 그리하여, "곧 여호와가 모세로 너희에게 명(命)한 모든 것을 여호와가 명한 날부터 이후 너희의 대대에 지키지 못하여", 그러면 어떻게 하라 하시는가? "속죄제(贖罪祭)를 드릴 것이니라 그들이 사함을 얻으리니"(민 15:23-25) 하십니다.

ⓚ 그런데 사함을 받을 수 없는 경우가 있는 것입니다. 그것은 죄사함을 얻는 유일한 방도(方途)인 메시아언약을 배척하고 "다른 신"을 섬기는 우상숭배입니다. 예루살렘이 멸망한 원인이 이 죄 때문입니다. 하나님은 성전을 건축하는 솔로몬에게 나타나셔서 "나의 계명과 법도를

지키지 아니하고 가서 다른 신을 섬겨 그것을 숭배하면 내가 이스라엘을 나의 준 땅에서 끊어버릴 것이요 내 이름을 위하여 내가 거룩하게 구별한 이 전(殿)이라도 내 앞에서 던져 버리리니"(왕상 9:6-7) 하고 경고하셨건만 슬프게도 그대로 되고야 말았던 것입니다. 이것이 다윗이 아들 솔로몬에게 "계명을 지키라" 한 사활적인 의미입니다. 또한 바울이 마지막 편지에서 믿음의 아들 디모데에게, "내게 들은바 바른 말을 본받아 지키라"(딤후 1:14) 한 것도 복음(福音)진리를 지키라는 말이었던 것입니다.

ㅌ 그렇다면 현대교회의 실상은 어떠한가? "라오디게아교회"를 예로 드는 것이 이해가 빠를 것입니다. 그들은 "나는 부자라 부요하여 부족한 것이 없다" 하고 말했습니다. 그러나 주님은, "네 곤고한 것과 가련한 것과 가난한 것과 눈먼 것과 벌거벗은 것을 알지 못하도다" 하십니다. 이는 윤리적인 문제가 아닙니다. 눈멀고 벌거벗고, 그래서 곤고하고 가련한 상태는 불신자의 상태입니다. 그들은 복음을 잃어버렸던 것입니다. 이점이 "내가 문 밖에 서서 두드리노니"(계 3:17-20) 한 말씀에 드러납니다. 강단에서 복음이 사라지게 되면 그리스도는 문 밖으로 추방을 당하게 되는 것입니다. "성소의 전을 건축하게 하셨으니 힘써 행할 지니라"는 본문을 들어서 예배당(禮拜堂) 건축을 독려는 하면서 실체이신 그리스도는 증거하지 못하고, 사활이 걸려있는 복음(福音)은 보수하지 못하고 있는 것이 아닌지 반성해 보아야 할 것입니다.

첫째 단원(1-10) 너를 택하여 전을 건축하게 하셨다

"다윗이 이스라엘 모든 방백 곧 각 지파의 어른과 체번하여 왕을 섬기는 반장들과 천부장들과 백부장들과 및 왕과 왕자의 산업과 생축의

감독과 환관과 장사와 용사를 예루살렘으로 소집하고"(1),

① "이에 다윗 왕이 일어서서 가로되 나의 형제들, 나의 백성들아 내 말을 들으라 나는 여호와의 언약궤 곧 우리 하나님의 발등상을 봉안할 전 건축할 마음이 있어서 건축할 재료를 준비하였으나"(2) 하고, 화두(話頭)를 성전건축으로 시작을 합니다.

㉠ 다윗은 언약궤를, "곧 우리 하나님의 발등상을 봉안할 전"이라고 말씀합니다. 이는 대단히 심중한 표현이라 할 수가 있는데 왜냐하면 천지의 주재이신 하나님은 사람이 지은 건물에 계시는 분이 아니라는 의미가 함의되어 있기 때문입니다. 문자적으로 말하면 성전은 하나님이 발을 올려놓으시는 "발등상"에 불과하다는 것입니다.

㉡ "오직 하나님이 내게 이르시되 너는 군인(軍人)이라 피를 흘렸으니 내 이름을 위하여 전을 건축하지 못하리라 하셨느니라"(3) 합니다. 앞에서도 말씀을 드렸습니다만 이는 표면적인 이유요 궁극적으로는, "한 아들이 나를 위하여 집을 건축할 것이요"(17:11-12), 즉 다윗의 자손으로 오실 그리스도께서, "내가 이 반석 위에 내 교회를 세우리니"(마 16:18) 하시게 될 "한 아들"의 사명을 드러내기 위해서인 것입니다.

② "그러나 이스라엘 하나님 여호와께서 전에 나를 내 부친의 온 집에서 택하여 영원히 이스라엘 왕이 되게 하셨나니 곧 하나님이 유다 지파를 택하사 머리를 삼으시고 유다의 족속에서 내 부친의 집을 택하시고 내 부친의 아들들 중에서 나를 기뻐하사 온 이스라엘의 왕을 삼으셨느니라"(4) 합니다. 한 절을 통해서 하나님의 주권(主權)적인 "택하심"을 3번, "나를 기뻐하사" 라는 말까지 합하면 4번이나 드러내고 있습니다. 이것이 하나님중심 사상인 것입니다. 요약을 하면,

㉠ 12지파 중에서 유다 지파를 택하시고,

㉡ 유다 지파 중에서 아버지 이새의 집을 택하시고,

㉢ 아버지의 아들들 중에서 "나를 기뻐하사", 즉 자신 다윗을 택하

셨다는 것입니다. 어찌하여 택하셨다는 말 대신에 "나를 기뻐하사" 라고 표현하고 있는지 아시겠습니까? 우리를 택하신 근거가 우리의 어떤 선함에 있는 것이 아니라, 전적으로 하나님의 "기뻐하심"에 있음을 드러내기 위해서인 것입니다. 사도 바울도, "그 기쁘신 뜻대로 우리를 예정(豫定)하사 예수 그리스도로 말미암아 자기의 아들들이 되게 하셨으니"(엡 1:5) 하고 말씀합니다. 이런 뜻입니다. 왜 나를 택하셨는가? 그것이 하나님의 기쁘신 뜻이라는 것입니다. 달리는 설명할 길이 없는 것입니다. 택하심의 초점이 어디로 모아지고 있는가?

③ "여호와께서 내게 여러 아들을 주시고 그 모든 아들 중에서 내 아들 솔로몬을 택하사 여호와의 나라 위에 앉혀 이스라엘을 다스리게 하려 하실 쌔"(5) 하고, 솔로몬으로 모아지고 있는 것입니다.

㉠ 여기서 주목해야할 두 가지 요점이 있는데 첫째는, ㉮ "여호와께서, 솔로몬을 택하사" 라는 말입니다. 자신의 뒤를 이어 왕이 될 자는 세습에 의해서가 아니라 하나님의 택하심으로 말미암아 라는 것입니다. 그래서 둘째는, ㉯ "여호와의 나라 위에 앉게" 했다고 표현하는 것입니다. 이 표현은 "이스라엘 나라"라는 말과는 하늘과 땅의 차이가 있는 말입니다. "여호와의 나라"란 하나님이 이루어나가시는 "하나님의 나라"인 것입니다. 이는 다윗이, "다윗 왕국"이 메시아왕국의 예표임을 인식하고 있었다는 증거입니다.

㉡ 이점이 "내게 이르시기를 네 아들 솔로몬 그가 내 전을 건축하고 내 여러 뜰을 만들리니 이는 내가 저를 택하여 내 아들을 삼고 나는 그 아비가 될 것임이라"(6) 하고 말씀하셨다는 데서도 드러납니다. 성경이 말씀하는 "아들과 아버지"의 관계는 궁극적으로는 성부(聖父)와 성자(聖子)의 관계를 나타내는 표현이기 때문입니다. 나 같은 죄인이 하나님의 자녀(子女)가 될 수 있었던 것은 직접적으로 된 것이 아니라, 오직 그리스도의 구속사역이라는 중보를 통해서뿐인 것입니다.

ⓒ "저가 만일 나의 계명과 규례를 힘써 준행하기를 오늘날과 같이 하면 내가 그 나라를 영원히 견고케 하리라 하셨느니라"(7) 합니다. 여기 "계명(誡命)과 규례"(規例)라 하는데, 뜻을 분명히 드러내기 위해서 이를 구분(區分)해서 말씀을 드린다면, "계명"은 십계명을 가리키고, "규례"는 성전에서 행해지는 제사제도를 가리킵니다. 그리고 이 둘은 결국 하나인데 왜냐하면 규례를 지켜서 하나님과 바른 관계를 유지하는 자라면 계명도 준행하기를 힘쓰게 되기 때문입니다. 그러므로 "계명과 율례"는 떼어놓을 수가 없는 것입니다.

④ "이제 너희는 온 이스라엘 곧 여호와의 회중의 보는 데와 우리 하나님의 들으시는 데서 너희 하나님 여호와의 모든 계명을 구하여 지키기로 하라 그리하면 너희가 이 아름다운 땅을 누리고 너희 후손에게 끼쳐 영원한 기업이 되게 하리라"(8) 합니다.

㉠ 이는 1절에서 말씀한 "방백, 족장, 용사" 등 백성의 지도자들에게 하는 마지막 권면입니다. ㉮ "여호와의 회중", 즉 온 백성이 보는 앞에서와, ㉯ "하나님의 들으시는 데서" 지키기로 하라 합니다. 이것이 경건한 자들이 사모했던 신전(神前) 신앙입니다.

⑤ 그런 후에 솔로몬을 향해서, "내 아들 솔로몬아 너는 네 아비의 하나님을 알고 온전한 마음과 기쁜 뜻으로 섬길 지어다 여호와께서는 뭇 마음을 감찰하사 모든 사상을 아시나니 네가 저를 찾으면 만날 것이요 버리면 저가 너를 영원히 버리시리라"(9) 합니다.

㉠ 여기 현대교회가 망각하고 있는 중요한 요점이 등장합니다. 그것은 "뭇 마음을 감찰하사 모든 사상(思想)을 아시나니" 한 말씀입니다. 신앙이란 어떤 의식(儀式)을 행하는데 있는 것이 아니라, "마음과 생각"의 문제라는 것입니다. 하나님은 우리의 바지저고리를 원하시는 것이 아니라, "내 아들아 네 마음을 내게 주며"(잠 23:26) 하십니다. 그러므로 이 주제를 구속사라는 맥락에서 보면, 타락했다는 의미가 무엇인가?

"마음과 생각"이 하나님중심에서 자기중심이 되었다는 말입니다. 그러면 구원을 얻었다는 것은 무엇을 의미하는가? "너희는 너희의 것이 아니라 값으로 산 것이 되었으니 그런즉 너희 몸으로 하나님께 영광을 돌리라"(고전 6:19-20) 한 하나님중심으로 회복이 되는 것을 의미합니다.

ⓛ 그런데 이것이 짐승으로 제사하는 의문(儀文)으로는 불가능함을 보게 됩니다. 이점이 "내가 그들의 남편이 되었어도 그들이 내 언약을 파(破)하였음이니라" 한 말씀에 드러납니다. 그래서 하나님은 "새 언약"을 세우리라 하시는 것입니다. 그러면 옛 언약과 새 언약이 무엇이 다른가? "내가 이스라엘 집에 세울 언약은 이러하니 곧 내가 나의 법을 그들의 속에 두며 그 마음에 기록하리라"(렘 31:31-33) 하십니다. 히브리서에서는 이를 두 번이나 인용(히 8:10, 10:16)하고 있는데 이는 그만큼 중요하기 때문입니다. 언약을 "마음과 생각"에 기록하신다는 뜻이 무엇인가?

ⓒ 이점을 에스겔서에서는, "또 새 영(靈)을 너희 속에 두고 새 마음을 너희에게 주되"(겔 36:26) 하십니다. ㉮ "새 영", 즉 거듭남을 의미합니다. 거듭난 사람은 어떻게 달라지는가? ㉯ "새 마음", 즉 마음과 생각이 바뀌게 된다는 것입니다. 신자(信者)와 불신자(不信者)가 다른 점이 무엇인가? 외적(外的)인 문제가 아닙니다. "마음과 생각"이 다른 것입니다. 세계관이 다르고, 인생관이 다르고, 삶의 목적과 가치관이 다른 것입니다. 이점을 사도 바울은, "육신을 좇는 자(불신자)는 육신의 일을, 영을 좇는 자(신자)는 영의 일을 생각하나니 육신의 생각은 사망이요 영의 생각은 생명과 평안이라 육신의 생각은 하나님과 원수가 되나니 이는 하나님의 법에 굴복치 아니할 뿐 아니라 할 수도 없음이라 육신에 있는 자는 하나님을 기쁘시게 할 수 없느니라"(롬 8:5-8) 하고 단언합니다.

ⓔ 이런 맥락에서 8절에서는 "구하라" 말씀하고, 9절에서는 "저를

찾으면 만날 것이요" 하는데 무슨 말씀이 생각이 나는가? 그렇습니다. "구하라 그러면 너희에게 주실 것이요 찾으라 그러면 찾을 것이요 문을 두드리라 그러면 너희에게 열릴 것이니"(마 7:7) 하신 주님의 말씀입니다. 무엇을 구하고 찾아야 하겠다는 마음이 드십니까? "네가 저를 찾으면 만날 것이요"(9하) 한 하나님 곧 그리스도입니다. 주님께서도 "먼저 그의 나라와 그의 의를 구하라" 하십니다. 그런데 어찌하여 우선순위를 바꾸고 있는가? 마음과 생각이 바뀌지지 않았기 때문인데, 이유는 둘 중의 하나입니다. 첫째는 아직 어린아이거나, 둘째는 거듭나지 못했기 때문입니다. 거듭나지 못한 사람은 "하나님의 법에 굴복치 아니할 뿐 아니라 할 수도 없다" 하심을 유념하시기를 바랍니다.

⑥ "그런즉 너는 삼갈 지어다 여호와께서 너를 택하여 성소의 전을 건축하게 하셨으니 힘써 행할 지니라"(10) 하고 명합니다.

둘째 단원(11-19) 하나님이 그려주신 식양을 줌

둘째 단원의 핵심어는 4번이나 강조되어 있는 "식양"(11, 12, 12, 19)입니다.

⑦ "다윗이 전의 낭실과 그 집들과 그 곳간과 다락과 골방과 속죄소의 식양(式樣)을 그 아들 솔로몬에게 주고"(11),

㉠ "골방과 속죄소" 등의 식양을 솔로몬에게 주었다는 것은 이 식양대로 건축하라는 뜻입니다. 이는 다윗이 작성한 식양이 아니라, "또 성신의 가르치신 모든 식양 곧 여호와의 전의 뜰과 사면의 모든 방과 하나님의 전 곳간과 성물 곳간의 식양을 주고"(12) 한, "성신(聖神)이 가르치신 식양"(12)입니다.

㉡ 또한 "여호와의 손이 그려주신 식양"(19)이라고 말씀합니다. 얼

마나 중요한 식양인가? 이점이 왜 중요하냐 하면 "식양"이라는 모형(模型)을 통해서 말씀하려는 메시지가 있기 때문입니다. 그러므로 만일 "식양"을 변경한다면 이는 "복음을 변개"(變改)한 것과 같아서 하나님이 계시하시고자 하는 그리스도의 모형으로써의 성전이 아니라, "다른 성전"이 되고 마는 것입니다.

ⓒ 실제로 그런 일이 있었습니다. 아하스 왕이 이방(異邦)의 단을 보고 "그 식양을 그려 제사장 우리야에게 보내어", 다른 단을 만들게 하고 그 단에서 번제를 드렸던 것입니다. 또한 식양대로 만든 기구들을 "떼어내고, 옮기고, 내려놓음"(왕하 16:10, 17)으로 하나님이 보여주신 본래의 식양을 변개했던 것입니다. 이는 구약에 나타난 "다른 복음"인 것입니다. 이런 의미에서 다윗이 이 식양을 소중하게 간직하고 있었다는 것은 복음을 보수했다는 것과 맥을 같이 한다 하겠습니다. 이 보배로운 식양을 솔로몬에게 위임시키고 있는 것입니다.

ⓓ "또 제사장과 레위 사람의 반열과 여호와의 전에 섬기는 모든 일과 섬기는데 쓰는 모든 그릇의 식양을 설명하고 또 모든 섬기는데 쓰는 금 기명을 만들 금의 중량(重量)과 모든 섬기는데 쓰는 은기명을 만들 은의 중량을 정하고"(13-14) 합니다. 14-18절 안에는 "금 등대, 등잔, 진설병 상, 향단, 그룹들" 등이 있는데 심지어 이것들을 만들 중량까지 "정해주었다"는 것입니다.

⑧ 그런 후에 "다윗이 가로되 이 위의 모든 것의 식양(式樣)을 여호와의 손이 내게 임하여 그려 나로 알게 하셨느니라"(19) 합니다. 이는 누구도 변개할 수 없다는 최종적인 권위인 것입니다.

셋째 단원(20-21) **하나님이 너와 함께 하신다**

셋째 단원은 결론적인 권면입니다.

⑨ "또 그 아들 솔로몬에게 이르되 너는 강하고 담대하게 이 일을 행하고 두려워 말며 놀라지 말라 네가 여호와의 전 역사의 모든 일을 마칠 동안에 여호와 하나님 나의 하나님이 너와 함께 하사 네게서 떠나지 아니하시고 너를 버리지 아니하시리라"(20) 합니다.

㉠ "여호와 하나님 나의 하나님이 너와 함께 하사" 합니다. 이 말은 지금까지 다윗과 함께 하셨던, "다윗의 하나님"이 이제부터는 "솔로몬, 너의 하나님"이시라는 말입니다.

㉡ "네게서 떠나지 아니하시고 너를 버리지 아니하시리라", 이는 최종적인 보장입니다. 다윗은 더 이상 솔로몬과 함께 할 수 없고 떠나려 하지만, "하나님은 네게서 떠나지 아니하시고 버리지 아니하시리라" 한 말은 그 이상은 없는 무한대한 보장입니다.

⑩ 그리고 다윗이 조직해놓은, "제사장과 레위 사람의 반열이 있으니 여호와의 전의 모든 역사를 도울 것이요"(21상) 합니다.

㉠ "또 모든 공역에 공교한 공장이 기쁜 마음으로 너와 함께 할 것이요 또 모든 장관과 백성이 온전히 네 명령 아래 있으리라"(21하) 합니다. 하나님이 함께 하시고, 동역자들이 돕고, 백성들이 순종하여 섬긴다면 여호와의 전 역사는 필역하고도 남음이 있을 것입니다. 이 말씀은 포로에서 귀환하여 제2의 성전을 건축해야할 남은 자들에게 큰 용기를 주고 또한 격려가 되었을 것입니다.

㉡ 이 말씀을 구속사라는 맥락으로 보면, 솔로몬이 성전을 건축하는 것을 예표로 하여, 다윗의 자손으로 오실 그리스도께서 "내가 이 반석 위에 내 교회를 세우리니" 하신 말씀으로 성취가 되어, "너희는 사도들과 선지자들의 터 위에 세우심을 입은 자라 그리스도 예수께서 친히

모퉁이 돌이 되셨느니라 그의 안에서 건물마다 서로 연결하여 주 안에서 성전이 되어가고 너희도 성령 안에서 하나님의 거하실 처소가 되기 위하여 예수 안에서 함께 지어져 가느니라"(엡 2:20-22) 한 말씀으로 적용이 되는 것입니다. 그러므로 우리들이 명심해야할 점은 주님의 피로 사신 교회를, "성신의 가르치신 모든 식양"(12), 즉 성령의 감동으로 기록된 성경 말씀에 근거하여 섬겨야한다는 점입니다.

ⓒ 그리고 이 성전 식양은 "보라 하나님의 장막이 사람들과 함께 있으매 하나님이 저희와 함께 거하시리니 저희는 하나님의 백성이 되고 하나님은 친히 저희와 함께 계셔서 모든 눈물을 그 눈에서 씻기시매 다시 사망이 없고 애통하는 것이나 곡하는 것이나 아픈 것이 다시 있지 아니하리니 처음 것들이 다 지나갔음이러라, 이루었도다 나는 알파와 오메가요 처음과 나중이라"(계 21:3-4, 6)에서 완성(完成)이 될 하나님의 나라건설의 비전인 것입니다. 이것이 "여호와의 계명을 지키고 성전을 건축하라"는 말씀입니다.

⑪ 묵상해보겠습니다.

ⓐ "너를 택하여" 하고 택하심을 강조하는 의도에 대해서,

ⓑ "하나님이 그려주신 식양"의 의미와 중요성에 대해서,

ⓒ 최종적인 권위와 보장에 대해서.

역대상 29장 개관도표
주제 : 열조의 하나님께 감사하며 찬양하나이다

누가 즐거이 드리겠느냐 (1-9)

1 ① 다윗 왕이 온 회중에게 이르되 내 아들 솔로몬이 홀로 하나님의 택하신바 되었으나 오히려 어리고 연약하고 이 역사는 크도다 │이 전은 사람을 위한 것이 아니요 여호와 하나님을 위한 것이라│

2 ② │내가 이미 내 하나님의 전을 위하여 힘을 다하여 예비하였나니│ 곧 기구를 만들 금과 은과 놋과 철과 나무며 또 마노와 박을 보석과 꾸밀 보석과 채석과 다른 보석들과 화반석이 매우 많으며

3 성전을 위하여 예비한 이 모든 것 외에도 내 마음에 내 하나님의 전을 사모하므로 나의 사유의 금, 은으로 내 하나님의 전을 위하여 드렸노니 4, 곧 오빌의 금 삼천 달란트와 천은 칠천 달란트라 모든 전 벽에 입히며

5 금, 은그릇을 만들며 공장의 손으로 하는 모든 일에 쓰게 하였노니 │오늘날 누가 즐거이 손에 채워 여호와께 드리겠느냐│

6 ③ │이에 모든 족장과│ 이스라엘 모든 지파 어른과 천부장과 백부장과 왕의 사무 감독이 다 즐거이 드리되

7 하나님의 전 역사를 위하여 금 오천 달란트와 금 다릭 일만과 은 일만 달란트와 놋 일만 팔천 달란트와 철

8 십만 달란트를 드리고 8, 무릇 보석이 있는 자는 게르손 사람 여히엘의 손에 부쳐 여호와의 전 곳간에 드렸더라

9 백성이 자기의 즐거이 드림으로 기뻐하였으니 곧 저희가 성심으로 여호와께 즐거이 드림이며 다윗왕도 기쁨을 이기지 못하여 하나라

열조의 하나님을 송축하니라 (10-19)

10 다윗이 온 회중 앞에서 여호와를 송축하여 가로되 우리 조상 이스라엘의 하나님 여호와여 주는 영원히 송축을 받으시옵소서

11 ④ │여호와여 광대하심과 권능과 영광과 이김과 위엄이│ 다 주께 속하였사오니 천지에 있는 것이 다 주의 것이로소이다 여호와여 주권도 주께 속하였사오니 주는 높으사 만유의 머리심이니이다 12, 부와 귀가 주께로 말미암고 또 주는 만유의 주재가 되사 손에 권세와 능력이 있사오니 모든 자를 크게 하심고 강하게 하심이 주의 손에 있나이다

13 우리 하나님이여 이제 우리가 주께 감사하오며 주의 영화로운 이름을 찬양하나이다

14 ⑤ 나와 나의 백성이 무엇이관대 │이처럼 즐거운 마음으로 드릴 힘이 있었나이까│ 모든 것이 주께로 말미암았사오니 우리가 주의 손에서 받은 것으로 주께 드렸을 뿐이니이다

15 주 앞에서는 우리가 우리 조상과 다름이 없이 나그네와 우거한 자라 세상에 있는 날이 그림자 같아서 머무름이 없나이다 16, 우리 하나님 여호와여 우리가 주의 거룩한 이름을 위하여 전을 건축하려고 미리 저축한 이 모든 물건이 다 주의 손에서 왔사오니 다 주의 것이니이다

17 나의 하나님이여 주께서 마음을 감찰하시고 정직을 기뻐하시는 줄 내가 아나이다 내가 정직한 마음으로 이 모든 것을 즐거이 드렸사오며 이제 내가 또 여기 있는 주의 백성이 주께 즐거이 드리는 것을 보오니 심히 기쁘도소이다

18 ⑥ │우리 열조 아브라함과 이삭과 이스라엘의 하나님 여호와여│ 주께서 이것을 주의 백성의 심중에 영원히 두어 생각하게 하시고 그 마음을 예비하여 주께로 돌아오게 하옵시며

19 ⑦ 또 내 아들 솔로몬에게 정성된 마음을 주사 주의 │계명과 법도와 율례를 지켜 이 모든 일을 행하게 하시고 내가 위하여 예비한 것으로 전을 건축하게 하옵소서│

다윗이 죽고 솔로몬이 왕이 됨 (20-30)

20 ⑧ 다윗이 온 회중에게 이르되 │너희는 너희 하나님 여호와를 송축하라│ 하매 회중이 그 열조의 하나님 여호와를 송축하고 머리를 숙여 여호와와 왕에게 절하고

21 │이튿날 여호와께 제사를 드리고 또 번제를 드리니│ 수송아지가 일천이요 수양이 일천이요 어린 양이 일천이요 또 그 전제와 온 이스라엘을 위하여 풍성한 제물을 드리고 22, 이 날에 무리가 크게 기뻐하여 여호와 앞에서 먹으며 마셨더라 무리가 다윗의 아들 ⑨ │솔로몬으로 다시 왕을 삼아│ 기름을 부어 여호와께 돌려 주권자가 되게 하고 │사독에게도 기름을 부어 제사장이│ 되게 하니라

23 솔로몬이 여호와께서 주신 위에 앉아 부친 다윗을 이어 왕이 되어 형통하니 온 이스라엘이 그 명령을 순종하며

24 모든 방백과 용사와 다윗 왕의 여러 아들이 솔로몬 왕에게 복종하니 25, 여호와께서 솔로몬으로 이스라엘 무리의 목전에 심히 존대케 하시고 또 왕의 위엄을 주사 그 전 이스라엘 모든 왕보다 뛰어나게 하셨더라

26 이새의 아들 다윗이 온 이스라엘의 왕이 되어 27, 이스라엘을 치리한 날짜는 사십년이라 헤브론에서 칠년을 치리하였고 예루살렘에서 삼십 삼년을 치리하였으며

28 ⑩ │저가 나이 많아 늙도록 부하고 존귀하다가 죽으매 그 아들 솔로몬이 대신하여 왕이 되니라│

29 다윗왕의 시종 행적이 선견자 사무엘의 글과 선지자 나단의 글과 선견자 갓의 글에 다 기록되고

30 또 저의 왕 된 일과 그 권세와 저와 이스라엘과 온 세상 열국의 지난 시사가 다 기록되니라

열조의 하나님께 감사하며 찬양하나이다

[18]우리 열조 아브라함과 이삭과 이스라엘의 하나님 여호와
여 주께서 이것을 주의 백성의 심중에 영원히 두어 생각하
게 하시고 그 마음을 예비하여 주께로 돌아오게 하옵시며.

마지막 장에 이르렀습니다. 신정왕국의 모든 기초(基礎)를 튼튼하게
놓은 다윗 왕 시대(時代)는 막을 내리고, 그 위에 건설해야할 솔로몬이
대신하여 왕위에 오릅니다. 본문은 다윗이 임종머리에서 백성들을 향한
마지막 권면과, 하나님께 향한 마지막 기도로 되어 있습니다.

도표를 보시면 첫째 단원은, "오늘날 누가 즐거이 손에 채워 여호와
께 드리겠느냐"를 중심으로, ① "이 전은 사람을 위한 것이 아니요 여호
와 하나님을 위한 것이라", ② "내가 힘을 다하여 예비하였다" 하면서,
"오늘날 누가 즐거이 손에 채워 여호와께 드리겠느냐" 합니다. ③ "이에
모든 족장, 지파 어른, 천부장 백부장들"이 즐거이 드렸더라 합니다. 둘
째 단원은 "온 회중 앞에서 여호와를 송축하여 가로되"를 중심으로, ④

"광대하심과 권능과 영광과 이김과 위엄이 다 주의 것"이라 하면서, ⑤
"나와 나의 백성이 무엇이 관대 이처럼 즐거운 마음으로 드릴 힘이 있
었나이까", ⑥ "우리 열조 아브라함과 이삭과 이스라엘의 하나님 여호
와여", ⑦ "솔로몬에게 정성된 마음을 주사, 전을 건축하게 하옵소서"
합니다. 셋째 단원은 "열조의 하나님을 송축하고 번제를 드리니"를 중
심으로, ⑧ "온 회중이 열조의 하나님을 송축하고", ⑨ "솔로몬으로 왕
을 삼고 사독을 대제사장을 삼고", ⑩ "다윗이 나이 많아 죽으니 솔로몬
이 대신하여 왕이 되니라" 하고 역대상은 마치고 있습니다.

첫째 단원(1-9) **누가 즐거이 드리겠느냐**
둘째 단원(10-19) **열조의 하나님을 송축함**
셋째 단원(20-30) **다윗이 죽으니 솔로몬이 왕이 됨**

주제(主題) : 열조의 하나님께 감사하며 찬양하나이다

㉠ 29장의 주제가 어찌하여 "열조의 하나님께 감사하며 찬양하나이
다"가 될 수가 있는가? 선지자 이사야는 "웃시야 왕이 죽던 해에, 높이
들린 보좌에 앉으신 하나님"(사 6:1)을 뵈었습니다. 이는 지상(地上)의
왕은 갈리어도 구원계획을 이루어나가시는 천상(天上)의 왕이신 하나님
은 여상(如常)하심을 나타냅니다. 그러므로 본장에서도 죽는 다윗이나,
왕위에 오르는 솔로몬에게 초점(焦點)을 맞출 것이 아니라, "지극히 높
으신 자가 인간 나라를 다스리시며 자기의 뜻대로 그것을 누구에게든지
주시는"(단 4:17) 하나님께 맞춰야만 하는 것입니다. 이점이 다윗의 마
지막 기도(10-19)에 하나님을 가리키는 "주"(主)라는 말이 22번이나 나
오는 증거이기도 합니다.

㉡ 다윗은 기도의 첫마디를, "우리 조상(祖上) 이스라엘 (야곱)의 하

나님 여호와여"(10) 하고 부르고 있습니다. 어찌하여 "아브라함의 하나님"이라 하지 않는가? "이스라엘 (야곱)의 하나님"이란 "택하심"과 결부되는 호칭입니다. 그래서 맨 앞에 놓고 있는 것입니다. "지렁이 같은 야곱"(사 41:14)을 모태에서부터 택정하셔서, "이스라엘" 민족의 조상이 되게 하신 하나님이, 자신을 목장에서 택해주시고, 여러 아들 가운데서, "솔로몬을 택하사 여호와의 나라 위에 앉혀 이스라엘을 다스리게 하신"(28:5) 하나님이라는 뜻이 내포되어 있는 것입니다.

ⓒ 그런 후에 "열조의 하나님 여호와"(18, 20)라고 부르고 있음을 주목해야만 합니다. 왜냐하면 이는 "언약"과 결부된 고백적(告白的)인 표현이기 때문입니다. ㉮ "열조 아브라함과 이삭과 이스라엘"에게 세워주신 "언약"(言約)을 놓치지 않고 붙잡고 하는 기도요, ㉯ 자신은 "약속을 받지 못하였으되 그것들을 멀리서 보고 환영하며"(히 11:13), 믿고 죽는다는 고백인 것입니다. ㉰ 또한 다윗 자신이나 솔로몬이나 우리 모두는 하나님께서 열조에게 세워주신 언약을 성취하기 위한 도구에 지나지 않는다는 의미가 있는 것입니다. 그렇습니다. 임종머리나 순교현장에서 붙잡아야할 것은, 나를 택하여주신 "하나님의 주권과, 하나님이 세워주신 언약"입니다. 원죄 하에 있는 아담의 후예들에게 언약을 세워주심이 없었다면 영원히 하나님과 분리될 수밖에 없는 것입니다.

ⓓ 또한 "열조의 하나님"이라는 고백 속에는, 열조(列祖)는 떠났어도, 그리고 자신은 떠나도 "열조와 함께 하셨던 하나님, 나와 함께 하신 하나님"은 떠나시지 아니하시고 "너희 하나님"이 되셔서 너희와 함께 하신다는 뜻이 있습니다. 그렇습니다. "천지는 없어지려니와 주는 영존하시겠고 그것들은 다 옷같이 낡으리니 의복같이 바꾸시면 바뀌려니와 주는 여상하시고 주의 연대는 무궁"(시 102:26-27) 한 것입니다.

ⓔ 그래서 다윗은 임종머리에서 하나님을, "우리 열조 아브라함과 이삭과 이스라엘의 하나님 여호와여"(18) 하고 고백하고 있는 것입니

다. 선지자 엘리야도 절체절명의 순간에 하나님을 "아브라함과 이삭과 이스라엘의 하나님 여호와"(왕상 18:36)로 고백하면서, "주 여호와는 하나님이신 것과 주는 저희의 마음으로 돌이키게 하시는 것을 알게 하옵소서"(왕상 18:37) 하고 간구했던 것입니다.

ㅂ 다윗의 간구가 무엇인가? 본문 18절을 다시 한 번 유의해 보시기 바랍니다. "우리 열조 아브라함과 이삭과 이스라엘의 하나님 여호와여 주께서 이것을 주의 백성의 심중(心中)에 영원히 두어 생각하게 하시고 그 마음을 예비하여 주께로 돌아오게 하옵시며" 합니다. 문제는 "심중에 영원히 두어 생각"해야 할 "이것"이 무엇인가 하는 점입니다. 그것은 열조에게 세워주신 "언약"입니다. 그래서 "우리 열조 아브라함과 이삭과 이스라엘의 하나님 여호와여" 하고 고백하는 것입니다. 하나님께서 열조에게 세워주신 언약은 메시아언약입니다. 이 "은혜언약, 곧 복음"(갈 3:8)을 심중(心中)에 영원히 간직하게 해달라는 것입니다. 그러면서 "주께로 돌아오게 하옵시며"(18하) 하고 간구하는데, 혹시 탕자처럼 떠나는 경우가 있다 하더라도 열조에게 세워주신 은혜언약을 생각하고 돌아오게 해달라는 것입니다. 그런데 바로 솔로몬이 그러했던 것입니다.

ㅅ 다윗의 임종 기도라 할 수 있는 본문을 상고해보면, ㉮ "광대하심과 권능과 영광과 이김과 위엄이 다 주께 속하였고", ㉯ "천지에 있는 것이 다 주의 것이요", ㉰ "여호와여 주권도 주께 속하였사오니 주는 높으사 만유의 머리심이니이다"(11) 하고, "주"라는 말을 열 절 안에 22번이나 고백하면서 모든 주권(主權)과 영광을 하나님께 돌리고 있는 것입니다.

ㅇ 그뿐만이 아니라, "모든 것이 주께로 말미암았사오니 우리가 주의 손에서 받은 것으로 주께 드렸을 뿐이니이다"(14) 합니다. 16절에서도, "전을 건축하려고 미리 저축한 이 모든 물건이 다 주의 손에서 왔사

오니 다 주의 것이니이다" 합니다. 주권(主權)을 하나님께 돌리고 나면 나의 것이란 아무 것도 없는 것이 됩니다. 다윗은 평생을 하나님중심의 신앙으로 살았습니다. 그 점이 그의 시편들에 구구절절이 배어있습니다. 그러므로 "다윗의 임종 송"은, "열조의 하나님께 감사하며 찬양하나이다"라 할 수가 있습니다.

첫째 단원(1-9) 누가 즐거이 드리겠느냐

"다윗 왕이 온 회중에게 이르되",

① "내 아들 솔로몬이 홀로 하나님의 택하신바 되었으나 오히려 어리고 연약하고 이 역사는 크도다 이 전은 사람을 위한 것이 아니요 여호와 하나님을 위한 것이라"(1).

② "내가 이미 내 하나님의 전을 위하여 힘을 다하여 예비하였나니 곧 기구를 만들 금과 은과 놋과 철과 나무며 또 마노와 박을 보석과 꾸밀 보석과 채석과 다른 보석들과 화반석이 매우 많으며"(2)

㉠ "성전을 위하여 예비한 이 모든 것 외에도 내 마음에 내 하나님의 전을 사모하므로 나의 사유(私有)의 금, 은으로 내 하나님의 전을 위하여 드렸노니 곧 오빌의 금 삼천 달란트와 천은 칠천 달란트라 모든 전 벽에 입히며 금, 은그릇을 만들며 공장의 손으로 하는 모든 일에 쓰게 하였노니"(3-5상) 합니다.

㉡ 요약을 하면 다윗은 여러 전쟁에서 승리하게 하심으로 얻게 된 전리품(戰利品)들을 모두 드렸고, 또한 자신의 사유재산(私有財産)을 드렸다는 것입니다. 그가 드린 "오빌의 금 삼천 달란트"란 얼마나 되는 것일까? 어떤 분은 환산하기를 102톤에 해당이 된다고 말합니다. 아무튼 상상을 초월하는 액수임이 분명합니다. 이렇게 말하는 것은 자랑하기

위해서가 아니라 본(本)을 보이기 위해서인 것입니다.

ⓒ 그리고 하는 말이, "오늘날 누가 즐거이 손에 채워 여호와께 드리겠느냐"(5하) 합니다. 이는 건축할 자재가 부족했기 때문만은 아니었을 것입니다. 백성들로 하여금 성전건축의 방관자가 아닌 "참여(參與)자"가 되게 하기 위해서입니다. 사도 바울은 "내가 궁핍하므로 말하는 것이 아니라" 하면서, "그러나 너희가 내 괴로움에 함께 참여하였으니 잘하였도다"(빌 4:11, 14) 합니다. 그렇습니다. "네 보물 있는 그 곳에는 네 마음도 있기"(마 6:21) 때문입니다.

③ "이에 모든 족장과 이스라엘 모든 지파 어른과 천부장과 백부장과 왕의 사무 감독이 다 즐거이 드리되"(6),

㉠ "하나님의 전 역사를 위하여 금 오천 달란트와 금 다릭 일만과 은 일만 달란트와 놋 일만 팔천 달란트와 철 십만 달란트를 드리고 무릇 보석이 있는 자는 게르손 사람 여히엘의 손에 부쳐 여호와의 전 곳간에 드렸더라 백성이 자기의 즐거이 드림으로 기뻐하였으니 곧 저희가 성심으로 여호와께 즐거이 드림이며 다윗 왕도 기쁨을 이기지 못하여 하니라"(7-9) 합니다.

ⓛ "백성이 자기의 즐거이 드림으로 기뻐하였다"고 말씀합니다. 헌금에도 기쁨이 있어야 하고, 봉사에도 기쁨이 있어야만 합니다. 그리스도의 영을 모신 자들이 기뻐한다는 것은 그 안에 계신 그리스도께서 기뻐하신다는 증거(證據)이기도 합니다. 그러므로 자원하여 성심으로 드릴 때에 기쁨은 우러나오는 것이고, 배당받아 드리는 것이라면 기쁨은 반감이 될 것입니다. "인색함으로나 억지로 하지 말지니 하나님은 즐겨 내는 자를 사랑하시느니라"(고후 9:7) 합니다. "다윗 왕도 기쁨을 이기지 못하여 하니라", 하나님도 그러하셨을 것입니다.

둘째 단원(10-19) 열조의 하나님을 송축함

둘째 단원은 온 백성들이 기쁜 마음으로 예물을 드린 후에 다윗의 감사기도인데 성경에 나타난 다윗의 마지막 기도입니다. "다윗이 온 회중 앞에서 여호와를 송축하여 가로되 우리 조상 이스라엘의 하나님 여호와여 주는 영원히 송축을 받으시옵소서"(10),

④ "여호와여",

㉠ "광대하심과 권능과 영광과 이김과 위엄이 다 주께 속하였사오니",

㉡ "천지에 있는 것이 다 주의 것이로소이다".

㉢ "여호와여 주권(主權)도 주께 속하였사오니",

㉣ "주는 높으사 만유의 머리심이니이다"(11).

㉤ "부와 귀가 주께로 말미암고 또 주는 만유의 주재가 되사 손에 권세와 능력이 있사오니 모든 자를 크게 하심과 강하게 하심이 주의 손에 있나이다"(12).

㉥ "우리 하나님이여 이제 우리가 주께 감사하오며 주의 영화로운 이름을 찬양하나이다"(13) 합니다.

㉦ 이는 우리가 "하나님 감사합니다" 하는 말에 해당이 되는 부분입니다. 얼마나 풍성한 송축이며 감사인가! 이에 비해 우리의 감사는 얼마나 빈약하고 형식적인가? ㉮ "다 주께 속하였다, ㉯ 다 주의 것이요, ㉰ 모든 것이 주께로 말미암고, ㉱ 모두 다 주의 손에 있다"고 송축합니다. 이 사상은 바울이 영광스러운 로마서의 교리부분을 기록한 후에, "누가 주께 먼저 드려서 갚으심을 받겠느뇨" 하면서, "이는 만물이 주에게서 나오고 주로 말미암고 주에게로 돌아감이라 영광이 그에게 세세에 있으리로다 아멘"(롬 11:35-36) 한 것과 상통합니다.

⑤ "나와 나의 백성이 무엇이관대 이처럼 즐거운 마음으로 드릴 힘

이 있었나이까 모든 것이 주께로 말미암았사오니 우리가 주의 손에서 받은 것으로 주께 드렸을 뿐이니이다"(14) 합니다.

㉠ 다윗은 결코 백성들에게 감사하고 있지 아니합니다. 성경은 단한 번도 사람에게 감사하고 있지 아니합니다. 백성들에게 은혜를 주셔서, "육신에서 굳은 마음을 제하고 부드러운 마음을 주신"(겔 36:26) 하나님, 인색한 마음이 변하여 드리고도 아쉬워하는 마음을 주신 하나님께 감사하고 찬양을 돌리고 있는 것입니다.

㉡ "주 앞에서는 우리가 우리 열조와 다름이 없이 나그네와 우거한 자라 세상에 있는 날이 그림자 같아서 머무름이 없나이다"(15) 합니다. 다윗은 임종머리에 이르러 인생이 "나그네와 행인"(우거하는 자)같다 하면서, 그 지나감이 "그림자와 같아서 머무름이 없다"고 말합니다. 인생의 무상(無常)함을 느낄수록 "영존(永存)하시고 여상(如常)하신 하나님"의 광대하심을 찬양하게 되는 것입니다.

㉢ "우리 하나님 여호와여 우리가 주의 거룩한 이름을 위하여 전을 건축하려고 미리 저축한 이 모든 물건이 다 주의 손에서 왔사오니 다 주의 것이니이다 나의 하나님이여 주께서 마음을 감찰하시고 정직을 기뻐하시는 줄 내가 아나이다 내가 정직한 마음으로 이 모든 것을 즐거이 드렸사오며 이제 내가 또 여기 있는 주의 백성이 주께 즐거이 드리는 것을 보오니 심히 기쁘도소이다"(16-17) 합니다. 이처럼 송축과 감사를 드린 후에,

⑥ "우리 열조 아브라함과 이삭과 이스라엘의 하나님 여호와여 주께서 이것을 주의 백성의 심중(心中)에 영원히 두어 생각하게 하시고 그 마음을 예비(豫備)하여 주께로 돌아오게 하옵시며" 하고 간구합니다.

㉠ 이는 떠나는 왕이 두고 가는 백성들을 위한 간구인데 목회기도와도 같습니다. "우리 열조 아브라함과 이삭과 이스라엘의 하나님 여호와여" 합니다. 이는 한마디로 ㉮ "언약을 세워주신 여호와여" 하는 뜻입

니다. ⒝ "이것을 주의 백성의 심중에 영원히 두어", 심중(心中)에 간직하게, 기록(記錄)되게 해주셔서, ⒟ "생각하게 하시고", 즉 잊지 않도록 묵상(黙想)하게 해달라는 것입니다. 기쁨, 감사, 찬양은 저절로 나오는 것이 아닙니다. 심비에 기록된 말씀을 묵상할 때에, "아!" 하는 감탄사와 함께 기쁨과 찬양이 나오는 것입니다.

ⓛ 그런데 다윗은 "그 마음을 예비하여 주께로 돌아오게 하옵시며" 하고 구하고 있는 것이 아닌가? 주님은 베드로에게, "내가 너를 위하여 네 믿음이 떨어지지 않기를 기도하였노니 너는 돌이킨 후에 네 형제를 굳게 하라"(눅 22:32) 하십니다. 하나님을 떠났던 솔로몬이 돌아올 수 있었던 것이나, 바벨론으로 추방을 당했던 자들이 돌아올 수 있었던 것도 하나님의 은혜입니다.

⑦ "또 내 아들 솔로몬에게 정성된 마음을 주사 주의 계명과 법도와 율례를 지켜 이 모든 일을 행하게 하시고"(19상) 하고 간구합니다. 이는 떠나는 아버지가 중책을 맡은 아들을 위한 기도입니다.

㉠ "정성된 마음을 주사", 이는 거짓됨이 없는 진실한 마음을 가리킵니다. 계시록 19:11절에서는 주님의 이름을, "충신(忠信)과 진실(眞實)이라" 합니다. 모든 주의 종들의 이름도 주님을 본받아 "충신과 진실"이 되기를 기원합니다.

㉡ "주의 계명과 법도와 율례를 지켜 이 모든 일을 행하게 하시고" 하고 간구합니다. 이를 교훈적으로만 보아서는 아니 됩니다. 왜냐하면, 성전을 식양(式樣)대로 건축하여, 하나님의 율례대로 섬겨야하는 것은 윤리가 아니라 교리(教理)이기 때문입니다. 억만 가지 죄가 있다 하여도 모든 죄는 "경건치 않음과 불의"(롬 1:18)에 다 들어 있는 것입니다. 그리고 대속제물을 통하여 하나님과의 관계가 "경건"한 관계가 유지된다면, 이웃과의 관계도 의로울 수가 있는 것입니다.

㉢ "내가 위하여 예비한 것으로 전을 건축하게 하옵소서"(19하) 하

고 마칩니다. 다윗의 기도를 요약을 하면 "주"(主)라는 말을 22번이나 고백하고 있는데, "주는 만유의 주재가 되시고", 백성도 "주의 백성"이요, 드린 예물도 "주의 것"이요, "주의 손에서 받은 것으로 주께 드렸을 뿐이니이다" 합니다. 이는 모든 주권과 영광을 오직 하나님께만 돌리고 있음을 나타냅니다. 그런 후에 백성과 아들 솔로몬을 위해 간구할 뿐 자신을 위한 기도는 한마디도 없다는 것입니다. 지나온 평생을 돌이켜 보면 오직 감사와 찬양할 것 외에는 더 보태야할 말이 없었던 것입니다.

셋째 단원(20-30) 다윗이 죽으니 솔로몬이 왕이 됨

⑧ "다윗이 온 회중에게 이르되 너희는 너희 하나님 여호와를 송축하라 하매 회중이 그 열조의 하나님 여호와를 송축하고 머리를 숙여 여호와와 왕에게 절하고"(20),

㉠ 여기 구속사의 맥락에서 중요한 요점이 있는데 그것은, "너희 하나님 여호와"라는 표현입니다. 목동(牧童)이었던 다윗이 왕위에 올라 위업(偉業)을 달성할 수 있었던 것은 오직 하나님이 다윗과 함께 하신 "다윗의 하나님"이 되어주셨기 때문입니다. 이제 다윗은 떠날 때가 된 것입니다. 그러나 다윗과 함께 하셨던 "나의 하나님이 (너의 하나님이 되셔서) 너와 함께 하사 네게서 떠나지 아니하시리라"(20), 그래서 "너희 하나님 여호와"라 하는 것입니다.

㉡ 모세도 마지막 설교에서 "네 하나님 여호와"(신 31:3)라 말씀하고, 여호수아도 마지막 설교에서 "너희 하나님"이라는 말을 12번이나 강조하면서, "너희 하나님 여호와 그가 너희에게 말씀하신 것같이 너희를 위하여 싸우심이라"(수 23:10) 합니다. 신약성경은 말씀하기를, "예

수 그리스도는 어제나 오늘이나 영원토록 동일하시니라"(히 13:8) 합니다. 형제여, 그 하나님이 "형제의 하나님"이 되심을 믿으시기 바랍니다.

ⓒ "이튿날 여호와께 제사를 드리고 또 번제를 드리니"(21상) 합니다. ㉮ "여호와께 제사를 드리고 또 번제를 드리니" 한 것은, "화목제를 드리고, 번제를 드렸다"는 뜻일 것입니다. 왜냐하면 22절에서, "이 날에 무리가 크게 기뻐하여 여호와 앞에서 먹으며 마셨더라" 하고 말씀하기 때문입니다. 이처럼 하나님과 화목하고 이웃과 사랑의 교제를 나누기 위해서는, "수송아지가 일천이요 수양이 일천이요 어린 양이 일천이요"(21하) 하고 많은 제물이 필요했던 것입니다.

ⓔ 다윗은 왕위에 오르자 예루살렘을 정복하여 하나님의 도성(都城)으로 삼고, 방치되었던 언약궤를 옮겨다가 안치하고는 "번제와 화목제"(16:1)를 드렸습니다. 이제 임종머리에서 마지막으로 "번제"(21)를 드리는 것입니다. 다윗 왕의 일생은, "번제로 시작하여 번제로 마치고" 있는 것입니다.

ⓜ 그러므로 중요한 점은 양이나 염소를 몇 마리나 드렸느냐에 있는 것이 아니라, "여호와께 제사를 드리고 또 번제를 드렸다"는 구속사적 의미에 있는 것입니다. 이는 자기 몸을 단번에 드려주실 그리스도에 대한 예표라는 점입니다. 우리 믿음의 근거가 언약(言約)에 있듯이, 우리 구원의 근거는 오직 그리스도의 대속(代贖)에 있다는 점이 중요합니다. 노파심에서 다시 강조합니다만, "우주와 그 가운데 있는 만유를 지으신 하나님(신)은 천지의 주재시니 손으로 지은 전(殿)에 계시지 아니한다"(행 17:24)는 증거가 진리(眞理)일진대, 천지의 주재이신 하나님께서 사람의 손에서 "양이나 염소의 제물"을 받으신단 말인가? 성경에 등장하는 제사제도는 그리스도의 대속을 예표한다는 차원에서만 의미가 있다는 점에 확고해야만 하는 것입니다. 이점에 희미하니까 구속교리를 "도살장의 신학"이라고 비웃는 자들이 생기게 되는 것입니다.

ⓗ "번제"는 전적인 헌신을 의미합니다. "또 전제"(21중)를 드렸다고 합니다. "전제"(奠祭)란 말이 역대상에서는 단 한번, 그것도 다윗의 임종과 결부하여 등장한다는 것은 의미심장하다 하겠습니다. 왜냐하면 전제는 번제 위에 포도주를 부어드리는 제사인데, 이는 죽기까지 충성한다는, 일종의 순교를 상징하기 때문입니다. 사도 바울은 "만일 너희 믿음의 제물과 봉사 위에 내가 나를 관제(전제)로 드릴지라도 나는 기뻐하고 너희 무리와 함께 기뻐하리라"(빌 2:17) 합니다.

ⓢ 그렇다면 이 전제는 다윗과 결부해서는 하나님께 드리는 마지막 충성이요, 솔로몬과 결부해서는 "번제"를 통해서는 전적인 헌신을 다짐하고, "전제"를 통해서는, 그 나라와 그의 의를 위해서 죽도록 충성하겠다는 서약(誓約)인 셈입니다.

⑨ "무리가 다윗의 아들 솔로몬으로 다시 왕을 삼아 기름을 부어 여호와께 돌려 주권자가 되게 하고 사독에게도 기름을 부어 제사장이 되게 하니라"(22하) 합니다.

㉠ 여기 기름부음을 받는 "왕과, 대제사장"이 있는데 이는 구속사에 있어서 두 기둥과 같은 직분이라 할 수가 있습니다. 이 두 직분을 가리켜서, "이는 기름 발리운 자 둘이니 온 세상의 주 앞에 모셔섰는 자니라"(슥 4:14) 합니다. 구약교회에는 "왕과 대제사장"이 분립이 되어 있어서, 왕은 백성들을 공의로 다스려야 했고, 대제사장은 하나님과 바른 관계를 유지케 하는 책임을 맡았던 것입니다. 그런데 스가랴 6:13절에서는 "이 두 사이에 평화의 의논이 있으리라" 하고, 하나로 통합(統合)이 될 것을 예언하고 있습니다.

㉡ 우리 주님은, "왕이셨고(요 18:37), 또한 대제사장"(히 8:1)이셨습니다. 왕의 권세로는 사망의 세력을 잡은 자 사탄을 정복하셔서 우리를 해방시켜주셨고, 대제사장으로는 우리의 죄를 위한 대속제물이 되어주심으로 하나님과 화목케 하셨던 것입니다.

⑩ "이새의 아들 다윗이 온 이스라엘의 왕이 되어 이스라엘을 치리한 날짜는 사십년이라 헤브론에서 칠년을 치리하였고 예루살렘에서 삼십삼년을 치리하였더라"(26-27).

㉠ "저가 나이 많아 늙도록 부하고 존귀하다가 죽으매 그 아들 솔로몬이 대신하여 왕이 되니라"(28) 합니다. 다 같은 "죽음"이지만 "사울이 죽은 것은 여호와께 범죄하였음이라"(10:13) 한 사울의 죽음과, 다윗의 임종은 얼마나 다른가! 열조의 하나님(20), 다윗의 하나님이 "솔로몬의 하나님"이 되신 것입니다. 그리고 이제는 형제의 하나님이 되셨습니다. 아멘.

⑪ 묵상해보겠습니다.

㉠ 누가 즐거이 손에 채워 드리겠느냐의 의미에 대해서,

㉡ 다윗의 마지막 기도에 "주"를 22번이나 부르는 의미에 대해서,

㉢ 다윗 왕이 번제와 전제로 생을 마치고 있는 구속사적 의미에 대해서,

㉣ 역대상을 통한 깨달음과 결단에 대해서.

구속사의 관점에서 본
구약성경 파노라마

역대상

초판 1쇄 발행 2009년 12월 12일
초판 3쇄 발행 2019년 03월 01일

  지은이 유도순
  펴낸이 유효성
  펴낸곳 도서출판 머릿돌

등록번호 제17-240호
등록일자 1997년 5월 20일
    주소 경기도 성남시 분당구 구미로 100
         Mobile. 010-94728327
         http://cafe.daum.net/gusoksa
  E-mail yoodosun@hanmail.net / yoohs516@hanmail.net

    총판 기독교출판유통
         경기도 고양시 일산동구 장대길 74-6
         (031) 906-9191

       ISBN : 978-89-87600-56-7 (03230)